REPRODUKTION DER FRÜHEN ERFAHRUNG

REPRODUKTION DER FRÜHEN ERFAHRUNG

Psychoanalytisches Verständnis
alltäglicher und nicht alltäglicher Lebenssituationen

Herausgegeben von
ALOYS LEBER

Mit Beiträgen von
Peter Bieniussa, Christian Büttner, Thomas Ettl, Urte D. Finger, Volker Hirmke,
Aloys Leber, Peter Scheuermann, Charlotte Steuck, Hans-Georg Trescher

WISSENSCHAFTLICHE BUCHGESELLSCHAFT
DARMSTADT

Lizenzausgabe
für die Wissenschaftliche Buchgesellschaft
Darmstadt

Der Band erscheint gleichzeitig in der Reihe ›Psychoanalytische Reflexion und therapeutische Verfahren in der Pädagogik‹ als Band 8 bei der Fachbuchhandlung für Psychologie, Verlagsabteilung, Frankfurt am Main

ⓦ Bestellnummer 1665-3

INHALT

Vorwort

Die Psychoanalyse hat uns den Blick dafür geöffnet, wie unser aller Erleben und Handeln, ohne daß wir es merken, durchwirkt ist von der unerfüllten Sehnsucht und den nicht überwundenen bedrohlichen, schmerzlichen und kränkenden Erfahrungen der frühen und frühesten Kindheit. Diese Einsicht wird vom einzelnen wie von der Gesellschaft im ganzen als so schwere Zumutung erlebt, daß wir Menschen alles daran setzen, sie nicht zur Kenntnis nehmen zu müssen oder sie verleugnen zu können. Jeder wissenschaftliche, politische oder religiöse Einwand kommt gelegen, um von der Selbstbetroffenheit und von dem, was das menschliche Subjekt gerade von frühester Kindheit an durch bestehende Verhältnisse beschädigte, abzulenken. Die Konfrontation mit der primären Erfahrung ist oft so erschütternd, daß auch die Psychoanalytiker selbst, sowohl in ihrer Methode wie auch von ihrem theoretischen Verständnis her, einer existentiellen Auseinandersetzung mit ihr immer wieder auszuweichen versuchen.

Obwohl sie zugeben, daß sie selbst auch nicht davor gefeit sind, möchten die Autoren dieses Bandes aufzeigen, welche Bedeutung frühe Erlebnisse haben können und wie sie gerade dann, wenn sie vom Subjekt nicht bewältigt und infolgedessen nicht ins Bewußtsein aufgenommen und bedacht werden können, später unversehens in den Alltag hineinwirken, den Lebensweg des Menschen, seine Interessen und Aktivitäten, den Umgang mit anderen Menschen bestimmen, ja zu Konsequenzen von größter persönlicher, historischer und politischer Tragweite führen.

Es stellten sich uns u.a. folgende Fragen:
- Warum hat der Arbeiter Bernd A. sein Kind schwer mißhandelt?
- Warum konnte "Anna O." plötzlich nicht mehr trinken?
- Was bewegte Adolf Hitler, als er alles unter seine Gewalt bringen, uner-
sättlich Lebensraum zu gewinnen suchte und mit Fanatismus Juden und
andere Bevölkerungsgruppen auszurotten trachtete?
- Was kommt im Terror und was in der Teufelsbesessenheit zum Ausdruck?
- Was fasziniert an den Comics der Superhelden und was fesselt die Kinder
an bestimmten Fernsehsendungen?
- Was treibt ein Heer von jungen Leuten, im "Videokrieg", am Spielauto-
maten ihre Zeit zu verbringen und dabei ihr Taschengeld zu vergeuden?
- Wie sind die delinquenten Neigungen eines Jugendlichen zu verstehen?
- Weshalb attackiert ein Kind im Kindergarten immer wieder seine Be-
treuerinnen von hinten,
- wieso sucht ein anderes den Psychologen zu "verführen"?
- Warum machen es die Kinder einer Schulklasse ihrer jungen Lehrerin
so schwer, mit ihr zurechtzukommen?
- Was bedeutet es, wenn das Gastarbeiterkind Nicola versonnen in die
Winterlandschaft stapft und gierig Schnee in sich hineinstopft?
- Worin unterscheiden sich früh vernachlässigte Kinder und Jugendliche
aus bürgerlichem Milieu und aus randständigen Familien?
- Was irritiert Pädagogen, die aus der Mittelschicht stammen, bei ihrer
Tätigkeit mit Kindern und Jugendlichen in sozialen Brennpunkten?
- Was bedeuten frühe Trennungsschmerzen für die Entwicklung eines
Menschen?
- Wieso kommt es in Gruppen zur Mobilisierung von frühkindlichen Erleb-
nisweisen?

Die Autoren sind Psychoanalytiker und psychoanalytisch orientierte Pädagogen und Psychologen. Sie verbindet das Interesse, psychoanalytische Einsichten zur Verbesserung der Entwicklungschancen von Kindern und Jugendlichen
sowie der zwischenmenschlichen Verständigung zu nutzen.
Alle Beiträge verweisen implicite auf die Notwendigkeit einer neuen
"Aufklärung", die die primäre und damit grundlegende Erfahrung einbezieht
und in ihrer politischen und historischen Bedeutung begreift. Ob wir von
sie der totalen Vernichtung, mit der wir - aus Angst - drohen und von
der wir - aus Angst - bedroht werden, entgehen, bleibt eine offene Frage.
Ich danke den Mitautoren für ihre Beiträge, Christel Krumeich und Karin
Gruber für das Schreiben und die Korrektur der Texte. Besonderer Dank
gilt Johannes Christoph Weber, der sie kritisch durchsah und den Satz er-
stellte.

Frankfurt am Main im Juni 1983

Aloys Leber

Aloys Leber

Frühe Erfahrung und späteres Leben

Was zeigen uns zwei veröffentlichte Beispiele?

1. Am Freitag, dem 19. November 1982, konnte man auf Seite 9 der Frankfurter Rundschau folgenden Bericht des Redaktionsmitgliedes Norbert Leppert lesen:

"Aus Eifersucht sein Kind im Vollrausch mißhandelt - Angeklagter war in der Rolle des Vaters überfordert

Völlig überfordert mit seiner Rolle als junger Vater war ein 26jähriger Installateur, dessen Fall an zwei Verhandlungstagen das Frankfurter Landgericht beschäftigte. Fixiert auf seine Frau, die ihm mal Mutter, mal Kumpel sein sollte, fühlte er sich mit der Geburt seiner Tochter so zurückgesetzt, daß er unter Alkoholeinfluß schließlich durchdrehte. Wegen Kindesmißhandlung, teils im Vollrausch begangen, wurde er am Donnerstag zu einer Bewährungsstrafe von einem Jahr und zehn Monaten verurteilt.

Am Anfang war Bernd A. (Name von der Redaktion geändert) noch 'ganz stolz', daß er eine Tochter hatte. Er nahm das Kind gern auf den Arm, herzte es, gab ihm die Flasche und beteiligte sich an der Pflege. Aber mit der Zeit verspürte er, wie die kleine Melanie störend wurde in der Beziehung zu seiner Frau. Je intensiver sich die Mutter um das Kind kümmerte, desto stärker fühlte A. sich verlassen von der 21-jährigen, die sich früher unter Verzicht auf eigene Interessen ganz auf ihn eingestellt hatte.

Wenn Melanie fortan schrie, ging es dem Vater sofort an die Nerven. Er wollte seine Ruhe haben, wenn er heimkam von der Arbeit, wo es einmal wieder Ärger gegeben hatte. Häufig war er auch betrunken, dann gab es zu Hause Streit und Szenen. Und schmeckte ihm das Essen nicht, warf er auch schon mal Töpfe und Teller durch die Küche. Wenn er konnte, verschwand er schnell wieder in der Kneipe, was ihm seit seiner Bundeswehr-Zeit das liebste 'Hobby' war. Dort saß er dann mit anderen und blieb doch alleine mit sich und seinen Zweifeln, die insgeheim eher Wünsche waren, daß er vielleicht gar nicht der Vater seiner Tochter Melanie war.

Vor diesem Hintergrund kommt es zu den Vorfällen, die Gegenstand der Anklage sind: Am 17. September 1980 stürzt sich der Vater auf das 10 Wochen alte Baby, drückt dessen Kopf heftig zusammen und würgt es. Die Mutter rettet das Kind, flüchtet aus der Wohnung - kehrt aber in der Hoffnung auf ein besseres Verhältnis nach einem Vierteljahr zurück zu ihrem Mann. Aber drei Wochen später, am 5. Februar 1981, kam es erneut zu einem Vorfall. Melanie will nicht essen, schreit - da nimmt der Vater das Baby, hält es unter einen kalten Wasserstrahl und schleudert es dann seiner Frau entgegen ..."

In dem Zeitungsartikel wird deutlich, wie ein Mensch auch noch als Erwachsener eine ihn total verstehende, ihn zärtlich versorgende, ganz auf ihn eingestellte Person sucht. Sein Anspruch an sie gleicht dem eines ganz jungen Kindes an seine Mutter. In der Tat fand Bernd A. in seiner Frau

11

auch jemand, der dem entgegenkam.

Die Frau dürfte sich ihrerseits nicht zufällig einem solchen Baby-Mann zugewandt haben. In der mütterlichen Fürsorge für ihn kann sie sich vor eigenen ähnlichen Riesenansprüchen schützen und diese gleichzeitig in verfremdeter Form einbringen. Indem sie ihren Mann versorgt, kann sie sich davon distanzieren, selbst unbefriedigt geblieben zu sein. Anstatt den Mangel zu erleiden, versetzt sie sich in die Rolle der Gebenden. Das Spiel der Kinder lehrt uns, daß sie, z. B. an ihren Puppen agieren, was ihnen selbst angetan wird oder ihnen geben, wonach sie sich selbst sehnen.

Die Geschichte des Bernd A. zeigt uns, wie das zeitweise ideale Zusammenspiel der beiden Ehepartner ein Ende fand, als das Kind buchstäblich dazwischenkam (vgl. Willi 1975, 61 ff.; Schmidbauer 1977, 110 ff.). Während sich die Frau nun selbstverständlich um es kümmerte, erlebte sich der Mann - wahrscheinlich wie einst als Kind - verlassen und vernachlässigt. Darüber war er sehr gekränkt - und zwar vielleicht ähnlich wie damals, als er sich von einem Geschwister aus seiner Position bei der Mutter vertrieben glaubte. Das Schreien des Kindes muß so für ihn eine ungeheure Provokation gewesen sein. Daß er nun zurückstehen mußte, war ihm unerträglich. Er war dieser Einschränkung nicht gewachsen, sondern geriet in maßlose Wut gegen den neuen Erdenbürger, der ihn wieder um die Erfüllung seines Anspruchs brachte.

Der sein Kind mißhandelnde Bernd A. zeigt ziemlich krasse Reaktionen, von denen wir uns leicht distanzieren können. Aber wir alle geben nicht bewältigte Erfahrung weiter, auch wenn das nicht immer so deutlich sichtbar und in die Öffentlichkeit getragen wird.

2. Vor gerade hundert Jahren fand eine psychische Krankenbehandlung ihren vorzeitigen Abschluß, weil der Therapeut mit dem, womit ihn seine Patientin konfrontierte, selbst nicht mehr zurechtkam. Trotz dieses Scheiterns hat das, was sich seinerzeit zwischen Arzt und Patient abspielte, zu Entdeckungen geführt, die das Verständnis vom Menschen völlig verändert haben.

Ich meine die Behandlung jener jungen Frau, die in der Veröffentlichung der Krankengeschichte Anna O. genannt wird, durch den Wiener Arzt Dr. Josef Breuer (vgl. Breuer/Freud 1895, Hirschmüller 1978). Von dieser - damals in Hypnose durchgeführten Psychotherapie - nahm Psychoanalyse ihren Ausgang.

Diese junge Frau litt an vielen köperlichen und seelischen Krankheitssymptomen, auf die ich hier nicht im einzelnen eingehen kann. Ich möchte nur die von Breuer besonders ausführlich beschriebene therapeutische Sitzung heranziehen, weil die in der Kur von der Patientin geschilderte Szene genau dem Muster unbewältigter Erfahrung in der frühen Kindheit zu entsprechen scheint. Es wird deutlich, wie ein im 19. Jahrhundert aufgewachsenes Mädchen aus einer großbürgerlichen jüdischen Familie eine vergleichbare frühe Erfahrung ganz anders reproduziert als der Arbeiter Bernd A. hundert Jahre später.

Anna O. war mitten in einem heißen Sommer ohne einen erkennbaren Anlaß plötzlich unfähig zu trinken. Wollte sie ein Glas Wasser an den Mund führen, stieß sie es voller Entsetzen weg und war für Sekunden bewußtlos. Sie konnte während dieser Zeit ihren Durst nur mit Obst, insbesondere mit Melonen, stillen. In den hypnotischen Sitzungen hatte sie ihren Arzt dazu gebracht, ihr weniger - wie sonst üblich - etwas einzusuggerieren als vielmehr auf sie zu hören, sie in einer "Redekur" - wie sie es nannte - mit aller Gefühlsbeteiligung sich aussprechen zu lassen. Sechs Wochen nachdem sie nicht mehr trinken konnte, berichtete sie in der Hypnose mit starken Affekten, sie sei in das Zimmer ihrer ungeliebten englischen Gesellschafterin just in dem Augenblick gekommen, als diese ihren Hund - den sie mit Abscheu ein ekelhaftes Tier nannte - aus einem Glas trinken ließ. "Weil sie höflich sein wollte", konnte sie ihren Ekel nicht unmittelbar zum Ausdruck bringen. Als sie aber jetzt diese Szene mit allen Affekten geschildert hatte, verlangte sie nach Wasser. Sie erwachte aus der Hypnose mit dem Glas an den Lippen. Seitdem konnte sie wieder normal trinken.

Den tieferen Grund für diese Trinkphobie, die durch die Szene mit dem aus dem Glas trinkenden Hund ausgelöst wurde, konnte Breuer damals noch nicht ahnen. Erst lange Bemühungen seines Freundes Sigmund Freud, der sein Vorgehen aufgriff und daraus die Psychoanalyse als Theorie und therapeutisches Verfahren entwickelte, sowie Freuds Schüler und derer, die sich Psychoanalyse aneigneten und sie anwandten, ermöglichten zu verstehen, wie es von den frühkindlichen Erfahrungen eines Menschen her zu solchen Störungen und Verhaltensweisen kommt. So kann auch nachträglich begründet werden, weshalb ein alltägliches Ereignis eine derartig ernste Erkrankung hervorruft.

Aus der Biographie über Anna O. von Freeman (1973) und aus dem Buch über Josef Breuer von Hirschmüller (1978) kennen wir die Patientin als die später berühmt gewordene Bertha Pappenheim genauer (vgl. auch Rebentisch/Raab 1978, 233 f.). Sie hatte eine ältere Schwester und einen jüngeren Bruder. Über die Geburt des Jungen hatten sich die Eltern besonders gefreut. Ihm schenkte die Mutter ihre ganze Aufmerksamkeit. Ich versuche, eine zentrale frühkindliche Erfahrung von Bertha Pappenheim alias Anna O. zu rekonstruieren. Bertha dürfte immer wieder voller Neid zugesehen haben, mit welcher Hingabe sich die Mutter um den Bruder als Baby und Kleinkind kümmerte.

Doch sie hätte nicht gewagt, sich darüber zu beklagen. Dazu war sie zu gut erzogen (vgl. Breuer/Freud 1895, 30). Sie hätte auch Angst gehabt, es mit der Mutter zu verderben. Später mußte sie wieder neidvoll mit ansehen, wie ihr Bruder studieren durfte, während sie trotz hoher Begabung an das Haus gefesselt blieb und sich u. a. mit von ihr "Privattheater" genannten Wachträumen begnügen mußte. Vor diesem biographischen Hintergrund wird verständlich, was die Szene mit dem Hund bei ihr innerlich auslöste. Sie entsprach dem Muster jener häuslichen Szenen, die sie vermutlich als kleines Kind täglich tiefbewegt miterleben mußte, ohne zum Ausdruck zu bringen, ohne jemand anvertrauen zu können, ja ohne selbst merken zu dürfen, wie sie diese Situation belastete (vgl. Miller 1981). Was sie da mit ansehen mußte, war für sie so schlimm, daß es nicht bewußt erlebt und zur Sprache gebracht werden durfte, während es gerade deshalb als "Niederschlag von Interaktionserfahrungen" (Lorenzer 1983, 105) fixiert blieb. Wir brauchen jetzt nur anstelle der Gesellschafterin die Mutter und anstelle des kleinen, aus dem Glas getränkten Hundes den von der Mutter vor ihren Augen einst liebevoll versorgten Bruder zu setzen, um zu verstehen, weshalb Anna O. als Reaktion auf dieses Erlebnis - das in der Terminologie von Alfred Lorenzer einen "szenischen Auslösereiz" darstellt - nicht mehr trinken konnte. Bildlich gesprochen rührte das aktuelle Erlebnis an eine verborgene, nicht ausgeheilte Wunde. Als wohlerzogene Tochter, d. h. aus Angst vor Verlust an Liebe und Achtung und vor Strafe, wagte sie weder einst in bezug auf den

13

Bruder, noch jetzt in bezug auf den Hund, ihren Abscheu zum Ausdruck zu bringen. Aber in der Hypnose bei Breuer kam heraus, welcher Ärger sich in ihr angestaut hatte und von welchem nicht bewußten Wunsch sie beseelt war, ebenso liebevoll wie der Bruder versorgt zu werden. Sie konnte sich aber den durch das Ereignis aktualisierten riesigen, sich jetzt als Durst manifestierenden eigenen Anspruch an die Mutter nicht eingestehen. Sie durfte ihn nur auf eine verkehrte Weise ausdrücken. Indem sie nicht mehr trinken konnte, zeigte sie einerseits, welch große Bedeutung das Trinken für sie hatte; andererseits schützte sie sich vor ihrer Gier und vor dem Aufleben der Reaktion auf die traumatische Erfahrung durch den Abwehrmechanismus "Verkehrung ins Gegenteil".

Während also Bernd A. ein unbewältigtes Problem agierend zur Darstellung bringt, muß es Anna O. in einem Leidenssymptom verschleiern. Sigmund Freud hatte erkannt, daß in der von Anna O. und Josef Breuer initiierten "Redekur" – die er bald nicht mehr in Hypnose, sondern im Wachzustand über die Methode des freien Einfalls durchführte – unerträgliche und deswegen aus dem Bewußtsein ausgeschlossene Erfahrung zur Sprache kam. Er entdeckte bei seinen psychoanalytischen Behandlungen, wie jemand den Partner – in seinem Fall der Patient den Arzt – dazu verwendet, um ihm gegenüber frühe, im wesentlichen unbewältigte und als solche nicht erkannte – unbewußte – Konflikte mit Eltern und Angehörigen neu auszutragen. Aus diesen sehr detailliert analysierten Neuauflagen wurde das Drama der frühen Kindheit immer besser begriffen. Es wurde immer deutlicher erfaßt, was sich zwischen Eltern und Kindern abspielt und wie sich das im späteren Erleben und Handeln, in der Interaktion und Kommunikation mit anderen Menschen reproduziert. Außerdem konnte rekonstruiert werden, wie die frühkindliche Entwicklung überhaupt verläuft, welche Probleme sich in deren Phasen für Eltern und Kinder ergeben und welche Bedeutung bestimmte, belastende, beängstigende, beschämende Erfahrungen nicht nur für das jetzige Leben haben, sondern wie gerade sie ins künftige hineinwirken, die spätere Befindlichkeit bestimmen.

Wilhelm Dilthey (1958, 191 ff.) fragte wohl als erster – wenn auch noch in allgemeiner Form – nach dem Zusammenhang zwischen "Erleben, Ausdruck und Verstehen" und gründete darauf sein Verständnis von Geisteswissenschaft. Er suchte nach Konzeptionen von Erlebnissen, in denen Gegenwärtiges und Vergangenes durch eine gemeinsame Bedeutung zusammengehalten ist (1958, 200). Es geht ihm darum, "die Einheit zwischen dem Geschichtlichen und der Lebensgestaltung der Menschen" zu verstehen (Groethuysen 1958, X). Für Martin Heidegger (1928, 133 ff.) gehören "Befindlichkeit", "Verstehen" und "Rede" als "Existenziale" zu dem, was menschliches Dasein als solches ausmacht. Was Heidegger in einer philosophischen "Daseinsanalyse" erarbeitet, wird in der Psychoanalyse wissenschaftlich konkretisiert. Wie vor allem Alfred Lorenzer (1970, 1974, 1983) – ohne sich auf Heidegger zu beziehen – herausarbeitete, ist sie auf "Interaktion, Sprache und szenisches Verstehen" gerichtet. Hier wird also der von Heidegger gesehene Zusammenhang "empirisch" belegt und differenziert. Schließlich wird Psychoanalyse als ein Verfahren begründet, in dem über Verstehen von Befindlichkeit und Einbringen in Sprache (Rede), die Bewältigung von (früher) Erfahrung nachträglich möglich wird.

Was sich in der psychoanalytischen Behandlung zwischen Analysand und Analytiker abspielt, kann verallgemeinert werden: Der Mensch drückt immer seine Befindlichkeit aus. Jeder gestaltet seine späteren Interaktionen auch nach dem Muster unbewältigter Situationen in seiner frühen Kindheit, allerdings in verfremdeter Form. Er versucht den jeweiligen Partner unbewußt in entsprechende Szenen hineinzuziehen und in der Erwartung, daß der ihm jetzt eher entgegenkommt als seine primären Bezugspersonen, er sich mit ihm besser auseinandersetzen kann als mit diesen. Empathisch teilnehmend darauf einzugehen, was der andere in der jeweiligen Situation mit einem unbewußt inszeniert, was er an Reaktionen bei einem auslöst, ihm zu helfen, das sich in diesen Szenen zeigende Problem unter Überwindung von Angst und Scham zu erkennen und damit auch durch immer neues Besprechen (vgl. Freud 1914) einer fruchtbaren Bearbeitung zuzuführen, ist die zentrale Forderung an Psychoanalyse als Verfahren.

Aus der Rekonstruktion in der psychoanalytischen Behandlung von Erwachsenen, Jugendlichen und Kindern, wie auch aus Beobachtungen von Kleinkindern und ihren Bezugspersonen - ich erinnere an die berühmten Publikationen von René A. Spitz (1967, 1976); Erik H. Erikson (1957, 1966); Margaret S. Mahler u. a. (1978), aber auch an die unter anderen Aspekten von Jean Piaget ausgehenden (1947, 1975, 1978) - konnte herausgearbeitet werden, daß die Muster menschlichen Erlebens und Verhaltens, die je persönlichen Formen des Umganges der Menschen miteinander, weder eindeutig auf angeborene Intelligenz oder vererbte Charakterstrukturen zurückgehen, noch rein auf soziale Einflüsse zurückzuführen sind. Sie resultieren vielmehr aus dem Wechselspiel von biologischer Disposition einerseits und der über die nächsten Bezugspersonen vermittelten gesellschaftlichen Anforderungen sowie zufälligen Ereignissen, denen das Kind von der Zeugung an ausgesetzt ist, andererseits. Es hängt von seinen Lebens- und Entwicklungsbedingungen ab, ob und wie weit das Menschenkind den jeweiligen Anforderungen gewachsen ist und welche Unterstützung es bei ihrer Bemeisterung erhält. Hierzu gehört, daß ihm zugestanden wird, seine Befindlichkeit, sein Erleben und sein Leiden unmittelbar und später in Spiel und in Sprache - d. h. mittels Gesten, Gegenständen und Worten, denen es bestimmte - emotionale - Bedeutung verleihen kann, mit voller Gefühlsbeteiligung offen zum Ausdruck zu bringen. Es gibt Kinder - wie z. B. solche, die als Autisten bezeichnet werden -, bei denen das von Anfang an in extremer Weise mißlungen ist (vgl. Leber 1976).

Wie aus den Beispielen deutlich wurde, können besonders schmerzliche Erlebnisse nicht bewußt angeeignet und in Sprache gebracht werden. Oder sie müssen in bestimmten traumatischen, beschämenden und angsterregenden Situationen wieder aus dem Bewußtsein und damit aus der sprachlichen Kommunikation ausgeschlossen werden. Doch beeinflussen sie gerade deshalb weiterhin Erleben und Verhalten des Subjekts, sozusagen hinter seinem Rücken, ohne daß es sich darauf besinnen kann. Das versuche ich im nächsten Abschnitt zu begründen.

Rückzug auf den frühesten Zustand oder vergebliche Wiederholung unbewältigter Erfahrung

Biologisch gesehen kommen Menschen als extreme Nesthocker, ja als "normalisierte Frühgeburt", wie es der Biologe Adolf Portmann (1956, 49 ff.) formulierte in "einer spezifischen Vorzeitigkeit" (Lacan 1973, 66) und ohne instinktgesteuerte Regulation zur Welt. Die Geburt ist mit einem abrupten Verlust der vitalen Umschlossenheit und des bis dahin selbstverständlichen

15

Spannungsausgleichs und Wohlbehagens verbunden. Sigmund Freud (1926, 166 ff.) griff die These seines Schülers Otto Rank (1924) vom "Trauma der Geburt" kritisch auf und kam zu der Auffassung, daß die "ursprüngliche Angst (die Urangst der Geburt) bei der Trennung von der Mutter entstand" (167). Er erkennt, daß die Angst ein Produkt der psychischen Hilflosigkeit - als Gegenstück zur biologischen Hilflosigkeit - des jungen Kindes ist (168f.). Martin Heidegger (1928, 184 ff.) gibt das in seiner "Daseinsanalyse" auf philosophischer Ebene als "Grundbefindlichkeit der Angst" wieder. "Das Wovor der Angst ist die Welt als solche" (187).

Heute versuchen wir durch die sanfte Geburt jene Urangst so gering wie möglich zu halten und dem Kind den Übergang von einem Zustand in den anderen so angenehm wie möglich zu gestalten. Im Mutterleib wird normalerweise der Spannungsausgleich - Stillen von Hunger und Durst, Regulation von Wärme, Stoffwechsel usw. - wie von selbst geregelt. Nach der Geburt dagegen ist dieses körperlich-seelische Gleichgewicht ständig gefährdet. Das Kind verlangt eigentlich einerseits den Fortbestand jener zuvor weitgehend selbstverständlichen und unwillkürlichen Regulation seiner Bedürfnisse und Spannungen, ist aber andererseits gezwungen und von Anfang an bestrebt, selbst am Spannungsausgleich und damit aktiv am Überleben mitzuwirken. Dieser Antagonismus ist m. E. in der Psychoanalyse, außer von Bettelheim (1977) nicht deutlich genug herausgestellt worden, eher aber von Jean Piaget, worauf ich im folgenden noch eingehe.

Das junge Kind hat zunächst noch kein Bewußtsein von sich selbst und kennt auch nicht seine Grenzen. Es kann sich noch nicht von der es umgebenden Welt unterscheiden, sondern fühlt sich mit ihr verwoben, ja als ihr Mittelpunkt. Es weiß noch nicht, wie sehr es darauf angewiesen ist, jemand zu haben, an dem und mit dessen Hilfe seine Bedürfnisse befriedigt werden, jemand, der seinen eigenen Anstrengungen, alles sich einzuverleiben, sich anzueignen, zu "assimilieren" entgegenkommt.Was das Kind vorfindet, hat für sein Erleben nur Bestand, indem und solange es von ihm zu verwenden und zu vereinnahmen ist. Es kann gar nicht anders, als alles von sich her zu sehen, alles in seinen Anspruch und seine Aktivität einzubeziehen.

Piaget nennt das den Egozentrismus des Kindes, was oft als eine moralische Bewertung mißverstanden worden ist. Um allerdings in unserer zivilisierten Welt bestehen zu können, ist es für den Menschen, für sein Überleben unerläßlich, daß er sich "dezentriert", d. h. den Egozentrismus allmählich aufgibt oder wenigstens reduziert. Das Kind kann dazu nicht gezwungen werden. Es braucht nur die Gelegenheit und die Unterstützung, um diesen Prozeß vollziehen zu können. Wie lange hat es gedauert, bis die Menschen begreifen konnten, daß sich nicht das Himmelsgewölbe um die Erde und damit um sie dreht, sondern daß die Erde nur ein kleiner unbedeutender Stern im Weltall ist, der sich um einen auch nicht einmal bedeutenden Fixstern dreht? Die "kopernikanische Wende" konnte sich nur sehr langsam durchsetzen, weil sie für die Menschen eine so tiefe Kränkung war. Daran können wir ermessen, was einem Kind auferlegt ist, auf eine mit dem Gefühl von Allmacht verbundene Egozentrik zu verzichten und wahrzunehmen, nur ein kleines, begrenztes, auf andere angewiesenes Wesen unter unzähligen anderen zu sein, die andere Bedürfnisse, andere Vorstellungen haben, alles von einem anderen Standpunkt her sehen. Es muß also zugleich die Welt erkennen und anerkennen lernen.

Könnten wir den kognitiven Egozentrismus nicht überwinden, wären wir nicht in der Lage, auch nur die einfachste Denk- und Rechenaufgabe durchzuführen. Nicht einmal die Umkehrbarkeit der Rechenoperationen 3 + 2 = 2 + 3 oder 5 - 2 = 3 / 5 - 3 = 2 können wir begreifen, wenn wir uns nicht vorzustellen vermöchten, daß ein Sachverhalt von einem anderen Standpunkt her anders aussieht. Erst dadurch sind wir fähig, Denkvorgänge umzukehren und Schlußfolgerungen zu ziehen.

Es ist für das menschliche Zusammenleben - einzelner wie der Völker - von großer Tragweite, ob wir auch in affektiver Hinsicht den Egozentrismus aufgeben können. Bernd A. mißhandelte sein Kind schwer, kam vor den Richter und verlor schließlich seine Familie, weil er von den eigenen egozentrischen Forderungen nicht absehen, über sie nicht nachdenken und sich nicht in die Belange seines Kindes versetzen konnte, daß er zu einem passablen Arrangement mit seiner Frau und dem Baby hätte kommen können. Wer den affektiven Egozentrismus nicht relativieren kann, ist auch vielfach behindert, den kognitiven zu überwinden.

Das Kind muß damit zurechtkommen, daß es nach seiner Geburt ständig auf Unzulänglichkeiten beim Ausgleich seiner Bedürfnisse stößt. Dies beantwortet es normalerweise mit erhöhter Aktivität. So versucht es schon durch reflexhaftes Schreien, sich auf die Art der verfügbaren Ausgleichsvermittlung einzustellen, auf die Brust der Mutter ebenso wie auf ihren "Umgangsstil". Es ist also bestrebt, über aktiven Ausgriff, durch Aufnahme und Verwendung dessen, was ihm verfügbar ist einerseits, wie durch Angleichung an das, was es in sein Erleben einbeziehen möchte andererseits, ein körperlich-seelisches Gleichgewicht zu erreichen ("Assimilation", "Akkomodation", "Äquilibration" nach Piaget).

Spürt das Kind, daß seine Ansprüche nicht nur eingeschränkt, sondern entweder nicht wirklich wahrgenommen oder abgelehnt werden, wird es sie vielleicht nicht mehr äußern oder u. U. seine Bemühungen um Angleichung verstärken. Dies kann aber dazu führen, daß es sich selbst überhaupt nicht mehr zur Geltung bringt, sich autistisch abkapselt, als wäre es gar nicht anwesend oder aber seine Gefühle und Intentionen verbirgt und verfälscht, weil es von den egozentrischen Absichten der Erwachsenen (über-)beansprucht wird.

Diese sind natürlich ihrerseits in einen historischen, gesellschaftlichen oder auch institutionellen Rahmen eingebunden, der ihr Verhalten ebenso mitbestimmt wie schicksalhafte Ereignisse, die auch vom Kind nicht ferngehalten werden können. Dennoch braucht das Kind, um von dem mit Allmachtsillusionen verbunden Egozentrismus zu einer autonomen realitätsgerechten Einstellung zu gelangen, einen erwachsenen Partner, der seine Aktivität bejahend unterstützt, der ihm Befriedigung, Halt und Sicherheit - d. h. Spannungsausgleich - gewährt. Wenn jemand da ist, der seine Anstrengungen teilnehmend begleitet, sich mit ihm freut, wenn ihm etwas geglückt ist, und es auffängt und entlastet, wenn ihm etwas mißlungen ist oder wenn es Schmerzen erlitten hat, dann kann das Kind auf der Basis dieser guten Erfahrung aufbauen. Sie geht in sein Grundgefühl ein. So entsteht ein Urvertrauen als "Eckstein der gesunden Persönlichkeit" (Erikson 1966, 62 ff.), das auch spätere Beeinträchtigungen überstehen läßt.

Zunächst aber ist dieses Voraussetzung dafür, seine eigene Mitwirkung an der Bemeisterung unausweichlicher Unzulänglichkeiten zu erweitern. Das Kind erfährt diese Möglichkeit zum ersten Mal, wenn es mehr oder weniger zufällig Hand oder Daumen an den Mund führt und im Saugen daran einen Ersatz für die abwesende Mutterbrust oder Milchflasche entdeckt. Die Wiederholbarkeit seiner Entdeckung und damit der Erwerb der Fähigkeit zur willkürlichen Ausführung derselben Handlung leitet den Beginn einer "Unabhängigkeitsbewegung" ein. Die Mund-Hand-Koordination wird zu einer der Grundfähigkeiten des Menschen, auf der sich alle weiteren Handlungsmuster aufbauen (vgl. Hoffer 1964; Piaget 1936, 59 ff.). Manches Kind muß aber immer wieder erfahren, wie sich ihm jemand, auf den es total angewiesen ist, den es jedoch noch nicht als eine von ihm getrennte Person wahrnehmen kann, in unverständlicher Weise entzieht. Seine eigenen Anstrengungen scheinen vergeblich. Es erlebt, eigentlich nichts bewirken zu können. Hier wurzeln bereits die Empfindungen von Sinnlosigkeit und Leere.

Die aufkommende Resignation schützt auch wiederum davor, mit Wut zu reagieren und dadurch Schutz und Halt ganz zu verlieren. Wenn das Kind in seinen Fähigkeiten, mit einer Situation fertig zu werden, überfordert und damit selbst überwältigt wird, sprechen wir psychoanalytisch von Traumatisierung (vgl. Freud 1920). Dabei handelt es sich im allgemeinen weniger um einmalige Ereignisse, als vielmehr um andauernde Belastungen und Zumutungen, die von der eigentlich betreuenden Person auf das Kind abgewälzt werden. Um sich dem zu entziehen, wird es sich auf der Suche nach dem verlorenen Glück einen Zustand wie im Mutterleib wieder herzustellen trachten, also ein Leben ohne Anstrengung. Zugleich hadert es weiter mit seiner leidvollen Erfahrung, die es sich später in provozierten Wiederholungen immer wieder neu beweist. Es wird ihm zeitlebens schwerfallen, vom einen wie vom anderen loszukommen.

Die bisher folgenreichste Reproduktion der frühen Erfahrung

Es gibt Menschen, die als ganz junges Kind mit panischer Angst und starken Schmerzen erleben müssen, wie ihnen das, was sie unbedingt zu ihrer Gleichgewichtsregulation brauchen, vorenthalten oder entzogen wird. Zudem müssen sie sich auch gefallen lassen, wie sie selbst vereinnahmt werden und ihnen die Erfüllung bestimmter Anforderungen abverlangt wird. Während die einen in einer solchen Lebenssituation resignieren und sich wenigstens äußerlich anpassen, versetzen sich andere früher oder später - ausgelöst durch entsprechende Erlebnisse - in einen sensomotorischen Rauschzustand, in eine Art manische Besessenheit und illusionäre Machtvollkommenheit.

Sie versuchen dann mit hemmungsloser Aktivität, ja mit Gewalt das, was sie an selbstverständlicher Gleichgewichtsregulation vermissen, zu erzwingen. Gleichzeitig versuchen sie, das "Böse", das ihnen diesen Entzug, diesen Verlust zumutet und sie rücksichtslos vereinnahmt, abzuschütteln und mit großer Zerstörungswut zu beseitigen. Ein solcher, so nie zum Ziele führender Versuch kann ein bleibendes Grundmuster des Erlebens und Verhaltens bilden, kann - dem Wiederholungszwang unterworfen - zum "Lebensthema" (vgl. Schmidtchen 1981, 15) werden. Weil die ursprüngliche Situation so bedrohlich, so schmerzlich und so kränkend ist, kann sie nicht wirklich wahrgenommen und benannt und der aus ihr resultierende Verhaltensentwurf weder der Selbstbesinnung unterworfen noch willentlich reguliert werden. Der Grund des Verhaltens wie das, was mit ihm eigentlich bezweckt wird, bleibt dem Subjekt verborgen. Es setzt sich ohne Rücksicht auf reale Gegebenheiten und ohne daß das Subjekt selbst die Folgen bedenken könnte, durch.

Bei entsprechenden "szenischen Auslösereizen" (Lorenzer) kann sich ein archaisches Verhalten aus dem Untergrund immer wieder aktualisieren und sich dazu anbietender Medien bedienen (sie assimilieren). Der verlorene mütterliche "Nährboden" wird dann etwa zum "Lebensraum", der (zurück-) erobert werden muß. Wer aufwachsen mußte, ohne Halt und Resonanz zu finden, stattdessen undurchschaubaren Absichten unterworfen wurde, bleibt auf der Suche nach dem Schädiger seiner Existenz, "entdeckt" ihn vielleicht im "Volksfeind".

Die eigene unheilvolle Vergangenheit soll abgestoßen, ja ungeschehen gemacht werden, indem sie aus dem Erleben ausgeklammert, materialisiert oder personifiziert wird, indem Dinge und andere Menschen entwertet und vernichtet werden. Die Beseitigung des Übels, das Ausmerzen von "Ungeziefer", von "wertlosem Leben" wird als Notwehr legitimiert, die Zerstörungswut zum gerechten Kampf umgeschrieben.

Ich habe hier mit Absicht Formulierungen eingebracht, die sich mir durch Sebastian Haffners "Anmerkungen zu Hitler" (1981) aufdrängten. Haffner schreibt so, als hätte er die Taten Hitlers als Ausfluß seiner Persönlichkeit verstanden. Aber gerade, weil er nur beschreibt und nicht psychologisiert, wird die Schrift für eine psychoanalytische Interpretation interessant. Haffner arbeitet heraus, wie Hitler auf historisch überholte Vorstellungen von Eroberung zurückgriff und sie ohne Bezug zur aktuellen politischen Wirklichkeit in die Tat umsetzte. Hitler bezog alles, dessen er in seinem Rausch habhaft werden konnte, in seinen riesenhaften Anspruch ein. Joachim Fest (1973, 186) bezeichnet das sehr treffend als "unstillbare Aneignungsgier". Was sich also bei Hitler in geradezu archaischer Weise erhalten hat, ist, was Jean Piaget (1936, 53) im Hinblick auf das ganz junge Kind als das Grundphänomen der "Assimilation" bezeichnet. "Einverleibung der Welt in die Tätigkeit des Subjekts". An anderer Stelle (1936, 416) vermerkt er: "Jedem Assimilationsschema wohnt bekanntlich die Tendenz inne, an allen Dingen zur Anwendung zu gelangen und auf diese Weise das gesamte wahrgenommene Universum zu erobern". In Spiel und Phantasie nimmt das kleine Kind kaum Rücksicht auf reale Gegebenheiten, sondern sucht alles ihm Erreichbare in seine Aktivität einzubeziehen.

Hitler war trotz rationaler Fähigkeiten davon besessen, die Politik zur nachträglichen Bewältigung seiner traumatischen Kindheitserlebnisse zu verwenden. Er benutzte dazu ein ganzes Volk und ließ sich von ihm als Exponent des herrschenden allgemeinen Lebensgefühls hochtragen (vgl. Altenhofer 1981 und dort angegebene Literatur). Wie sich kleine Kinder im Symbolspiel zu Herren der Lage machen, betrieb er sein ebenso grandioses wie tödliches "Spiel". In seiner Befangenheit in den (affektiven) Egozentrismus konnte er weder das Fiktive noch die wahre Bedeutung seiner Aktionen erfassen. Er mußte die Erdichtung von ersehnten und die erlebten Szenen (vgl. Lorenzer 1970, 109) seiner frühen Kindheit unbewußt mit veränderten Requisiten immer wieder abhandeln. Auch wenn er rationale Überlegungen anstellte, dienten ihm diese doch letztlich nur der Durchsetzung seiner irrationalen Ziele, nämlich der imaginären Erfüllung unermeßlicher infantiler Ansprüche und Rachebedürfnisse unter Ausstoßung und Vernichtung dessen, was er in sein bewußtes Erleben nicht einbeziehen konnte. Fest (1973, 18) schreibt hierzu: "Seine besondere Stärke beruhte nicht zuletzt darauf, daß er mit einer unerschrockenen Schärfe und Rationalität Luftschlösser errichten konnte ...". Die Verbindung mit - großer - Politik und Kriegführung beruhte so auf einer "falschen Verknüpfung" (S. Freud), war "deformierende Assimilation" (Piaget), d. h. Assimilation, bei der Wirklichkeit nicht berücksichtigt wird. Von Hitler verwendete Worte wie "Gewinnung von Lebensraum" sind "Pseudosymbole" (vgl. Finger 1977, 155 und 1978). Er meint also im Grunde etwas ganz anderes als was er sagt und tut. Weder er noch andere konnten erkennen, daß seine Worte und Taten eigentlich im übertragenen Sinne gemeint, an seine "Aneignungsgier", an sein Lebensproblem repräsentierende Handlungsmuster angebunden waren.

Hitlers Programm war also Ausdruck seines aus unbewältigter früher Erfahrung resultierenden Lebensthemas. Seine daraus erwachsende Politik, die "Machtergreifung", der von ihm begonnene und geführte Eroberungskrieg wie der von ihm inszenierte Holocaust waren der bis dahin großartigste und grausamste und dabei völlig vergebliche Versuch der egozentrischen Bewältigung schlimmer Kindheitserfahrungen (vgl. Erikson 1957, 306 ff.; 1958, 114 ff.; Miller 1980, 169 ff.; Stierlin 1975). Helm Stierlin wie Alice Miller stellen heraus, wie Hitler in seinen (Un-)Taten das Drama seiner Kindheit reproduzierte. Es setzte sich gegen jede logische Einsicht durch. Anders ist das Ausmaß an Widersinn nicht zu begreifen. So wirkte er seinen unersättlichen Einverleibungs- und Eroberungsabsichten mit seinem Judenhaß und seiner Ausrottungskampagne völlig entgegen. Haffner (1981, 94) kann das nicht anders, denn als "klinisches Phänomen" erklären.

Es gibt aber beachtenswerte Hinweise, die auf die "Ursprungsszenen" (Lorenzer) verweisen, die die skizzierte "Reproduktion der frühen Erfahrung" verstehbar werden lassen: Hitlers Mutter war die dreiundzwanzig Jahre jüngere Nichte ihres Mannes, Hitlers Vater. Er blieb für sie der "Onkel". Sie hat "auch nach der Eheschließung nie ganz den Status von Magd und Mätresse überwinden können, in dessen Zeichen sie in das Haus gekommen war. ... Die von ihr erhaltenen Bilder zeigen das Gesicht eines bescheidenen Dorfmädchens, ernst, regungslos und nicht ohne einen Zug von Bedrückung" (Fest 1973, 34). Auch wer letzterem nicht mehr als einen persönlichen Eindruck zugestehen will, muß zugeben, daß es eine Frau, die sich ihrem Manne gegenüber ebenso als unterwürfige Magd wie als Geliebte in einer inzestuösen Beziehung erlebt, schwer hat, ihrem Kind eine einfühlsame, lebensbejahende, auf seine Intentionen eingehende Mutter zu sein. Hinzu kommt - wohl auch als weitere Beeinträchtigung ihres Selbstwertgefühls -, daß ihre drei vor Adolf geborenen Kinder verstorben waren. Es ist höchst wahrscheinlich, daß diese Frau in ihrer Problemverstrickung dazu neigte, ihren Sohn Adolf eher in ihre Phantasmen hineinzuziehen als ihm die Möglichkeit zu geben, sich von ihr zu lösen und innere Unabhängigkeit zu finden (vgl. Stierlin 1975, 50 ff.). Der Sohn mußte für sie Retter - vom Vater - und Rächer - am Vater - zugleich sein. Der Vater bot ihm keine Unterstützung, sich aus der Symbiose mit der Mutter zu befreien. Im Gegenteil, sein Sohn Adolf hatte für ihn kaum eine andere Bedeutung als die, eine Berufslaufbahn anzustreben, die ihm selbst verschlossen war. Beim Vater festigte nämlich "die lange Zeit der damaligen Not, des ewigen Elends und Jammers ... den Entschluß, das Handwerk nun doch wieder aufzugeben, um etwas 'Höheres' zu werden. Wenn einst dem armen Jungen im Dorfe der Herr Pfarrer als Inbegriff aller menschlich erreichbaren Höhen erschien, so nun in der den Gesichtskreis mächtig erweiternden Großstadt (gemeint ist Wien, A. L.) die Würde eines Staatsbeamten" (Hitler 1935, 2 f.). Sein Sohn Adolf sollte es in der Beamtenhierarchie weiter bringen, als es ihm aufgrund seiner Lebensumstände und Vorbildung möglich war. Doch für den Sohn war es unerträglich, sich auch noch den Intentionen des ansonsten für ihn kaum vorhandenen Vaters unter Prügeln fügen zu müssen. Gerade aus seiner erlebten Ohnmacht den väterlichen Forderungen und Angriffen gegenüber und angesichts der Phantasmen vom Retter und Rächer, in die ihn die Mutter bereits hineingezogen hatte, entstanden bei Adolf Hitler ganz andere, viel weitreichendere Pläne als der Vater sich vorstellen und ihm antragen konnte. Er brachte dem Vater nur Verachtung entgegen, als jener ihn in eine kleinbürgerliche Laufbahn über die Realschule zwingen wollte. Ein Staatsbeamter ist immer untergeordnet und nie ganz oben. Dahin drängte es den jungen Adolf aber. Schon in jungen Jahren erprobte er sich als "kleiner Rädelsführer" (Hitler 1935, 3) im Umgang mit "äußerst robusten Jungen". Er berauschte sich auch "an glanzvollen kirchlichen Festen"... "Was war natürlicher als daß, genau wie einst dem Vater der kleine Herr Dorfpfarrer, nun mir der Herr Abt als höchst erstrebenswertes Ideal erschien... Nachdem aber der Herr Vater bei seinem streitsüchtigen Jungen die rednerischen Talente aus begreiflichem Grunde nicht so zu schätzen vermochte, um aus ihnen etwa günstige Schlüsse für die Zukunft seines Sprößlings zu ziehen, konnte er natürlich auch ein Verständnis für solche Jugendgedanken nicht gewinnen" (Hitler 1935, 4). Bald schwärmte Adolf vom "Heldenkampf" und allem, was mit Krieg oder Soldatentum zusammenhing. Zwischen Sohn und Vater entspann sich eine Auseinandersetzung, bei der dem narzißtischen Anspruch des Vaters an den Sohn von diesem nicht nur nicht entsprochen wurde, sondern wo der Sohn sich mit der damals schon erlebten eigenen Grandiosität dagegen wehrte und darüber hinwegsetzte. "Auf beiden Seiten blieb es dabei bestehen. Der Vater verließ nicht sein 'Niemals', und ich verstärkte mein 'Trotzdem'" (Hitler 1935, 8). Sicher verweigerte Hitler die Mitarbeit in der Schule auch, "weil er in grandioser Überheblichkeit erwartete, stets ohne Anstrengung Erfolg zu haben" (Stierlin 1975, 38 f.). Wir dürfen annehmen, daß der junge Adolf zumindest geahnt hat, daß sein Vater möglicherweise der nicht eheliche Sohn eines Juden war, bei dem die Großmutter in Stellung war (Fest 1973, 31 f.).

Während nun Adolf seine Mutter als "die gute" verehrte, richtete sich sein Haß auf die unbewußt mit dem "bösen" Vater in Verbindung gebrachten Juden. Auf sie wird auch jene Wut "verschoben", die ursprünglich der wenig empathischen, versagenden Mutter galt. Sie, an die er gebunden und von der er innerlich abhängig war, wagte er nicht anzugreifen. Aber auch der Vater konnte erst in der Verallgemeinerung auf "die Juden" bekämpft werden (vgl. Klein 1962; Bigras 1975; Bittner 1982). Die Juden repräsentierten nicht nur das Böse eines anderen, sondern auch das eigene (das "maligne Introjekt"). Mit ihnen konnte es ausgestoßen und ausgerottet werden. Während sich Adolf Hitler selbst dem deutschen Volk und dem deutschen Reich zugehörig fühlte, das wohl die Bedeutung von "guter Mutter" für ihn bekam, war sein Vater als Zollbeamter ein Repräsentant des von ihm gehaßten Vielvölkerstaates Österreich. Hier könnte auch eine assoziative Verknüpfung mit dem internationalen Judentum bestehen.

Mitbestimmend für Hitlers Denken und Handeln war sicherlich der Krebstod seiner Mutter, als er achtzehn Jahre alt war. Der sie behandelnde jüdische Arzt, Dr. Eduard Bloch, hatte eine Entfernung einer Brust veranlaßt und eine teure Jodoform-Behandlung durchgeführt. Dennoch konnte er ihren Tod nicht verhindern. Hitler soll ihre Krankheit mitgelitten und sie liebevoll gepflegt haben, um die "vom Tod bedrohte Mutter am Leben zu erhalten" (Stierlin 1975, 46), um sich so selbst vor dem Verlust zu bewahren, von dem er sich schon von frühester Kindheit an bedroht fühlte. Die Schuld an der Verstümmelung und am Tod der Mutter hatte er wohl (unbewußt) dem jüdischen Arzt gegeben, auch wenn er ihm noch 1940 half, nach Amerika auszureisen. Ich schließe mich Stierlin (1975,46) an, wo er schreibt: "Aber unbewußt sah er in ihm, in hilfloser nach Vergeltung verlangender Wut, den Mann, der seine Mutter vergiftet und skrupellos von ihrem Leiden profitiert hatte". Hatte in seinen Augen nicht auch schon der fünf Jahre zuvor verstorbene Vater an der Mutter "profitiert" und ihr Leben vergiftet? Das gleiche wiederholte sich für ihn noch einmal im November 1918, als er durch Giftgaseinwirkung vorübergehend erblindet, das Ende des Ersten Weltkrieges im Lazarett in Pasewalk erlebte. Er meint selbst dazu, "daß doch nur eingetreten war, was ich so oft schon befürchtete, nur gefühlsmäßig nie zu glauben vermochte" (Hitler 1935, 225).

Das entspricht genau der Definition einer Variante psychischen Traumas. Wie Lorenzer (1972, 48) zitiert, schreibt Theodor Reik: "Die traumatische Situation dieser Art stellt sich also folgendermaßen dar: Es ist, als ob plötzlich und in unerwarteter Form wirklich real würde, was wir einmal gefürchtet, dann vor uns abgeleugnet und aus unseren Gedanken verbannt haben. Das dunkle Unheil, das wir unbewußt erwartet haben, ist plötzlich da ... Das Fremde, das da plötzlich in unser Leben eingreift, ist etwas Altbekanntes, nur Entfremdetes, etwas, was wir unbewußt längst erwartet hatten und das gerade in diesem Augenblick, da wir nicht daran dachten, Realität zu werden scheint".

Hitler bringt den Ausbruch der Revolution und die Ausrufung der Republik in Verbindung mit dem Tod der Mutter elf Jahre zuvor. Als der Pfarrer im Lazarett in Pasewalk eine Ansprache hielt und sagte, "daß wir den langen Krieg nun beenden müßten, ja daß unser Vaterland für die Zukunft, da der Krieg jetzt verloren wäre und wir uns in die Gnade der Sieger begäben, schweren Bedrückungen ausgesetzt sein würde, daß der Waffenstillstand im Vertrauen auf die Großmut unserer bisherigen Feinde angenommen werden sollte - da hielt ich es nicht mehr aus. Mir wurde es unmöglich, noch länger zu bleiben. Während es mir um die Augen wieder schwarz ward, tastete und taumelte ich zum Schlafsaal zurück, warf mich auf mein Lager und grub den brennenden Kopf in Decke und Kissen. Seit dem Tag, da ich am Grabe der Mutter gestanden, hatte ich nicht mehr geweint" (Hitler 1935, 223).

Die allgemeine Deprivation, der Verlust des Vaterlandes war für sein Gefühl identisch mit dem dem Kinde unfaßbaren Entzug der Mutter. Dafür gab er später dem "bösen" (Juden-)Vater ebenso die Schuld wie beim Tod der Mutter dem jüdischen Arzt und bei der Niederlage den jüdischen "Novemberverbrechern", die er bei jeder sich bietenden Gelegenheit mit großer Erregung anprangerte: "Geschah dies alles dafür, daß nun ein Haufen elender Verbrecher die Hand an das Vaterland zu legen vermochte?" (Hitler 1935, 224) Aber da waren auch die "Rachegeister", als die die toten Helden in die Heimat entsandt werden sollten, die sie (durch jene Verbrecher) "um das höchste Opfer, das auf dieser Welt der Mann seinem Volke zu bringen vermag, so hohnvoll betrogen hatte" (ebenda). Hitler selbst steigerte sich in seinen Haß gegen jene "elenden und verkommenen Verbrecher". Sie waren schuld an dem "ungeheuren Ereignis", das bewirkte, daß ihm "die Scham der Empörung und der Schande in der Stirn" brannte. Aber dann kam rasch die Wende: "In den Tagen darauf wurde mir auch mein Schicksal bewußt. Ich mußte nun lachen bei dem Gedanken an meine eigene Zukunft, die mir vor kurzer Zeit noch so bittere Sorgen bereitet hatte. War es nicht zum Lachen, Häuser bauen zu wollen auf solchem Grunde?" ... "Ich aber beschloß Politiker zu werden" (Hitler 1935, 225). Dieser letzte, sattsam bekannte Satz ist eine Antwort auf die für ihn unerträgliche Zumutung persönlichen Leidens an der Wiederholung kindlicher Traumatisierung. Als Politiker suchte er "Gesinnungsgenossen"; denn er spürte, daß der verlorene Krieg und der Niedergang des deutschen Reiches von vielen ähnlich erlebt wurde wie von ihm. Die allgemein hoffnungslose Situation gab ihm die Chance, die Reproduktion früher Erfahrung in jene "Bewegung" umzusetzen, die zu einer politischen Kampfansage gigantischen Ausmaßes und zum kollektiven Traum vom tausendjährigen Reich führte. Mit seinen rauschartigen und die Massen in seinen Bann versetzenden Auftritten kam es dann zu einer fatalen "magischen Koinzidenz" (Fest 1973, 22) zwischen Hitler und dem deutschen Volk. Er traf auf Erwartungen, die ihm schon seine Mutter entgegengebracht hatte, die in ihm den Retter aus dem Elend und den Rächer für erlittene Demütigungen sah. Hitler nahm diese Erwartungen auf, ohne aber andere als abgegrenzte Individuen mit eigenem Leben und eigenen Interessen überhaupt wahrnehmen und anerkennen zu können, was sein archaischer Egozentrismus eben verhinderte. Noch weniger konnte er realisieren, welches unsagbare Leiden er später Millionen von unschuldigen, willkürlich von ihm dazu ausersehenen Menschen zufügte. Angesichts dessen sollte der zu Hitlers Biographie hergestellte Zusammenhang allerdings keine "Erklärung" sein, sondern nur weiteres Nachdenken befördern.

Was veranlaßt den Menschen, frühe Erfahrung zu reproduzieren?

Ich versuche zu zeigen, wie es zur kaum korrigierbaren Reproduktion der frühen Erfahrung kommt: Als Freud bemerkte, daß seine Patienten in der "Übertragung" auf ihn frühe Erlebnisse neu "auflegen" und ihn in infantile Beziehungsmuster einbeziehen, machte er eine Entdeckung, deren Bedeutung für das menschliche Zusammenleben außerhalb der Psychoanalyse noch kaum erfaßt, geschweige denn gesellschaftlich ausgewertet ist. Er beobachtete, wie Patienten vergessene Erlebnisse - besonders belastende - agierend darstellen, sie nicht bewußt erinnern, "sondern als Tat wiederholen", "ohne natürlich zu wissen, daß dem so war" (Freud 1914, 129).
In seiner Arbeit "Jenseits des Lustprinzips" hatte Freud (1920, 38) nicht nur den Todestrieb eingeführt, sondern auch beim Versuch, ihn zu begründen, eine m. W. kaum beachtete Definition gegeben: " E i n   T r i e b   w ä r e   a l s o   e i n   d e m   b e l e b t e n   O r g a n i s c h e n   i n n e - w o h n e n d e r   D r a n g   z u r   W i e d e r h e r s t e l l u n g   e i n e s   f r ü h e r e n   Z u s t a n d e s ,   welchen dies Belebte unter dem Einflusse äußerer Störungskräfte aufgeben mußte, eine Art von organischer Elastizität, oder, wenn man will, die Äußerung der Trägheit im organischen Leben". (Hervorhebung von Freud, A. L.). Unabhängig davon, ob die Bezeichnung Trieb für diesen Sachverhalt angemessen ist und ob Freud mit der Wiederherstellung eines früheren Zustandes an den anorganischen denkt und so zur Begründung des Todestriebes gelangt, zeigt er sich hier in der Nachfolge Darwins als Entwicklungsbiologe. Was er mit "Wiederherstellung von Früherem" meint, verweist darauf, daß alles Lebende zunächst weniger die Rückkehr in den anorganischen Zustand anstrebt als die Aufrechterhaltung eines psycho-physischen Gleichgewichts, eine Spannungsregulation, wie sie z. B.

beim Menschen im Mutterleib in geradezu idealer Weise gegeben ist. Nach Freud (1920, 39) gehen "die Erfolge der organischen Entwicklung auf die Rechnung äußerer, störender und ablenkender Einflüsse" zurück. Das scheint mir genau das zu sein, was ich oben mit den Unzulänglichkeiten gemeint habe, die das Kind nach der Geburt vorfindet und denen gegenüber es sich anstrengt, Spannungsregulation - "Homöostase" - auf einem immer höheren Niveau zu erreichen. Gleichzeitig bleibt der Sog, zum ursprünglichen "paradiesischen" Zustand zurückzukehren, vor allem dann, wenn sich das Subjekt allzu großen Anforderungen nicht gewachsen fühlt. Das erstrebte "Nirwana" ist also weniger die totale Ruhe durch Rückkehr ins Reich des Anorganischen mit dem Tod (vgl. Freud 1920, 60) als vielmehr jene Situation, in der sich alles wie von selbst und ohne eigene Anstrengung reguliert, wie das im Mutterleib der Fall war. In einen dem vergleichbaren Zustand läßt sich der Mensch zurückfallen, wenn die "Störungskräfte", die Zumutungen so überwältigend sind, daß es ihm nicht mehr gelingt, mit eigener Kraft die Spannungs- und Bedürfnisregulation auf dem jeweils erreichten Niveau aufrechtzuerhalten. In diesem "narzißtischen" Zustand verschwimmen die Konturen menschlicher Partner wieder im Archaisch-Diffusen, in einer unbegrenzten Welt, in der es nichts gibt, was eigene Gestalt und von der egozentrischen Aktivität unabhängigen Bestand hat (vgl. Argelander 1972, 27).

Freud (1920) zentriert seine Arbeit "Jenseits des Lustprinzips" auf den "Wiederholungszwang". Diesen bringt er hier merkwürdigerweise mit dem im Todestrieb angestrebten Spannungsausgleich in Verbindung, obwohl aus seiner Darlegung konkreter Fälle erkennbar wird, daß der Wiederholungszwang entsteht, wenn der Mensch belastenden, traumatischen Erlebnissen ausgesetzt ist, von denen er nicht loskommt. Er nimmt dann immer wieder einen vergeblichen Anlauf, mit ihnen fertig zu werden. Erst die Überwindung des eigenen "Widerstandes" und damit der Angst vor dem erinnernden Wiedererleben (Freud 1914, 125 ff.) der traumatischen Erfahrung ermöglicht ihre nachträgliche Bewältigung und damit die Aufgabe bzw. die Beendigung des Wiederholungszwanges.

Wo also Erfahrung ständig reproduziert wird, handelt es sich zum einen um ein Festhalten an ganz frühen Erlebnisweisen oder um den Rückgang auf sie und zum anderen um die vergebliche Wiederholung jener Situationen, von denen das Subjekt überwältigt wurde und die es in die emotionale Entwicklung nicht einzubeziehen vermochte. So konnte Hitler eher einen ganzen Erdteil in Brand stecken und Millionen Menschen vorsätzlich vernichten als das Leiden, die erlittenen Demütigungen wirklich zu erleben und mit Gefühlsbeteiligung zu erinnern. - Freud schreibt (1914, 132), daß der Patient den Mut erwerben muß, "seine Aufmerksamkeit mit den Erscheinungen seiner Krankheit zu beschäftigen". So wird etwa ein frühes Trennungstrauma mit wechselnden Partnern immer wieder heraufbeschworen, auf der unbewußten Suche nach einer doch noch gelingenden Lösung (vgl. Ettl 1980, Finger 1980, Scheuermann 1978 in diesem Band).

Wir sahen am Beispiel des Daumenlutschens, wie bereits der Säugling Bewegungen so lange wiederholend übt, bis sie zu einer befriedigenden und beherrschbaren Handlung geführt haben, einem Erfolg, der zu weiterer Aktivität anregt. Piaget (1936, 57 ff.) nannte dies mit Baldwin "Zirkulärreaktion". Wenn wir den Wiederholungszwang in diesen Zusammenhang stellen, verstehen wir ihn besser. Er dient einem Handlungsziel - der Bemeisterung

24

von Leiden; aber er verfehlt es immer wieder. Er erscheint uns dann weniger vom Todestrieb geleitet als vielmehr eine Anstrengung ums Überleben, die an Sisyphos denken läßt. An vielen psychoanalytischen Behandlungen läßt sich rekonstruieren, daß das junge Kind oft noch nicht die Fähigkeit besaß, eine es bedrängende Erfahrung durch Wiederholen zu verarbeiten.

In der berühmten und vielzitierten Beschreibung des Spiels eines eineinhalbjährigen Kindes zeigt Freud (1920, 11 ff.) in "Jenseits des Lustprinzips", wie sich jenes Kind einer unlustvollen Auseinandersetzung stellte. Es warf eine Garnrolle, an der ein Bindfaden befestigt war, über den Rand seines verhängten Bettchens, während es den Bindfaden festhielt. Dies Geschehen begleitete es mit einem langgezogenen "bedeutungsvollen" o-o-o-o-o, das die Angehörigen als "fort" identifizierten. Dann zog es die Spule wieder hervor und begrüßte sie mit einem freudigen "da". Freud erfaßte, daß die Spule für das Kind die Bedeutung "Mutter" hatte. Es spielte fort - da, Verschwinden und Wiederkommen der Mutter, um so mit der passageren, beängstigenden Trennung fertig zu werden. M. E. versuchte das Kind, sich mit dem von den gleichen Gefühlen wie bei Weggang und Wiederkehr der Mutter begleiteten Spiel nicht nur der aktuellen schmerzlichen Situation zu bemächtigen, sondern auch mit der nachhaltigen "Stärke des Eindrucks" fertig zu werden und mit den benennenden Worten sie in die bewußt erlebte Erfahrung aufzunehmen. Freud sah, daß es dem Kind um mehr geht als um Lustgewinn, wenn es sich nicht scheut, sich auf unangenehme Erlebnisse einzulassen, nämlich um "Bemächtigung". Nur hat er diesen Aspekt weder in seiner Praxis noch in seiner Theorie konsequent verfolgt (vgl. Laplanche/ Pontalis 1972,87 ff.). Er bringt Spiel auf den Begriff der "Abreaktion". Seine Formulierung, daß sich Kinder im Spiel "sozusagen zu Herren der Situation machen" (1920, 14 f.), dürfte dem Sachverhalt aber besser entsprechen. Mit der Fort-Da-Geschichte gab uns Freud jedenfalls ein Modell für das Verständnis und die Bedeutung des Kinderspiels (vgl. Waelder 1932). Hier hatte das Kind freilich schon so viel verläßliche Zuwendung durch die Mutter erfahren, daß es deren Rückkehr zuversichtlich antizipieren und sich zugleich - spielerisch - als von der Mutter getrenntes Subjekt konstituieren konnte. Wo aber statt einer solchen tragenden Beziehung unberechenbare Trennungen und unverständliche Versagungen das Kind auf sich selbst zurückwerfen, wird es - auch später - nichts anderes erwarten.

Ob sie sich für ihre ungestillten Bedürfnisse unersättlich-gewaltsam zu entschädigen suchen, sich eine grandiose Scheinwelt schaffen oder mit wechselnden Partnern gleichförmig agieren - solche Menschen müssen ihre Vergangenheit auf die Zukunft projizieren, wenn es nicht gelingt, den Zusammenhang ihres Lebens von Anfang an verstehend und erleidend wiederherzustellen.

Literatur

Altenhofer, Rosemarie (1981): Wotans Erwachen in Deutschland. Eine massenpsychologische Untersuchung zu Tollers Groteske 'Der entfesselte Wotan'. In: Urband, Bernd/Kudzus, Winfried (Hrsg.) Psychoanalytische und psychopathologische Literaturinterpretation. Wissenschaftliche Buchgesellschaft, Darmstadt

Argelander, Hermann (1972): Der Flieger - Eine charakteranalytische Fallstudie. Suhrkamp-Verlag, Frankfurt am Main

Balint, Michael (1960): Angstlust und Regression, Beitrag zur psychologischen Typenlehre. Klett-Verlag, Stuttgart. Zit. nach rororo Studium 21/380, Reinbek b. Hamburg 1972

Balint, Michael (1961): Die Urformen der Liebe und die Technik der Psychoanalyse. Fischer Taschenbuch 1035, Frankfurt am Main

Bettelheim, Bruno (1977): Die Geburt des Selbst. Kindler-Verlag, München

Bigras, Julien (1975): Gute Mutter - Böse Mutter. Das Bild des Kindes von der Mutter. Kindler-Verlag, München

Bittner, Günter (1982): Späte Liebe zu Melanie Klein. In: Kindheit, Zeitschrift zur Erforschung der psychischen Entwicklung, 4. Jg. Heft 3, S. 239-248

Breuer, Josef/Freud, Sigmund (1895): Studien über Hysterie. Zit. nach Freud, Sigmund/Breuer, Josef: Studien über Hysterie. Fischer Taschenbuch 60001, Frankfurt am Main 1970

Dilthey, Wilhelm (1958): Plan der Fortsetzung zum Aufbau der geschichtlichen Welt in den Geisteswissenschaften. Entwürfe zur Kritik der historischen Vernunft. - Erster Teil, Erleben, Ausdruck und Verstehen. (Erstveröffentlichungen zwischen 1907 und 1910). In: Gesammelte SchriftenVII. Band. Stuttgart (Teubner)/Göttingen (Vandenhoeck & Ruprecht) ² 1958

Erikson, Erik H. (1957): Kindheit und Gesellschaft. Pan Verlag, Zürich/Stuttgart

Erikson, Erik H. (1958): Der junge Mann Luther, Eine psychoanalytische und historische Studie. Szczesny Verlag, München

Erikson, Erik H. (1966): Identität und Lebenszyklus. Suhrkamp-Verlag, Frankfurt am Main

Ettl, Thomas (1980): Wer nicht hören will muß fühlen. In diesem Band

Fest, Joachim C. (1973): Hitler, Eine Biographie, Erster Band, Der Aufstieg. Propyläen-Verlag, Berlin. Zit. nach Ullstein-Ausgabe, Frankfurt am Main 1978

Finger, Urte D. (1977): Narzißmus und Gruppe. Fachbuchhandlung für Psychologie-Verlagsabteilung, Frankfurt am Main

Finger, Urte D. (1978): Narzißmus, Persönlichkeitsstruktur und Gruppe. In diesem Band

Finger, Urte D. (1980): Das Trennungstrauma in der narzißtischen Persönlichkeitsstörung. In diesem Band

Freeman, Lucy (1973): Die Geschichte der Anna O., Der Fall, der Sigmund Freud zur Psychoanalyse führte. Kindler-Verlag, München

Freud, Sigmund (1895): Krankengeschichten. Zit. nach GW, Bd. I, S. Fischer Verlag, Frankfurt am Main 2. A. 1964

Freud, Sigmund (1914): Erinnern, Wiederholen und Durcharbeiten. Zit. nach GW, Bd. X, S. Fischer Verlag, Frankfurt am Main 5. A. 1969

Freud, Sigmund (1920): Jenseits des Lustprinzips. Zit. nach GW, Bd. XIII, S. Fischer Verlag, Frankfurt am Main 6. A. 1969

Freud, Sigmund (1926). Hemmung, Symptom und Angst. Zit. nach GW, Bd. XIV, S. Fischer Verlag, Frankfurt am Main 4. A. 1968

Groethuysen, Bernhard (1958): Vorbericht des Herausgebers (verfaßt 1926) zum VII. Band der Gesammelten Schriften von Wilhelm Dilthey

Haffner, Sebastian (1981): Anmerkungen zu Hitler. Fischer Taschenbuch 680/3489, Frankfurt am Main

Heidegger, Martin (1928): Sein und Zeit. Max Niemayer Verlag, Halle. Zit. nach Neomarius Verlag, Tübingen 6. A. 1949

Hirschmüller, Albrecht (1978): Physiologie und Psychoanalyse in Leben und Werk Josef Breuers. Jahrbuch der Psychoanalyse, Beiheft 4, Verlag Hans Huber, Bern

Hitler, Adolf (1935): Mein Kampf. 158.-159. Auflage, Zentralverlag der NSDAP Frz. Eher Nachf., München (Ersterscheinung in 2 Bänden, I. 1925, II. 1927)

Hoffer, Willi (1964): Mund, Hand und Ich-Integration. Psyche VIII 1964/65, S. 81-88. Aufgen. in: Kutter, Peter/Roskamp, Hermann (Hrsg.): Psychologie des Ich - Psychoanalytische Ich-Psychologie und ihre Anwendungen. Wissenschaftliche Buchgesellschaft, Darmstadt 1974

Horkheimer, Max/Adorno, Theodor W. (1944): Dialektik der Aufklärung. Philosophische Fragmente. Neupublikation S. Fischer-Verlag, Frankfurt am Main 1969, Fischer TB 6144 1971

Klein, Melanie (1962). Das Seelenleben des Kleinkindes und andere Beiträge zur Psychoanalyse. Klett-Verlag Stuttgart, rororo studium 6/580, Reinbek 1972

Kohut, Heinz (1975): Die Zukunft der Psychoanalyse. Suhrkamp tb Wissenschaft stw 125, Frankfurt am Main

Lacan, Jaques (1973): Schriften I. Walter-Verlag Olten, Suhrkamp tb Wissenschaft 137, Frankfurt am Main 1975

Laplanche, J./Pontalis, J. B. (1972): Das Vokabular der Psychoanalyse. Suhrkamp Verlag Frankfurt am Main

Leppert, Norbert (1982): Aus Eifersucht sein Kind im Vollrausch mißhandelt. Angeklagter war in seiner Rolle des Vaters überfordert. In: Frankfurter Rundschau vom 19. November 1982, S. 9

Lorenzer, Alfred (1970): Sprachzerstörung und Rekonstruktion. Suhrkamp-Verlag, Frankfurt am Main

Lorenzer, Alfred (1972): Perspektiven einer kritischen Theorie des Subjekts. Frankfurt am Main

Lorenzer, Alfred (1974): Die Wahrheit der psychoanalytischen Erkenntnis. Ein historischer materialistischer Entwurf. Suhrkamp-Verlag, Frankfurt am Main

Lorenzer, Alfred (1983): Sprache, Lebenspraxis und szenisches Verstehen in der psychoanalytischen Therapie. In: Psyche, 37. Jg. H. 2, S. 97-115

Mahler, Margaret S./ Pine, Fred/Bergmann, Anni (1978): Die psychische Geburt des Menschen. Symbiose und Individuation. S. Fischer-Verlag, Frankfurt am Main

Miller, Alice (1979): Das Drama des begabten Kindes. Suhrkamp-Verlag, Frankfurt am Main

Miller, Alice (1980): Am Anfang war Erziehung. Suhrkamp-Verlag, Frankfurt am Main

Miller, Alice (1981): Du sollst nicht merken. Variationen über da Paradies-Thema. Suhrkamp-Verlag, Frankfurt am Main

Piaget, Jean (1926): Das Weltbild des Kindes. Klett-Cotta, Stuttgart, 1968

Piaget, Jean (1936): Das Erwachen der Intelligenz beim Kinde. Studienausgabe Bd. I, Ernst Klett Verlag, Stuttgart, 1975

Piaget, Jean (1937): Der Aufbau der Wirklichkeit beim Kinde. Studienausgabe Bd. II, Ernst Klett Verlag, Stuttgart, 1975

Piaget, Jean (1945): Nachahmung, Spiel und Traum. Studienausgabe Bd. V, Klett Verlag, Stuttgart, 1975

Piaget, Jean (1947): Psychologie der Intelligenz. Rascher Verlag, Zürich und Stuttgart, 1948

Portmann, Adolf (1956): Zoologie und das Neue Bild vom Menschen. Rowohlts deutsche enzyklopädie 20, Reinbek

Rank, Otto (1924): Das Trauma der Geburt und seine Bedeutung für die Psychoanalyse. In: Internationale psychoanalytische Bibliothek

Rebentisch, Dieter/Raab, Angelika (1978) (Im Auftrag des Magistrats der Stadt Neu-Isenburg): Neu-Isenburg zwischen Anpassung und Widerstand - Dokumente über Lebensbedingungen und politisches Verhalten 1933-1945, Neu Isenburg

Scheuermann. Peter (1978): Hospitalismus und Dissozialität - Eine Fallstudie. In diesem Band

Schmidbauer, Wolfgang (1977): Die hilflosen Helfer - Über die seelische Problematik der helfenden Berufe. Rowohlt, Reinbek

Schmidtchen, Gerhard (1981): Terroristische Karrieren. Soziologische Analyse anhand von Fahndungsunterlagen und Prozeßakten. In: Jäger/ Schmidtchen/Süllwold: Lebenslaufanalysen. Analysen zum Terrorismus 2. Westdeutscher Verlag, Opladen

Spitz, René A. (1967): Vom Säugling zum Kleinkind. Naturgeschichte der Mutter-Kind-Beziehungen im ersten Lebensjahr. Klett Verlag, Stuttgart

Stierlin, Helm (1975): Adolf Hitler, Familienperspektiven. Suhrkamp Taschenbuch st. 236, Frankfurt am Main

Trescher, Hans-Georg (1978): Sozialisation und beschädigte Subjektivität. Fachbuchhandlung für Psychologie-Verlagsabteilung, Frankfurt am Main

Waelder, Robert (1932): Die psychoanalytische Theorie des Spiels. In: Zeitschrift für psychoanalytische Pädagogik Band 6, S. 184-194. Wiederveröffentlicht in: Flitner, Andreas (Hrsg.): Das Kinderspiel, Piper-Verlag, München 1973

Willi, Jürg (1975): Die Zweierbeziehung. Spannungsursachen/Störungsmuster/ Klärungsprozesse/Lösungsmodelle, Rowohlt, Reinbek

Christian Büttner/Hans-Georg Trescher

VIDEOKRIEG - Die unablässige Suche nach dem Feind

Krieg als Spiel - Spiel als Krieg?

Die FAZ berichtete am 10. 5. 1982 unter dem Titel "Spielend kämpfen, in vertrauter Umgebung" von "erfolgversprechenden Möglichkeiten" für die militärische Gefechtsfeldausbildung durch Videospiele:

"Da die Bewegungen der Videotanks weitestgehend von außen gesteuert werden, muß der zukünftige Videopilot nur mehr in einem einwöchigen Kurs lernen, wo er sich bei einem Spannungsfall zu melden hat, wie er seine Videokombi (rot-weiß-blau) überstreift und wie er das Gefährt besteigt. Sobald er sich im Videotank befindet, sieht er sich einer vertrauten Umgebung gegenüber. Rechts von seinem Sitz aus rosa-grünem Lederimitat findet er einen Automaten, der eisgekühlte Coca-Cola oder Pepsi (wahlweise) offeriert; links neben ihm ist ein Popcorn-Spender und ein Burgermat angebracht. Das Herzstück der neuen Waffe befindet sich direkt vor dem Piloten: Es handelt sich um eine Nachbildung der bekannten Videospiele. Der junge Mensch nimmt Platz, hat sämtliche Errungenschaften der US-amerikanischen Kultur um sich versammelt, fühlt sich heimisch und weiß aus langjähriger Erfahrung mit dem Gerät vor ihm perfekt umzugehen. Das Spiel ist mit den Geschoßeinrichtungen des Panzers gekoppelt; die Treffsicherheit ist, dank Technik und Können, überragend".

Satire oder realistische Vision? Bilden Kriegsspielautomaten für den Kriegsfall aus? Wie kann man vor solchen Geräten "heimisch" werden?

In der bisherigen Diskussion über Kriegsspielautomaten wird sehr schnell und ohne Bezug auf die tatsächlichen Abläufe in Spielsituationen nach zwei Richtungen hin geantwortet: Wie alle Errungenschaften und technologische Entwicklungen - und seien es letztlich sogar wirkliche Waffen, "der Verantwortung nicht fähige Gegenstände" (1) - oder sogar spezielle Fähigkeiten, die Menschen herausbilden können (Geschicklichkeit, Reaktionsvermögen usw.), seien Kriegsspielautomaten zunächst "wert frei". Die andere Richtung bestätigt die satirische Vision des FAZ-Redakteurs: Erst die Einführung der Automaten verspreche als erzieherisches Mittel die (gefährliche) Möglichkeit, Konflikte einzig mit (u. a. militärischen) Gewaltmitteln auszutragen. Wir wollen hier nicht danach fragen, ob solche technologischen Errungenschaften oder ausgebildeten Fähigkeiten zum Einsatz im Krieg kommen und ob dies überhaupt von den Geräten abhängig sein kann, sondern wir wollen den inneren Motiven nachgehen, die Menschen für die lustvolle Konfrontation mit einem kriegerischen Szenario empfänglich machen. Uns interessiert daher nicht so sehr die Beurteilung vielleicht möglicher Anwendungsbereiche von Videospielen, wie in der obigen Zukunftsvision entfaltet wurde (die Generäle werden es dem FAZ-Redakteur zu danken wissen), sondern die Frage, warum Kriegsspielautomaten heute eine solche Faszination für bestimmte Kinder und Jugendliche ausüben. Dazu versuchen wir, aus unseren Beobachtungen, aber auch aus unseren eigenen Erfahrungen mit solchen Automaten zu beschreiben, was im Spieler vor sich geht. Diese Frage ist für uns deshalb zentral, weil wir nur am subjektiven Erleben des Spielers erkennen können, inwieweit beim Umgang mit Kriegsspielautomaten zwischen

29

Spiel und Wirklichkeit unterschieden wird, ob für den Spieler die Differenz zwischen phantasierter und realer Gewalt bestehen bleibt (dem Spiel als Ausdruck der inneren Wirklichkeit und der Wahrnehmung *wirklicher Tanks*).

Kriegssehnsucht und Allmachtsphantasien

Frühjahr 1982. Sonne liegt über einem idyllischen Bergdorf mitten in Korsika, weitab jeder Zivilisation. Neben der kleinen Dorfkirche, auf einer Mauer sitzen mehrere Kinder und schauen gespannt einem etwa 8-jährigen Jungen zu, der mit einem Videospiel in Taschenformat Panzer abschießt und Schiffe versenkt. Die Stille des Dorfes wird nur unterbrochen von dem elektronischen Piepsen, das jeweils einen Treffer anzeigt.

Es gibt wohl heute kaum ein Spielzeug, das sich dauerhaft, ebenso wie Computerspiele, einer derartig internationalen Beliebtheit erfreut. Aber es scheint sich um mehr als nur eine allgemeine, undifferenzierte Beliebtheit zu handeln, die modernste Computertechnologie u. a. in korsische Bergdörfer bringt. Offenbar sprechen die technologischen Arrangements (die Konfrontation mit einem elektronischen Spielpartner) sowie die angebotenen Spielinhalte sehr tiefe Sehnsüchte, Ängste, Affekte, kurz: Strukturen der inneren Wirklichkeit an.

Das Besondere an Spielsituationen mit Computerspielen ist, daß selbst dort, wo mehrere Spieler zusammenspielen könnten, der einzelne eine enge Verbindung nur mit der Maschine eingeht. Es gibt keinen zweiten, geschweige denn einen dritten in der Beziehungssituation "Spiel". In dieser quasi symbiotischen Interaktion ist der Spieler einerseits der Willkür der Maschine ausgesetzt. Er kann nicht vorhersehen, wann er von welcher Seite in welcher Geschwindigkeit und in welcher Massivität angegriffen wird, und er hat auch keinen Einfluß auf den steigenden Schwierigkeitsgrad. Zugleich aber ist eine andere Form der Willkür ausgeschaltet: Die Maschine behandelt ihn genauso wie den neben ihm Sitzenden. Glück spielt keine Rolle. In diesem Sinne ist der "Partner" endlich einmal "gerecht"; er legt den Spieler im Vergleich zu seinem Konkurrenten nicht herein. Diesem fairen Sich-Messen-Können entsprechen besonders Automaten, in denen die Namen der erfolgreichsten Spieler und die jeweiligen Abschußquoten einprogrammiert werden können (in der Regel nach den Rangplätzen 1 - 10, die in beständigen Abständen, wenn nicht gespielt wird, auf dem Monitor erscheinen).

Die Internationalität der Faszination sowie die spezifische "symbiotische" Spielstruktur verweisen auf eine innere Welt der Spieler, die eine Analogie zu einer (in der Tat internationalen) sehr frühen und vorsprachlichen Lebenserfahrung enthält: der phantasierten Einheit und realen Getrenntheit mit zunächst nur einer lebenswichtigen Person (der Mutter oder dem ersten frühen Objekt). Was aber geht in dieser "Symbiose" mit der Maschine vor? Was macht den Krieg in der Symbiose so anziehend? Schauen wir in eine Spielhalle:

Dämmerige Beleuchtung, Blitzen, Schäppern, Klingeln und Rattern von Geldspielautomaten und Flippern. Schlachtgeräusche von Kampfspielautomaten ergänzen die Szene: Surren, Zischen, Krachen. Unter den meist jugendlichen und jungen erwachsenen Spielern befinden sich wenige ältere, diese jedoch vorwiegend an Geldspielautomaten, keine Frauen. Die Aufsicht, ein Rentner, wechselt Geldscheine in Hartgeld. In einer Kabine sitzt ein älterer Mann vor drei Geldspielautomaten, die er gleichzeitig bedient. Drei Walzen rotieren. Wenn die zweite Walze eines Automaten anhält, verdeckt er die dritte, hofft auf magische Unterstützung durch das Glück und betätigt auch nicht die Stoptaste, mit der er die Walze anhalten könnte.

30

Ein schmächtiger Jugendlicher steht vor einem Kampfspielautomaten: "Space Invaders". Für eine Mark darf er feindliche Invasoren abwehren. Er selbst steuert drei Flugobjekte, die er nacheinander in das Gefecht schicken kann. An der Basis des Fernsehmonitors umklammert seine Hand den Steuerknüppel. Mit der rechten Hand betätigt er den Feuerknopf, ungefähr ein Laserschuß pro Sekunde ist möglich. Die Invasoren aus dem Weltall greifen an. Der Jugendliche versucht auszuweichen und zur rechten Zeit zurückzuschlagen. Der Kampf beginnt zunächst langsam. Fast unmerklich beginnt ein rhythmisches Pochen, ähnlich dem menschlichen Herzschlag, unbemerkt vom Spieler, der, sich auf den Kampf konzentrieren muß. Die Kampfgeschwindigkeit nimmt zu, der Jugendliche verliert sein erstes Raumschiff. Die Hälfte der feindlichen Objekte hat er schon vernichtet. Der Angriff des Automaten wird heftiger, der Feind bewegt sich schneller, ist kaum zu treffen. Die Frequenz des rhythmischen Pochens nimmt zu und wird lauter, ebenso die Kampfgeräusche. Das zweite Schiff des Verteidigers ist zerstört, aber auch er selbst hat alle Invasoren liquidiert. Die restlichen werden nun beängstigend schnell, immer noch steigern sich die Geräusche. Zwei Abschüsse gelingen noch, dann gibt es keine Verteidiger mehr. Im Monitor erscheint die Anzeige: "Game over - werfen Sie eine Münze ein". Zwei oder drei Minuten hat die Weltraumschlacht gedauert. Der Spieler ist wieder in der Wirklichkeit. Dann fällt eine neue Münze in den Automaten, eine neue Schlacht beginnt, und noch eine, bis der Jugendliche psychisch, physisch und finanziell erschöpft den Spielsalon verläßt.

Dieser Jugendliche ist kein merkwürdiger Sonderling. 1981 standen immerhin 75 000 Videospielautomaten in Gaststätten und Spielsalons, 50% mehr als 1980 (2), von den Automaten im Privatverkauf ganz abgesehen. Was also fasziniert an diesem Spielen? Was steckt hinter der Interaktion mit den Automaten?

Zunächst fällt auf, daß die Situationsbestimmungen des Spieles eindeutig sind. Wer der Feind ist, ist klar; daß er böse ist, ist keine Frage, und auch die Verhaltenserwartungen an den Spieler sind eindeutig und stehen nicht zur Diskussion. Das eindeutige Feindbild garantiert absolute und fraglose Sicherheit für richtiges Handeln. solche Situationen sind in der Lebenswirklichkeit wahrscheinlich kaum zu finden. Einfache Lösungen nach dem Muster, wenn a, dann b, finden sich allenfalls noch im Mathematikunterricht des Jugendlichen, kaum aber in seinen Beziehungsrealitäten mit den Eltern und anderen Erziehern (Ausbildern), mit der Freundin, mit den Freunden. Menschliche Konflikte sind selten eindeutig; wenn auch ständig versucht wird, Eindeutigkeit herzustellen, etwa indem die Freundin für die scheiternde Liebesbeziehung schuldig gesprochen wird.

Der Spielautomat erfüllt diesen Wunsch nach Eindeutigkeit und Verhaltenssicherheit. Gut und Böse sind zweifelsfrei festgelegt und voneinander eindeutig getrennt: das Böse ist zu vernichten. In der Wirklichkeit kann das Böse nicht vernichtet werden, es ist ja nicht nur bei den anderen lokalisiert, es ist auch Teil des Selbst. Die wirklichen Menschen sind *gut und böse*. Böse unbewußte Wünsche (Ich könnte dich umbringen!), Reaktionen auf Verletzungen in der eigenen Lebensgeschichte speisen die Kriegssehnsucht. Sie ist die destruktive Kehrseite des unzureichend erfüllten Wunsches nach Sicherheit und Geborgenheit. Die Illusion besteht darin, daß es eindeutig gute Objekte geben könnte, daß Verletzungen und seelische Schmerzen, daß Konflikte überflüssig werden würden, wenn *das* Böse vernichtet wird.

Die Darbietungsweise (Konfrontation) durch den Automaten verstärkt die besinnungslose Aufnahme des Kampfes gegen das vermeintliche (weil kultur-industriell maskierte) Böse, hilft den Spielrausch zu erzeugen. Der

Spielverlauf ist durch die sukzessive Erhöhung des Schwierigkeitsgrades mit einer zunehmenden Stimulierung des Spielers durch die Verstärkung der Geräuschkulisse gekennzeichnet. Mit der Bedrohung durch die feindlichen Objekte wird auch die akustische Stimulation durch den Automaten gesteigert. Angst vor der Vernichtung und Lust am Zerstören des Feindes werden auch auf dieser Ebene unterhalb der bewußten Wahrnehmungsschwelle aufgepeitscht. Kennzeichen der erreichten Affekthöhe sind die oft feuchten Bedienungselemente, wenn ein engagierter Spieler sich längere Zeit gegen die Angreifer zur Wehr gesetzt hat.

Wir haben festgestellt, daß besagte Kriegsspiele Sicherheit fürs richtige Handeln garantieren. Dieses richtige Handeln ist auschließlich die Vernichtung des Gegners, dessen einziges Ziel ebenfalls die Vernichtung des Spielers (bzw. seiner Kampfflugzeuge) darstellt. Subjektiv befindet sich der Spieler also in einer Notwehrsituation. Notwehrsituationen sind u. a. dadurch gekennzeichnet, daß Aggressionstabus nicht gelten, weil die Erhaltung des eigenen Lebens Vorrang hat gegenüber demjenigen des Angreifers. Es werden also durch die Rahmenbedingungen und die Struktur der Kriegsspiele die Voraussetzungen dafür geschaffen, umfassende (narzißtische) Wut und Destruktion, hemmungs- und schuldlos zu entbinden. Und es wird ja auch nicht wirklich jemand zerstört. Das Spiel bleibt harmlos, ein (teueres) Vergnügen. Oder doch nicht?

Der Spieler sucht jene Notwehrsituation freiwillig aus, führt sie aktiv herbei und bezahlt dafür. Nicht-Spieler verstehen nicht, warum ein Jugendlicher in kaum einer Stunde im Spielsalon die Hälfte seines monatlichen Taschengeldes für die Kampfspiele ausgibt. Das Spielmotiv scheint irrational, unverständlich. Und auch die direkte Befragung ergibt keine befriedigende Auskunft darüber, was die primäre Triebfeder der Faszination durch die Kriegsspiele sein könnte. Der Interviewer bekommt zu hören: Die Spiele sind spannend, aufregend, es macht einfach Spaß.

Wenn die einen dieses Thema (Kampf ums Überlebenin seiner spielerischen Verkleidung) überhaupt nicht interessiert, andere hingegen geradezu gebannt sind, liegt die Vermutung nahe, daß die faszinierten Spieler in den Automaten etwas aus ihrem ganz speziellen Erfahrungsbereich begegnen, etwa prototypischen Kampfsituationen, die unerledigt geblieben sind. So können unbewältigte Konflikte, die großen Eindruck hinterlassen haben, im Kriegsspiel chiffriert erneut ausgetragen werden. Zwei Erlebnisdimensionen - Angst und Wut -, die im Spiel neu virulent werden, dominieren den Spielverlauf. Dabei handelt es sich um relativ unstrukturierte, archaische Formen der Angst, ebenso wie um archaische Formen der Wut. Angesprochen sind ja nicht differenzierte Formen der Konfliktbewältigung, sondern umfassende Reaktionsweisen: Tod oder Leben, eigene Vernichtung oder Vernichtung des Feindes. Entsprechend umfassend die Angstformen, die während des Spiels wiederbelebt werden. Es sind Ängste, die um eine drohende Vernichtung des Selbst kreisen, nicht eine strukturierte Angstformen wie Strafängste oder der Angst vor Liebesverlust. Entsprechend umfassend ist auch die Aggression, die in der Notwehrsituation mobilisiert wird. Der Gegner, der Feind ist ein übermächtiges, verfolgendes, absolut böses Objekt. Ihm kann nur der entrinnen, der es radikal vernichtet.

Nun sind jene umfassenden Erlebnisfiguren in ihren Ursprüngen lebensgeschichtlich sehr früh lokalisiert. Es sind Angst- und Aggressionsformen, die sehr kleine Kinder im Angesicht der übermächtigen Erwachsenen erleben, von denen sie auf unsagbare, aber umfassende Weise abhängig sind.

Diese Gefühle sind ein Zerrspiegel der realen Hilflosigkeit des kleinen Kindes und seiner Unfähigkeit, allein, ohne Hilfe der Eltern, zu überleben. Jedes Getrenntsein muß daher einer Notsituation gleichen, in der es nur Gut und Böse, Freund und Feind gibt, und die von *totaler* Hilflosigkeit und *totaler* Wut darüber begleitet ist. Fühlt sich hingegen das kleine Kind von seinen Eltern geliebt, dann hat es gleichsam teil an ihrer Macht und Größe. Es wird getragen von einer ausreichend guten Beziehung, die Sicherheit und Geborgenheit vermittelt. Aus dieser Sicht nimmt es nicht wunder, daß jene Kampfspiele auch Sicherheit wenigstens in dieser Hinsicht thematisieren.

Während des Spiels aber setzt sich der Spieler einer Situation totaler Unsicherheit aus; oft muß er sich nach allen Seiten hin verteidigen, um der Vernichtung zu entgehen. Er ist dem willkürlich auftauchenden Feind letztendlich schutzlos ausgeliefert. Das Spiel ist nicht zu gewinnen. Nur ein neues Spiel (und ein neuer Einsatz von DM 1,--) erlaubt kurzfristig wieder die Illusion, das böse, verfolgende Objekt doch noch vernichten zu können. Hier verbinden sich Profitbedürfnisse des Automatenher- und -aufstellers und die nicht einlösbare Friedenssehnsucht des Spielers auf fatale Weise: Weil die Überwindung und Bearbeitung der archaischen Ängste im Medium des Kriegsspiels nicht zu leisten ist, aber doch die Illusion erzeugt wird, daß dem Feind letztendlich entronnen werden könnte, bleibt dem Spieler nur der neuerliche Einwurf einer weiteren Münze, um wenigstens an der Illusion von Versöhnung festhalten zu können.

Sehnsucht nach Sicherheit

Wir haben nicht nur Probleme damit, auszuhalten, daß es den wirklichen Krieg gibt (wie empört wir darüber auch sein mögen), wir geraten - vor allem wenn wir uns für verantwortungsbewußte Pädagogen und Psychologen halten - auch gegenüber dem gespielten Krieg in Aufruhr, besonders wenn er sich in unserer unmittelbaren Nachbarschaft abspielt. So hat die Wahrnehmung und die Untersuchungsperspektive zum Problem der Kriegsspielautomaten zu allererst eine moralische Seite, eine der Empörung oder eine der (profitablen) Zustimmung. Der Kriegsspielautomat ist etwas, was uns zu nützen oder zu schaden scheint. Vor allem aber stört er gefährlich unsere Illusion, wir lebten im Frieden, bei *uns* gäbe es keinen Krieg. Der Krieg entstehe nur durch die anderen, durch deren böse, teuflische Absichten und Wünsche. Und auf diese Weise "schießen" sich Politiker und Pädagogen auf den Krieg gegen Automatenkrieg ein; ihn dort zu unterdrücken, wo er als Spiegel der eigenen Wirklichkeit nur allzu deutlich zeigt, daß auch wir mit dem Bösen, mit dem *Feind* in uns leben.

Der Hoffnung des Jugendlichen, diesen aussichtslosen, sich zwanghaft wiederholenden inneren Kampf endlich am Automaten zu gewinnen, entspricht unsere Hoffnung auf das Paradies: In dem es niemanden und nichts mehr gibt, was junge Menschen zum Bösen verführt und in dem die Menschen keine böse Spielerei mehr ausdenken, die ihr wahres Gesicht entschleiern könnte. Wer die Kriegsspielautomaten psychologisch oder pädagogisch bekämpft, hat genauso seinen Feind gefunden (in den vergegenständlichten Wutszenarios) wie der Jugendliche in den feindlichen Invasoren. Das Verbannen der Automaten letztlich durch Indizierungsversuche (3) beruht auf der gleichen Illusion, das Böse könne mit einem Trick zum Verschwinden gebracht werden, wie die Illusion des Jugendlichen, wenn er eine neue Münze in den Automaten wirft mit der Hoffnung, nun doch zu gewinnen.

Indem die Automaten eine Verdinglichung des Versuchs sind, das Böse, die

Bedrohung, die Konflikte, die Not zu bannen, drückt sich hier eine ungeheure Sehnsucht nach Frieden, nach der endlichen Beendigung des Kampfes aus. Je heftiger der Jugendliche kämpfen muß, desto mehr sehnt er sich nach Frieden - bis zur Erschöpfung. Ihm gegenüber - vergegenständlicht im Automaten - steht der Programmierer. Ihm ist es mit seiner Maschine und seinem Programm gelungen, genau dieses Gefühl in einen ritualisierten Handlungsablauf einzubinden, das heute so viele teilen: die Sehnsucht nach Sicherheit (am "falschen" Objekt). Er und schließlich auch diejenigen, die sich an den "harmloseren" Automaten erfreuen (die nicht so peinlich mit der Nase auf das Böse stoßen), sind die eigentlichen Spieler.

Sigmund Freud hat einmal das spielende Kind mit einem Dichter verglichen. Im Spiel gibt es den bedeutungsvollen Dingen und Ereignissen seiner Welt eine ihm wohlgefällige, andere Ordnung, als sie in der Wirklichkeit Bestand hat (4). Die damit angesprochene Aufgabe des Kinderspiels in seiner Funktion als Wunscherfüllung artikuliert sich bei den kriegerischen Video-Spielen als Kriegssehnsucht, die sich aus der trügerischen Hoffnung speist, daß Krieg so überwunden werden könnte, daß endlich Versöhnung und Frieden zu finden sei, wenn nur erst der "Feind" vernichtet ist. Persönlicher Frieden, Versöhnung mit den schmerzhaften Erfahrungen des eigenen Lebens - so scheint uns - kann nicht gefunden werden, solange das "Böse" ausschließlich als Äußerliches im anderen und fremden dingfest bekämpft wird (nicht von ungefähr sind die beliebtesten Kriegsspiele Kämpfe gegen Außerirdische, d. h. nicht- und unmenschliche Fremde). Auf diese Weise ist allenfalls die kurzfristige Ruhigstellung und Befriedigung möglich: eine Form der Katharsis, die sich letztendlich *gegen* die wirklichen Affekte und Sehnsüchte der kriegführenden Spieler richtet.

Anmerkungen

(1) So Alois Mertes zur Neutronenwaffe in der "Pro und Contra" - Sendung der ARD vom 27. 8. 1981

(2) FAZ vom 13. 4. 1982, S. 17

(3) Frankfurter Rundschau vom 4. 8. 1981, S. 17 ("Jugendliche sollen nicht mehr Krieg spielen") und vom 3. 6. 1982, S. 4

(4) Sigmund Freud: Der Dichter und das Phantasieren, Gesammelte Werke, Band VII, S. 204, Frankfurt 1972

Thomas Ettl

Wer nicht hören will muß fühlen

Zum Problem des Agierens in Kindertagesstätten

Die Institution Kindertagesstätte sieht sich in ihrer Funktion als sekundäre Sozialisationsinstanz zunehmend mit der Aufgabe konfrontiert, Kinder mit einer Fülle zum Teil schwer traumatogener Sozialisationserfahrungen ein Stück auf ihrem Lebensweg zu begleiten. Dabei sind es vorwiegend die körperlich und seelisch vernachlässigten und die in den präödipalen Entwicklungsstadien überforderten Kinder, die den Einrichtungen ihren Stempel aufdrücken und die sich bei der Entmachtung pädagogischer Konzepte besonders hervortun. Sie benutzen die Institution, um die Auseinandersetzung mit ihrer Lebensgeschichte zu erzwingen und fordern mit Vehemenz die Wiedergutmachung ihrer erlittenen narzißtischen Wunden. Die Erzieher, mit derartigen Ansprüchen konfrontiert, deren Unerfüllbarkeit schon oft deshalb mit einprogrammiert ist, weil sie viel zu hoch sind, können nur noch mit außerordentlich großem psychischen Einsatz ihrem Erziehungsauftrag nachkommen vielfach ihre pädagogischen Fähigkeiten der Notwendigkeit zur Verabreichung einfachster Pflegeleistungen wegen gar nicht zur Anwendung bringen, da eine ganze Reihe von Kindern, die die Tagesstätten besuchen, in ihrer Entwicklung erheblich retardiert sind, z.b. solche, die in ihren Individuationsbestrebungen und dem damit verbundenen Erwerb von Ich-Fähigkeiten vom Elternhaus torpediert wurden. Die Erzieher sehen sich mit dem undankbaren Geschäft konfrontiert, mit den Kindern zu Hause Versäumtes nachholen zu müssen. Die Kindertagesstätte wird dadurch gegen ihren erklärten Willen leicht entweder zur Aufbewahrungsanstalt oder aber als erste Instanz sekundärer Sozialisation bereits zum Sanatorium für die in der Primärgruppe Geschädigten.

Aus dem sehr komplexen Problemfeld Kindertagesstätte will ich mich hier den affektiven Prozessen zwischen Kindern und Erziehern zuwenden, insbesondere jenen Vorgängen, bei denen es zum heftigen Schlagabtausch der Gefühle kommt. Ich gehe davon aus, daß die in Kindertagesstätten auftretenden affektiven Probleme den Erziehern mitunter zur Verhaltensweisen Anlaß geben, mit denen sie bei ihren Kindern entweder bereits etablierte psychosoziale Fähigkeiten außer Kraft setzen oder aber Bildungsprozesse derselben unterbrechen bzw. fehlleiten. Dabei vertrete ich die Auffassung, daß solches Erzieherverhalten sowohl durch die objektiven Gegebenheiten der Kindertagesstätte evoziert wird also strukturell bedingt ist, als auch durch das milieutypische Interaktionsspiel zwischen Kindern und ihren Erziehern verursacht ist, sich zugleich aber auch aus den je individuellen Strukturen der Kinder und Erzieher herleiten läßt.

Eine Annäherung an die Problematik wollen wir über die Frage erreichen, auf welche Weise Kinder ihre bereits gelebte Geschichte in der Kindertagesstätte zur Darstellung bringen und wie die Institution mit den Darstellungsweisen der Kinder umgeht.

Die Praxis zeigt, daß Erleben und Erfahrung, insbesondere aber traumatische Erlebnisse von Kindern a) über den Weg des Agierens, im Sinne einer "Abreaktion im Benehmen" (A. Freud, 1971), in die Institution hineingetragen werden, über ein Verhalten also, dessen Hintergründe und Zusammenhänge selten entzifferbar sind und das am ehesten mit dem "Kritzelstadium" vergleichbar ist. Zu dieser Art des Agierens greifen häufig solche Kinder, die bereits in der Primärsozialisation defektbildende Eingriffe in den Symbolbildungsprozeß hinnehmen mußten; b) mittels des freien Spieles, eines gemalten Bildes oder des gesprochenen Wortes, also mittels symbolischer Darstellung in die Institution eingefädelt wird.

Die Praxis zeigt ferner, daß die verschiedenen Weisen der Darstellung von der Institution entweder nur unzureichend und für die Kinder von daher unbefriedigend aufgegriffen werden können oder aber ganz aus der Beziehung Kind – Erzieher ausgeklammert werden, indem sie in ihren Ansätzen abgeblockt oder aber ignoriert werden. Solche Ausklammerung kommt einer Exkommunikation des Subjektes als "geschichtliches Ereignis" (J. Taubes, 1969) gleich. Sie zeichnet m. E. verantwortlich für das von den Erziehern häufig beklagte emotionale Chaos im pädagogischen Alltag, weil die Kinder dieser Ausklammerung ihrer Geschichte mit heftiger Wut begegnen. Mit ihrem indifferenten Verhalten gegenüber dem Erleben der Kinder beschränkt die Institution ihre Kinder in der Vielfalt und Virtuosität ihrer Darstellungen, was Folgen für die psychische Verfassung, insbesondere aber für die in Bildung begriffenen seelischen Prozesse zeitigt. Die Ausklammerung des dargestellten Erlebens ist ein Eingriff, der die Herstellung einer "Identität mit der eigenen Lebensgeschichte" als unerläßlichem "Pfeiler des reifen Ichs" (Lorenzer, 1972a) erschwert, die Identität der Kinder bleibt brüchig, und es kann zu schadhafter Entwicklung im Regulationssystem ihres Selbstwertgefühls kommen. Die Erscheinungen solcher Beschädigung und Brüchigkeit, die Verhaltensauffälligkeiten, werden dann irrtümlich der Inkompetenz der Primärsozialisation angelastet. Wie noch zu zeigen sein wird, schlägt die Ausklammerung des Erlebens bei den Kindern letztlich auch auf die Erzieher und deren Befindlichkeit zurück. Was psychoökonomisch Gewinn bringen soll, erweist sich auf lange Sicht hin als höchst unökonomisch.

Die Modi der Ausklammerung von Erfahrung sind freilich außerordentlich variationsreich und entziehen sich ebenso einer geschlossenen Darstellung wie die unterschiedlichsten Gründe, die für solche Ausklammerungen verantwortlich sind. Ich möchte deshalb das Bedingungsgefüge von Ausklammerung und Agieren in den Mittelpunkt der Überlegungen stellen. Eine solche Eingrenzung scheint auch deshalb zweckmäßig, weil dem Agieren in Kindertagesstätten eine immense Bedeutung zukommt, immerhin ist Agieren im weitesten Sinne eine für Kinder normale Äußerungsform, es ist eine Vorstufe der Sprache, man denke an das Spiel. Gerade aber deshalb wird es notwendig sein, innerhalb des Spektrums Agieren Unterscheidungen zu treffen zwischen dem Spiel als hochorganisiertem, strukturiertem Handeln und jenen Formen des Handelns, die als Ausdruck zerstörter Symbolisierung begriffen werden müssen bis hin zu den unstrukturierten, unverständlichen Impulshandlungen.

Das folgende Beispiel aus dem Kindertagesstättenbereich befaßt sich mit dem Umgang eines Kindergartens mit einem punktuellen Trauma, also einem vereinzelten, aber einschneidenden Ereignis. Die Eingrenzung auf ein punktuelles Trauma bietet den Vorteil besserer Darstellbarkeit im Gegensatz zu den kumulativen Traumata, wo Lebenssituationen durch ständige Wiederkehr bzw. durch Langfristigkeit traumatisch wirken, und man von traumatischen

Biographien sprechen muß. In der Praxis läßt sich eine solche Eingrenzung freilich nicht durchhalten, da Kindertagesstätten heutzutage vorwiegend mit Lebensgeschichten konfrontiert werden, die gerade durch kumulative Traumata gekennzeichnet sind.

An der Geschichte eines derzeit ca. 5 Jahre alten Mädchens möchte ich zeigen, aus welchen Gründen und mit welchen Konsequenzen in Kindertagesstätten die Ausklammerung von Erleben praktiziert wird. Die Geschichte gestattet m. E. Einblick in den Herstellungsprozeß einer institutionell bedingten "Verhaltensauffälligkeit"; sie kann zugleich, ohne daß hier allerdings näher darauf eingegangen wird, die Bedeutung von Supervision im Interaktionsfeld Kindertagesstätte zeigen.

Es handelt sich um ein Mädchen, das von seinen Eltern kurz nach seiner Geburt zur Großmutter mütterlicherseits in Pflege gegeben wurde und dort bis zu seinem 4. Lebensjahr aufwuchs. Aus hier nicht näher zu bezeichnenden finanziellen Differenzen zwischen Mutter und Großmutter, die aber nicht im Zusammenhang mit dem Kind standen, riß die Mutter erzürnt das Kind aus seiner gewohnten Umgebung bei der Großmutter, nahm es zu sich und steckte es unmittelbar darauf als Ganztagskind in den Kindergarten, was von der beruflichen Situation der Mutter aus gesehen nicht erforderlich gewesen wäre.

Das Kind, Hals über Kopf von seiner wichtigsten Bezugsperson getrennt und zugleich mit den für es fremden Erfahrungen des Kindergartenlebens konfrontiert, blieb den Berichten seiner Erzieher zufolge, die ersten Monate gleichwohl unauffällig, entwickelte dann aber im Laufe eines halben bis dreiviertel Jahres eine Reihe von Verhaltensauffälligkeiten, weswegen schließlich in der Supervision darüber diskutiert werden sollte. Das Mädchen entwendete Nahrungsmittel, biß andere Kinder wahllos in den Arm und zeigte ein sonderbares häufig wiederholtes Verhalten, welches für das Verstehen der Problematik dieses Kindes von besonderer Bedeutung sein mußte: das Mädchen fiel Erzieherinnen, die ahnungslos über die Gänge des Kindergartens gingen, aus dem Hinterhalt an, klammerte sich an ihnen fest und boxte ihnen mit der Faust kräftig in den Rücken. Die Erzieher beschrieben diese Überfälle als schmerzhaft, ganz abgesehen von dem Schreck, den sie jedesmal bekamen und bezeichneten die Boxhiebe für ihr Empfinden als "Dolchstöße". Die Überfälle lähmten sie (der Schreck!), machten sie hilflos und zugleich wütend. Das Kind seinerseits bekundete durch feistes Lachen sein Vergnügen an seinen Überfällen.

In der Supervisionsrunde konzentrierten sich die Überlegungen auf die merkwürdigen Dolchstöße, weil sie - im Gegensatz zu den eher unspezifischen, im Kindergarten häufigen oralen Aggressionen - am ehesten Zugang zu dem versprachen, was das Kind mitteilen wollte, zumal die betroffenen Erzieher den Eindruck hatten, daß das Kind ihnen gegenüber damit mehr als den bloßen Wunsch nach Aufmerksamkeit zum Ausdruck bringen wollte. Es wurde nach und nach erkennbar, daß die Dolchstoßszene etwa folgenden Sinn haben mußte: "unvorbereitet wird man von etwas Schmerzhaftem getroffen." Als es gelungen war, die Szene so zu formulieren, wurde unmittelbar erkennbar, daß die Überfälle des Kindes in einem Sinnzusammenhang mit seinen Erfahrungen der Trennung von der Großmutter standen. Offensichtlich fügte das Mädchen nun seinen Erziehern das zu, was ihm einst durch die überraschende Trennung von der Großmutter widerfahren war. Dolchstoß und Trennung standen - so gesehen - in ätiologischem Zusammenhang, was den Betroffenen aber nicht durchsichtig war. Die komplexe Szene "Trennung" wird neu dargestellt, mit anderen Personen, anderen Mitteln, der Inhalt aber bleibt der gleiche. Da das Kind mit seinem Verhalten die Beziehung zu seinen Erziehern aufs äußerste belastete, biß und stahl und fortan seinen Beitrag leistete, den Erziehern das Leben schwer zu machen, zeichnete sich auch zwischen dem Kind und seinen Erziehern eine Trennung ab: das Kind fiel bei seinen Erziehern in Ungnade und die Aggressionen der Erzieher auf das Kind machten jenen solche Schuldgefühle, daß sie das Kind los sein wollten.

Warum aber griff das Mädchen zu diesem averbalen, schmerzhaften Handeln? Immerhin hätte man erwarten können, daß eine solche drastische Veränderung in seiner Biographie das Kind zu einem gesprochenen Kommentar veranlaßt hätte, zumal das Kind zum Zeitpunkt der Trennung der Sprache mächtig war. Warum also mußte es das Trennungstrauma in Form von Dolchstößen in Erinnerung bringen? Als diese Überlegung in der Supervision auftauchte, erinnerten sich die Erzieher an Versuche des Kindes, bei verschiedensten Anlässen die Großmutter bei ihnen ins Gespräch zu bringen. Die Erzieher maßen aber seinerzeit diesen Versuchen des Kindes keine Bedeutung bei, da sie den darin verborgenen Wunsch des Kindes, das Trennungserlebnis zu thematisieren und zu bewältigen, nicht zu erkennen vermochten, obwohl die Erzieher beim Aufnahmegespräch von der Mutter über die Trennung, allerdings ohne detailliertere Mitteilung darüber, informiert wurden.

Warum also gelang das Zusammenfügen des Themas Großmutter mit der Trennungserfahrung nicht? Als in der Supervision die Bedeutung, die die Trennung für das Kind haben mußte, erkennbarer wurde, stand die Frage zur Debatte, warum man das Kind nicht habe erzählen lassen, warum auf seine verbalen Ansätze nicht eingegangen werden konnte, warum sie "überhört" werden mußten und schließlich im Alltag des Kindergartens sich verloren? Die Erzieher gaben für ihr Verhalten eine Begründung, die ich hier anführen möchte, weil sie häufig gegeben wird: man habe alles, was das Kind auf irgendeine Weise an die Großmutter habe erinnern können, zu vermeiden versucht, um es in keine Gefühlskrise zu stürzen. Und nun machten die Erzieher wesentliche Ergänzungen, aus denen ersichtlich wurde, daß die Umstände der Trennung und die Einzelheiten des Übersiedlungsaktes, wie ihn die offenbar unempathische Mutter mit ihrer Tochter vorgenommen hatte, als abscheulich empfunden wurden, es wurde spürbar, wie sehr die Trennungszeremonie die Erzieher berührt hatte. Die Vermutung liegt nahe, daß die Machart der Mutter schon die emotionale Atmosphäre des Aufnahmegespräches färbte und sich den Erziehern unterschwellig mitteilte, so daß sie schon damals das Thema vermieden haben und keine genaueren Fragen an die Mutter hatten, wider besseren Wissens freilich, denn daß Trennung ein einschneidendes biographisches Ereignis darstellen kann, ist den Erziehern natürlich nicht unbekannt. Ein Ausbildungsdefizit der Erzieher kann an dieser Stelle als Erklärung nicht reklamiert werden. Ihre Vermeidungshaltung liegt in der Sache selbst begründet . Die wesentlichen Ergänzungen, die die Erzieher zum Thema nun vornahmen, die aus einsichtigen Gründen an dieser Stelle nicht ausgeführt werden können, bezogen sich auf Kenntnisse, die die Erzieher von Dritten zugetragen bekamen. Hier sei nur angemerkt, daß es häufig vorkommt, daß auffallende biographische Ereignisse, etwa eine Scheidung der Eltern, im Aufnahmegespräch unhinterfragt bleibt, übersehen werden bzw. schnell in "Vergessenheit" geraten.

An hiesigem Beispiel läßt sich ein - meiner Erfahrung nach - für Kindertagesstätten typischer Abwehrmechanismus herausstellen - beklemmende, bedrückende, kurz: unangenehme Ereignisse aus der Lebensgeschichte der Kinder werden von der Institution in der Regel nach dem Muster einer Ich-Spaltung behandelt. Die Existenz solcher Ereignisse ist den Erziehern bekannt. Ihr Wissen darum bleibt aber kognitives Wissen, in unserem Beispiel etwa auf die Formel gebracht: Trennungen sind schlimm für Kinder. Das jedoch, was sich vom biographischen Ereignis subjektiv niederschlägt, das je individuelle Erleben des Ereignisses, die individuelle Verarbeitung wird in der Kindertagesstätte nicht berücksichtigt, man verhält sich vielmehr so, als gäbe es das Erlebnis gar nicht. In seinen Arbeiten zur traumatischen Neurose schreibt Lorenzer: "Das Ereignis kann nur vom biographischen Kontext des betroffenen Individuums her - eben als Erlebnis - erfaßt werden. Es genügt nicht, das Ereignis auf einem allgemeinen historischen Hintergrund allein zu sehen, der im Vergleich mehrerer Individuen, die "dasselbe" Unfallereignis betroffen hätte, vernachlässigt werden könnte. Nur das ist relevant am Unfallereignis, was das Individuum aufgrund seines Erwartungsrahmens ihm entnimmt." (Lorenzer 1972a) Was Lorenzer hier für das Unfallereignis geltend macht, trifft ohne Abstriche auch für die Trennungen zu. Der Zugang zum individuellen Erwartungsrahmen, also zu dem, was in unserem Falle das Mädchen dem Trennungsereignis entnahm, dem einzig Relevanten also, wird durch die Spaltung aber verriegelt. Mit anderen Worten: Das einzig Relevante findet in der Erzieher-Kind-Beziehung keinen Platz. Die Spaltung bewirkt in der Praxis die Ausklammerung der verbal oder handelnd dargestellten Lebensgeschichte und wird subjektiv als Zurückweisung und Kränkung erlebt.

Die Möglichkeit, Einblick in das für jedes Kind spezifische Erleben von Ereignissen zu gewinnen, mit dem Zweck, über die je individuellen Gefühle entlastend und verstehend Anteil nehmen zu können, eine Anteilnahme, die in unserem Beispiel von dem Mädchen mit seinen Andeutungen über die Großmutter zweifellos erbeten wurde, ist verwirkt. Die Formel: *Trennungen sind schlimm* erfaßt das individuelle Erleben also nicht. Die Ausklammerung des einzig Relevanten heißt für unser Mädchen: die Selbstwahrnehmung des Kindes in der Trennungsszene, nämlich Opfer der Machenschaften der Mutter zu sein, wird verzerrt, die eigene Ohnmacht wird verleugnet, indem das Kind die Rolle einfach umdreht und andere in die ohnmächtige Position treibt. Zugleich geht ihm aber auch die Wahrnehmung von der Großmutter verloren, denn der gesamte Trennungskomplex muß verdrängt werden. Der Eingriff in das Gefüge von Fremd- und Selbstwahrnehmung durch Ausklammerung von Erleben hat aber immer Konsequenzen für die Identität. Aus diesem Grund kann Bader in seiner Untersuchung über Kindertagesstätten die Feststellung treffen: "Indem die Erfahrungen der Kinder, die sie außerhalb der Institution machen, von den Erziehern in der Kindertagesstätte kaum aufgegriffen werden, besteht für die Kinder die latente Situation eines Identitätsverlustes." (Bader, 1978)

Wünschenswert wäre, daß die Erzieher sich zum Adressaten für die Affekte und Phantasien ihrer Kinder machen könnten, daß die Erlebnisse in der Beziehung zu ihnen Platz finden könnten. Solche Bereitschaft setzt freilich strukturelle Veränderungen der Institution voraus, verlangt aber auch von den Erziehern, daß sie die Erlebnisse der Kinder in sich selbst zulassen können.

Die alte Forderung der psychoanalytischen Pädagogik nach Selbsterfahrung des Erziehers hat immer noch ihre Gültigkeit. Im hiesigen Fall hätte man das Kind von seiner Großmutter erzählen lassen sollen, man hätte Fragen stellen und sich für seine Eindrücke interessieren müssen. Zur Klärung des individuellen Erwartungsrahmens hätte u. a. die Frage gehört, wen das Kind eigentlich für die Trennung verantwortlich macht, wer in seinem Erleben der Aggressor ist. Ist es die Mutter, die das Kind weggeholt hat oder die Großmutter, die es hat gehen lassen? Unter Umständen ist die Mutter im Erleben des Kindes gar nicht die Schuldige, wie in der Wahrnehmung der Erzieher, sondern die Großmutter. Mit wem also identifiziert sich das Kind, wenn es auf der Lauer liegt, um Dolchstöße zu verabreichen? Der Ausklammerung der Affekte und Phantasien zur Trennung wegen können wir lediglich grob markieren: das Kind ist in die Rolle des aktiven Erwachsenen geschlüpft, die Erzieher bekamen die Rolle des passiven Kindes zugewiesen. Die durch solche Ausklammerungen gesetzte Diffusität in der Identitätsbestimmung der Interaktionspartner ist ein ganz großes Problem in Kindertagesstätten.

Richten wir unser Augenmerk auf die Konsequenzen, die den Kindern durch die Ausklammerung ihres Erlebens erwachsen. Die Praxis zeigt, daß Gefühlskrisen nicht verhindert sondern geradezu provoziert werden. Das Mädchen im vorliegenden Beispiel war gezwungen, eine punktuelle Verdrängung eines Aspektes sowohl seiner Lebensgeschichte als auch seiner Beziehung zu seinen Erziehern, nämlich seinen Wunsch nach Entschärfung des Trennungserlebnisses, vorzunehmen. Wir erfuhren, daß das Mädchen mit seinen Versuchen über die Großmutter zu sprechen zunächst auf der Ebene der Sprachsymbole hoffte, sein Trauma in die Institution einfädeln zu können, sich mit diesem Mittel aber keinem Gehör verschaffen konnte. In dieser Notlage weicht das Kind nun keineswegs in ein passives, bloß reaktives Verhalten aus, sondern macht einen Kunstgriff: es wechselt die Symbolebene und wählt die Inszenierung seines Problems als Darstellungsmittel. Mit der Wahl gestischer Mittel, gleichsam mittels einer Art Pantomime bedient es sich jener Ebene der Darstellung, die Lorenzer als "sinnlich-unmittelbare symbolische Interaktionsform der menschlichen Praxis" (Lorenzer, 1979) bezeichnet. Das Kind wird also aktiv, nimmt seinen Konflikt selbst in die Hand, ohne dabei die Ebene symbolischer Darstellung zu verlassen. In der Inszenierung vermag das Kind zwei Momente zu symbolisieren: 1. Das Unerwartete, Plötzliche, vielleicht auch Heimtückische, das das Kind dem Trennungsgeschehen entnommen hat, wie auch das Schmerzhafte an der Trennung wird in einer hochorganisierten, abgerundeten und interpretierbaren Szene vorgeführt. 2. Es stellt in der Inszenierung sein Zuwendungsbedürfnis dar.

Mit der pantomimischen Darstellung wurde allerdings die Atmosphäre zwischen Kind und Erziehern wesentlich affektiver. Das Kind bekam jetzt ein Echo. Wurden auf der Ebene der sprachlichen Symbole die Mitteilungsversuche, die "verbalen Vorstöße", vom Kind noch eher schüchtern vorgenommen, so sind die Erzieher auf der Ebene der sinnlich-unmittelbaren symbolischen Interaktionsformen, auf der Ebene der "Dolchstöße" nun zu einer Stellungnahme gezwungen. Eine direkte Körperbeziehung ist in den Vordergrund getreten. Jetzt werden die Erzieher im wahrsten Sinne des Wortes vom Trennungserlebnis des Kindes "berührt".

Lorenzer weist darauf hin, daß sich die sinnlich-unmittelbaren symbolischen Interaktionsformen gegenüber den sprachlichen u. a. durch folgende Besonderheit auszeichnen: "die sinnlich-unmittelbaren Interaktionsformen sind früher angelegt und tiefer verankert in der Persönlichkeitsbildung. Sie stehen mithin den Affekten und auch den unbewußten Praxisformen näher als die Sprachsymbole. Diese größere Nähe kennen wir schon seit Freuds Hervorhebung der Bedeutung der Traumbilder in ihrer größeren Intimität mit dem Unbewußten." (Lorenzer, 1979) In unserem Fall ist das Kind mit seiner Inszenierung viel dichter an seinen Erlebniskomplex Trennung und das heißt, an seine Affekte herangetreten als es ihm auf der Ebene der Sprache möglich war. Der Erlebniskomplex Trennung ist zu bedrängendem Handeln geworden. In die Inszenierung ist der Appell, das Bedürfnis nach Erlösung, die Unzufriedenheit des Kindes mit seinen Erziehern und seiner Situation eingearbeitet, wird pantomimisch artikuliert. Das Kind sucht "eine Korrektur der unbefriedigenden Wirklichkeit" (S. Freud, 1908) ganz ähnlich wie der Erwachsene in seiner Phantasie. Zum Bedürfnis nach Erlösung vom Trauma gesellt sich unübersehbar der Wunsch nach Rache, deren Befriedigung das Kind in seinem feisten Lachen signalisiert. Die Inszenierung, wie sie hier vom Kind vorgeführt wird, trägt ein wesentliches Merkmal, wie es dem Kinderspiel eigentümlich ist: "Indem das Kind aus der Passivität des Erlebens in die Aktivität des Spielens übergeht, fügt es einem Spielgefährten das Unangenehme zu, das ihm selbst widerfahren war und rächt sich so an der Person dieses Stellvertreters." (S. Freud, 1920)

Die größere Nähe zu den dem Trennungsereignis angehörenden Affekten fordert schließlich die Erzieher zur Reaktion. Was sie den Worten des Kindes nicht entnehmen wollten, müssen sie nun am eigenen Körper schmerzlich erfahren, ganz nach der Devise: Wer nicht hören will muß fühlen. Auf diese Art der Berührung reagierten die Erzieher mit Hilflosigkeit und Empörung, schließlich mit Zurückweisung, weswegen sie sich dann noch Selbstvorwürfe einhandelten, denn ihre Gefühle wollten nicht in das Bild eines "guten Erziehers" passen. Das Thema Trennung ist also keineswegs durch den Wechsel der Symbolebenen verloren gegangen, sondern ist nun zwischen Kind und Erziehern höchst lebendig geworden. Gerade diese Lebendigkeit des Geschehens scheint mir ein Zeichen dafür, daß in dieser Inszenierung das Spiel zwischen Wunsch und Abwehr noch im Fluß ist, der Konflikt sich also noch artikulierbar präsentiert, ganz im Gegensatz zur Symptomwahl beispielsweise, bei der der Konflikt im Symptom versteinert, als Kompromiß perfekt ist, oder zu jenen in Kindertagesstätten häufigen resignativen Zuständen, wo sich Frustration nur noch diffus und impulshaft in unentzifferbarem Agieren entladen kann.

Möglicherweise hat auch den Leser inzwischen jenes Gemisch aus Irritation und Entrüstung erfaßt, welches die Erzieher und auch ich angesichts des Verhaltens des Mädchens empfanden. Trotz allem Bedürfnisses nach Distanzierung aus Verärgerung sollte man sich aber nicht den Blick dafür trüben lassen, daß sich das Mädchen mit seiner Inszenierung als geschickte Regisseurin erwiesen hat. Da seine sprachliche Hilfesuche kein Gehör fand, sah es sich vor die Aufgabe gestellt, eine andere Form der Darstellung seines Problems zu finden, eine, die mehr Erfolg versprach. Mit der Wahl der Dolchstoß-Pantomime, mit der topischen Regression, mit dem Griff nach der sinnlich-unmittelbaren symbolischen Darstellung konnte es nun sein Erleben präzisieren und interpretierbar "zur Sprache bringen". Was mit Worten nur andeutbar war, inszeniert das Kind nun wie auf einer Bühne: "ich habe die Trennung als hinterlistig, schmerzhaft, hilflos und wie einen Dolchstoß erlebt".

Die Regieleistung des Kindes wurde im Interaktionsfeld Kindertagesstätte nicht honoriert. Ganz im Gegenteil: Fanden die verbalen Andeutungen kein Echo, so stieß die Pantomime geradezu auf Ablehnung. Offenbar hatte sich das Kind für Kindertagesstättenverhältnisse beidemale in der Wahl seiner Mittel vergriffen, obwohl gerade die Dolchstoßszene – wie schon angedeutet alle Merkmale des Kinderspiels trägt. Freud schreibt: "Das Spielen des Kindes wurde von Wünschen dirigiert, eigentlich von dem eigenen Wunsche, der das Kind erziehen hilft, vom Wunsche: groß und erwachsen zu sein. Es spielt immer 'groß sein', imitiert im Spiel, was ihm vom Leben der Großen bekannt geworden ist." (S. Freud, 1908) Das Moment der Nachahmung ist in der Dolchstoßszene unschwer zu erkennen, wie auch die Wiederholung eines beeindruckenden Erlebnisses zwecks Abreaktion auf die Freud hinweist, wenn er schreibt: " Man sieht, daß die Kinder alles im Spiele wiederholen, was ihnen im Leben großen Eindruck gemacht hat, daß sie dabei die Stärke des Eindrucks abreagieren, und sich sozusagen zu Herren der Situation machen." (S. Freud, 1908) Schließlich zieht Freud eine Parallele zwischen dem Spiel des Kindes und der Tätigkeit eines Dichters: "Sollten wir die ersten Spuren dichterischer Betätigung nicht schon beim Kinde suchen? Die liebste und intensivste Beschäftigung des Kindes ist das Spiel. Vielleicht dürfen wir sagen: Jedes spielende Kind benimmt sich wie ein Dichter, indem es sich seine eigene Welt erschafft oder, richtiger gesagt, die Dinge seiner Welt in eine neue, ihm gefälligere Ordnung versetzt." (S. Freud, 1908) Daß das Kind sich mit seiner Inszenierung seine Welt in eine "gefälligere Ordnung" versetzt hat, ist unschwer zu erkennen. Die Trennung braucht nun nicht mehr passiv und schmerzhaft erlebt werden, die kränkende Ohnmacht wird abgeschüttelt, das Kind macht sich zur Herrin der Situation und drängt die Erzieher in die ohnmächtige Rolle.

Wir begegnen hier einem der Sozialisationsagentur Kindertagesstätte eigentümlichen Zug, nämlich daß das freie Spiel des Kindes weitgehend unbeachtet bleibt, im hiesigen Fall sogar auf Ablehnung stieß. Das freie Spiel vollzieht sich häufig nur am Rande des Geschehens und erfährt in der Institution ein ähnliches Schicksal wie andere sich der sinnlich-unmittelbaren symbolischen Ebene bedienenden Darstellung, wie z. B. die Bilder die die Kinder malen und die zwar gesammelt oder auch aufgehängt, aber nicht interpretiert werden. Eine interpretatorische Auseinandersetzung mit den Darstellungen der Kinder findet in der Kindertagesstätte kaum statt. Dem freien Spiel wird lediglich eine kathartische Bedeutung zuerkannt, sein konfliktbenennender Gehalt fällt unter den Tisch. Wenn Lorenzer schreibt: "Jedes Werk bildet ein in sich geschlossenes und aufgrund der Geschlossenheit befriedigendes Sinngefüge, wobei das vorgeführte Symbol – ein Bild, eine Szene, ein Musik-Stück usw. nicht nur zur 'Gestalt' (...) abgerundet sein müssen, sondern auch 'gestaltet' sein müssen mit den Mitteln der Erfahrung derer, denen eine Mitteilung gemacht werden soll: der Leser also" (Lorenzer 1979), so muß man vermuten, daß die Dolchstoß-Pantomime mit solchen Mitteln gestaltet war, die nicht der Erfahrung der Leser, in unserem Falle der Erzieher entsprachen, obwohl die Inszenierung alle Merkmale des Kinderspiels trägt und entsprechend dechiffrierbar war. Daraus kann man nur den Schluß ziehen, daß die Interpretationsschwäche bei der Kindertagesstätte liegen muß.

Die Ursachen dieser Schwäche sind mannigfaltig. Erwähnung fand bereits die Heftigkeit und Bedrohlichkeit der Affekte, die zu einer Abwehr des

des Trennungsthemas veranlaßten. Eine weitere Ursache liegt in der hermeneutischen Barriere zwischen Kind und Erzieher, bedingt durch die Verdrängung der eigenen infantilen Geschichte im Erzieher, zweifellos sind die Ursachen aber auch in der Struktur der Institution selbst verankert. Die Gruppe mit 20 Kindern, vom Personalkarussell irritiert, ist zwangsläufig unsensibel für kreative, interpretationsreife Darstellungen. Der "Leser" ist unkonzentriert, weil mannigfach abgelenkt. Die eigentliche Domäne kindlicher Artikulation, das Spiel, das Bild und die Phantasie wird ausgegrenzt. Mit dieser Ausgrenzung ist den Kindern nicht nur die Chance verbaut, abweichende "wunschgerechtere Lebensentwürfe" (Lorenzer, 1979) vorzuführen, sondern die Fähigkeit mit Symbolen zu hantieren geht allmählich verloren zugunsten einer normierten, funktional gebundenen Interaktion, die in Symptombildung und unverständlichem Agieren sich ausdrückt. Die Kindertagesstätte wird zum Ort der Einpassung.

In unserem Beispiel ist die Darstellungskraft fast zum Problem, bzw. das Kind zum Problemkind geworden. Seiner Inszenierung fehlt wie jedem frei entworfenen Spiel die Moral, sie ist von "selbstverständlicher Rücksichtslosigkeit" (Wolffheim, 1975), schamlos und provozierend. Das Kind setzt sich mit seiner Inszenierung gegen die Zensur der Kindertagesstätte durch: es spricht eben doch von der Trennung. Die Ebene der sinnlich-unmittelbaren Symbole bietet sich für diese Normwidrigkeit besonders an: "Die sinnlich-unmittelbaren Symbole stellen wegen ihrer größeren Nähe zu den unbewußten Praxisfiguren nicht nur die Repräsentanten für Gefühle und für nicht verbal artikulierbare Lebensbeziehungen, sondern sie sind näher auch den unbewußten Praxisfiguren verbunden, die nicht in Sprache aufgenommen werden. Und zwar nicht aufgenommen werden, weil diese Praxisfiguren dem in Sprache enthaltenen und von Sprache dargestellten System der sozialen Normen widersprechen. Die sinnlich-unmittelbaren Symbole eignen sich mithin als Organisate normwidrigen, nicht normgerechten Verhaltens." (Lorenzer, 1979) Der Dolchstoßszene fehlt jene "genußsichernde Versöhnlichkeit" (Lorenzer), auf die man allenthalben im frustierenden Kindergartengeschäft erpicht ist. Der Dolchstoß ist unbequem und zielt auf die Wunden der Institution.

Ziehen wir Bilanz, so läßt sich folgendes sagen: wird in der Kindertagesstätte ein gewichtiges Erlebenis zensiert, so beginnen die Kinder nach Verstreichen einer gewissen Zeit, dieses ihr Erlebnis mit zunehmender Affektivität vorzutragen, sie werden bedrängender oder aber greifen zur Symptombildung bzw. zum Agieren. In vielen von mir beobachteten Fällen kam es dabei zu einer Wiederbelebung der anal-sadistischen Phase und zu einer Entdifferenzierung der Beziehung zwischen Kind und Erzieher. Die Beziehung wird stark funktionalisiert und trägt manipulative Züge. Diese Reaktionen scheinen mir Ausdruck für das Anwachsen des narzißtischen Notstandes zu sein, verursacht durch Ausklammern von Erleben. Die Zensur durch Anklammern verhindert eine Verarbeitung der gewichtigen Erlebnisse, sodaß diese schließlich traumatischen Charakter annehmen können.

Auch die Funktion zumindest solcher Inszenierungen wie der Dolchstoß in der Beziehung Kind - Erzieher wird erkennbar: ein aus der Lebensgeschichte ausgestanztes Erlebnis soll wieder in Erinnerung gebracht werden, mit dem Wunsch, Subjektivität zu retten. Sie stellen einen vehementen Protest gegen die gleichsam von außen verfügte Verdrängung von Geschichte dar. Mit ihren Inszenierungen versuchen die Kinder die zur Ausstreichung befohlenen Erlebnisse wieder in die Beziehung zu den Erziehern hineinzutragen und zugleich das Zurücksinken und Untergehen in der Masse zu verhindern.

Um den Aspekt des Protestes prägnanter zu machen, möchte ich die Gruppe der Kinder, die auffallen, die sich bemerkbar machen, die sich nicht selten originell und kreativ in Erinnerung bringen, einer anderen Gruppe von Kindern, die die Mauerblümchen im Kindergartenbetrieb spielen, gegenüberstellen. Diese Kinder sind zu dieser Art Rettung der eigenen Geschichte und Bedürfnisse nicht fähig. Sie tendieren eher zur Abwertung der eigenen Geschichte, spielen ihre Erlebnisse herunter, greifen zum für andere sympatischen Understatement, sind "gut zu führen", weil sie sich dem Kindergartenbetrieb chimärenhaft einfügen. Sie haben resigniert und machen keine Szenen.

Die Abwertung der eigenen Geschichte und Erlebnismatrix hat beträchtliche Folgen für die Beziehungen dieser Kinder in der Institution, ist aber selbst bereits Ergebnis pathologischer Objektbeziehungen in der Primärsozialisation. Die Abwertung verhindert ein Sich-Mitteilen, sodaß diese Kinder nicht über ihren Alltag sprechen, sie zeigen kein Gefühl der Betroffenheit. Oft sprechen sie in geliehenen Formulierungen über Dinge von denen sie glauben, daß sich andere dafür interessieren könnten, zu denen sie selbst aber keinen Bezug haben. Die Kinder wirken verschleiert, unbestimmbar und ohne Kontur, verbreiten zugleich eine Atmosphäre stummer Gefährlichkeit, zumindest aber Ratlosigkeit, da sie merkwürdig geschichtslos erscheinen, und man in der Regel wenig von ihnen weiß. Versuche der Herstellung einer Beziehung zu ihnen ist für Erzieher eine frustrierende Angelegenheit. So laufen die Kinder meist mit im Betrieb, ohne weiter aufzufallen. Ihre anämische Gefügigkeit macht allenfalls aggressiv, zumal die Kinder eine ihnen angebotene Beziehung ad hoc mit massiven, unerfüllbaren Ansprüchen und beengender, lästiger Anklammerung betrachten. Das scheinbar problemlose Einflechten in den Betrieb verhindert, daß diese Kinder in der Supervision als Problemkinder auftauchen, sie sind im Erleben der Erzieher kaum repräsentiert. Diese Gruppe von Kindern neigt zu schwerem Agieren. Dieses Agieren unterscheidet sich erheblich von der Inszenierung unseres Mädchens, das sich trotz Regression immernoch dem Sich-Mitteilen verpflichtet fühlt. Die Kinder mit der Aura stummer Gefährlichkeit treiben mit ihrem Agieren ihre eigene Auslöschung voran, ihr Agieren ist selbstzerstörerisch. Es unterscheidet sich von den Darstellungen auf der sinnlich-unmittelbaren Ebene dadurch, daß es nicht mehr verstehbar und interpretierbar ist, es hat nichts mehr von der Strukturiertheit eines Bühnenstückes wie die Dolchstoß-Pantomime, es ist reaktiv und situationsfixiert. Seine Bedeutung liegt völlig im Dunkeln, ist oft nur Abfuhr von diffuser Spannung, während die Inszenierungen oft auf Anhieb eine gute Gestalt erkennen lassen.

Kehren wir zu unserem Beispiel zurück: in die Dolchstoßszene sind zwei Momente eingearbeitet, zum einen stellt das Kind dar, was es dem Trennungsereignis entnommen hat, sein Erleben also, zum anderen definiert es seine Beziehung zu den Erziehern neu: als Rachebeziehung. Das Kind rächt sich an seinen Erziehern,

1. weil die Erzieher dem Wunsch und der Hoffnung des Kindes nach Anteilnahme und Hilfe nicht entsprochen haben. Die Wut, die aus dieser Zurückweisung resultiert, weckt Rachewünsche, die sich in den Dolchstößen artikuliert und befriedigt. Deshalb das feiste Lachen des Kindes;

2. weil das Kind seinen Erziehern die Rolle des Stellvertreters zugewiesen hat, rächt sich das Kind nun an den Erziehern an Stelle der Mutter oder Großmutter, denen die eigentliche Wut gilt.

Es scheint mir wichtig, die Frage, warum die Erzieher zur Ausklammerung greifen, weiter zu verfolgen. Geht es wirklich darum, den Kindern eine Gefühlskrise zu ersparen? Das kann nicht der Grund sein, denn die Kinder befinden sich wegen ihrer Erlebnisse bereits in der Krise, und wir konnten verfolgen, daß durch Ausklammern die Krise sich eher verschärft. Die psychohygienischen Erwägungen scheinen in diesem Zusammenhang eher eine Rationalisierung zu sein. Die Praxis zeigt vielmehr, daß ein wichtiges Motiv für die Ausklammerungsvorgänge darin zu sehen ist, daß die Erzieher - wie bereits angeklungen - in sich selbst Gefühlskrisen abwenden müssen. Die im vorliegenden Fall besprochene Trennungsgeschichte weckte ihrer Brutalität wegen in den betroffenen Erziehern Gefühle und Phantasien, die um das Thema "schreckliche Eltern" kreisten. Im Leiden der Kinder werden die Erzieher mit ihrem eigenen Leiden konfrontiert und sie bekommen zugleich die strukturellen Mängel ihrer Institution zu spüren, nämlich daß der Kindergartenbetrieb keine differenzierte Stellungnahme zum Erleben des Einzelnen zuläßt. Um ihr Selbstwertgefühl als Erzieher zu sichern, sind sie gezwungen, das durch strukturelle Schwächen und erhebliche affektive Belastungen bedingte vernachlässsgende Verhalten durch Rationalisierung nach außen und vor sich selbst zu legitimieren. Die Mängel der Institution müssen privat übertüncht werden.

Eine im Berufsfeld Pädagogik sehr verbreitete andere Form der Abwehr ist der Rückzug in die Omnipotenzphantasie. Eine Erzieherin formulierte diese Abwehr treffend: "Es ist schrecklich, wie man sich so den ganzen Tag in die eigene Tasche lügt." Die Omnipotenzphantasien haben, wie zu erwarten war, eine ähnliche Aufgabe wie das Spiel der Kinder: die Welt wird in eine gefälligere Ordnung versetzt. Schlimme Erfahrungen von Kindern, die z. B. aus der Inkompetenz ihrer Eltern herrühren, eignen sich für Erzieher besonders als Sprungbrett, um aus der unbequemen Realität ihres pädagogichen Alltags abzuheben. Die Fehler der Eltern geben zu Entrüstung Anlaß, die zum Teil berechtigt, zum Teil aber auch in die Geschichte der Erzieher mit ihren eigenen Eltern gehört. Die eigene Betroffenheit wird überspielt mit der Phantasie, besser zu sein: " ... Solche Sachen machen wir aber mit den Kindern nicht ...", "... die Kinder sollen es bei uns aber besser haben ..." Die Fremdbestimmtheit eigenen Handelns wird verleugnet. Aus dieser Haltung heraus werden den Kindern und auch deren Eltern Versprechungen gemacht, die sich über kurz oder lang als uneinlösbar erweisen. Die Enttäuschung, die aus den uneingelösten Versprechungen resultiert, erzeugt Wut und veranlaßt Eltern wie Kinder zu Vorwürfen, auf die die Erzieher aggressiv oder mit Rückzug reagieren. Letztlich führen auch solche Größenphantasien zu Ausklammerungen, da ein Sich-Einlassen auf die Erlebnisse der Kinder die Erzieher mit ihren tatsächlichen Möglichkeiten, mit den ihnen von der Institution gesetzten pädagogischen und psychischen Grenzen konfrontieren würde. Die dann erfahrbare Differenz von realer und phantasierter Möglichkeit würde zur Gefahr für das Selbstwertgefühl. Alles, was die phantasierte Potenz gefährden könnte, wird deshalb gemieden, um eine innere Krise abzuwenden. Die Omnipotenz, der Zwang zum tagtäglichen opus maximum läßt die Erzieher phobisch werden, mit dem Ergebnis, daß sie bei sich, ihren Kollegen und den Kindern lieber nichts anrühren. Man verlegt sich lieber aufs Basteln, die gefährlichen und deshalb ausgeklammerten Affekte überläßt man den Matratzen im Toberaum. Die Institution leidet gewissermaßen an einer Beziehungsphobie, die sich in einem laissez-faire der Emotionen aber auch in einer Entemotionalisierung der Beziehungen äußern kann.

Die Größenphantasien der Erzieher erweisen sich immer wieder als aus-
schlaggebender Faktor in der Ätiologie der Arbeitsstörungen, wie sie in
Kindertagesstätten epidemieartig auftreten. Dabei wird der Omnipotenz-
wunsch der Erzieher durch von außen, also von den Kindern, den Eltern und
vom Träger an sie herangetragenen Forderungen angestachelt: die Erzieher
sollen Ersatzmütter und -väter, zugleich Lehrer, Sonderschullehrer, Psycho-
therapeuten, Krankenpfleger sein und obendrein noch alle Kinder lieben.
Es ist Zeit darauf hinzuweisen, daß es kurzsichtig wäre, würde man bei
der Markierung des schädigenden Geschehens in der Institution den Erziehern
als konkreten Personen ihre Abwehr und das dadurch bedingte Leiden der
Kinder persönlich anlasten wollen. Ein Suchen nach personellen Schwächen
würde dem Problemfeld nicht gerecht. Schließlich wäre eine solche Schuld-
zuweisung auch theoretisch falsch. "Die Formation der Subjekte (...)",
schreibt Lorenzer, "verweist genetisch weiter auf gestörte Interaktion, die
wiederum - in primärer wie sekundärer Sozialisation - auf Verzerrungen in
formbestimmender Praxis zurückgeht. Einzelpraxis aber ist - wo und wie
immer sie ins Spiel kommt dabei stets Teil gesamtgesellschaftlicher Dialektik zwischen den Polen *innere Natur und äußere Natur*. Sie ist damit abhängig von den Formen, in denen praktische Naturbewältigung sich vollzieht
und das heißt, sie ist abhängig von den Produktionsverhältnissen ... Aus den
Widersprüchen der Produktionsverhältnisse herausreproduziert sich Sozialisation als Widersprüchlichkeit der Interaktionsformen." (Lorenzer, 1972b) So
sehr der hier aufgezeigte Sachverhalt all jene in ihre Schranken verweist, die
unzulässigerweise die Erzieher persönlich haftbar machen möchten, so sehr
muß man diesen Sachverhalt aber auch bei den Erziehern selbst in Erinnerung bringen, dann nämlich, wenn sie versuchen, sich in ihren Omnipotenzphantasien von den Eltern abzusetzen, jene schuldig sprechen und dabei
verkennen, daß Erzieherpraxis ebensosehr von den Widersprüchen der Produktionsverhältnisse bestimmt wird, wie die Praxis der Eltern. Erzieher messen
hier gerne mit zweierlei Maß.
Der Gedanke, daß auch die eigene Praxis hinterrücks von Widersprüchen
durchdrungen sein könnte, kränkt. Das Gefühl von Abhängigkeit ist desillu-
sionierend und Gift für die Omnipotenz. Der Inhalt so mancher Phantasie,
auf einer pädagogischen Insel, fernab gesellschaftlicher Widersprüche zu
leben, wird für die Realität gehalten und nicht als das erkannt, was er
tatsächlich ist, nämlich Kompensation der täglich erfahrenen Ohnmacht.
Realität ist, daß Sozialisation durch Kindertagesstätten von erheblichen
Widersprüchen gekennzeichnet ist. Eine Widersprüchlichkeit liegt z. B. vor,
wenn Erzieher aus äußeren und inneren Gründen gezwungen sind, zu Verhaltensweisen zu greifen, mit denen sie Bildungsprozesse bei ihren Kindern
paralysieren. Zu diesen Verhaltensweisen sind Erzieher deshalb gezwungen,
weil sie zur Abwehr greifen müssen, da sie ohne massiven Selbstschutz keine
Chance hätten, sich in der Institution psychoökonomisch einigermaßen über
Wasser zu halten. Die permanente Konfrontation mit traumatischen Lebensgeschichten - und manche Kinder machen grausige Erfahrungen - macht
sprachlos (eine Erzieherin: "... da stehen einem ja die Tränen in den Augen
..."). Die dreifache Belastung, die Begegnung mit den Traumata draußen, die
dadurch erwirkte Begegnung mit den Wunden der eigenen Sozialisation und
die Wahrnehmung der Handlungsunfähigkeit macht Abwehr als psychohygieni-
sche Maßnahme erforderlich.

Erzieher in Kindertagesstätten sind meiner Ansicht nach in ihrem seelischen Gleichgewicht allemal erheblich gefährdeter als z. B. Lehrer, die hinter institutionell verankerten und legitimierten Ritualen und Zeremonien wie Lehrplänen, Notengebung, Stundeneinteilung, Zusammenfassung in Jahrgängen und Disziplinierungsmöglichkeiten Schutz und Distanz finden können. Emotionalität wird in der Schule von vorne herein in Schach gehalten. Dem Erzieher fehlt dieser institutionelle Schutz, zumindest soweit er sich nicht einer traditionellen autoritären Erziehung verpflichtet fühlt. Er hat keine Möglichkeit, bei drohender Hilflosigkeit zum Eintrag ins Klassenbuch zu greifen und das emotionale Problem an eine übergeordnete Autorität zu delegieren. Erzieher kämpfen gleichsam unter Einsatz ihres Körpers und ihrer Seele in vorderster Reihe. Sie müssen aus eigener Tasche Schutz errichten, müssen das persönlich aufbringen, was dem Lehrer die Schule abnimmt.

Kehren wir zur Frage zurück, warum Erzieher Erleben ausklammern müssen, um noch ein weiteres Argument kennenzulernen. Nebst dem Wunsch, den Kindern eine Gefühlskrise ersparen zu wollen, haben Erzieher auch Angst, die Kinder durch zu intensives Eingehen auf ihre Belange allzusehr an sich zu binden. Sie fürchten, die Kinder könnten abhängig, bedrängend und gierig-fordernd werden. Aus diesem Grund ignoriert man vorsichtshalber unangenehmes Material und schweigt dazu. Aber dadurch wird gerade das gefördert, was vermieden werden sollte. Stierlin konnte zeigen, daß Schweigen starke Bindung und Abhängigkeit erzeugt. Der Partner des Schweigenden fühlt sich außerordentlich verunsichert, mystifiziert und bleibt an den Schweigenden gefesselt, weil er ständig darüber nachdenkt, was der andere wohl über ihn denken mag. Stierlin bezeichnete diese Art Bindung als "kognitive oder Ich-Bindung", und kennzeichnet ihre Auswirkungen: "Sie beinhaltet fehllaufende, mystifizierende Kommunikation, verhindert die Aufrechterhaltung eines gemeinsamen Aufmerksamkeitsschwerpunktes und macht die eigenen Mitteilungen wie die der anderen unglaubwürdig. Solche fehllaufenden Kommunkationen überfordern den Partner, verunsichern ihn und machen ihm schließlich seine Kommunikation ganz unmöglich. Sie sind transitiv und vergewaltigend, insofern sie den Partner in Unsicherheit lassen. Sie vergewaltigen seine kognitive Integrität, lassen ihn angeschlagen zurück; sie führen dazu, daß er das Vertrauen in seine inneren Orientierungsmöglichkeiten verliert: in seine Wahrnehmung von sich selbst und anderen und seine grundlegenden Gefühle." (Stierlin, 1975) Bieten sich Erzieher nicht als "validierende Instanz" (Stierlin) an, so reagieren die Kinder häufig irritiert und ziehen sich zurück, oder aber sie werden aggressiv und anklammernd. Die Manipulation des Objektes, die im Schweigen steckt, wird von den Kindern qua Nachahmung übernommen und gegen die Erzieher oder andere Kinder angewendet.

Die durch Schweigen erzeugte Abhängigkeit der Kinder wird gerne in "Anhänglichkeit" umdefiniert. Mit dieser Mystifikation wird bezweckt, die für das durch die tägliche affektive Überlastung stark strapazierte Selbstwertgefühl so wesentliche Illusion, von den Kindern geliebt zu werden, aufrechtzuerhalten. Je anhänglicher die Kinder sind, desto unentbehrlicher fühlt man sich als Erzieher.

Werden Kinder aus Einrichtungen abgemeldet, reagieren manche Erzieher mit Existenzsorgen, aber auch mit Entzugserscheinungen, die deutlich vor Augen führen, wie sehr Kinder mitunter als affektive Krücken eines labilen

Selbstwertgefühls benötigt werden. Alljährlich werden zur Zeit der Einschulung, wenn die Trennung von Kindern, die man lange betreut hat, ansteht, wird neben normaler Trauer auch die Abhängigkeitsproblematik hochgespült, wobei die Bindungsstrategien der Erzieher augenfällig werden.

Jene oben erwähnte Reaktualisierung der anal-sadistischen Phase bei Kindern kommt also nicht von ungefähr: sie ist die Replik auf die Bindungsstrategien mancher Erzieher. Zugleich ist sie aber auch Ausdruck der Enttäuschung der Kinder, denn die Art des Umgangs mit ihrem Erleben in der Institution ist für eine Reihe von ihnen lediglich die Fortsetzung dessen, was sie in ihren Familien schon erfahren mußten.

Eine weitere Komplikation erwächst den Kindern aus dem Umstand, daß in ihrer Kindertagesstätte vielfach andere Inhalte exkommuniziert werden als in ihren Familien. Bei manchen Kindern geht das soweit, daß in der Familie Gefordertes in der Institution seine Negation erfährt. Ein 4jähriger in Deutschland gebürtiger Spanier sollte zwecks Vorbereitung auf eine geplante Rückkehr der Familie in ihr Heimatland auf Geheiß seiner Eltern seine Muttersprache erlernen. Die Erzieher lehnten das Ansinnen der Eltern aus verschiedenen Überlegungen ab. Für den Jungen hieß das, zu Hause wird Spanisch lernen verlangt, in der Kindertagesstätte ist es verpönt. Er reagierte auf die widersprüchliche Situation mit einer passageren Sprachstörung: Wurde er im Kindergarten von einem Erzieher angesprochen, so lief er stumm aber sichtlich irritiert in den Toberaum, wo er sich wütend auf die Matratzen warf.

Die zum Teil erheblich voneinander abweichenden Interaktionsformen in Familie und Kindergarten stellen zumindest die jüngeren Kinder vor schwere Integrationsaufgaben, an denen sie oft scheitern. Sie helfen sich, indem sie die Lebensbereiche, Familie und Kindertagesstätte von einander trennen; nicht selten müssen dann diese Bereiche wiederum von der 'Straße' und den dortigen Gepflogenheiten isoliert werden. Die durch solche Isolierungen erzeugte Fragmentierung der äußeren Lebensbereiche von Eltern dadurch gefördert, daß sie sich manchmal kaum für das Leben ihrer Kinder in der Institution interessieren bzw. deren Erlebnisse dort samt der Einrichtung verteufeln, geht Hand in Hand mit einer innerpsychischen Fragmentierung, die verhindert, daß die Kinder eine psychische Kontinuität und damit Identität gewinnen können. Ergebnis kann die von Mitscherlich beschriebene "Momentpersönlichkeit" sein, "Menschen also, die von den situativen Bedingungen ihre Impulse entlehnen und sich ebenso wie diese proteushaft ändern, ohne daß die einzelnen Momente zu einer einheitlichen Geschichte zusammenwüchsen." (Mitscherlich, 1963) Im Hort scheinen sich Vorläufer solcher Momentpersönlichkeiten in Gestalt konzentrationsgestörter Kinder anzukündigen. Die geforderte Aufrechterhaltung der Isolierung, zugleich aber das ständige Bemühen, das durch die Isolierung fragmentierte Selbst zusammenzukleistern, verlangt den Kindern viel Energie ab. Sie fehlt bei der Bewältigung der Realität.

Im Kindergarten, also genetisch früher, kündigen sich die Vorläufer späterer Momentpersönlichkeiten in Zuständen des Überflutetwerdens an, die die Kinder zu panikartigem, ziellosem Herumrennen, hypomanischem Verhalten oder verschrecktem Kauern in der Ecke veranlassen. Hier finden wir jene Formen des Agierens, deren Sinngehalt nicht mehr unmittelbar verstehbar ist. Hier entlädt sich innere Spannung unorganisiert und unartikulierbar.

Solche Überflutungszustände penetrieren den pädagogischen Ablauf und führen zu den häufig beklagten "chaotischen Verhältnissen". Auch auf die Erzieher bleibt diese Überflutung nicht ohne Auswirkung: sie klagen über Diffusität bezüglich ihrer pädagogischen Identität, über Hilflosigkeit, mangelnde Übersicht, über Gefühle des Versagens, der Überforderung und der Resignation. Sie neigen in solchen Situationen entweder zur Selbstentwertung oder zu deren Gegenteil, der bereits erwähnten illusionären Potenz. Das zerpflückte pädagogische Selbst der Erzieher bildet das Korrelat zur fragmentierten Kind-Persönlichkeit.

Ich möchte noch an einem anderen Beispiel, diesmal aus dem Bereich der Sexualität eine weitere Kostprobe geben, wie Kinder sie beschäftigende starke Erlebnisse in der Institution zur Darstellung bringen. Zugleich möchte ich mit diesem Beispiel einen Themenkomplex, der eine ähnlich große Rolle wie Trennungen in der Kindertagesstätte spielt, streifen.

Es handelt sich um den vierjährigen Sohn ausländischer Eltern, der wegen seines aggressiven Verhaltens auffällt. Er geht mit Stöcken auf andere Kinder los, mit Vorliebe auf Mädchen, die er verprügelt und quält. In der Anfangszeit seines Kindergartenaufenthaltes schwärmen die zuständigen Erzieherinnen für den Jungen, "weil er so hübsch aussieht", lehnen ihn dann aber wegen seines Verhaltens mehr und mehr ab. Schließlich bekommen sie regelrecht Angst vor ihm. Folgendes hatte sich zugetragen: der Junge saß bei einer Erzieherin auf dem Schoß und versucht bei dieser Gelegenheit mit einer Schere am Hals "herumzufummeln". Dabei machte er wohl auch den Versuch, sie zu stechen.

Anläßlich dieser Bedrohung durch das Kind kam es zwischen den Gruppenerziehern und dem Vater des Kindes zu einer Auseinandersetzung, die - wie berichtet wurde - einen Charakter annahm, der den oben beschriebenen Verhaltensweisen des Jungen nicht unähnlich war: man 'prügelte sich gegenseitig mit Vorwürfen' und 'warf sich brutal Wahrheiten an den Kopf'. Zurück blieb heftige Erregung bei allen Beteiligten.

Bemerkenswert schien zunächst, daß das, was sich zwischen dem Jungen und den anderen Kindern abspielte, uns hier auf der Ebene der Erwachsenen wieder begegnete. Bei der Erörterung der Vorkommnisse erinnerten die Erzieher beiläufig, daß die Mutter des Jungen vor einiger Zeit, als sie das Kind aus dem Kindergarten abholte, am Rande, sozusagen zwischen Tür und Angel erwähnte, daß der Junge nachts im elterlichen Bett schlafe. Die Erzieher maßen dieser Bemerkung jedoch keine sonderliche Bedeutung bei, fanden darin lediglich eine Erklärung dafür, weshalb der Junge morgens immer so müde in den Kindergarten kam.

Mit der Information der Mutter über die familiären Schlafgewohnheiten wurde die Weiche für das Verständnis der Szene auf dem Schoß der Erzieherin gestellt. Es verdichtete sich der Eindruck, daß der Junge ein sexuelles Erlebnis auf dem Schoß der Erzieherin wiederholt. Die Information der Mutter legt die Vermutung nahe, daß der Junge Zeuge des elterlichen Verkehrs geworden war und an die Gelegenheit auf dem Schoß der Erzieherin wahrnahm, um seine Beobachtungen im elterlichen Bett zur "Sprache" zu bringen. Die aggressive Szene mit der Schere könnte die Inszenierung der Urszene sein.

Für den Sinnzusammenhang solcher Szenen gehaltvolle Informationen werden übrigens häufig mit der hier charakterisierten Beiläufigkeit gegeben.

Eltern machen sie gerne zu Zeiten und bei Gelegenheiten, in denen die Aufmerksamkeit der Erzieher durch andere Tätigkeiten gebunden ist. In der Regel handelt es sich um Dinge, die Schuldgefühle machen. In der Beiläufigkeit steckt ein Kompromiß: man beichtet, um das Belastende bei den Erziehern loszuwerden, die Erzieher sollen aber möglichst wenig davon mitbekommen.

Die Wiederbelebung von Urszenenmaterial in aggressiver Manier entspricht ganz psychoanalytischer Erfahrung, die gezeigt hat, daß die Urszene gewöhnlich vom Kind als ein Gewaltakt seitens des Vaters interpretiert wird. Die Erzieher bestätigten diese Erfahrung, indem sie das Verhalten des Jungen als "makkerhaft" bezeichneten, womit sie die aggressiv-männliche Identifikation mit dem Urszenen- Vater zum Ausdruck brachten.

Eine Bestätigung der Vermutung, daß den Jungen Urszenenerlebnisse beschäftigten, kam noch aus anderer Richtung: der Junge machte sich ein Vergnügen daraus, Mädchen, die am Boden zum Spiel kauerten, von hinten auf den Rücken zu springen. Freud hat darauf hingewiesen, daß Urszenenphantasien oft um den coitus a tergo kreisen (vgl. S. Freud, 1918). Schließlich gab der Junge selbst noch einen deutlichen Hinweis auf die Thematik, die ihn beschäftigte: er bat die Erzieher um ein Aufklärungbuch, welches er gerne mit nach Hause nehmen wollte. Seine Bemerkung, daß er auch ganz vorsichtig damit umgehen würde, kann man als Fingerzeig werten, wie empfindlich und überreizt er in diesem Bereich ist und wie vorsichtig man das Thema bei ihm behandeln solle.

Auch in diesem Fall bedient sich das Kind sowohl der Sprache als auch der sinnlich-unmittelbaren Symbolik. Er spricht nicht mit den Erziehern darüber, was er im elterlichen Bett erlebt hat, sondern führt es vor.

Die Urszene ist zweifellos ein starkes Erlebnis für Kinder. Die Vorgänge im Kind während der Urszene beschreibt Fenichel: "Das Erlebnis einer Urszene setzt im Kinde jedenfalls gleichzeitig höchste Sexualerregung, also eine 'übermächtige Bedürfnisspannung' je nach dem Alter des Kindes verschiedenen Inhalts - und die Überzeugung von der Gefährlichkeit der Sexualbefriedigung sei es durch das sadistische Mißverständnis des Aktes, sei es durch den Anblick des 'kastrierten' weiblichen Genitales. Inhalt, Grad und Zeitpunkt der Wirkung eines solchen Erlebnisses variieren naturgemäß seinen Details entsprechend: was das Kind wahrnehmen, was davon es verarbeiten kann, und in welche seelischen Zusammenhänge es eingeordnet wird, ob Verarbeitung und Einordnung sofort erfolgen oder später, all das ist von den individuellen Faktoren abhängig (...) Immer aber handelt es sich um die gleichzeitige maßlose Steigerung der Erregung und der Angst. Deshalb ist eine 'Urszene' besonders geeignet, die Begriffe 'Sexualbefriedigung' (Ödipusbefriedigung) und 'Gefahr' (Kastration) miteinander zu koppeln, so daß bei späterer Versuchungssituation ein 'Angstsignal' gegeben werden muß." (Fenichel, 1967)

Ein Aspekt, der zum Verständnis dieser Inszenierung beiträgt, sollte nicht unerwähnt bleiben: ohne Frage trug der Umstand, daß der Junge auf dem Schoß der Erzieherin saß, dazu bei, das Urszenenmaterial zu reaktivieren. Die Situation mußte für das Kind sehr verführerisch gewesen sein. Daß Verführung im Spiel war, deutet schon die Bemerkung der Erzieher über das "hübsche Kind" an, aber auch die Auseinandersetzung mit dem Vater verstärkt diesen Eindruck, denn die Erzieher, die in die Szene involviert waren, agierten offensichtlich ihre diesbezüglichen Schuldgefühle. Die inzestuöse

Atmosphäre zwischen Kind und Erzieherin mußte den Jungen in große Erregung versetzt haben, für die es aber keine Entspannung geben konnte, schließlich ist der Inzest – trotz Liberalisierung der Sexualpädagogik – in der Erzieher-Kind-Beziehung ausgegrenzt. Die Aggression des Jungen in der Kindertagesstätte rührt also aus mehreren Quellen: aus der Urszene selbst, aus deren Wiederbelebung in der Einrichtung und dem uneingelösten Verführungsangebot seitens seiner Erzieherin.

Es soll uns hier nicht die weitere Geschichte bzw. die Symptomatik dieses Jungen beschäftigen. Zweck war lediglich zu zeigen, wie außerinstitutionelle, traumatische Erfahrungen in die Kindertagesstätte drängen und dort wiederbelebt werden. Dabei sollte die Urszene Stellvertreter für all jene Situationen sein, in denen Kinder massiven Reizüberflutungen, wie z. B. Gewaltszenen oder genitalen bzw. prägenitalen Verführungen ausgesetzt sind, die ihre sich erst im Aufbau befindenden Verarbeitungsmöglichkeiten überfordern und traumatogen wirken können.

Daß hier die Urszene zum Pradigma gewählt wurde, beruht auf der Annahme, daß die sexuellen und aggressiven Verhaltensweisen in Kindertagesstätten durch eine Fülle von Urszenenerlebnissen im weitesten Sinne eingefärbt sind. Diese Annahme erhält ihre Berechtigung, wenn man sich die Wohnverhältnisse der Kinder vor Augen führt. In manchen Institutionen, die dieser Arbeit zugrundeliegen, kommt die Hälfte der Kinder aus Sozial- bzw. Einfachstwohnungen, viele haben kein eigenes Zimmer, manche nicht mal ein eigenes Bett. Die Wohnverhältnisse vieler Ausländerkinder kann man nur als archaisch bezeichnen. Es bedarf keiner besonderen Vorstellungskraft um abzuschätzen, welche Erregungsquanten solche Kinder zu verarbeiten haben. Insbesondere montags können die Erzieher ein Lied davon singen. Das Gesehene und Gehörte und die dadurch am eigenen Körper ausgelösten Reaktionen, insbesondere bei sexuellen Szenen, versetzen die Kinder in einen permanenten Spannungszustand. Die sexuelle Erregung schwillt bis zu einem extremen Punkt an, ohne daß die ersehnte Entspannung gefunden wird. Die Möglichkeit in motorischer Handlung Entspannung zu finden, ist im elterlichen Schlafzimmer kaum gegeben.

Neben den Wohnverhältnissen gibt es natürlich eine ganze Reihe anderer Quellen, die für die Reizüberflutung, der die Kinder ausgesetzt sind, verantwortlich zeichnen. Eine wichtige Quelle ist darin zu sehen, daß viele Eltern ihre Reizschutzfunktion ihren Kindern gegenüber nur sehr mangelhaft erfüllen. Unser Kind mit der Schere war hierfür ein Beispiel, denn es bestand keine objektive Notwendigkeit, daß der Junge im Bett der Eltern schlief. Immer häufiger werden auch die Beispiele in denen geschiedene Eltern ihre Kinder damit überfluten, daß sie ihnen die Rolle des geschiedenen Gatten mit allen Implikationen zuschieben. Hier kommt es häufig zu massiven sexuellen Verführungen seitens der Erwachsenen. Die ungelöste Spannung wird dann in die Kindertagesstätte geschleppt. Dort vollzieht sich, was Freud beschreibt:"Die Wirkungen des Traumas sind von zweierlei Art, positive und negative. Die ersteren sind Bemühungen, das Trauma wieder zur Geltung zu bringen, also das vergessene Erlebnis zu erinnern, oder noch besser, es real zu machen, eine Wiederholung davon von neuem zu erleben, wenn es auch nur eine frühere Affektbeziehung war, dieselbe in einer analogen Beziehung zu einer anderen Person neu wieder aufleben zu lassen. Man faßt die Bemühungen zusammen als Fixierung an das Trauma und als Wiederholungszwang

51

... Die negativen Reaktionen verfolgen das entgegengesetzte Ziel, daß von den vergessenen Traumen nicht erinnert und nichts wiederholt werden soll. Wir können sie als Abwehrreaktionen zusammenfassen. Ihr Hauptausdruck sind die sogenannten Vermeidungen, die sich zu Hemmungen und Phobien steigern können." (S. Freud, 1939)

Es ist dieser Wiederholungszwang, an dem Erzieher häufig scheitern. Er sorgt dafür, daß die Traumata der Primärsozialisation nicht in Vergessenheit geraten. Die Hoffnung der Erzieher, den Kindern in der Institution ein besseres Erziehungsklima als zu Hause anbieten zu können, wird von dieser Tendenz, Vergangenes wieder lebendig werden zu lassen, unterwandert. Die Kinder stellen über kurz oder lang in der Institution zu ihren Erziehern die früher erfahrenen Affektbeziehungen wieder her. Dies geschieht freilich unbemerkt, so daß die Erzieher sich eines Tages zu ihrem großen Entsetzen bei Verhaltensweisen ertappen, die sich nicht sehr von denen der Eltern, deretwegen man sie kritisiert, unterscheiden. Ich halte diesen Wiederholungsvorgang für entscheidend für das Verständnis der affektiven Problematik in Kindertagesstätten. Er ist die konservative Kraft, die progressive pädagogische Konzepte gefährdet. Er scheint mir verantwortlich für eine Vielzahl von Kränkungen und Enttäuschungen, die Kinder, Eltern und Erzieher hinnehmen müssen.

Kinder und Erzieher sind in den vorgestellten Beispielen auf besondere Weise aneinander gebunden. In beiden Inszenierungen war die Realpräsenz anderer Personen erforderlich, das heißt, die Kinder benötigten einen "Mitspieler", der eine vom Kind oktroyierte Rolle zu übernehmen hatte. Im Fall des Kindes, das mit der Trennung beschäftigt war, mußten die Erzieher den passiv-masochistischen Teil einer sadomasochistischen Szene übernehmen, während das Kind den aktiv-sadistischen Part übernahm. Die Erzieher werden aber auch als "Stellvertreter" gebraucht, wenn wir uns an Freud erinnern, das heißt, die Kinder möchten an den Erziehern und mit Hilfe ihrer Erzieher ihre narzißtischen Beschädigungen reparieren. Mit anderen Worten: als Erzieher muß man sich die Frage vorlegen, ob man gewillt ist, sich den Kindern als Übertragungsobjekt anzubieten, ihr Spiel ein Stück weit mitzuspielen. Daß die Erzieherarbeit angesichts zunehmender frühkindlicher Traumatisierung der Kinder immer schwieriger und aufreibender wird, liegt auf der Hand. An dieser Stelle unterscheidet sich das Erziehen in der Tat nicht vom Analysieren, wie Freund betont. Auch der Psychoanalytiker wird bei der Behandlung von frühen Störungen vor ganz andere Aufgaben gestellt als bei der Behandlung klassischer Neurosen. Für den Erzieher wird es immer schwieriger, das rechte Maß an Gewähren und Eingrenzen zu finden. Aus den vom Trauma diktierten Interaktionen können sie sich oft nicht freimachen. Sie agieren mit und lassen sich manipulieren. Aus der Angst heraus, von den Kollegen als autoritär verschrien zu werden oder aus falsch verstandener Liberalität heraus, in der Meinung, dem Kind nicht zumuten zu können, die eingeklagte Rolle zu verweigern, aus der Angst heraus, "Nein" zu sagen, fügen sie sich lammfromm in die ihnen zugewiesene Rolle. Das fehlende Nein beeinträchtigt gleichwohl die Bildung und Aufrechterhaltung der Selbstgrenzen. In Anlehnung an A. Freud muß man sagen, daß die Erzieher in diesem Fällen ihrer Aufgabe als "versagende Beschützer" nicht wahrnehmen. Tragisch wird dieses fehlende Nein für den Erzieher dann, wenn z. B. in einer heftigen sado-masochistischen Beziehung, wie sie nicht selten in Kindertagesstätten zu finden ist, seine Qual so unerträglich geworden ist, daß er sich nur noch unter Zuhilfenahme heftigster Aggression gegen das Kind aus der Szene mit ihm herauslösen kann. Er wird genau das, was er unter allen Umständen vermeiden wollte, nämlich autoritär. Dieses gleichsam verspätete "Nein", welches in solchen zugespitzten Situationen dem Kind entgegengehalten wird, ist für das Kind und den Erzieher gleichermaßen unverträglich. Der Erzieher wird unvergleichbar hart und mit der Diskrepanz zwischen pädagogischem Anspruch und pädagogischer Wirklichkeit konfrontiert. Er macht sich schwere Vorwürfe und hat das Gefühl, versagt zu haben.

Die Angst der Erzieher vor dem "Nein" scheint mir freilich berechtigt. Viele Kinder erleben Grenzsetzung als Kränkung, sei es, weil sie viel zu früh in zu harte Grenzen leben mußten oder aber zu verwöhnt waren. Ein "Nein" wäre die Nadelspitze, die den Ballon ihrer narzißtischen Allmacht zum Platzen brächte. Die Erzieher würden die große narzißtische Wut der Kinder zu spüren bekommen und sähen sich unvermittelt den Versäumnissen der Primärsozialisation gegenübergestellt. Grenzziehung ist aber auch ein gewagtes Unterfangen, weil die Erzieher sich von ihrem Wunsch, für die Kinder nur gutes Objekt zu sein, trennen müßten. Sie meiden das Neue und behandeln die Kinder wie rohe Eier.

Wegen fehlender Grenzziehung kann die für reflektiertes pädagogisches Handeln notwendige Distanz nicht aufrechterhalten werden, die Selbst- und Objektgrenzen bei Kindern wie Erziehern zerfließen, "... es bricht das Chaos aus...". Die in der Institution immer latent gegebene Gefahr, Distanz und damit Übersicht zu verlieren, vergrößert sich für die Erzieher noch durch den notorischen Mangel an Gelegenheit zur Reflexion des eigenen Handelns. Dieser Mangel ist durch eine Alltagsorganisation bedingt, die diesbezüglich keinen Spielraum ermöglicht. So kommt Bader zu dem Schluß: "Das Fehlen von Vorbereitungszeit verweist den Erzieher auf individualistisches zumeist planloses Vorgehen." (Bader, 1978) Planloses Vorgehen aber ist ein trefflicher Nährboden für das Agieren und dessen Chronifizierung. Fehlende Vorbereitungszeit, besonders aber auch die gleichfalls fehlende Nachbereitungszeit, die Reflexion des Vorgefallenen zwingt die Erzieher, gleichsam permanent mit überfülltem Magen herauszulaufen, ohne Gelegenheit zur Verdauung zu haben.

Fassen wir kurz zusammen: die Ausklammerung der sprachsymbolischen und der sinnlich-unmittelbar symbolischen Darstellungen in der Institution Kindertagesstätte begünstigt das bloß reaktive, impulshafte Handeln. Die Fähigkeit und auch die Möglichkeit, Konflikte verstehbar zu artikulieren, ist damit verwirkt. Durch reaktives Handeln, durch Agieren also, wird aber innere Spannung nur minimal reduziert, so daß immer neue Abfuhrmöglichkeiten gesucht werden müssen. Die durch Ausklammerung erwirkte Einschränkung der Vielfalt menschlicher Darstellungsmöglichkeiten birgt für die Kinder die Gefahr, daß sie zu Menschen werden, deren Sozialverhalten weitgehend vom Agieren bestimmt wird, die ständig auf der Suche nach Gelegenheiten sind, bei denen sie ihre inneren Spannungen loswerden können und mit Wünschen und Hoffnungen auf Erlösung von ihren Konflikten die Beziehungen zu anderen überfrachten.

Was für so manches Kind als traurige Perspektive am Horizont aufsteigt, ist für einige Erzieher bereits Realität. Sie benutzen die Kindertagesstätte als Ort, an dem sie ihre inneren Spannungen und Konflikte zu lösen suchen. Langfristig bietet die Kindertagesstätte keinerlei Möglichkeiten, das Leiden der Erzieher zu lindern. Über diesen Beruf innere Konflikte zu lösen, ist eine Illusion. Die zahlreichen Dekompensationserscheinungen, die im Erziehermilieu üblich sind, der große Anteil an psychosomatischen Reaktionen, der an manchen Tagen bis zu 70 % der Mitarbeiter eines Teams ausfallen läßt, sowie die zunehmende Zahl der Aussteiger aus diesem Beruf verweisen auf die Belastungen, die dieser Beruf mit sich bringt.

Als sinnvolle Maßnahme zur Eingrenzung der Arbeitsstörung in Kindertagesstätten scheint mir die Diskussion in einer Supervisionsrunde, wobei es darauf ankommt, daß der Supervisor nicht unmittelbar vom Geschehen der Tagesstätte betroffen ist, daß er dem Zwang und der Anpassungsstruktur der Institution enthoben ist. Was Erzieher machen und was mit ihnen gemacht wird, muß auf den Begriff gebracht werden, die Kindertagesstätte bedarf dringend der Einführung der Symbole, um das Chaos zu entflechten. Der "Leser", die Kindertagesstätte also muß befähigt werden, die Darstellungen der Kinder zu interpretieren. Die Bedeutung, die dem Verbalisieren in diesem Zusammenhang zukommt, soll dem abschlließenden Zitat von Berna entnommen werden. Er schreibt: "Durch die Sprache lernt das Kind, Ängste, bedrohliche Impulse und Unbehagen zu bewältigen. Die Förderung der Verbalisierung ... verhilft dem Kind dazu, im Kontakt mit der Mitwelt zu bleiben, oder die Kommunikation wieder aufzunehmen, wenn sie abgebrochen ist. Der Analytiker fördert die Verbalisierung der Gefühle, und auch für Erzieher und Kind kann es erleichternd sein, in Worte zu fassen, was zwischen ihnen vorgeht. Ausgesprochene Affekte und Aggressionen verlieren ihre bedrückende und zerstörerisch-gefährliche Wirkung dadurch mindestens so wie durch die Katharsis. Durch die Sprache werden sie faßbar, denk-bar und können vom Über-Ich akzeptiert werden. Durch die Mit-teilung kommt ein Mit- einander-Teilen zustande. Die Förderung des Verbalisierens ist somit nicht nur Aufgabe der analytischen Kur, sondern sollte auch als wesentlicher Bestandteil der Erziehung gesehen werden." (Berna, 1973)

Literatur

Bader, K. (1978): Öffentliche Erziehung, Frankfurt
Berna, J. (1973): Kinder beim Analytiker, München
Fenichel, O. (1967): Hysterien und Zwangsneurosen, Darmstadt
Freud, A. (1971): Heimatlose Kinder, Frankfurt
Freud, S. (1918): Aus der Geschichte einer infantilen Neurose, GW XII, Frankfurt
Freud, S. (1908): Der Dichter und das Phantasieren, GW VII, Frankfurt
Freud, S. (1920): Jenseits des Lustprinzips, GW XIII, Frankfurt
Freud, S. (1939): Der Mann Moses und die monotheistische Religion, GW XVI, Frankfurt
Lorenzer, A. (1972a): Perspektiven einer kritischen Theorie des Subjekts, Frankfurt
Lorenzer, A. (1972b): Zur Begründung einer materialistischen Sozialisationstheorie, Frankfurt
Lorenzer, A. (1979): Die Funktion der Literatur und der "ästhetische Genuß", Manuskript 1979
Mitscherlich, A. (1963): Auf dem Wege zur vaterlosen Gesellschaft, München
Stierlin, H. (1975): Eltern und Kinder, Frankfurt
Taubes, J. (1969): Das Unbehagen in der Institution, in: Das beschädigte Leben, München
Wollfheim, N. (1975): Psychoanalyse und Kindergarten, München

Thomas Ettl

"Geliebter Störenfried"

Ein Kindergartenkind zwischen Widerstand und Anpassung

Nachfolgende Geschichte aus einem Kindergarten, in dem ich seit Jahren als psychologische Fachkraft tätig bin, habe ich in der Hoffnung aufgezeichnet, dem Leser demonstrieren zu können, welcher Wert dem Erkenntnisorgan "Gegenübertragung" beim Verständnis sowohl von Kindergartenkindern als auch von Merkmalen ihrer Institution, dem Kindergarten, zukommen kann. Als Gegenübertragung möchte ich in dieser Arbeit all jene Gefühle, Einfälle, Phantasien und Verhaltensweisen bezeichnen, die das Kind und sein Kindergarten, von denen die Geschichte hier handeln wird, in mir hervorgerufen bzw. zu denen sie mich veranlaßt haben. In der psychoanalytischen Therapie hat die Gegenübertragung ja als Verstehensinstrument längst ihren festen Platz. Ich möchte indes zeigen, daß der Einsatz dieses Instrumentes keineswegs auf das therapeutische Feld beschränkt bleiben sollte, sondern gerade auch im Kindergarten hilfreich zum Einsatz kommen kann.

Meines Wissens gibt es kaum Darstellungen von Szenenverläufen mit Kindergartenkindern, die aus dem Blickwinkel der Gegenübertragung aufgezeichnet worden wären. Eine Reflexion aus dieser Sicht hat aber gerade für den im Kindergarten Tätigen den Vorteil, den Sinngehalt von Erlebnissen mit Kindern aus dem Hier und Jetzt ohne tiefere Kenntnis der jeweiligen biographischen Hintergründe der Kinder verstehen zu können, zumindest aber sich eine erste Orientierung zu verschaffen. Ein Zugang zu den Kindern aus dieser Sicht erscheint mir für den Erzieher auch sinnvoll, weil er zumeist zu viele Kinder zu betreuen hat, also ohnehin nicht deren aller Lebensgeschichten parat haben kann. Mehr noch: in manchen Arbeitsbereichen des Kindergartens ist man fast ausschließlich auf die Erkenntnisse aus seiner Gegenübertragung angewiesen, wird die Gegenübertragung oft zum einzigen Anhaltspunkt, ich denke an unsere hermeneutischen Probleme mit Ausländerkindern, die uns immer mehr auf die Nägeln brennen.

Voraussetzung für einen verstehenden Zugang, wie er von mir hier aufgezeigt werden soll, ist freilich die Bereitwilligkeit des Erwachsenen, sich mit seinen Gefühlen auf das Kind und seine Institution einzulassen, sprich Mitbetroffenheit herzustellen, aus der heraus dann die jeweiligen Episoden mit den Kindern interpretierbar werden.

In nachfolgender Geschichte kann ich allerdings nur über mein Erleben und die Schlüsse, die ich daraus gezogen habe, nicht aber darüber, wie ich diese Schlüsse dem Kind bzw. seiner Einrichtung zur Verfügung gestellt habe, berichten. Der Leser möge dies aber nun nicht als eine von mir willkürlich getroffene Eingrenzung des Stoffes betrachten, sondern als Ausdruck einer der Institutionsberatung immanenten Schwierigkeit, Erkenntnisse aus der Gegenübertragung zu vermitteln. Der Leser wird alsbald mit dieser Schwierigkeit konfrontiert werden.

Als ich vor einiger Zeit zu Beratungszwecken einen Kindergarten betrat, kam ein Mädchen von ca. 5 Jahren, ich möchte es Nadine nennen, entschlossen auf mich zu, fing mich an der Tür ab, faßte mich bei der Hand und führte mich mit der Bemerkung, mir mal was zeigen zu wollen, in ihren Gruppenraum und dort zu ihrem Fach. Ihr Anliegen an mich trug sie ziemlich drängend-bittend zugleich aber mit einem geheimnisvollen, verführerisch-intimen Unterton vor. Ich hatte sofort das Gefühl, daß die Begegnung bedeutungsvoll war, wie häufig, wenn Kinder den Erwachsenen auf diese Weise beiseite nehmen. Ich war sehr gespannt, was Nadine mir zeigen wollte.

Als wir den Gruppenraum betraten, war ich zunächst verdutzt. Der Raum war leer, die anderen Kinder der Gruppe hielten sich zum Spiel im Freien auf. Wir befanden uns an einem Ort, der üblicherweise laut und voller Menschen ist. Jetzt aber war es ganz still hier. Die Situation war für Kindergartenverhältnisse außergewöhnlich. Nadine hatte einen Erwachsenen für sich alleine und ich Gelegenheit, mich ganz auf das Kind zu konzentrieren. Ich hatte bei all dem aber auch das Gefühl, mit Nadine in diesem Raum isoliert zu sein.

An ihrem Fach angekommen, schlug Nadine vor, daß wir uns auf den Boden setzen sollten. Sie holte ihren Kasten aus dem Regal und fischte zunächst ein aus einem Warenhauskatalog ausgeschnittenes Bett samt zugehöriger Bettwäsche heraus, dann ein ebenfalls ausgeschnittenes Baby sowie einige Bekleidungsstücke, die für das Baby gedacht waren. Sie breitete die Dinge vor mir auf dem Boden aus, wobei sie mich bei jedem Gegenstand verstohlen musterte.

Wir schwiegen zunächst beide. Ich war unsicher, worauf Nadine hinauswollte. Wollte sie mir sagen, daß sie gerne Baby sein möchte, sich gerne ins Bett legte, um sich versorgen zu lassen, wollte sie mir also ihre regressiven Wünsche vorführen, oder sollte das Baby vielleicht ihr Kind sein, was eher eine ödipale Thematik hätte vermuten lassen?

Es war aber nun so, daß Nadine keineswegs das Baby in das Bett legte oder sonst in irgendeiner Weise mit den Dingen hantiert hätte, sondern sie eher wahllos auf dem Boden zu verstreuen schien, so daß mir der Eindruck entstand, daß mit den ausgebreiteten Gegenständen von ihr etwas vorbereitet werden sollte, so als ob das Eigentliche noch ausstände. Daß sie mir aus Katalogen ausgeschnittene Gegenstände vorführen wollte, konnte nicht der Sinn ihres Vorgehens sein, schließlich ist das allerorts eine beliebte Tätigkeit im Kindergarten, hätte auch nicht zur geheimnisvoll-intimen Atmosphäre im Gruppenraum gepaßt. Nadines Geheimnis mußte in etwas anderem stecken. Ich war reichlich gespannt.

Nachdem Nadine eine Reihe von Dingen ausgebreitet hatte, zog sie schließlich ein zusammengerolltes Blatt Papier aus ihrem Fach, legte es betont bedächtig vor mich auf den Boden inmitten all der anderen Dinge, strich es sorgfältig glatt und sah mich erwartungsvoll an.

Das Papier erinnerte an jene Pergamentrollen aus Abenteuergeschichten, auf denen geheimnisvolle Skizzen von vergrabenen Schätzen weitergereicht werden. Es hatte Flecken und Risse, Fingerabdrücke und 'Eselsohren', Merkmale also, die die große Bedeutung, die dieses Blatt für seine Besitzerin haben mußte, unterstrichen. Als hätte Nadine meine Gedanken gelesen, merkte sie beim Herausnehmen des Blattes an, daß noch nie jemand vor mir auf dieses Blatt hätte sehen dürfen.

Ein Blick auf das Papier genügte, um Nadines Geheimnis zu lüften, und allen umliegenden Dingen, die sie vorher ausgebreitet hatte, ihren Sinn zu geben. Auf dem Papier befand sich eine Zeichnung, die sie selbst angefertigt hatte. Sie zeigte einen Lastwagen, der von einem Mann gesteuert wurde. Hinten auf der Ladefläche saß eine Person, die einen Pferdeschwanz trug. Mond und Sterne zeigten an, daß der Lastwagen nachts unterwegs war. Sonst war nichts auf der Zeichnung zu sehen. Sie war in Schwarz-Weiß gehalten, die Strichführung sicher und kräftig. Der Fahrer war deutlich als erwachsener Mann zu erkennen, währenddessen es bei der Person auf der Ladefläche merkwürdigerweise für mich schwer auszumachen war, ob es sich um eine erwachsene Frau oder um ein kleines Mädchen handelte. Hier mußte eine Unsicherheit die Hand der Zeichnerin geführt haben. Sollte es ein Zufall gewesen sein, daß ich mir just in dem Augenblick, als ich über diese Unsicherheit nachdachte, Nadine genauer anschaute, und mir jetzt auffiel, daß Nadine einen Pferdeschwanz trug?

In dem sich nun zwischen uns entfaltenden Gespräch über den Inhalt ihrer Zeichnung und deren mögliche Bedeutung konnte ich erfahren, daß der Fahrer des Lastwagens ihr Vater sei, der gerade Zeitungen ausfahre. Die Person auf der Ladefläche war - wie zu erwarten - Nadine selbst. Es sei Nacht, so fuhr sie fort, und sie und ihr Vater hätten bis zum Morgen noch einen weiten Weg vor sich. Ihrer Erzählung konnte ich weiter entnehmen, daß ihr Vater sie schon öfters in seinem Wagen mitgenommen habe, allerdings tagsüber, wie sie beiläufig und, wie mir schien, etwas enttäuscht berichtete. Das Bild enthielt insofern ein Stück Realität, als ihr Vater beruflich mit Lastwagen zu tun hatte, auch viel nachts unterwegs war, was ich hier aber nicht näher ausführen kann. Die zeichnerische Darstellung ihrer Erlebnisse mit dem Vater enthielt indessen auch einige Unterschiede zu den realen Erlebnissen. Sie hatte offenbar in ihrer Zeichnung ihre Erlebnisse wunschgerecht zu einem nächtlichen Ausflug umgestaltet, wobei sie sich hinten auf die Ladefläche anstatt neben den Vater plaziert hatte, möglicherweise Ausdruck einer Abwehr.

Es stand nunmehr außer Frage, daß Nadine mich zu ihrem Fach geführt hatte, um mir ihr Geheimnis, ihre Verliebtheit in ihren Vater, kundzutun. Es versteht sich, daß sich Zeichnung und umliegende Gegenstände thematisch ergänzten, letztere unterstrichen sozusagen das Thema der Zeichnung, hielten zugleich aber auch die Erklärung der Zeichnung bereit, so wie die Zeichnung denn Gegenständen ihren Sinn gab. Daß der Lastwagen mit dem Bett gleichgesetzt werden konnte und das Baby den ödipalen Wunsch, vom Vater ein Kind zu bekommen, anzeigte, war augenfällig. Zeichnung wie die Gegenstände ließen erkennen, daß hier der Ödipus zelebriert werden sollte.

Das Besondere daran schien mir, daß Nadine das Ganze wie eine Theateraufführung inszenierte, eine Entsprechung, die sich mir bei dem bisher Erlebten aufdrängte, weil Nadine es verstand, den Inhalt ihres Faches dramaturgengerecht in Szene zu setzen. Sie handhabe die ausgeschnittenen Gegenstände wie einen Bühnenaufbau. Diesen gab sie den Blicken des Zuschauers zunächst frei, ließ ihm den Öffnen des Vorhanges noch Zeit, sich auf das spielende Stück einzustimmen, veranlaßte ihn zum Rätseln und Phantasieren, um dann mit Hilfe der Zeichnung das Thema und die Pointe einzuspielen, anstatt - wie man das in vergleichbaren Situationen im Kindergarten häufig erleben kann - mit der Tür ins Haus zu fallen. Hätte sie ihre Zeichnung zuerst freigegeben, wäre die Pointe verspielt gewesen, es wäre im Zuschauer nicht jene Spannung entstanden, die sie durch die hier geschilderte Weise ihres Vorgehens hervorzurufen wußte. Die Weise des Aufbaus war bereits eine Inszenierung für sich. Dabei schien sie ein wichtiges dramaturgi-

sches Gesetz zu beherrschen, daß nämlich auf der Bühne nur ein lange vor-
bereitetes Ereignis tiefe Wirkung erzielt, ganz im Gegensatz zum realen
Leben, wo Unerwartetes tiefste Wirkung erzielt.

Aber nicht nur die Weise des Ausbreitens ihres ödipalen Materials wirkte
auf mich, sondern auch das szenische Arrangement zwischen Nadine und mir.
Schon als Nadine mich in den Gruppenraum bat, hatte mich ja Neugier
erfaßt, die sich nun verstärkt hatte. Ich spürte, wie das Öffnen der Bühne
und die Einspielung des Themas meine ganze Aufmerksamkeit bündelte. Es
machte mir kaum Mühe, mir vorzustellen, mit welchen Gefühlen das Mädchen den Vater im Lastwagen begleitet haben mußte. Ort und Zeit um uns
herum schienen zu versinken, es tat sich im Gruppenraum eine Stimmung
auf, die durchaus jenen Augenblicken im Theater vergleichbar ist, wenn dort
das Licht langsam verlöscht, die Umgebung im Dunkel verschwindet und man
der Realität enthoben zur Bühne blickt. Aber kehrt hier in meinem Erleben
nicht wieder, was die Zeichnerin ja bereits in ihrem Bild festgehalten hatte?
Auch dort spielte ihr Erlebnis mit dem Vater in der Dunkelheit, auch dort
war die Umgebung ohne Bedeutung. Und eine weitere Besonderheit der Szene
zwischen Nadine und mir war bereits in ihrem Bild enthalten: das Alleine-
sein mit mir im Gruppenraum entsprach dem Alleinsein mit ihrem Vater im
Auto. Die Intimität im Auto wiederholte sich im Gruppenraum. Es schien
demnach so, als ob die Thematik, die Nadine in ihrer Zeichnung niedergelegt
hatte, nun auch zwischen ihr und mir lebendig geworden sei, als sei die
Lastwagenszene vom Papier auf uns übergesprungen, die Interaktion im Bild
zwischen uns reanimiert worden. Nadine hatte also eine Übertragung der
Bildszene auf das Hier und Jetzt vorgenommen, ich war an die Stelle des
Vaters getreten. Dabei hat sie es verstanden, den leeren Gruppenraum als
Inszenierungsbühne für die Neuauflage ihrer Verliebtheit zu nutzen. Wir
werden später sehen, wie ihr diese Fähigkeit zur Übertragung zu schaffen
machen wird.

Diese Reaktualisierung verhalf mir, mich sowohl in die Lage des Kindes
zu versetzen, wie auch in mir Vatergefühle aufkommen zu lassen. Ich war
längst nicht mehr nur Zuschauer voller gespannter Anteilnahme, sondern
gleichsam aus meinem Theatersessel aufgesprungen und zur Bühne geeilt, um
mich als Mitspieler in das dortige Geschehen einzufädeln. Ich hatte die
Rolle des geliebten Vaters zu spielen, der sich seiner Tochter zuwendet, sie
bewundert und sich zugleich von ihr becircen läßt, die Rolle eines Vaters
also, der nicht mehr nur Vater, sondern in erster Linie Geliebter ist.

Wie sehr ich mich von den Gefühlen des Mädchens hatte anregen und
mir das Kostüm des Vaters hatte überwerfen lassen, wurde mir u.a. daraus
ersichtlich, daß mir die Zeichnung, die Nadine gemalt hatte, gut gefiel,
obwohl sie, nüchtern betrachtet, eher mittelmäßig und keine besonderen
Fähigkeiten erkennen ließ, ferner ihre Symbolik geläufig und durchsichtig
war. Aber ich hatte fraglos in meiner Phantasie Ausschmückungen und Ein-
färbungen vorgenommen und dem Kind damit unter dem Eindruck der Situation jene "Freiheit von der Kritik" eingeräumt, die Freud als für die Verliebtheit charakteristisch bezeichnet hat (S. Freud, 1921), eine Form der
Verliebtheit, wie man sie aus Erzählungen von Vätern ödipalisierender Töch-
ter kennt. Bei all dem wurde ich von einem Gefühl erfaßt, als ob die Generationsbarriere zwischen Nadine und mir niedergerissen würde, als ob der
Altersunterschied sich in Bedeutungslosigkeit auflöse. Sie erschien mir in
dieser Szene kaum noch wie ein Kindergartenkind, welches mir mal eben
seine Bilder zeigen wollte, sondern eher als erwachsene Frau, die es verstand, einen Mann zu gewinnen. Es bestand kein Zweifel: nicht nur Zeich-

nung und Aufführung hatten mir gefallen, auch die Aktrice selbst hatte meine ganze Zuneigung.

Es gab indessen in dieser Geschichte mit Nadine noch ein weiteres Moment, das für Spannung sorgte, von dem ich aber später berichten möchte. An dieser Stelle bleibt mir nur noch nachzutragen, daß Nadine, als sie ihr Bild aus dem Fach zog und wir darüber ins Gespräch kamen, zusehends in Aufregung geriet, Farbe in ihr sonst blasses Gesicht kam, sie auf dem Boden hin- und herrutschte, mal saß, mal kniete und sich dabei mit ihrer Hand an ihren Genitalien rieb und drückte.

Dann aber trat eine Wende ein, die mich veranlaßte, über das Erlebnis mit Nadine intensiver nachzudenken. Mitten in unserem Gespräch schaute sie sich plötzlich im Raum um, machte ein Gesicht, als habe sie der Mut verlassen und schien ziemlich beunruhigt. Und ehe ich diese Beunruhigung hätte thematisieren können, geschah folgendes: Nadine räumte eiligst ihre Sachen zusammen, warf sie in den Kasten, sprang auf, stellte sich vor mich hin und eröffnete mir, daß sie dringend aufs Klo müsse. Teils keß, teils flehentlich bat sie mich, sie dorthin zu begleiten, um ihr beim Ausziehen zu helfen, weil sie das nicht allein könne, und ihr beim Urinieren zuzusehen. Daraufhin ging sie zur Tür, öffnete diese und blieb abwartend im Türrahmen stehen.

Ich war sprachlos über diese Wende. Mir war, als sei mitten in die Aufführung der Vorhang gefallen, als sei die Szene abgebrochen und man wolle mir nun in einem billigen Vorstadt-Varieté ein triviales Striptease-Spektakel feilbieten. Meine Phantasien verflogen auf der Stelle, die Spannung schien weg, die Atmosphäre kam mir mit einem Mal wie entzaubert, flau und abgeschmackt vor. Überrascht war ich, daß Nadine sich plötzlich als hilfsbedürftiges Mädchen präsentierte. Dies alles ging indessen so schnell, daß ich ihr nur noch nachrufen konnte, daß ichihr ihrem Wunsch nicht entsprechen würde, woraufhin sie verschwand. Im ersten Moment konnte ich mir diese Wende nicht erklären. Handelte es sich hier um Zufallsdramaturgie, wurde der Vorhang versehentlich zu früh geschlossen, oder sollte es sich um einen Kunstgriff der Dramaturgin gehandelt haben?

Nun - daß Nadine handeln wollte, daß es zwischen uns intimer werden sollte, war nicht das Überraschende, ergab es sich doch konsequenterweise aus der vorangegangenen Szene. Nach dem Gebrauch von Zeichnung und ausgeschnittenen Gegenständen wollte sie nun ihren Körper ins Spiel bringen, wobei sie beim Wechsel der Szene getreue Übersetzungsarbeit leistete. Alles, was in der ersten Szene im Gruppenraum Thema war, wäre auch in der Folgeszene auf der Toilette wiederzufinden gewesen, jetzt ins Körperliche verlegt, so als habe eine Konversion stattgefunden. Der Wunsch, die Zeichnung zu zeigen, wird umgesetzt in den Wunsch, den Körper zu zeigen. "Betrachte meine Zeichnung!" hieße jetzt: "Betrachte meinen Körper!" Kurzum: daß Nadine mir ihre Genitalien zeigen wollte, war nicht das Überraschende, ist dies doch in der Psychoanalyse längst bekannter Kinderwunsch. Freud hat bereits 1908 in seiner Arbeit "Über infantile Sexualtheorien" Erfahrungen niedergelegt, die erhellen können, welcher Natur die Phantasien Nadines im Zusammenspiel mit mir gewesen sein müssen: "In loserem Zusammenhang mit dem unlösbaren Problem, woher die Kinder kommen, beschäftigt sich das Kind mit der Frage, was das Wesen und der Inhalt des Zustandes sei, den man 'Verheiratet sein' heißt, und beantwortet diese Frage verschieden, je nach dem Zusammentreffen von zufälligen Wahrnehmungen bei den Eltern mit den eigenen noch lustbetonten Trieben. Nur daß es sich beim Verheiratetsein Lustbefriedigung verspricht und ein Hinwegzen über die Scham vermutet, scheint allen diesen Beantwortungen gemeinsam. Die Auffassung, die ich am häufigsten gefunden habe, lautet, daß *"man voreinander uriniert"*; eine Abänderung, die so klingt, als ob sie symbolisch ein Mehrwissen andeuten wollte: *daß der Mann in den Topf der Frau uriniert.* Andere Male wird der Sinn des Heiratens darin verlegt: *daß man einander den Popo zeigt* (ohne sich zu schämen)" (S. Freud, 1908a). Ich hätte also angesichts vorliegender Entwicklung allen Grund gehabt, mich mit einem schmunzelnden "Na bitte" zurückzulehnen, mit dem Gefühl, wieder mal ein Stück Psychoanalyse "leibhaftig" vorgeführt bekommen zu haben. Allein: meine Gefühle waren ganz anderer Natur. Es mußte demnach etwas in Nadines Vorschlag stecken, was dieser Befriedigung durch Bestätigung zuwiderlief.

Für meine Empfindungen zeichnet zum Teil eine Kluft verantwortlich, die sich an dieser Stelle zwischen dem Mädchen und mir auftat, eine Kluft, die als eine Variante jener "Sprachverwirrung zwischen den Erwachsenen und dem Kind" begriffen werden kann, auf die S. Ferenczi (1933) hingewiesen hat und die die hier wohl störend Einfluß nahm. Daß ich der Vorstellung, Nadine beim Urinieren zusehen zu sollen, keinen Geschmack abgewinnen konnte, liegt daran, daß man als Erwachsener gemeinhin an solchen Schauspielen keine Befriedigung mehr finden kann, wie das Kindern möglich ist. Gelüste dieser Art, tauchen sie in der Erwachsenenwelt auf, gelten im allgemeinen als pervers und sind im entsprechenden Milieu beheimatet. Das Zusehen beim Urinieren ist kein Erwachsenen-, sondern Kinderwunsch, wie die Freudsche Ausführung nahelegt, und ist von Nadine als solcher auch hier deklariert worden. Er ist Ausdruck der polymorph-perversen Struktur kindlicher Sexualität. Als Erwachsener hatte ich mich zu weit von diesen Kinderwünschen entfernt.

Diese Kluft zwischen dem Kind und mir, die ich als Szenenabbruch wahrgenommen hatte und die mir dieses Gefühl von Schalheit beschert hatte, hat aber auch vorübergehend meinen Blick dafür getrübt, daß aus der Sicht des Kindes der Wechsel vom Gruppenraum zur Toilette durchaus in thematischem Zusammenhang stand, lediglich die Weiterführung des Themas "Verliebtheit in den Vater" war. In dieser Sprachverwirrung allerdings schieden sich die Generationen wieder: Nadine war wieder Kind und ich Erwachsener.

Ist mit dieser "Sprachverwirrung" aber die Schalheit ganz aufgeklärt? Der Leser wird mein Gefühl teilen, daß hinter dem Szenenwechsel noch mehr verborgen ist. Es scheint mir angezeigt, den Harndrang, den Nadine verspürte, etwas mehr ins Augenmerk zu rücken, in der Hoffnung, weitere Aufschlüsse zu erhalten. Es stellt sich nämlich die Frage, warum Nadine gerade mitten in der Szene mit mir aufs Klo mußte. War es Zufall? Ich denke nein. Die Erfahrungen, wie sie von Freud niedergelegt wurden, zusammengenommen mit den szenischen Details unserer Geschichte, berechtigen zunächst zu der Annahme, daß der Harndrang Ausdruck ihres Beschäftigtseins mit Phantasien über den sexuellen Verkehr mit mir war, Ausdruck ihrer Erregung, die sich ja auch in den geröteten Wangen anzeigte, und daß sie nun nach dieser ihrer Auffassung zu handeln wünschte. Der Harndrang muß demnach in enger Verbindung zu der erlebnisträchtigen Szene mit mir gestanden haben. Der Harndrang bietet Nadine die Gelegenheit, mich auf die Toilette zu bitten und auf die Befriedigung ihres Wunsches zu drängen. Unter dem Vorwand, urinieren zu müssen, kann sie mir ihr Genitale vorführen. Die Aufforderung, sie auf die Toilette zu begleiten, war - gemessen an den Übertragungsverhältnissen - eine Aufforderung zum Vater-Tochter-Inzest.

Aber inzestuös war schon die Begegnung im Gruppenraum. Ich erinnere nur an mein Gefühl, die Generationsbarriere zwischen uns würde niedergerissen. Wie bereits berichtet, gab es für dieses Gefühl eine Entsprechung in der Zeichnung Nadines: es war für mich als Betrachter nicht klar auszumachen, ob die Person auf der Ladefläche nun eine erwachsene Frau oder ein Kind war. Diese Unklarheit in der Zeichnung zusammen mit meinem Gefühl des verschwimmenden Generationsunterschiedes wertete ich dahingehend, daß Nadine unter dem Eindruck ihrer ödipalen Gefühle dem Vater bzw. in der Übertragung mir viel lieber die erwachsene Partnerin denn das Kind gewesen wäre. Der Konflikt zwischen der Realität, Kind zu sein, und dem Wunsch nach der Rolle der erwachsenen Frau schlug sich offenbar in dieser zeichnerischen Ungenauigkeit wie auch in meinen Gefühlen nieder.

Indes: das Inzestuöse kann aber für die Schalheit der Atmosphäre nicht verantwortlich zeichnen, trug er doch eher zu ihrer Belebung bei. In Nadines Vorschlag mußte noch ein anderes Moment stecken.

Erinnern wir uns, daß Nadine, bevor sie aufsprang, alles zusammenpackte und zur Tür ging, sich für einen Augenblick im Gruppenraum umgesehen hatte und beunruhigt schien. Diese Beunruhigung bedarf noch intensiverer Ausleuchtung. Ich hatte darauf hingewiesen, daß sich den Kindern im Kindergarten selten Gelegenheit bietet, einen Erwachsenen über einen längeren Zeitraum für sich beanspruchen zu können. Ist das mal der Fall, so kommen meist sehr schnell andere Kinder hinzu und möchten mit einbezogen werden oder drängen eifersüchtig dazwischen. Ferner muß bedacht werden, daß ich als Fachkraft bei meinem Erscheinen im Kindergarten in erster Linie von den Bezugspersonen beansprucht werde, so daß in der Regel wenig Zeit für die Kinder bleibt. Aus dieser Sicht gesehen, hatte Nadine sich ein Privileg geschaffen. Dieses Privileg kam ihr wohl zu Bewußtsein, als sie sich im Gruppenraum umblickte. Eine weitere Inanspruchnahme dieses Privilegs kam ihr vermutlich zu kühn vor. Was der Szene mit mir zusätzlich Brisanz verlieh, war der Umstand, daß zu jener Zeit, aus der ich hier berichte, der Kindergarten ausschließlich von Frauen betreut wurde und Männer, die die Einrichtung betraten, in gewisser Weise hofiert wurden. Nadine hatte also nicht nur einen Erwachsenen, sondern darüber hinaus auch noch eine männliche Person in Beschlag genommen, und mit diesem Mann teilte sie auch noch ihr Geheimnis. Die ödipale Episode mußte für Nadine zwar einerseits sehr beflügelnd gewesen sein, andererseits fürchtete sie vermutlich auch die Rivalität ihrer Erzieherinnen und hätte Schuldgefühle haben müssen. Als sie plötzlich aufsprang und alles zusammenräumte, mußte sie unter dem Eindruck solcher Gefühle gestanden haben.

Eignete sich in dieser Situation ein Wunsch zu urinieren nicht trefflich dazu, um aus dem Feld gehen zu können? Nadine konnte in ihm einen Vorwand finden, sich der angstmachenden ödipalen Beziehung zu mir zu entziehen. Der Harndrang erlaubte das Verlassen des Raumes, die Flucht aus der heterosexuellen Beziehung und somit die Rückkehr in die Gemeinschaft des Kindergartens. Was so angstmachend war, war jener Konflikt, den Freud in "Massenpsychologie und Ich-Analyse" umrissen hat:

"Die direkten Sexualstrebungen erhalten auch für das sonst in der Masse aufgehende Einzelwesen ein Stück individueller Betätigung. Wo sie überstark werden, zersetzen sie jede Massenbildung."
(S. Freud, 1921)

Nadine mußte befürchten, sich mit ihren erotischen Wünschen quer zur Gemeinschaft ihres Kindergartens zu stellen, was noch näher auszuführen sein wird.

Halten wir hier vorerst nur fest: der Harndrang hat neben seiner Bedeutung, Zeichen der Erregung zu sein, auch Abwehrfunktion. Ein Körperbedürfnis wird eingespielt und zum Anlaß genommen, den Ort der Gefahr zu verlassen. Soweit bisher erkennbar, war der "Vorhang", der in die Szene mit mir fiel, demnach keineswegs ein Versehen, sondern geschickte Überleitung zum nächsten Aufzug.

Man hätte erwarten können, daß Nadine den Harndrang schlicht dazu benutzt, die Episode mit mir ganz abzubrechen, was aber bekanntermaßen nicht geschah, sie wünschte ihre Fortsetzung auf der Toilette, wobei der Harndrang ihr dazu verhalf, ein Anpassungsmanöver an ihre Einrichtung vorzunehmen, um ganz auf deren Linie einschwenken zu können. Der Harndrang ist ihr Vehikel zur Anpassung. Die Anpassung selbst steckt in ihrem Wunsch, die Beziehung zu mir auf die Toilette zu verlagern.

Um dieses Anpassungsmanöver sichtbarer werden zu lassen, möchte ich einen Erfahrungswert einsetzen, der dem im Kindergartenbetrieb Tätigen längst zur unhinterfragten Selbstverständlichkeit geworden ist: die Toilette als Ort massiver, breitgefächerter und öffentlicher Triebbefriedigung, die häufig Ersatzcharakter hat, was daraus ersichtlich wird, daß die Kinder gerne anale und urethrale Bedürfnisse einsetzen, um über sie Wünsche ganz anderer Art erfüllt zu bekommen, Wünsche, die eben nicht an Toilettenverrichtungen gebunden sind. In vielen Fällen können die Kinder auf der Toilette das einklagen, was sie sonst häufig vermissen - z. B. Zuwendung -, sie suchen dann anale anstatt die ursprünglich gewünschte genitale Anerkennung. Die Toilette bietet die Möglichkeit, sich als hilfsbedürftig zu präsentieren, der Erwachsene kann somit als Bewunderer verpflichtet werden. Auch Nadine beschritt diesen Weg, um sich einen Wunsch zu erfüllen, dessen Natur leicht aus dem assoziativen Zusammenhang beider Szenen erschließbar ist, ein Wunsch, der aber eigentlich auf der Toilette deplaziert ist.

Daß die Toilette zum Ort lizenzierter Ersatzbefriedigung wird, liegt an einer geheimen Übereinkunft zwischen Erziehern und Kindern, darüber, daß "die armen Kleinen sich ja selbst noch nicht an- und ausziehen können und ihnen deshalb geholfen werden muß", was für die jüngsten Mitglieder im Kindergarten noch zutreffen kann, die Älteren aber, die es können müßten, stellen sich allzu gern als Hilfsbedürftige mit an, so daß es Usus ist, daß Betreuer noch Sechsjährigen beim Ausziehen helfen, ihnen den Hintern abputzen etc. Die Kinder fordern solche Hilfe, und die Erwachsenen kommen diesen Forderungen nach. Daß bei diesen Hilfsaktionen unter der Hand eine Menge exhibitionistischer und voyeuristischer Befriedigung für beide Seiten abfällt, bedarf keiner weiteren Erläuterung. In dem Kindergarten, aus dem ich hier berichte, wird die Toilette einer architektonischen Besonderheit halber darüber hinaus zum Ort exhibitionistischer Befriedigung prädestiniert, weil der Blick des Besuchers beim Betreten der Einrichtung zwangsläufig auf die Kindertoilette fällt, denn diese ist genau gegenüber dem Eingang gelegen.

Die Toilette wird zum Ort, an dem sich Kinder und Erzieher ihre Institution nach ihren Wünschen gestalten. Erstere können auf der Toilette das in die Tat umsetzen, was Freud als ihre Auffassung vom "Verheiratetsein" beschrieben hat, letztere befriedigen ihre Versorgungsbedürfnisse. Im Kindergarten hat die Toilette - wie in anderen Institutionen auch - die Funktion eines "Freiraumes" (vgl. E. Goffman, 1977). Auf der Toilette kann befriedigt werden, was sonst tabu ist, und das ist in unserem Fall der Inzest.

Es ist nicht verwunderlich, daß weibliche Erzieher nur selten die inzestuösen Intimitäten, in die sie mit den Jungens bei der Ausübung ihres Berufes
geraten können, in Beratungsgesprächen problematisieren, ganz im Gegensatz
zu ihren männlichen Kollegen, die häufig dieses Thema unter dem Titel
"Angst, für Klein-Mädchen-Verführer gehalten zu werden" ansprechen. Hier
sind bekannte Rollenklischees am Werk, die den Frauen es ermöglichen,
unter Zuhilfenahme von Versorgungsmotiven, z. B. auf der Toilette, eigene
inzestuöse Wünsche zu befriedigen und damit ihre Angst abzuwehren, eine
Möglichkeit der Abwehr, die den Männern verriegelt ist.

Es erscheint mir bei dieser Gelegenheit angezeigt, eine kurze Überlegung
anzustellen, warum Nadine mich mit so flehentlichem Ton bat, sie auf
die Toilette zu begleiten. Sicher war die große Sehnsucht nach dem "Vater"
hierfür ausschlaggebend, was aber als alleinige Erklärung nicht befriedigt.
Um diesen Ton besser verstehen zu können, muß man sich die Situation
der Mädchen in solchen Kindergärten, die ausschließlich von Frauen betreut
werden, vor Augen führen. Die Mädchen sind gegenüber den Jungens in
solchen männerlosen Einrichtungen im Hinblick auf Verfügbarkeit von Lie-
besobjekten benachteiligt. Die Jungens genießen, worauf die Mädchen verzichten müssen, ihnen bieten sich zahlreiche Übertragungsgelegenheiten, in
denen sie ihre Ödipalität ausbauen, reifen und untergehen lassen können.
Oftmals wird die ödipal-inzestuöse Nähe zwischen den Jungens und ihren
Erzieherinnen allerdings ähnlich gelebt, wie das Nadine auch mit mir beabsichtigt hatte, als sie mir die Toilette vorschlug. Ich halte es von daher für
berechtigt, von einem durch die institutionellen Bedingungen hervorgerufenen
Neid der Mädchen auf die Jungens zu sprechen. Es ist unschwer zu sehen,
daß Nadine in meinem Erscheinen für sich eine Gelegenheit erkannte, dieser
Ungleichheit vorübergehend ein Ende zu bereiten, indem sie mich gleich an
der Eingangstür abfing. Den Mädchen in Kindergärten mit männlichen
Bezugspersonen geht es indes oft nicht besser als ihren Geschlechtsgenossin-
nen in männerlosen Einrichtungen, sehen sie sich doch oft genug genötigt,
ihren männlichen Betreuern ihre ödipalen Sehnsüchte förmlich aufdrängen zu
müssen, weil diese, zahlenmäßig ohnehin viel geringer vertreten als weibliche
Bezugspersonen, darüber hinaus auch noch den Übertragungsangeboten der
Mädchen abwehrend gegenüberstehen, um nicht der Verführung bezichtigt zu
werden.

Nur am Rande sei erwähnt, daß die Zentrierung von Befriedigung auf die
Toilette, wie sie hier charakterisiert wurde, noch auf eine andere, in Kindergärten zu beobachtende Tendenz verweist, nämlich Unterschiedlichkeiten,
seien es die des Geschlechts, der Generation, der Kompetenz oder des Enga-
gements zu verwischen oder einzuebnen, etwa nach dem Motto: Von hinten
sehen alle gleich aus. Die Toilette wird zum Ort des Widerstandes gegen
Abgrenzungsversuche und gegen eine Ödipalisierung der Beziehung.

Der Anpassungsversuch Nadines an ihren Kindergarten besteht darin, daß
sie ihre ödipale Inszenierung exakt entlang dieser institutionell vorgegebenen
Schiene der Triebbefriedigung verlaufen lassen möchte, ihren ödipalen
Wunsch versucht institutionssynton - eben auf der Toilette - zu befriedigen.
So geht sie zwar im Gruppenraum aus dem Feld, gibt aber ihren Wunsch
nach einer für ihre Institution offenbar normwidrige und deshalb Schuldgefühle bereitende ödipale Beziehung zu mir nicht auf, sondern transformiert
diese Beziehung in eine für ihren Kindergarten übliche, ihm konforme
Beziehung: sie bittet den Erwachsenen auf die Toilette, um zu helfen. Ergebnis dieser Transformation wäre eine urethral-exhibitionistische Ausgabe

des Ödipus geworden, ein "verwässerter" Ödipus sozusagen, dem keine Gefahr der Massenzersetzung mehr innegewohnt hätte.

Nadine versuchte mit ihrem Wunsch, von mir auf die Toilette begleitet zu werden, einen Kompromiß zu schließen: sie schlüpft in die Rolle des Kindergartenkindes, paßt sich somit an, versucht indessen zugleich die Wünsche, die ihr aus ihrer Verliebtheit entstehen, zu befriedigen. Hat uns schon bei der Übersetzungsarbeit, bei der Verlegung von der Ebene des Bildes auf die Ebene des Körperlichen die Vermutung einer Konversion auf der Zunge gelegen, so wird man nun hier an den Vorgang einer Symptombildung erinnert, wobei nun klarer scheint, wie Wunsch und Abwehr, hier als Anpassung, in der Toilettenszene zusammenstehen.

Der Gewinn, den Nadine durch ihre Anpassung erzielt hätte, ist augenfällig. Sie hätte dem Argwohn der Gemeinschaft wegen ihrer Aktivitäten im Gruppenraum entgehen, ihrer Beunruhigung Herr werden und die Isolierung aufheben können. Sie wäre wieder Kindergartenmitglied geworden, nachdem sie einen "Ausflug zum Vater" unternommen hatte. Bei all dem hätte sie ihren ödipalen Wunsch körperlich und legitim, weil von ihrer Institution lizenziert, befriedigen können. So schreibt Parin:

Bei den Anpassungsmechanismen ist das Ich bestrebt, die Ansprüche des Es und die der Außenwelt in Einklang zu bringen; gelingt dies z. B. mittels der Rollenidentifikation im Ich, ist die direkte Befriedigung von Es-Wünschen möglich. (P. Parin, 1978)

Hätte ich Nadines Wunsch entsprochen, wäre ihr die Koppelung von ödipal-inzestuöser Befriedigung und Anpassung, der Kompromiß also, gelungen.

Daß in ihrem Wunsch, auf die Toilette begleitet zu werden, ein Anpassungsmanöver steckt, wird noch aus einem szenischen Detail im Gruppenraum ersichtlich. Die Beunruhigung Nadines wich einem kessen, fast fröhlichen Vortragen ihres Wunsches an mich. Dieser Umschwung in der Stimmung des Kindes muß Ausdruck jener Entlastung gewesen sein, die Anpassung mit sich bringt und auf die wiederum Parin hinweist:

Sie (die Anpassungsmechanismen, d. Verf.) funktionieren automatisch und unbewußt, und sie gewähren einen relativ konfliktfreien Umgang mit ganz bestimmten gesellschaftlichen Einrichtungen. Dadurch sind sie ökonomisch vorteilhaft: sie entlasten andere Ichapparate und erleichtern es, zu Triebbefriedigungen zu gelangen, die von der Umwelt im Rahmen der entsprechenden Institutionen geboten werden. (Parin, 1978)

Die Entlastung, die Nadine verspürte, als sie auf die Linie ihrer Institution einzuschwenken gedachte, war ihr förmlich aus dem Gesicht zu lesen.

Was Nadine Entlastung brachte, war die Aussicht auf Harmonie, auf Übereinstimmung mit ihrem Kindergarten. Dieser Wunsch nach Harmonie mit der Institution war es zugleich, der unsere Zusammenkunft langweilig, schal und somit enttäuschend werden ließ und schließlich zum Abbruch der Episode führte. Wenn Nadine die Toilette aufsucht, sich ausziehen läßt, nackt herumspringt etc., so tut sie nichts anderes als viele andere Kinder ihrer Einrichtung auch, sie ist ganz in der vertrauten Position des Kindergartenkindes. Die Toilettenaufführung - hätte sie stattgefunden - wäre im Vergleich zur Aufführung im Gruppenraum von jedem Konflikt gereinigt und ohne Brisanz gewesen, denn sie hätte sich widerspruchslos in den Alltag des Kindergartens einfügen lassen, Nadine aber wäre mit ihrer Fähigkeit zur sublimen Darstellung lautlos untergegangen. Die Toilettenaufführung hätte jener Kühnheit und

Originalität entbehrt, mit der sie mich im Gruppenraum in ihren Bann zu schlagen vermochte. Mein Gefühl der Schalheit, von verlorener Spannung, meine Assoziation zum Vorstadt-Varieté kann also nicht alleine auf das Konto "Sprachverwirrung" verbucht werden, sondern ist direkte Reaktion auch auf das Anpassungsmanöver Nadines. Die Szene im Gruppenraum und die gewünschte auf der Toilette standen in jähem Gegensatz zueinander, was ich deutlich spüren konnte. Obige Gefühle stellten sich just in jenem Moment ein, als Nadine die brisante, weil nonkonformistische Szene im Gruppenraum in eine konforme überführen wollte.

Und noch ein Weiteres kommt hinzu, was dafür verantwortlich zeichnet, daß mir die Situation so schal erschien. Parin schreibt, daß bei den Anpassungsmechanismen narzißtische Befriedigung gegenüber objektbezogener Befriedigung in den Vordergrund tritt (vgl. Parin, 1978). Am Verlauf unserer Geschichte ist leicht zu erkennen, daß eine Verlagerung von Objektbezogenheit zur Selbstbezogenheit stattgefunden hatte. Während ich im Gruppenraum volles Beteiligtsein und Mitbetroffenheit fühlte, wäre ich bei der gewünschten Szene auf der Toilette, in der es nur noch um die Zurschaustellung des Körpers, um ein "Schauspiel" eben, gehen sollte, der sekundären Besetzung des Selbst bei Nadine zum Opfer gefallen, ich wäre aus der vormals erlebnisreichen Beziehung ausgeklammert worden, mir wäre nur noch die Funktion eines Voyeuristen zugefallen. Trotz thematischer Kontinuität zwischen beiden Szenen gab es demnach auch einen Bruch in der Szenenfolge, bedingt durch dieses Umschalten auf narzißtische Bedürftigkeit, einen Bruch, der sich in meiner Gegenübertragung als Verlust an Phantasietätigkeit und Spannung anzeigte. "... jede Anpassung ist partieller Tod, Aufgeben eines Teils der Individualität ..." schreibt Ferenczi (1931), und – so muß man wohl hinzufügen – nicht nur für das Subjekt, welches sich anpaßt, sondern auch für seine Partner, die mit in den "partiellen Tod" gerissen werden, wie ich an mir spüren konnte.

Die Institution begegnet uns in hiesiger Geschichte als Produktionsstätte urethral-exhibitionistischer Inszenierung. Nadine war beunruhigt, und ihre Institution sprang hilfreich ein, bot sich zur Abwehr an, indem sie Möglichkeiten zum Ersatz zur Verfügung stellt. Da solche Befriedigung an den Freiraum Toilette gebunden ist, mußte Nadine nur ein entsprechendes Bedürfnis, hier ein urethrales, entwickeln, wobei ihr die entwicklungsbedingte Kinderphantasie: "sich gegenseitig beim Urinieren zusehen", entgegenkam, um in den Genuß von Ersatzbefriedigung zu gelangen. Die Rationalisierung ihrer Institution, die Kinder seien ja noch so klein ..., sichert ihr diese Art der Befriedigung ohne Schamgefühle.

Die Scham hätte sich erübrigt, weil die Einrichtung Lizenz für diesen Ersatz erteilt und die anderen Kinder es auch so machen. Während Nadine trotz aller Anpassung ihren Wunsch noch auf der genitalen Ebene zu halten vermag, ihre Regression sich auf "Hilflosigkeit" begrenzte, schlägt bei anderen Benutzern der Institution die Regression nicht selten tief durch bis auf die Stufe oraler Ersatzbefriedigung.

Ein Rückbezug auf familiale Sozialisation zum Zwecke der Interpretation der Toilettenszene, wie er für die Szene im Gruppenraum noch möglich war, ist m.E. nun nicht mehr zulässig. Dort war ja die Übertragung, also die Wiederholung der Erlebnisse mit dem Vater mit mir, augenfällig. Jetzt aber, mit dem Wunsch, auf die Toilette begleitet zu werden, soll ein neues

Verhältnis zwischen Nadine und mir geschaffen werden. Der Ödipus-Wunsch hat eine andere Gestalt angenommen, Kind und Erwachsener sollen sich auf eine neue Form einigen. Der ödipale Wunsch heißt nicht mehr: mit dem Vater nachts allein im Auto fahren bzw. mit mir im Gruppenraum ein tete-à-tete haben zu wollen, sondern von einem Erwachsenen auf der Kindergartentoilette beim Verrichten seiner Bedürfnisse betrachtet zu werden. Nicht mehr das Papa-Mama-Schema ist fortan wirksam, sondern der Kindergarten bestimmt von nun an die Beziehung, er hat jetzt das Sozialisationsgeschäft übernommen. Hätte ich Nadines Wunsch nach einer Begleitung aufs Klo entsprochen, so wäre unsere Beziehung von nun an eine institutionell hergestellte gewesen, und zwar wieder über den Weg der Übertragung: so wie im Gruppenraum die Vater-Tochter-Szene auf uns übergesprungen war, so sollte nun eine Form der Erzieher-Kind-Beziehung, wie sie in diesem Kindergarten unterhalten wurde, unsere Beziehung bestimmen. Was ich in meiner Gegenübertragung wahrgenommen hatte, war wohl die Antwort auf das Umschalten im Kind von einer familialen Interaktion auf eine Kindergarteninteraktion.

Ich möchte die Beschreibung der Episode mit Nadine mit einigen Überlegungen zu Ende führen, die verdeutlichen sollen, warum ich den Verlauf dieser Episode für institutionell verursacht halte, Überlegungen ferner, die mehr Licht auf meine Behauptung werfen sollen, daß Nadine sich mit ihrem ödipalen Wunsch zunächst quer zu ihrer Einrichtung stellte, ihn dann aber mittels Anpassung modisch zurechtmachte. Darüber hinaus möchte ich dem Leser vorführen, daß Nadine bereits vor ihrem Erlebnis mit mir in ihrer Angelegenheit eine Anpassung vorgenommen hatte.

Um mit dem letzten beginnen zu können, muß ich noch einmal ganz an den Anfang der Geschichte zurückkehren, ich fürchte nämlich, daß der mit Kindergartenverhältnissen wenig Vertraute einem Detail, welches Erwähnung fand, möglicherweise keine Beachtung geschenkt hat, welches mich aber sofort hat hellhörig werden lassen. Ich meine, daß Nadine mich im Gruppenraum zu ihrem Fach führte. Diesem Detail der Geschichte möchte ich noch etwas Aufmerksamkeit schenken.

Ich schicke voraus, daß jedes Kind im Kindergarten ein solches Fach besitzt, in dem es seine persönlichen Dinge aufbewahren kann. Dieses Fach ist zumeist eine Holzschublade oder eine Art Kasten. Außen auf die Fächer haben die Kinder teils ihre Namen geschrieben oder aber Photographien von sich geklebt. Gelegentlich fehlen aber auch die Namen, sie sind dann durch Blumenbilder oder ähnliches ersetzt, so daß nicht auf Anhieb zu erkennen ist, wem welches Fach gehört. In manchen Gruppen sind die Fächer einheitlich, in anderen ganz individuell gekennzeichnet, wie das in unserer Einrichtung der Fall war. Teilweise findet man auf den Fächern auch Aufkleber, wie sie die Erwachsenen an ihre Autos heften, oder auch Reklamebilder. Einige Male konnte ich Schmuckstücke, die an Fächern befestigt waren, entdecken. Man kann viele Überlegungen anstellen, was die einzelnen Kennzeichnungen über ihre Besitzer aussagen mögen, was uns hier aber nicht weiter beschäftigen soll. Für unseren Zusammenhang wesentlich ist, daß allen Fächern gemein ist, daß sie nicht einsehbar sind, ihr Inhalt der Öffentlichkeit verborgen bleibt. Auch wenn im Gruppenraum alle Schränke und Spielzeugbehälter offenstehen, so sind doch die Fächer, soweit ich das beobachten konnte, stets sorgfältig verschlossen, freilich nicht mit Schlössern, eher wie von unsichtbarer Hand. Würde man eigenmächtig ein fremdes Fach öffnen, hätte man das Gefühl, ein Tabu zu verletzen. Es wundert deshalb nicht, daß Nadine mir zunächst keinen direkten Blick in ihr Fach erlaubte, als sie ihre Dinge vor mir ausbreitete, sondern verlangte, daß ich mich abwendete. Nahm sie etwas aus ihrem Kasten, konnte ich hören, wie sie ihn immer wieder verschloß. Erst nach einer Weile der Bekanntschaft teilte sie mir das Privileg zu, hineinsehen zu dürfen. Ähnliches habe ich bei anderen Kindern im Kindergarten auch erlebt. Auch die Kinder untereinander teilen sich mitunter ihre Zuneigung über dieses Privileg mit.

Die Erfahrung erlaubt, den Fächern die Bedeutung von "persönlichen Territorien", von "persönlichen Lagerplätzen" (Goffman, 1977) zu geben. *Diese Lagerplätze schützen das Objekt vor Beschädigung, Mißbrauch und widerrechtlicher Aneignung und erlauben es dem Inhaber, seinen Besitz vor anderen zu verbergen.* (Goffman, 1977)

Kehren wir nun zu Nadine zurück, so stellt sich die Frage, warum sie ihr Bild und die ödipalen Requisiten an einem Ort deponiert, der durch ein Tabu verriegelt ist. Warum hängt sie ihr Bild nicht zu den vielen anderen, die in ihrem Kindergarten für die Öffentlichkeit ausgestellt sind? Was hat sie in ihrer Zeichnung niedergelegt, daß sie der Öffentlichkeit entziehen muß?

Aus dem Spiel von Übertragung und Gegenübertragung wissen wir, daß die Zeichnung Nadines Verliebtheit in den Vater zum Gegenstand hat. Wir wissen ferner, daß die Neuauflage dieser Verliebtheit nur in der Abgeschiedenheit des leeren Gruppenraumes gelebt werden durfte. Was also hat es mit der Verliebtheit Nadines in ihren Vater auf sich, daß sie die Zurschaustellung ihrer Genitalien für öffentlichkeitsfähiger hält als ihre Zeichnung oder die Szene mit mir?

Man könnte zur Erklärung intrafamiliale Verursachung heranziehen. Hat sie nicht auch in ihrer Zeichnung die gemeinsame Fahrt mit dem Vater in Dunkelheit gehüllt? Man könnte vermuten, daß sie ihre Verliebtheit glaubt vor der Muter verbergen zu müssen, weil sie diese als Rivalin um den Vater fürchtet. Ein solcher Ansatz würde das Verbergen der Verliebtheit aber nur zum Teil erfassen, nämlich nur den Teil, der aus der Übertragung resultiert, er erklärt nicht, warum das Mädchen seine Zeichnung im Fach verschwinden bzw. die Szene mit mir in einem Anpassungsmanöver auslaufen läßt. Die Gründe hierfür müssen in der aktuellen Auseinandersetzung des Mädchens mit seiner Einrichtung gesucht werden.

Es ist an der Zeit, dem Leser von einem Spiel zu berichten, welches ich über Monate immer wieder bei meinem Erscheinen in diesem Kindergarten mit den Kindern machen mußte, und welches, wie ich meine, eine Antwort auf die gestellten Fragen enthalten könnte. Es handelt sich um ein freies, von mir erfundenes Spiel, welches ich, einem spontanen Einfall folgend, den Kindern dieses Kindergartens zu jener Zeit, in der diese Geschichte mit Nadine spielte, vorgeschlagen hatte. Mein Spielvorschlag wurde damals von den Kindern begeistert aufgenommen und erfuhr seither durch sie selbst viele Variationen, die Grundidee ist aber dieselbe geblieben. Jedesmal, wenn ich die Einrichtung betrat, kamen die Kinder grölend auf mich zu und verlangten, das Spiel mit ihnen zu machen.

Das Spiel geht folgendermaßen: Auf dem Spielplatz der Einrichtung hängt ein großer Reifen, der so angebracht ist, daß er nach allen Seiten schwingen kann. Auf ihm haben etwa 6 bis 8 Kinder Platz. Ich schlug den Kindern vor, diesen Reifen als "Schiff" zu benutzen, um damit eine weite Reise über das Meer zu machen. Die Kinder nahmen sogleich Platz und kürten mich zum Kapitän. Daß ich diese Aufgabe übernehmen mußte, hatte ich ursprünglich gar nicht in Erwägung gezogen, für die Kinder war diese Aufgabenzuteilung aber offenbar selbstverständlich. Während sie nun den Zielort bestimmten, wobei jeder woanders hinwollte, man sich aber doch darin einig war, daß die Reise möglichst weit weg gehen sollte, oblag es mir, die Motoren anzulassen und das Schiff in Gang zu setzen, was sie mit großer Ernsthaftigkeit verfolgten. Mit dieser Maßnahme war mein Anteil an Spielphantasie schon zu Ende, weil die Kinder nun ihrerseits alles weitere ausschmückten. Mein Spielvorschlag hatte allem Anschein nach bei ihnen gezündet. Beim weiteren Verlauf des Spiels wie bei allen Wiederholungen auch, achteten sie peinlichst darauf, daß das Schiff auch wirklich von der Kaimauer ablegte. Ich mußte immer mächtig an den Seilen, an denen der Reifen aufgehängt war, rütteln und die entsprechenden Geräusche nachbilden, damit das Ablegen für die Kinder auch deutlich zu spüren war. Der Moment des Ablegens war zweifellos einer der Höhepunkte für die Kinder, denn sie grölten und klatschten in die Hände. Die Fahrt schließlich übers Meer sollte gefährlich sein, hohe Wellen, Sturm und Gewitter galt es zu simulieren. Die Kinder konnten davon nicht genug bekommen, und ich verfluchte gelegentlich meine Idee ... Die Gefahren wurden von den Kindern meist als außerordentlich lustvoll erlebt. Auf der anderen Seite des Meeres angekommen, wollten sie "Abenteuerurlaub" machen, wollten ganz alleine oder paarweise durch den Busch streifen, derweil der Kapitän beim Schiff zu bleiben hatte. Die Kinder hatten viele Ideen, was sie im Urlaub machen könnten, manche wollten freilich für immer jenseits des Meeres bleiben. Die sexuelle Bedeutung ihrer Urlaubsideen war bisweilen offenkundig, sie wollten neue, große Tiere oder Pflanzen entdecken oder waren neugierig, was sich hinter den Bergen wohl verstecke. Es bleibt eigentlich nur anzumerken, daß die Reiseteilnehmer immer Jungens und Mädchen waren, es sich also nicht um ein geschlechtsspezifisches Spiel handelte. Auch muß betont werden, daß ich dieses Spiel nur in dieser Einrichtung gemacht habe. In anderen Einrichtungen konnte ich mit diesem Spielvorschlag keine Gemüter regen, dort haben andere Spielthemen den Vorzug.

Diese Exklusivität, ferner der Wunsch nach ständiger Wiederholung, wie auch die heftigen Affekte zeigen an, daß ich mit meiner "spontanen Idee" und dem daraus entstandenen Spielangebot auf etwas für diese Einrichtung Spezifisches und Wesentliches geantwortet haben mußte. Es war mir offenbar gelungen, in einer momentanen Identifikation mit den Kindern dieser Einrichtung ihr Problem aufzuspüren und es auf diese Weise, nämlich als Spielangebot, zur Sprache zu bringen, ohne daß mir das zunächst allerdings bewußt gewesen wäre. Das Bedürfnis der Kinder nach ständiger Wiederholung war aber dann doch ein zu markanter Hinweis darauf, daß die Kinder mit diesem Spiel versuchten, ein Problem, das sie beschäftigte, zu bewältigen, um sich die Dinge ihrer Welt in eine ihnen gefälligere Ordnung zu versetzen (vgl. S. Freud, 1908).

Wie gesagt, ich hatte mir zunächst keine Gedanken darüber gemacht, welches die Dinge ihrer Welt waren, die die Kinder mit diesem Spiel versuchten zu verändern, und begann damit eigentlich erst, als mir ihre stete und fast ungeduldige Aufforderung nach Wiederholung langsam lästig wurde. Darüber hinaus - und das war der springende Punkt - wurde mir die Sache vor dem Personal des Kindergartens langsam peinlich und unangenehm, denn die Kinder ließen jedesmal bei meinem Erscheinen im Kindergarten alles liegen und stehen, riefen "Kapitän, Kapitän" und flitzten zum Schiff. Zwar waren einige Erzieherinnen froh, mal für eine Zeit von der Arbeit mit den Kindern befreit zu sein, von der Mehrheit aber erntete ich doch mißbilligende, vorwurfsvolle und auch neidische Blicke. Diese Blicke machten mir Schuldgefühle, denn ich mußte den Eindruck haben, den Betreuern die Kinder abspenstig gemacht zu haben. Die Kinder ihrerseits gaben mit ihrem lärmenden, exaltierten Verhalten ihren Erziehern ziemlich deutlich zu verstehen, daß es für sie im Moment Wichtigeres zu tun gäbe. Ihr Verhalten mußte auf die Erzieher wie eine Absage an ihre Angebote wirken.

Die Tatsache, daß alle Beteiligten im Kindergarten mit Betroffenheit auf dieses Spiel reagierten - die Kinder mit Hochstimmung, die Erzieher mit Mißbilligung und ich mit Schuldgefühlen -, ließ es unstrittig sein, daß ich mit meinem Spielvorschlag einen wunden Punkt berührt haben mußte, daß es für die Kinder um mehr ging als bloße Abwechslung, wie man im ersten Augenblick hätte vermuten können. Aber welcher Natur war dieser wunde Punkt, der meinen Einfall induziert hatte?

Nimmt man alles zusammen, den Inhalt der Spielphantasie, die Weise ihrer Durchführung, die Gefühle der Beteiligten usw., so läßt sich aus Sicht der Kinder gesehen etwa folgender Konflikt abstecken: wir Kinder möchten so gerne in die Welt hinaus gehen, aber wir haben arge Schuldgefühle, weil wir unsere Erzieher verlassen müßten. Mit anderen Worten: das Spiel und seine Umstände lassen vermuten, daß diese Einrichtung mit den Loslösungs- und Individuationswünschen ihrer Kinder zu kämpfen hatte. Die Fahrt übers Meer stünde für die Entführung der Kinder aus der Welt der Institution, wäre Sinnbild der Erprobung innerer Loslösung und Abgrenzung von den Erziehern, dem "Hafen". Erinnert sei in diesem Zusammenhang an das Bedürfnis nach beruhigender Gewißheit, daß das Schiff auch wirklich von der Kaimauer abgelegt habe, die Abgrenzung auch wirklich vollzogen wurde. Der Jubel war zu diesem Moment ja immer besonders groß und läßt an die "gehobene Stimmung" der Übungsphase denken, die nach Mahler mit der "übermütigen Flucht aus der Verschmelzung mit der Mutter, der Verschlingung durch sie" zusammenhängt (Mahler et al. 1978). Die Phantasie der Kinder, jenseits des Meeres Abenteuerurlaub zu machen, kann Ausdruck ihres Individuationswunsches sein, des Wunsches nach Erforschung ihres Selbst, Wunsch nach Ausbildung weiterer Ichfähigkeiten, vor allem aber auch Befriedigung sexueller Neugier. Bei diesem Drang nach Autonomie benutzten die Kinder mich offenbar als Helfershelfer, auf der Reise selbst sollte ich ihnen Angstlust, also Erregung im geschützten Rahmen, bereiten.

Bestätigung für die Vermutung, daß diese Einrichtung mit Loslösungsproblemen beschäftigt war, kommt aus anderer Richtung. So gab es in diesem Kindergarten z. B. eine Tendenz, Kindern vorschnell "mangelnde Schulreife" zu attestieren, so daß sie noch ein Jahr länger im Kindergarten bleiben konnten. In manchen Fällen war erkennbar, daß jene geheime Übereinstimmung zwischen Kindern und Betreuern, daß "die armen Kleinen ..." das eigentliche Motiv für die verlängerte Kindergartenzeit abgab. Ich konnte außerdem beobachten und in der Arbeitsbeziehung zu den Erziehern selbst erleben, wie diese Einrichtung Dritten, also z. B. Eltern oder Fachkräften gegenüber, tendenziell abwehrend begegnete: entweder sie wurden idealisiert, man setzte große Erwartungen in sie, oder aber sie wurden entwertet, oft zuerst das eine, dann das andere.

Ein Grund für eine solche Abwehr scheint mir im beschriebenen Spiel durchsichtig geworden zu sein. Da ich mit meinem Spielangebot die Aufgabe übernommen hatte, den Kindern bei der Einübung der Loslösung zu helfen, wurde ich zum Störenfried einer symbiotischen Harmonie zwischen Kindern und Erziehern.

Immer wenn ich in der Einrichtung auftauchte und nur dann, so wurde mir berichtet, wurde das Bedürfnis nach diesem Spiel wach, es schien aufs engste an meine Rolle als Außenstehender und somit als Dritter in der Erzieher-Kind-Beziehung gekoppelt, eine Rolle, die für diesen Kindergarten höchst problematisch war, wie die mißbilligenden Blicke signalisierten.

Meine Rolle war deshalb recht problematisch, weil sie sich nicht ohne weiteres ins Konzept dieser Einrichtung einfügen ließ. Sie wurde zur Gefahr für die seelische Ordnung dieses Kindergartens. Mit dem freien Spiel hatte ich provoziert, und die Einrichtung reagierte irritiert. Die bis dahin gültige Erzieher-Kind-Beziehung war plötzlich in Frage gestellte, wurde gelockert, und es kam zu einer Ödipalisierung der Beziehungen, wie die Geschichte mit Nadine, aber auch einige Phantasien der Kinder, was man im Abenteuerurlaub machen könnte, zeigten. Das Spiel rüttelte an jener Sperre gegen die Entstehung einer ödipalen Realität, wie sie auch in anderen Einrichtungen dieser Art vorfindbar ist. In hiesiger Einrichtung sorgte die Abwehr gegen den Dritten und das Fehlen männlicher Bezugspersonen zumindest für eine erschwerte Ödipalisierung. Dabei hatten wir die Toilette als jenen Ort kennengelernt, an dem sich der Widerstand gegen eine solche Realität formieren kann.

Soll das nun heißen, daß die Erzieher die Kinder zu sehr umschlingen und ihnen Schuldgefühle machen, wenn sie sich ablösen wollen, agieren die Erzieher also einseitig symbiotische Wünsche? Eine solche Sichtweise würde zweifellos der Realität des Kindergartens nicht gerecht, denn auch jetzt gilt, was wir bei den Toilettenbedürfnissen bereits gesehen haben, nämlich Wechselseitigkeit der Interessen. Beiden Partnern des Kindergartens fällt es schwer - aus je unterschiedlichen Gründen allerdings - sich autonomer zu machen. Bemerkenswerterweise zeigten die Kinder während meiner Abwesenheit keinerlei Interesse an dieser Form der Einübung ihrer Autonomie, was zweierlei heißen kann: zum einen, daß sie mich, den Außenstehenden als Alibi für ihre Autonomiewünsche benutzen, zum anderen, daß sie sich gerne an ihre Institution anlehnen. Sie sind offenbar ambivalent in puncto Loslösung. Aus der Wechselseitigkeit der Interessen konstituiert sich die unbewußte Rollenerwartung an das Kindergartenkind: Halte Dich bereit zur Befriedigung der Versorgungsbedürfnisse der Erwachsenen. Die Gratifikation, die den Kindern winkt, wenn sie die Erwartungen erfüllen, ist beschrieben. Es hat nun fast den Anschein, als habe allein die Anwesenheit eines Außenstehenden, eines Dritten für die Kinder Aufforderungscharakter, sich aus dieser Rollenerwartung zu befreien. Bezeichnenderweise jubelten die Kinder bei meinem Erscheinen stets lauthals, was freilich nicht meiner Person galt, sondern meiner Rolle, denn schließlich begrüßten sie mich mit dem Titel meiner Rolle: "Kapitän, Kapitän ..."

Dieses Institutionssyndrom, diese seelische Physiognomie des Kindergartens muß m.E. als Interpretationsrahmen sowohl für den Verlauf der ödipalen Szene mit Nadine im Gruppenraum wie auch für das Verbergen ihrer Zeichnung im Fach herangezogen werden. Waren Zeichnung wie Szene mit mir bislang aufgrund von Details des Ablaufs und meiner Gegenübertragsreaktionen als Dokumente ihrer ödipalen Sehnsucht nach dem Vater erkennbar, so erscheint hinfort diese Sehnsucht noch in einem anderen Licht: sie kann auch als Ausdruck eines Loslösungswunsches Nadines verstanden werden. Mit mir alleine im Gruppenraum sein zu wollen, kann ein Abgrenzungswunsch in Richtung Kindergarten sein. Allerdings: beide Versionen dieser Sehnsucht müssen den Argwohn der Institution schüren, denn sie sind beide gleichermaßen verdächtig, weil subversiv. Die Liebe zum Dritten wie auch die Loslösungswünsche frustrieren die Versorgungsbedürfnisse der Erzieher. Verschärfend wirkte hier noch, daß Nadines übertragene Liebe einem Störenfried galt. Kurzum: ob Nadine mich ihrer Verliebtheit willen bei der Hand nimmt oder um die Loslösung, die innere Autonomie von ihrem Kindergarten zu erproben, bleibt sich für die Institution nach Lage der Dinge gleich, ihre Sehnsucht nach dem Dritten stellt eine Provokation für die Erzieher-Kind-Beziehung dar. Solche Provokation macht Schuldgefühle, die ich in meiner Gegenübertragung als "Schuldgefühl wegen der Entführung der Kinder" wahrgenommen hatte. Die Schuldlast wegen der Sehnsucht nach dem Dritten war für Nadine dann doch wohl zu groß, so daß sie zur Anpassung griff.

Es war nebenbei diese Provokation, dieser Nonkonformismus Nadines, der die Brisanz ihres ödipalen Unternehmens ausmachte und der mich gefesselt hatte. Mit gespannter Aufmerksamkeit verfolgte ich, wie sie ihre Phantasien in diesem Kindergarten, der eher auf vorödipale Beziehungen eingestellt war, unterzubringen gedachte. Daß sie schließlich den Weg regressiver Anpassung wählte, ließ die Episode trivial werden. Aber kann man es ihr verdenken? Ich erinnere mich, daß es auch mir nicht leichtfiel, die mißbilligenden Blicke der Erzieher auszuhalten und das Spiel mit dem Schiff trotzdem immer zu wiederholen, wenn die Kinder es wünschten.

Es bedarf nun keiner großen Ausführungen mehr, warum Nadine ihre Zeichnung in ihrem Fach versteckt halten mußte. Es waren die gleichen Gründe, die sie auch zum Gang auf die Toilette veranlaßt hatten. Ganz wie bei der Szene im Gruppenraum kann man ja auch in Nadines Zeichnung zwei Bedeutungsebenen ausmachen, eine ödipale wie eine präödipale, denn: könnte es mit dem Lastwagen in der Zeichnung nicht dieselbe Bewandtnis haben wie mit dem "Schiff" im Spiel mit den Kindern, dort Vehikel zur Autonomie von der Mutter, hier Vehikel zur Autonomie vom Kindergarten? Und – habe ich als Fachkraft, als Dritter nicht eine ähnliche Funktion wie der Vater in der Zeichnung Nadines? Sollten wir nicht die Loslösung, er von der Mutter, ich von der Institution ermöglichen, und waren doch zugleich beide auch Objekt der Verliebtheit, war nicht jeder auf seine Weise ein "Kapitän", der Vater "Kapitän der Landstraße", ich "Kapitän des Schiffes"? "Kapitäne" aber waren nicht gerne gesehen bei den Erziehern.

Aus einer solchen Sicht betrachtet, gewänne auch meine eingangs aufgetauchte aber wieder verworfene Überlegung, ob Nadine mit dem ausgeschnittenen Baby vielleicht auf eigene Befindlichkeit hinweisen wollte, doch noch Bedeutung. Das Baby könnte Sinnbild der Regressionserscheinungen in ihrer Einrichtung, Mahnmal der Behinderung sein, ödipale Tochter zu sein. Was ich als geschickte Vorführung eines ödipalen Szenariums verstand, könnte die vom Kind in Form einer Inszenierung gestellte Frage an mich sein, ob auch ich sie zu den "armen kleinen" zähle, die sich nicht alleine zu helfen wissen, oder ob sie sich mir mit der Dynamik ihrer reifen Ödipalität vorstellen dürfe.

Wie sehr Nadine sich gegen den Trend ihrer Einrichtung gestellt hätte, hätte sie ihre Zeichnung veröffentlicht, läßt ein Blick auf die in unserer

Einrichtung ausgestellten Bilder ahnen. Von annähernd 50 von Kinderhand gemalten Bildern, die seinerzeit an den Flurwånden aufgehängt waren, hatte nicht ein einziges Bild irgendeine Art von Beziehung zu einem anderen Menschen zum Sujet. Ich suchte in den Kinderzeichnungen vergebens nach Darstellungen von Szenen mit anderen Kindern, Erziehern, Eltern oder anderen Personen, genausowenig waren irgendwelche Tätigkeiten dargestellt. Alle Zeichnungen waren ausnahmslos Selbstporttäts der Kinder.

Die Ausstellung markiert zweierlei: zum einen, was in dieser Einrichtung öffentlichkeitsfähig, was konvenabel ist, zum anderen die Unterbelichtung der Objektbeziehungen zugunsten narzißtischer Beziehungen. Solcher Verlagerung des Interesses am anderen auf ein Selbstinteresse waren wir ja bereits begegnet, als Nadine zur Toilette drängte. Es wird den Leser nicht wundern, daß sich beim Betrachten der ausgestellten Bilder bei mir ein ähnlich schales Gefühl einstellte, wie ich es bei Nadines Angebot, ihr beim Urinieren zuzuschauen, verspürte. Auch den Bildern fehlte die Belebtheit der Objektbeziehung.

Nun wissen wir aber von Nadine, daß es in diesem Kindergarten durchaus Darstellungen von Szenen mit anderen Personen gab. Solche Motive aber müssen an verschlossenen Orten verborgen gehalten werden, sie verfallen der Zensur. Die Notwendigkeit, Dokumente der Verliebtheit und Sehnsucht verbergen zu müssen, zwingt zum vorzeitigen Abschied von der Kindheit. Wenn Nadine nämlich ihre Zeichnung verschwinden läßt, so schlüpft sie damit ganz in die Rolle des Erwachsenen, wie folgende Bemerkung Freuds nahelegt:

"Das Phantasieren ist weniger leicht zu beobachten als das Spielen der Kinder. Das Kind spielt zwar auch allein oder es bildet mit anderen Kindern ein geschlossenes psychisches System zum Zwecke des Spieles, aber wenn es auch den Erwachsenen nichts vorspielt, so verbirgt es doch sein Spielen nicht vor ihnen. Der Erwachsene schämt sich seiner Phantasien und versteckt sie vor anderen, er hegt sie als seine eigensten Intimitäten." (S. Freud, 1908b)

Die Trennungslinie, die Freud hier zwischen dem Erwachsenen und dem Kind zieht, ist genau diejenige, die sich durch unsere ganze Geschichte hindurch verfolgen läßt. Nadine springt mal auf die Seite des Kindes, dann nämlich, wenn sie mir ihre Zeichnung zeigt und ihre Phantasie im Gruppenraum vorspielt, ihre Sehnsucht neu inszeniert, wobei Zeichnung wie Inszenierung als "Spiel" durchaus gleichgesetzt werden können. Bedingung für dieses Vorspielen aber war, daß die Szene mit mir isoliert vom Kindergarten ablaufe, ferner meine Rolle als Außenstehender, daß ich also eine Person war, die nicht in das Beziehungsgefüge ihres Kindergartens eingespannt war, ähnlich wie der "nicht-kontaminierte Vater" der präödipalen Triangulierung. Dann springt sie aber auch auf die Seite des Erwachsenen, sie hält ihre Phantasien strikt vor dem Kindergarten verborgen, sie sperrt sie ins Fach oder führt sie in der auf Anhieb nicht durchschaubaren Verschleierung – dem "Schauspiel auf der Toilette" – vor. Beide Anpassungswege sind im schlechten Sinne erwachsen, besser gesagt: unkindlich. "Der Erwachsene", so schreibt Lorenzer, "stellt im Tagtraum seinen abweichenden Lebensentwurf eben nicht zur Debatte. Er beugt sich der Realität und d. h. der disziplinierenden Systematik der Normen und des in der Sprache hergestellten sozialen Konsenses. Er ist mit den Bildern seiner sinnlich-unmittelbaren symbolischen Interaktionsformen – den Bildern des Tagtraums – intim partikularisiert, abgetrennt vom Konsens, ein Einzelner, der keine Genossen seines Traumes hat." (Lorenzer, 1979)

Nadines Tagtraum, ihre erotische Sehnsucht nach dem Vater, niedergelegt in ihrer Zeichnung, wird von ihr zensiert und der Einrichtung nicht zur Debatte vorgelegt, was ihr Hinweis, daß noch nie jemand die Zeichnung gesehen habe, deutlich macht. Anders verhält es sich mit der Szene mit dem Störenfried. Sie sollte, nachdem sie mit mir angespielt war, auf die Toilette verlegt werden. Nur so konnte sie der Öffentlichkeit vorgelegt werden. Nadine entschied sich für eine "Inszenierung mit Befriedigungscharakter" (Lorenzer 1981), womit eine "Übereinstimmung individueller Praxis mit den herrschenden Normen " (Lorenzer ibid.) ihrer Einrichtung erzielt und verfestigt werden sollte. Solange sie "hilfsbedürftiges Kind" ist, fügt sich Nadine widerspruchslos in den sozialen Kontrakt ihres Kindergartens ein, sie wird nicht vertragsbrüchig und erhält ihre Gratifikationen. In ihrer Inszenierung ist gleichwohl nichts mehr zu spüren von jener dem Kinderspiel eigentümlichen Kühnheit und Widersetzlichkeit, ja Schamlosigkeit, von der die Szene im Gruppenraum, aber auch die Zeichnung Nadines noch bestimmt waren, sofern man den institutionellen Kontext, in dem das Kind lebte, berücksichtigt. Mit ihrer Inszenierung mit Befriedigungscharakter hat Nadine einen anderen Weg als z. B. jenes Mädchen gewählt, welches im Kindergarten seinen Erziehern "Dolchstöße" verpaßte, um sie auf sein Trennungstrauma aufmerksam zu machen. Es wählte eine Inszenierung, die von Schamlosigkeit durchtränkt war, so daß die Einrichtung zu einer Auseinandersetzung mit seinen Belangen gezwungen war (vgl. Ettl 1980). Im Falle Nadines hätte eine solche Notwendigkeit seitens der Einrichtung nicht bestanden.

Um es noch einmal klar zu sagen: in hiesiger Einrichtung galt es nicht als schamlos, seine Genitalien öffentlich zur Schau zu stellen, sondern sich qua einer Zeichnung zur Liebe zum Vater zu bekennen. Eine solche Umverteilung von Scham läßt sich indessen auch in anderen Einrichtungen beobachten. So gilt es nicht als "schamlos", wenn Kinder sich gegenseitig öffentlich ausziehen, Kindern wie Erwachsenen an die Genitalien greifen, im Spielpark den Koitus üben, "schamlos" wäre vielmehr, z. B. lyrische Dokumente von Verliebtheit, etwa einen Liebesbrief eines Kindes an ein anderes, zu veröffentlichen. Rote Köpfe gibt es immer dann, wenn es nicht gelingt, solche Liebesbezeugungen ungesehen verschwinden zu lassen. Bekommt ein Kind einen Liebesbrief oder einen Kuß, so verzehren sich die anderen in Schadenfreude, denn sie wissen um die Peinlichkeit, in die der Betreffende dadurch gerät.

Hätte Nadine ihre Zeichnung in ihrem Kindergarten veröffentlicht, so wäre sie in erheblichen Konflikt geraten. Sie hat sich diesen Konflikt durch Selbstzensur erspart, und ihre Sehnsucht ins Fach verbannt. Fortan war sie gezwungen, eine Art Dornröschenschlaf zu halten, solange, bis sich der Prinz durch die Dornenhecke geschlagen hatte. Die "Märchen"-Rolle, die mir in diesem Kindergarten zuteil wurde, wird in der wissenschaftlichen Literatur nicht weniger märchenhaft gefaßt: da ist vom Dritten als dem "strahlenden neuen und aufregenden Ritter in der glänzenden Rüstung" (vgl. Rotmann 1978) oder vom "Held der Befreiung" (Stork 1974) die Rede, Regieanweisungen also, die die Bedeutung des Dritten, des Vaters in der Entwicklung der Kinder herausstellen wollen. In hiesiger Geschichte hat Nadine mir diese Rolle zugeteilt.

Bevor ich nun zum Schluß komme, liegt mir daran, die Differenz zwischen der Absage, die Nadine durch mich erfahren hatte, als ich mich weigerte, sie zur Toilette zu begleiten, und der "Absage", die sie durch ihre Institution erfuhr, festzuhalten. Die Differenz, so meine ich, besteht darin, daß ich der entsublimierten ödipal-inzestuösen Ersatzbefriedigung, die Nadine im Kostüm des "hilfsbedürftigen Kindes", eben im Anpassungsmanöver, verlangte, seine Absage erteilte, während der Kindergarten eher nach einer regressiv-intimen Zweisamkeit verlangte, seine Absage, wie sie sich in den mißbilligenden Blicken mir gegenüber äußerte, in eine andere Richtung als die meine zielte, nämlich in Richtung auf die Autonomiewünsche des Kindes.

Zu guter Letzt ermöglicht die Begegnung mit Nadine noch einen Einblick in die Funktion, die die Fächer im Kindergarten haben können, denn Nadine führt uns ihr Fach als einen Ort tabuisierter Tagträume, als Zufluchtsstätte jener Phantasien vor, die der Rollenerwartung ihrer Einrichtung nicht entsprechen. Ein Streifzug durch andere Kindergärten bestätigt diese Funktion. Die Kinder bewahren in ihren Fächern oft Materialien auf, die Repräsentanten jener ihrer Tagträume sind, die sich den je spezifischen Ideologien ihrer Einrichtungen widersetzen. So gesehen, können die Fächer als Plätze aufgefaßt werden, an denen sich das "Unterleben" (Goffman 1977) der Institution Kindergarten vollzieht. Goffman sagt über diese Plätze, daß sie "eine Erweiterung des Selbst und seiner Autonomie darstellen können, wobei sie in dem Maß, wie das Individuum andere Quellen seines Selbstgefühls verliert, immer wichtiger werden. Wenn jemand nichts für sich selbst behalten darf und alles, was er benützt, auch von anderen benützt wird, dann gibt es kaum einen Schutz vor der sozialen Kontamination durch andere. Außerdem handelt es sich bei einigen der Dinge, die er abgeben muß, gerade um solche, mit denen er sich besonders identifiziert und die er zu seiner Selbst-Identifizierung gegenüber anderen benötigt."

Uns interessiert der Lagerplatz Fach besonders in seiner Bedeutung als Erweiterung des Selbst und der Autonomie. Obwohl Kinder im Kindergarten natürlich keine Gegenstände des persönlichen Gebrauchs abliefern müssen - Goffmans Untersuchung bezieht sich auf totale Institutionen -, so müssen sie aber doch beim täglichen Besuch vorübergehend Einstellungen, Gewohnheiten aus dem Elternhaus, Vorlieben und Interessen "abliefern", um in eine bestimmte, je nach Einrichtung verschieden definierte Rolle schlüpfen zu können. Kurzum: die Kinder müssen einen Teil ihres Selbst vorübergehend irgendwo deponieren, um sich anpassen zu können. Für manche Kinder kann das durchaus von Vorteil sein, dann nämlich, wenn die Kindergartenrolle weitaus erträglicher ist als die Rolle, die ihnen zu Hause in ihren Familien zugeteilt wird. Daß solches "Abliefern" aber auch zum Nachteil gereichen kann, zeigt das Beispiel Nadine. Bei ihr waren es ausgerechnet Autonomie- und Abgrenzungswünsche, aber auch ihre Liebesfähigkeit und Weiblichkeit, also wesentliche Selbstanteile, die es abzuliefern galt.

"In jeder sozialen Institution benützen die Mitglieder die erreichbaren Artefakte in einer Weise und zu einem Zweck, die nicht offiziell beabsichtigt sind und modifizieren daher die für sie vorgesehenen Lebensbedingungen." (Goffman 1977)

Die Geschichte mit Nadine zeigt, daß die Kinder ihre Fächer, die ihnen von ihrem Kindergarten zur Verfügung gestellt werden, nicht nur als Orte benutzen, an denen sie ihre Butterbrote ablegen können, sondern zu Behältern unerwünschter Selbstanteile, geheimer Wünsche und Sehnsüchte umdefinieren. Die Fächer stehen im Dienst der Anpassung. Die Kinder versuchen sich mit ihrer Hilfe den Kindergartenalltag konfliktfrei zu erhalten. Sie bezahlen dafür mit dem Verlust an Individualität, die Verdrängung ins Fach ist Bedingung ihres Glückes. Darüber hinaus tragen die Kinder noch zur Stabilisierung ihrer Einrichtung bei, weil sie ihre abweichenden Phantasien nicht zur Debatte stellen und somit ihrer Institution die Auseinandersetzung mit ihnen ersparen. So bleibt alles beim alten.

Literatur

Ettl, Th. (1980): Wer nicht hören will muß fühlen. Zum Problem des Agierens in Kindertagesstätten. In diesem Band.

Ferenczi, S. (1931): Aphoristisches zum Thema Totsein-Weibsein. In: Bausteine zur Psychoanalyse, 4. Bern 1934/1964

- (1933): Sprachverwirrung zwischen den Erwachsenen und dem Kind. In: Schriften zur Psychoanalyse II. Frankfurt 1972

Freud, S. (1908a): Über infantile Sexualtheorien, GW VII. Frankfurt

- (1908b): Der Dichter und das Phantasieren, GW VII. Frankfurt

- (1921): Massenpsychologie und Ich-Analyse, GW XIII. Frankfurt

Goffman, E. (1977): Asyle. Frankfurt

Lorenzer, A. (1979): Die Funktion der Literatur und der "ästhetische Genuß". Vorläufiges Manuskript

- (1981): Möglichkeiten qualitativer Inhaltsanalyse: Tiefenhermeneutische Interpretation zwischen Ideologie und Psychoanalyse. In: Das Argument 126

Mahler, M. S./Pine, F. /Bergmann, A. (1978): Die psychische Geburt des Menschen. Frankfurt

Parin, P. (1978): Der Widerspruch im Subjekt. Frankfurt

Rotmann, M. (1978): Über die Bedeutung des Vaters in der "Wiederannäherungskrise". In: Psyche 12/78. Stuttgart

Stork, J. (1974): Die Bedeutung des Vaterbildes in der frühkindlichen Entwicklung. In: Stork, J. (Hrsg.), Fragen nach dem Vater. Freiburg/ München

Urte Dörte Finger

Narzißmus, Persönlichkeitsstruktur und Gruppe

I

In der folgenden Diskussion der psychophysischen Entwicklung werde ich mich weitgehend auf die frühe Differenzierung von Ich und Selbst konzentrieren. Diese primärnarzißtisch genannte Entwicklungsstufe ist zu verstehen als Basis der weiteren subjektiven Entwicklung, die mit dem Erwerb der Sprache und der Entfaltung von Bewußtsein zu einem ersten Abschluß gelangt.

Begreift man so Sprache und Bewußtsein im Sinne von Repräsentanzenbildung, so wird zugleich deutlich, wie entscheidend die Qualität der zur Repräsentanzenbildung führenden Beziehungsfaktoren zwischen Kind und Umwelt Einfluß nimmt auf den subjektiven Bildungsverlauf.

Wird von Repräsentanzen im eigentlichen Sinn jedoch erst von dem Zeitraum an gesprochen, in dem das Kind mit Hilfe einer Wort-Vorstellung den unmittelbaren Beziehungszusammenhang verlassen und über diesen im Idealfall verfügen kann, so müssen doch auch Vorformen dieser in Sprache aufgehobenen Repräsentanzen vor der "Einführung von Sprache" (Lorenzer) angenommen werden.

Ich gehe davon aus, daß Beziehungen zu einem Objekt archaischer Art auch bereits beim Neugeborenen anzunehmen sind. Die von Spitz coenästhetisch genannte Wahrnehmungsform des Neugeborenen bestimmt entscheidend die erste Formgebung seiner psychischen Struktur, wobei hier Reifungs- und Entwicklungsvorgänge im psychischen und im physischen Bereich derart ineinander verschränkt verlaufen, daß eindeutig zuzuordnende Elemente in diesem ersten Bildungsprozeß kaum herauskristallisiert werden können.

Dieser hier skizzierte positive Entwicklungsverlauf im vorsprachlichen ersten Lebensjahr impliziert bereits eine Vorstellung eines "idealen" Subjekts. So vage diese Vorstellung immer sein mag – sie enthält zumindest doch das Bild einer über innere Beziehungsstrukturen und aktuelle Beziehungen verfügenden Persönlichkeit.

Gemessen an diesem Idealbild nimmt sich die Realität als Versagen aus. "Die Folge jedes Versagens der mütterlichen Fürsorge ist ... daß die Kontinuität des Seins durch Reaktionen auf die Folgen dieses Versagens unterbrochen wird, woraus eine Ich-Schwächung resultiert. Solche Unterbrechungen stellen eine Vernichtung dar; sie sind offenbar mit Schmerz von psychotischer Qualität und Intensität verbunden" (Winnicott 1965, S. 67).

Aus meinen oben ausgeführten Überlegungen wird deutlich, daß ich die Zentren eines pathologischen Entwicklungsverlaufs im vorsprachlichen ersten Lebensjahr im quantitativ und/oder qualitativ ungenügenden Austausch zwischen Mutter und Kind in der Dyade sehe. Dieser ungenügende Austausch bringt spezifische Konsequenzen im Bereich der Bildung des Ichs und des Selbst mit sich.

Ohne im Detail die Vielfalt möglicher pathogener Faktoren in der Dual-Einheit zu erörtern, möchte ich nur kurz festhalten, daß sie wohl alle
1. von der realen Abwesenheit der Mutter oder dem Fehlen empathischen Sich-Einlassens auf den Säugling ausgehen und
2. in charakteristischer Weise das frühe Körper-Selbst und die ersten Differenzierungs- und Synthetisierungsleistungen gestalten oder verhindern.

Erste pathologische Einflüsse auf den frühkindlichen Bildungsprozeß sind somit in engster Verbindung mit defekten Beziehungsrepräsentanzen im kindlichen Selbst zu verstehen. Jedoch muß die Dominanz des mütterlichen Partners innerhalb der Dual-Einheit bei der Einigung auf bestimmte Interaktionsformen in Rechnung gestellt werden. Wenn dies im optimalen Falle die Bereitschaft eines befriedigenden gegenseitigen Austausches im körperlich-gestischen Bereich erst sichert, so erweist es sich im ungünstigen Fall geradewegs als Störung dieses Austausches. Was Winnicott eine "Unterbrechung der Kontinuität des Seins" nennt, wird hier als Behinderung der möglichen "Einigung" zwischen Mutter und Kind deutlich.

Die so erzwungene Beziehungsform, die den weiteren Entwicklungsverlauf des Säuglings auf ein pathologisches Gleis drängt, kann man als eine erzwungene oder besser, als "Pseudo-Einigung" erkennen.

Um nun den Zusammenhang zu der spezifischen Problematik im primärnarzißtischen Bereich wiederherzustellen, will ich vorläufig festhalten: Die narzißtische Problematik erweist sich weniger als libidinöse, denn als *Störung im Bereich des Ichs und des Selbst*, und sie wird so erst verständlich als Problematik der Bildung von Selbst- und Objekt-Repräsentanzen, als Problematik der Bildung einer subjektiven Struktur.

In ähnlichem Kontext schreibt Kohut, auf dessen Untersuchungen ich mich im weiteren stütze: "Narzißmus wird in meiner Betrachtungsweise nicht durch das Ziel der Triebbesetzung bestimmt ..., sondern durch die Natur oder Qualität dieser Besetzung" (Kohut 1971, S. 19).

Kohut impliziert nicht nur die grundsätzliche Annahme existierender Beziehungen zu Objekten vom ersten Lebensjahr an (eine Grundannahme, die einer Reihe von traditionellen Narzißmuskonzepten widerspricht), er beleuchtet gleichzeitig die unhaltbare Schärfe der Grenzziehung zwischen pathologischem und normalem Entwicklungsverlauf. Aus dieser Sicht erweisen sich nicht mehr die narzißtischen Objektbeziehungen als pathologische, sondern nur da als abnorm oder zumindest als auffällig oder "krank", wo eine "umwandelnde Verinnerlichung" der ursprünglichen infantilen in reifere Formen nicht vollzogen wurde.

Dies manifestiert sich dann vornehmlich "im Bereich des Selbst und jener archaischen, mit narzißtischer Libido besetzten Objekte, die noch in enger Beziehung zum archaischen Selbst stehen (das heißt Objekte, die nicht als getrennt und unabhängig vom Selbst erlebt werden)" (Kohut 1971, S. 19).

Kohut nennt darüber hinaus Symptome, wie "intensive Gefühle der Leere und Depression", "sich-als-nicht-wirklich-Empfinden", abgestumpfte Gefühle und mangelnde Initiative, sowie charakteristische Formen narzißtischer Wut, die A. Leber mit der Formulierung "Rückzug oder Rache" umschrieben hat:

"Es (das Kind) fällt aus dem für die 'Welt' gehaltenen grandiosen Mutter-Kind-System heraus, das seine absolutistischen Ansprüche nicht erfüllen kann. Wenn diese Ansprüche aber sozusagen ins Leere gehen und es sich seiner Hilflosigkeit und Ohnmacht ausgeliefert fühlt, kann es diesen Zustand nur ertragen, indem es sich um jeden Preis an die Illusion seiner Allmacht klammert. Das Ausmaß von Kränkung und Wut hängt davon ab, wie kraß, hart und andauernd der Sturz in die Ohnmacht erfolgt" (Leber 1976, S. 127)

Aber auch Angst vor der Fragmentierung des Selbst, vor dem Verlust der mühsam aufrechterhaltenen Ich-Funktionen, wie Jacobson schreibt, und ein spezifisch "pathologischer Umgang mit Kränkungen", die den Bereich des Selbstwertgefühls unmittelbar tangieren (wie sie von Henseler (1974) untersucht wurden), vervollständigen das Bild der narzißtischen Pathologie.

All diesen Symptomen ist indessen ein charakteristisches Moment gemeinsam: die mangelhafte Abgrenzung und Konturierung von Selbst- und Objekt-Repräsentanzen.

Als frühe Identifzierungen definiert Jacobson die ersten Objektbeziehungen: "Die frühesten Identifizierungsweisen beruhen ..., magisch, wie sie ihrer Natur nach beschaffen sind, auf primitiven, mit Verschmelzung von Selbst- und Objektimagines korrespondierenden Introjektions- und Projektionsmechanismen, die sich über die realen Unterschiede zwischen Selbst und Objekt hinwegsetzen" (1964, S. 56).

Was nun hier in den ersten Lebensmonaten als normales Phänomen in Erscheinung tritt, muß, wenn wir ihm bei Erwachsenen wieder begegnen, als Persönlichkeitsstörung und als mehr oder minder pathologisch gelten, wenn man das Überwiegen primär-prozeßhafter Psychodynamik und mangelhaften Realitätsbezug als Kennzeichen einer pathologischen Entwicklung wertet.

Die Einigung auf bestimmte Beziehungsformen im vorsprachlichen ersten Lebensjahr, d.h. innerhalb der von körperlich-gestischem Austausch getragenen Mutter-Kind-Dyade ist eine Idealvorstellung, ebneno wie das "über symbolische Repräsentanzen verfügende Subjekt". Beide sind nur partiell realisierbar. Wo immer eine solche "Einigung" fehlschlägt, wird indes eine andere erzwungen, und zwar im Sinne des dominanten Interaktionspartners, der Mutter. "Das Kind muß sich der erzwungenen Einigung im partiellen Fall fügen, weil es an die Praxis des dominanten Partners innerhalb der Mutter-Kind-Dyade gebunden ist" (Lorenzer 1972, S. 131).

Eine erzwungene Einigung ist aber per definitionem keine Einigung, oder vielmehr eine falsche, also Pseudo-Einigung. Eine falsche oder Pseudo-Einigung, auf der präsymbolischen Entwicklungsstufe führt, wenn man die hier entscheidende Entwicklung des Selbst nicht außer acht läßt, zur falschen, "verfälschten" Ausbildung von Selbst- und Objektrepräsentanzen eines "falschen Selbst" und "falscher", d.h. unvollständiger, verstümmelter Objekte, wobei diese Repräsentanzen von Anfang an unbewußt bleiben. Die gescheiterten präsymbolischen Einigungen realisieren sich als gescheiterte Selbst- und Objektimagines, als gescheitertes Selbst des Subjekts. Später, mit der Einführung der Sprache, werden die einmal installierten Pseudo-Einigungen zu Pseudo-Symbolen.

Im Pseudo-Symbol ist zwar die Situation benannt, nicht aber das erzwungene und verfälschte Moment des Einigungsvorgangs. Der Vorgang der Verfälschung ist hier qualitativ anders als beim Klischee, wo erst einmal ein Symbol korrekt sich bilden konnte aufgrund gelungener präsymbolischer Einigung und adäquater Prädikation. Die Klischeebildung ist gegenüber der

78

Ausbildung von *Pseudo-Symbolen* eine sekundäre Pathologisierung. Bei gescheiterter oder Pseudo-Einigung auf eine bestimmte Interaktionsform wird auch der später eintretende Prozeß der Prädikation den Charakter des "Falschen", Pseudohaften notwendig beibehalten. Hier ist ja der Bildungsprozeß an sich bereits verstümmelt, unterliegt also vertikalen Verlaufsspaltungen, während sich bei der Desymbolisierung die Spaltung eines spezifischen konflikthaften Anteils vom bereits gebildeten Symbol auf einer horizontalen Ebene abzeichnet.

Wird im einen Fall der Bildungsprozeß als solcher primär verstümmelt, betrifft dieser Vorgang im anderen Fall lediglich sekundär das Produkt eines an sich bereits gelungenen subjektiven Bildungsprozesses.

Widersprüchlichkeit, affektiver Mangel und Inkonsistenz der präsymbolischen Interaktionsformen schlagen sich darum strukturbildend im Bildungsprozeß des Subjekts, das heißt als Struktur beschädigter Subjektivität nieder (vgl. Trescher 1979).

Die immer einsetzende sekundäre Bearbeitung macht im Zuge der Prädikation aus präsymbolischen Fixierungen Pseudo-Symbole, die oberflächlich den vorhandenen Defekt maskieren.

Die Tatsache, daß die primärnarzißtischen Imagines, wenn sie eine Entwicklung zu symbolischen Repräsentanzen nicht erfahren, ähnlich den desymbolisierten Interaktionsformen einem Wiederholungszwang unterliegen und sich in gegebener Situation "in Szene setzen", ist wesentlich für das Verständnis der nachfolgend erörterten Gruppenprozesse.

Dabei unterscheiden sich die primärnarzißtischen von den libidinösen Szenen in charakteristischer Weise (wie sie u. a. von Argelander beschrieben werden).

Affektive Besetzungen spielen sich nicht nur an "Symbolen" und "Klischees" im Sinne Lorenzers ab, sondern ebenso an Prä- und Pseudo-Symbolen. Diese sind nicht unbewußt gewordene Repräsentanzen wie die sogenannten Klischees, sondern nie ins Bewußtsein gelangte Imagines. Es handelt sich also hier um präsymbolische Fixierungen an Imagines, die zunehmend affektiven Besetzungen und spezifischen Abwehrprozessen unterliegen. Jede affektive Besetzung aber spielt sich im Rahmen eines konkreten Interaktionszusammenhangs, einer Szene, ab.

Der entscheidende Unterschied zwischen Prä- und Pseudo-Symbol einerseits und Klischee andererseits, liegt in der Art der Ursprungsszene, des "Originalvorfalls" (Lorenzer). Handelt es sich bei diesen zweifellos um Szenen der Triebversagung im weiteren sexuellen Bereich, so sehe ich bei den Ursprungsszenen der vorsymbolischen Stufe in erster Linie Versagungen durch existentiell wichtige Selbst-Objekte, die spezifisch pathologische Entwicklungen der Objektbeziehungen und des Selbst zur Folge haben. Es handelt sich um libidinöse Szenen im einen, um primärnarzißtische Szenen im anderen Fall oder um "Triebschicksale" im Unterschied zu "narzißtischen Schicksalen" (siehe Argelander 1972a, S. 23).

Pathologische Erfahrungen in dieser frühesten Entwicklungsphase haben einen Defekt sowohl der Struktur als auch des weiteren Bildungsverlaufs zur Folge. Deshalb bringt die Wiederbelebung einer spezifischen Szene die Wiederbelebung des durchweg erhalten gebliebenen spezifischen Persönlichkeitsdefekts mit sich. Je umfangreicher dieser Defekt, desto umfassender die realen Lebenssituationen, die hier wie szenische Auslösereize fungieren. "Der primäre Narzißmus konstituiert also ... eine unbewußt infantile Repräsentanzenwelt mit spezifischen Inhalten, die sich in Träumen und unbewußten Phantasien manifestieren, Abwehrprozessen unterliegen und zum Agieren führen können. Die unbewußte Szene des primären Narzißmus hat einen grandiosen Charakter. Die primär narzißtische Objektbindung läßt die Wahrnehmung der natürlichen menschlichen Kontur nicht zu, sondern verzeichnet sie ins Ungeheuere, Dämonische und Unmenschliche" (a.a.O., S. 27). Entsprechend dem charakteristischen Mangel an differenzierten Selbst- und Objektimagines und der damit verbundenen Schwäche des narzißtischen Selbst und reifer Ich-Funktionen, zentriert sich die primärnarzißtische Szene um diese nie symbolisierten und darum äußerst labilen Persönlichkeitsbereiche.

Die coenästhetische Imago, die bei Fixierung erhalten bleibt, ist weder mit dem realen Objekt identisch, noch kann sie vom wahrgenommenen Objekt unterschieden werden. Das Subjekt bleibt in all den Situationen, die die entsprechenden Szenen evozieren, der real gewesenen Situation verhaftet. Ich möchte im zweiten Teil dieser Arbeit versuchen, die primärnarzißtischen Inszenierungen in therapeutischen Gruppen zu beschreiben.

II

Vor dem Hintergrund der bisherigen Ausführungen möchte ich auf meine Ausgangsthese zurückkommen:

Die Wiederbelebung der primärnarzißtischen Imagines in Gruppen ist - der jeweiligen Strukturbildung und dem Interventionsstil entsprechend modifiziert - ein allgemeines gruppenspezifisches Phänomen. Als verfestigtes Strukturelement wird dies dann evident, wenn präsymbolische Erfahrungsmuster sich pathologisch als so gewordene Persönlichkeitsstrukturen ihrer Mitglieder verfestigt haben und so den dynamischen Ablauf der Gruppenprozesse in charakteristischer Weise gestalten.

In einer früheren Arbeit habe ich versucht, die Prozesse einer Gruppe in drei Ebenen gegliedert zu erfassen: 1. auf der Ebene der verbalen Inhalte, 2. auf der Ebene der unbewußten Kollektivphantasien und 3. auf der Ebene des symbolischen Gruppengefüges (vgl. Finger 1976).

Meiner These gemäß, werde ich im folgenden versuchen, eine vierte narzißtische Ebene der Gruppenprozesse darzustellen. Ich gehe davon aus, daß narzißtische Phänomene in Gruppen sowohl unter dem genetischen Gesichtspunkt, als auch unter dem der Übertragung erfaßt werden können.

Unter dem genetischen Aspekt ließen sich narzißtische Phänomene in Gruppen beschreiben: Als mangelhafte bzw. schadhafte Ausbildung konturierter Objekt- und Selbst-Repräsentanzen, als Fixierung auf die präsymbolische Entwicklungsstufe des Subjekts unter dem Primat des coenästhetischen Dual-Selbst und dem dazugehörigen magischen Phantasieerleben. Dies ist zugleich mangelhafte Entwicklung der symbolischen Tätigkeit des Ichs, verhinderte Fähigkeit zu symbolvermitteltem Handeln und Verhaftetsein auf relativ undifferenziertem und wenig synthetisiertem Niveau.

In der Übertragung: Als Wiederbelebung früher archaischer Interaktionsmuster, d. h. Wiederbelebung der grandiosen Selbst- und der idealen Elternimago, beide als Funktionen des coenästhetischen Dual-Selbst interpretierbar.

In diesem Kontext tauchen primitive psychische Mechanismen (wieder) auf, wie projektive und introjektive Identifikation und Abwehr; weiterhin Verschmelzungsphantasien und andere "konturlose" primärnarzißtische Erfahrungsmuster: Die Grenzen zwischen Selbst und Objekt verschwinden unter der Herrschaft des Primärprozesses, der einzelne bleibt den alten Szenen verhaftet, die er im aktuellen Übertragungsfeld reproduziert. Die Inszenierung der primitiven Objektbeziehungen steht unter dem Primat des wiederbelebten "Sicherheitsprinzips" wie es Joffe und Sandler und Argelander für die primärnarzißtische Entwicklungsstufe beschrieben haben.

Im Gegensatz zu Freud, der die Bindung der Massenindividuen untereinander als ausschließlich libidinöse kennzeichnet (Freud 1921), und auch im Gegensatz zur traditionellen Kleingruppenforschung, werden hier also neben libidinösen auch narzißtische Objektbindungen in Gruppen angenommen, im Sinne der oben gemachten Ausführungen. Auffallend erscheinen unter diesem Gesichtspunkt das in der Literatur viel beschriebene Phänomen der "Valenz" und die von Bion entdeckten "basic assumptions".

Die als spontane Fähigkeit der Gruppenmitglieder, sich auf unbewußter Ebene zusammenzuschließen, definierte Valenz zeigt dabei charakteristische Merkmale spontaner tiefster Regression. Es handelt sich um diffuse Verschmelzungsvorgänge von "primärprozeßhafter Qualität", die der Erhaltung der Gruppe dienen, wie auch der Herstellung der sogenannnten "Grundeinstellungen". Unter diesen: Abhängigkeit, Kampf/Flucht und Paarbildung, zeigt insbesondere die erste primärnarzißtische Anteile, wie: Wiederbelebung der grandiosen Elternimago, Abwehr oraler Gier, Projektionen infantiler Allmachtsvorstellungen und magisches Denken.

In allen Grundeinstellungen herrschen Mechanismen vor - Projektion, Abspaltung, projektive und introjektive Identifikation -, die genetisch der präsymbolischen Entwicklungsstufe angehören. Der Vorgang der Herstellung der Grundeinstellungen entspricht dabei der mangelhaften Ausbildung symbolischer Tätigkeit, der Fixierung auf undifferenziertem und wenig synthetisiertem Niveau sowie einer Behinderung der Fähigkeit zu symbolvermitteltem Handeln bei einzelnen. Den Bereich tiefsten Regrediertseins, den Bereich der sogenannten wiederbelebten primärnarzißtischen Urszene, weist die von Foulkes so bezeichnete Matrix der Gruppe auf. Hier geht es nicht um das Streben nach Ruhe, Gleichförmigkeit, Harmonie, Verschmelzung oder nach Rückzug durch Prozesse der Spaltung, Projektion und Introjektion: Es ist dies die fast unzugängliche, immer vorhandene Ebene des existenten primärnarzißtischen Urzustandes als Basis des Bildungsprozesses der Gruppe und aller psychologisch faßbaren Gruppenprozesse.

Sehr eindrucksvoll beschreibt Didier Anzieu die beinah psychotisch anmutenden "Maschinenphantasien", die für die Anfangsphase typisch sind. Er unterscheidet drei Serien von Maschinenphantasien: "Erste Serie: 'die' (die Gruppenleiter) machen sich Notizen über uns; 'die' beurteilen uns, 'die' nehmen uns auseinander, und 'die' behalten ihre Beobachtungen für sich.

Zweite Serie: wir sind gezwungen, das zu tun, was sie wollen, sie aber weigern sich, das zu bringen, was wir von ihnen verlangen; wir können mit Worten nicht auf sie einwirken, sie aber üben mit ihrem Schweigen Einfluß auf uns aus.

Dritte Serie: und wenn sie sprechen, so nützt uns das überhaupt nichts, denn man versteht nichts von dem, was sie sagen, es geht zum einen Ohr rein und zum anderen raus, und es gelingt nicht, etwas davon zu behalten" (Anzieu 1973, S. 230).

Ich möchte die hier beschriebenen tief regressiven Phantasien und das Gespür der Gruppe für die überhandnehmenden Primärprozesse, gerade in der Anfangsphase, als typisches Merkmal wiederbelebter präsymbolischer Interaktionsmuster herausstellen, zumal sie mit der Befürchtung verbunden sind, die eigene Individualität zu verlieren, was für den Beobachter tatsächlich häufig schon realisiert scheint.

Was Anzieu hier schon als Maschinenphantasien "übersetzt" hat, ist in der Gruppe selbst ein unbewußter Vorgang, keineswegs sprachlich erfaßt; vielmehr verbergen sich solche unbewußten Phantasien in geschickter pseudo-umgangssprachlicher oder pseudo-sprachlicher Interaktion, besonders dann, wenn die Strukturierung der Gruppe eine entsprechende Wahrnehmung ihrer Prozesse nicht zuläßt, wie zum Beispiel in der Anfangsphase der psychotherapeutischen Gruppe.

Es hat den Anschein, als ob die tief unbewußten archaischen Reste in jedem Individuum bei der Zusammensetzung zu einer Gruppe - wobei diese, d. h. das Setting, einem spezifischen Auslösereiz vergleichbar ist - mobilisiert und im Kollektiv mit ungewöhnlicher Plastizität hervortreten würden.

Dies gilt nicht nur für die unstrukturierte psychotherapeutische Kleingruppe.

Das Feld von Übertragung und Gegenübertragung, die wiederbelebten Interaktionsformen im Hier-und-Jetzt sind Zentrum der eigentlichen subjektiven Bildungsarbeit. Ganz besonders gilt dies für Bereiche, in denen nicht- oder pseudo-symbolisierte unbewußte Szenen den Gruppenprozeß beherrschen.

In diesem Zusammenhang möchte ich noch eine Reihe solcher Phänomene beschreiben: Zum Beispiel die Angst vor dem Verlust der eigenen individuellen Grenzen, die Angst vor Ich-Zerfall, die der Angst vor dem Zerfall der Gruppe gleichkommt. Argelander sieht in der Gruppe ein "Ganzes mit einheitlicher Gestalt, so daß eine Gruppe im Grunde genommen in ihrem Verband dem psychoanalytischen Begriff des Ichs entspricht. ... Der Integrationsprozeß einer Gruppe würde dann mit der Ich-Integration im Individuum übereinstimmen. Von dieser Einstellung her bekommen wir weiter einen Zugang zu den Gefühlen der Gruppe, ihrem Identitätsgefühl, mit dem sie sich als ein Wir gegen andere abhebt, dem narzißtischen Gewinn, den sie verspürt, wenn die Gruppe etwas leistet oder gelobt wird, ihrem Körpergefühl, das sich in ihrer Sitzordnung z. B. manifestiert, und der ungeheuren narzißtischen Kränkung, die sie bei geringsten Veränderungen ihrer Struktur und Personenzusammensetzung empfindet" (Argelander 1972a, S. 55).

Die hier angedeutete Kränkungsbereitschaft von Gruppen hängt eng zusammen mit dem sogenannten Körperschema der Gruppe, das hochgradig narzißtisch besetzt ist und streng genommen die Grundlage dessen bildet, was man im Laufe ihres Integrationsprozesses als ihr Selbst bezeichnen könnte. Das Körperschema kann definiert werden als "das sich mehr oder weniger zu einem Ganzen vervollständigende Bewußtsein von Empfindungen, Wahrnehmungen, Vorstellungen, Affekten, Erinnerungen und Bildern, das von der Oberfläche des Körpers bis in die Tiefe reicht und bis an die Grenzen des Weltalls" (Grinberg, Langer u. Rodrigué 1957, S. 131).

Da nun das Körperschema einer Gruppe wesentlich vom Setting, vom äußeren Arrangement, abhängt, werden die äußerst sensiblen Reaktionen schon auf geringfügigste Änderungen als Reaktionen auf narzißtische Kränkungen im Bereich des frühen Gruppenselbst verständlich.

Das Schema der Gruppe setzt sich zusammen aus den Körperschemata der einzelnen Mitglieder und äußert sich manifest in ihrer Sitzordnung. Darum löst jede Veränderung der Sitzordnung Angst vor dem Verlust der Körper-(Ich-)Grenze aus, besonders aber dann, wenn die Identität der Gruppe in der Anfangsphase schwach und das Vorhandensein und die Art äußerer, gegebener konstituierender Grenzen als wesentlicher Garant ihres Zusammenhalts erlebt wird. Die ablehnende Haltung der Gruppe solchen Veränderungen des Settings gegenüber, ihre oft chaotisch anmutende Reaktion auf sehr geringfügige Änderungen im gewohnten Rahmen, verdeutlicht die wiederbelebten primärnarzißtischen, oft paranoiden Ängste, die hier vorherrschen und sich auf das labile Gruppenselbst beziehen.

Eine häufig zu beobachtende Folge solcher Verletzungen des Gruppen-Selbst, gerade in der Anfangsphase, ist eine Tendenz zur Fragmentierung oder auch eine auffällig zunehmende destruktive Aggressivität, die sich in Form totaler Entwertung der Gruppenleiter oder der Gruppe äußern kann, aber auch in blindem Agieren. "Eine derart narzißtische Gruppe ist noch empfindlich in ihrem Selbstwert, leicht verletzt und enttäuscht. Auf Verletzungen und Kränkungen kann sie vorübergehend mit Zerfallserscheinungen oder sehr wütend im Sinne einer sogenannten narzißtischen Wut reagieren" (Kutter 1976, S. 57).

Reaktionen dieser Art ähneln den von Kohut beschriebenen Reaktionen des Ichs auf den Verlust des narzißtisch erlebten Objekts, das in diesem Fall der Gruppenleiter ist, der die Verantwortung für das Setting und für das Funktionieren, für die Selbsterhaltung der Gruppe übernehmen soll.

"Wir sehen also, daß jede Gruppe sich, besonders zu Beginn der Behandlung, der schweren Aufgabe gegenübersieht, akute Konflikte zu bearbeiten, die ständig ihren Zerfall herbeizuführen drohen. Weiterhin haben wir gesehen, daß die Gruppe zu radikalen Abwehrmaßnahmen greift, wie Projektion, Idealisierung und Negierung. Es handelt sich um primitive Mechanismen, wie wir sie ähnlich bei Psychotikern finden. Tatsächlich zeigt die als Einheit aufgefaßte Gruppe ein Verhalten, das als 'psychotisch' bezeichnet werden könnte" (Grinberg et al. 1957, S. 101).

Da sich eine ausführliche Darstellung der vielfältigen narzißtischen Inszenierungen im Gruppenprozeß in diesem Rahmen nicht durchführen läßt, möchte ich mich auf die detaillierte Erörterung eines der immer zu beobachtenden Gruppenphänomene beschränken: Die oben schon angesprochene, von Bion und anderen Autoren so genannte "Valenz" meint die Fähigkeit der Gruppe, sich auf unbewußter Ebene spontan in einer gemeinsamen Phantasie zusammenzuschließen. Die Annahme kollektiver unbewußter Phantasien als Basis eines gruppenspezifischen Integrationsprozesses führt zu der weiteren Annahme, daß diese Phantasien sich keineswegs nur um verdrängte, desymbolisierte Bedürfnisse und Befürchtungen konzentrieren, sondern ebenso um früheste Erinnerungsspuren und Erfahrungsmuster wie auch um verbliebene primärnarzißtisch zu nennende Bedürfnisse und Befürchtungen. Dies bestätigt nicht zuletzt Bions Auffassung, nach der die Gruppe in ihren Phantasien in besonderem Maße zum "Sammelbecken" (Bion 1971) gerade solcher primärnarzißtischen präsymbolischen Interaktionsmuster wird.

Das Phänomen der "Valenz" ist als regressiver Prozeß zu verstehen, in welchem die Gruppenmitglieder ihre Identität, Ich-Grenzen und ihr konturiertes Selbst aufgeben zugunsten eines gemeinsamen diffusen Gruppengefühls. Dieses gemeinsame Gruppengefühl, das sich am Auftauchen eines "Wir-Gefühls" der Gruppe auf manifester Ebene ablesen läßt, ist in ganz ähnlicher Weise mit narzißtischer Lust verbunden, wie etwa das erste Auftauchen eines Körper-Ich-Gefühls beim Säugling, wenn er sich durch die Berührung mit der mütterlichen Pflegeperson erstmals selbst erfährt. Sieht man die Gruppe als Ganzes, so darf man ihre beschriebene spontane Fähigkeit, sich in einer gemeinsamen unbewußten Phantasie zusammenzuschließen - was in verblüffendster Weise schon in der ersten Gruppensitzung zutage tritt -, als einen Primärvorgang auf tief regressiver Ebene definieren.

Und wie die frühesten psychophysischen Vorgänge beim Neugeborenen, dient auch der Vorgang spontaner Integration in der Gruppe der Selbst-Erhaltung. Die Mitglieder einer therapeutischen Gruppe, die alle mit einem gemeinsamen Ziel zusammenkommen, sind zudem allein um dieses Zieles willen auf den Erhalt der Gruppe, von dem Moment an vollkommen angewiesen.

"An einer psychologischen Masse ist das sonderbarste dies: welcher Art auch die sie zusammensetzenden Individuen sein mögen, wie ähnlich oder unähnlich ihre Lebensweise, Beschäftigung, ihr Charakter oder ihre Intelligenz ist, durch den bloßen Umstand ihrer Umformung zur Masse besitzen sie eine Kollektivseele, vermöge derer sie in ganz anderer Weise fühlen, denken und handeln, als jedes von ihnen für sich fühlen, denken, handeln würde", zitierte Freud bereits 1921 Le Bon, ohne die Gruppe als therapeutisches Instrument in Betracht zu ziehen (Freud 1921, S. 77).

Für Freud waren es die libidinösen Bindungen, die die Umformungen zur Kollektivseele bewerkstelligten, und unter diesen besonders die Identifizierung, Gefühlsbindungen also, die genetisch doch den frühesten infantilen Phasen der Ich-Entwicklung zuzurechnen sind. Indem die Gruppe durch primitive introjektive Identifizierungsvorgänge ein gemeinsames Objekt (den Gruppenleiter) "an die Stelle des Ich-Ideals" setzt, identifizieren sich die Mitglieder untereinander (a.a.O. S. 125). Auch wenn man vorübergehend den Gruppenleiter - nach Freud das gemeinsame Objekt - außer acht läßt, wird die Ursache des spontan sich herstellenden unbewußten Zusammenschlusses der Gruppe deutlich in primitiven und deshalb "vorsprachlichen" Identifizierungsvorgängen introjektiver Art. Diese Identifizierungen sind begleitet von einer Öffnung der individuellen Ich-Grenzen und von mehr oder minder ausgeprägter Verschmelzung der Grenzen zwischen Selbst und Objekt, was für die primärnarzißtische Pathologie im Sinne der obigen Ausführungen typisch ist.

"Die Individualität der einzelnen Mitglieder wird aufgegeben. Dieses kollektive Phänomen, das der Depersonalisation vergleichbar ist, zeigt sich immer, wenn die Gruppe regrediert ... Unsere Erfahrung hat uns gelehrt, in dieser 'Entpersönlichung' einen aktiven Abwehrmechanismus zu sehen, der ... Gruppen dazu dient, zu erreichen, daß sie sich vollkommen vereinheitlichen" (Grinberg et al. 1957, S. 96 f.).

An die Stelle der Grenzen zwischen Selbst und Objekt tritt nun ein kollektives primitives Selbst und auch ein kollektives Objekt, beide vorderhand von tief regressiver, archaischer Natur, denn "die frühesten Identifizierungen beruhen ..., magisch, wie sie ihrer Natur nach beschaffen sind, auf primitiven, mit Verschmelzungen von Selbst und Objekt korrespondierenden Introjektions- und Projektionsmechanismen, die sich über die realen Unterschiede zwischen Selbst und Objekt hinwegsetzen" (Jacobson 1964, S. 56).

Zusammenfassend möchte ich das Phänomen der "Valenz" als den gruppenspezifischen primitiven Bildungsprozeß auf tief unbewußter Ebene und unter Vorherrschaft primärprozeßhafter Vorgänge beschreiben, oder, mit anderen Worten, als den unbewußten Zusammenschluß der Gruppenmitglieder, die sich über die Grenzen ihrer Individualität unbewußt hinwegsetzen. Selbst- und Objektimagines lösen sich auf und legieren sich zu einer gemeinsamen, noch coenästhetischen Imago der Gruppe. Die spontane Regression auf eine vorindividuierte Entwicklungsstufe muß als *gruppenspezifischer Erhaltungsmechanismus* verstanden werden (vgl. auch Mahler 1968, S. 58). So wie die Regression, die Aufgabe der individuellen Grenzen zwischen Selbst und Objekt, die rückläufige Infantilisierung des Ichs in der Gruppe doch Produkt der einzelnen in ihr ist, so ist auch jedes einzelne Mitglied an der progressiven Struktur-Bildung der Gruppe mit eigenen Persönlichkeitsanteilen beteiligt. Insofern ist das Eigendasein der Gruppe als solcher tatsächlich ein scheinbares.

Hier liegt ein wesentlicher Unterschied zu der Primärgruppe (Familie) des einzelnen vor, deren Interaktionsmuster und Beziehungsstrukturen an der "Bildung" des kindlichen Subjekts dominant beteiligt sind. Es ist der Zweck der therapeutischen Gruppe, diese sich pathologisch wiederholende Eigendynamik dem einzelnen gegenüber durchbrechen zu wollen. Die Strukturbildung der Gruppe muß im therapeutischen Rahmen als szenischer Ablauf verstanden werden und darf den pathologischen infantilen Bildungsprozeß insofern nicht wiederholen, als er im progressiven Verlauf Produkt einer Umwandlung der individuellen pathologischen Persönlichkeitsanteile sein sollte.

Die Prozesse der Gruppe nehmen nur da einen als wirklich erlebten Eigenverlauf, eine Eigendynamik, wo ihre Mitglieder - dem Wiederholungszwang entsprechend - einen solchen unbewußt produzieren.

In der psychoanalytischen Therapie-Gruppe tritt das Aufarbeiten des biographischen Materials, die individuelle Lebensgeschichte gegenüber der Einzelanalyse zurück. Die Gruppe als solche hat keine der individuellen vergleichbare Geschichte. Vielmehr muß hier das für den Beobachter als quasi-individuelle Einheit erscheinende Gruppengefüge für den einzelnen als aktuelle Basis verstanden werden, auf die komplexe Interaktionsmuster projiziert werden können. Hierbei dienen dem einzelnen die anderen Mitglieder sowohl als Projektionsschirm als auch als Korrektiv. Die sich strukturierenden Prozesse der Gruppe werden zu ihrer Geschichte, an der das Individuum von Anfang an gestaltend partizipiert.

Das Geschehen in der Gruppe soll als gemeinsame Struktur durchsichtig gemacht und mit dem verlorengegangenen oder fehlenden unbewußten Sinngehalt verknüpft werden, die aktuelle Inszenierung soll als solche verstanden werden, um optimal strukturierend in den Gruppenprozeß eingreifen zu können. Dies wird erleichtert durch die Neigung der Individuen, "innerem Erleben sinnfälligen Ausdruck zu geben und es zu verkörperlichen, die kennzeichnend für die Gruppe ist" (Grinberg et al. 1957, S. 172).

Diese Neigung des einzelnen, die Gruppe mit den Imagines seiner unbewußten affektiven Welt zu bevölkern, diesen hierin eine quasi körperliche Gestalt zu geben, erleichtert den Kontakt und den umwandelnd-strukturierenden Umgang mit diesen ganz erheblich. Dies gilt gerade und in besonderem Maße auch für die Ebene der wiederbelebten primärnarzißtischen Repräsentanzenwelt, deren Imagines konturlos, diffus, sprachlich noch nicht faßbar sind.

Die Gruppe wird wie ein innerpsychisches System erlebt und benutzt. Der einzelne hat hier die Möglichkeit, die eigenen Imagines in die anderen hineinzuverlegen, sie sich gegenüberzustellen, um sich mit ihnen auseinanderzusetzen. Wenn er die Gruppe dergestalt mit den projizierten Objekten bevölkert, vermag er diese greifbar zu machen, er kann mit ihnen darüber hinaus in der scheinbaren Realität der Gruppensitzung, die ihm wie ein innerpsychisches System zur Verfügung steht, so umgehen, daß er sie gegebenenfalls als "gute" Objekte, d. h. frei von pathologischen Verzerrungen, wieder verinnerlicht.

Therapeutischer Erfolg liegt hier in der Arbeit der Gruppe, die präsymbolisch verbliebenen Anteile in eine "Sprache" einzubringen, die sie mit Hilfe des verstehenden und verbalisierenden Gruppenleiters schafft.

Abschließend möchte ich meine Ausgangsthese präzisieren: Abkömmlinge des primären Narzißmus treten in psychoanalytischen Kleingruppen auf zwei Ebenen als charakteristische auf:
1. auf der Ebene der Psychodynamik der Gruppe in Form vorherrschender Primärprozesse auf Kosten reifer symbolischer Funktionen und
2. auf der Ebene der übertragenen Interaktionsmuster in Form der wiederbelebten primärnarzißtischen Imagines und der szenisch reaktualisierten primärnarzißtischen Phantasiewelt.

Die narzißtische Ebene der Gruppe kennzeichnet primär eine psychische Qualität von Erleben, die, wo sie evoziert wird, in mehr oder minder offener Form sich in allen diesen Ebenen durchsetzt. Sie kennzeichnet somit eine qualitative Stufe im gesamten Gruppengeschehen, die sich in unterschiedlichen, aber deutlich abgrenzbaren Phänomenen manifestiert. Als ihre allgemeinsten Repräsentanten stellen sich die spontan auftretende Regression auf präsymbolische Entwicklungsstufen und die Herstellung einer pseudo-umgangssprachlichen Arbeitsebene als spezifische Form der Abwehr heraus.

An Stelle einer Re-Symbolisierung sekundär verlorengegangener Bedeutungszusammenhänge erfordert die narzißtische Ebene der Gruppe einen primär die Symbolbildung fördernden Umgang mit Interaktionsformen.

Beschränkt auf den narzißtischen Bereich, der auf den drei eingangs erwähnten Ebenen des Gruppengeschehens (Ebene der verbalen Inhalte, Ebene der unbewußten Kollektivphantasien und Ebene des symbolischen Gruppengefüges) zum Tragen kommt, kann man Aufgabe und Funktion der therapeutischen Gruppe folgendermaßen umreißen: Es geht um Prozesse der Nachentwicklung und Neu-Erwerbung symbolischer Interaktionsformen sowie von Selbst- und Objekt-Repräsentanzen, um das Vervollständigen der bis dahin defekten, lückenhaften subjektiven Struktur, um nachträgliche Vervollständigung des subjektiven Bildungsprozesses.

Die szenische Wiederbelebung pseudo-symbolischer Beziehungsformen in der Gruppe muß mit Hilfe coenästhetischer Wahrnehmung im Dienst der Gruppe und ihrer Individuen als solche erkannt und progressiv in symbolische umgewandelt werden, wenn die Entwicklung weiterhin nicht stagnieren und subjektive Bildung möglich werden soll.

Die "pseudo-umgangssprachliche Maskierung", in die auch die primärnarzißtische Inszenierung sich kleidet, bestimmt den Ansatz psychoanalytischen Vorgehens und Verstehens ähnlich dem bei desymbolisierten Interaktionsformen: Auch hier ist die Ebene der verbalen Inhalte, das Erfassen der sprachlichen Mitteilung Ausgangspunkt der psychoanalytischen Arbeit. Mit Lorenzer habe ich den therapeutischen Entwicklungsgang als Re-Symbolisierung der verlorengegangenen Bedeutungszusammenhänge gefaßt; hier geht es indes darum, Interaktionsformen zu symbolischen werden zu lassen, die die Stufe reifer symbolischer Funktion bislang nie erreicht haben. Das Verstehen und Auflösen der pseudo-symbolischen in präsymbolische Interaktionsformen im hic-et-nunc des Gruppengeschehens ist hierfür unumgängliche Voraussetzung.

Die fälschlich in Sprache aufgehobenen sprachlosen Erlebnis- und Erfahrungsmuster der frühesten Kindheit müssen als solche hinter ihrer verfestigten pseudo-symbolischen Struktur, wesentlich mit Hilfe coenästhetischer, empathischer Wahrnehmung erfaßt werden, um sie der Patientengruppe in ihrer vollen und tiefen emotionalen Erlebnisqualität zugänglich zu machen.

Zusammenfassung

In Abgrenzung zu traditionellen psychoanalytischen Konzepten frühestkindlicher Pathologisierung werden narzißtische Störungen weniger als Störungen der libidinösen Entwicklung, denn als Defekte im Bereich der Konstitution von Ich und Selbst, als mangelhaft konturierte Ausbildung der Selbst und Objekt-Repräsentanzen begriffen. Unter dem Blickwinkel der Entfaltung von Subjektivität kann die Folge der Störung des primärnarzißtischen Entwicklungsverlaufs als Struktur verhinderter Subjektivität verstanden werden. Die undifferenziert gebliebenen Imagines unterliegen wie die neurotischen Interaktionsmuster dem Wiederholungszwang und bleiben den infantilen Szenen verhaftet. Das Agieren primär-narzißtischer Szenen ist deshalb auch ein in Gruppen typisches Phänomen. Die narzißtische Ebene der Gruppe wird unter genetischem wie auch unter dem Gesichtspunkt der Übertragung erfaßt: Genetisch als Fixierung von Ich und Selbst, und im Übertragungsgeschehen als Wiederbelebung früher archaischer, undifferenzierter und diffuser Interaktionsmuster. Mit Hilfe des analytischen Gruppenleiters gelingt es den Teilnehmern, die in der Gruppe evozierten primärnarzißtischen Imagines strukturbildend sich wieder-anzueignen. Ziel der therapeutischen Gruppe ist die Fähigkeit der einzelnen, die vorsprachlich archaischen Interaktionsmuster in Sprache aufzuheben. Die wiederbelebten narzißtischen Imagines erfordern einen modifizierten, d. h. primär bildenden Umgang mit den frühen Interaktionsformen in der Gruppe.

Literatur

Anzieu, D. (1973): Die Phantasie über die Gruppenmaschine. Gruppendynamik 4
Argelander, H. (1972a): Der Flieger. Frankfurt
  - (1972b): Gruppenprozesse. Wege zur Anwendung der Psychoanalyse in Behandlung, Lehre und Forschung. Reinbek
Bion, W. R. (1961): Erfahrungen in Gruppen. Stuttgart 1971
Finger, U. D. (1976): Sprachzerstörung in der Gruppe. Frankfurt
  - (1977): Narzißmus und Gruppe. Frankfurt ²1981
  - (1978): Gruppenprozesse und subjektive Strukturbildung. In: Gruppenpsychotherapie und Gruppendynamik 13 (1978) S. 117-133
Freud, S. (1921): Massenpsychologie und Ich-Analyse. GW Bd. XIII. Frankfurt 1969
Grinberg, L., M. Langer und E. Rodrigué (o.J.): Psychoanalytische Gruppentherapie. München
Henseler, H. (1974): Narzißtische Krisen. Zur Psychodynamik des Selbstmords. Reinbek
Jacobson, E. (1973): Das Selbst und die Welt der Objekte. Frankfurt
Kohut, H. (1971): Narzißmus. Frankfurt
Kutter, P. (1976): Elemente der Gruppentherapie. Göttingen
Leber, A. (1976): Rückzug oder Rache. Überlegungen zu unterschiedlichen milieuabhängigen Folgen früher Kränkung und Wut. In diesem Band.
Lorenzer, A. (1972): Zur Begründung einer materialistischen Sozialisationstheorie. Frankfurt
Mahler, M. (1972): Symbiose und Individuation. Stuttgart
Trescher, H.-G. (1979): Sozialisation und beschädigte Subjektivität. Frankfurt
Winnicott, D. W. (1965): Reifungsprozesse und fördernde Umwelt. München 1974

Urte Dörte Finger

Das Trennungstrauma in der narzißtischen Persönlichkeitsstörung

Übersicht

Der folgende Aufsatz enthält zunächst eine Phänomenologie der narzißtischen Störung, wie sie heute in zunehmendem Maße zu beobachten ist. Die narzißtische Störung wird dann als Störung im Bereich des Selbst ausgewiesen. Genese und Entwicklung des frühen Selbst werden, soweit es für das Verständnis narzißtischer Symptombilder notwendig ist, unter diesem spezifischen Aspekt untersucht, um dann die Rolle von Trennungserfahrungen bei der Entwicklung des Selbst und der späteren narzißtischen Erkrankung aufzeigen zu können: Sehr frühe Trennungen innerhalb der Mutter-Kind-Dyade werden als Ursache für ein fragmentiertes Selbst, bzw. als Basis für die "narzißtische Katastrophe", die im Extremfall im Selbstmord (bzw. -versuch) endet, erkennbar. Darüber hinaus werden sie zum Muster für spätere Erlebnisweisen und für die narzißtischen Objektbeziehungen.

I

Freud, der zwischen primärem und sekundärem Narzißmus unterscheidet, beschreibt jenen als normale Entwicklungsphase, während der sekundäre Narzißmus als Abzug der libidinösen Besetzung von den Objekten und damit als Rückzug ins Ich definiert wird. Er spricht von der "Vorstellung einer ursprünglichen Libidobesetzung des Ichs, von der später an die Objekte abgegeben wird, die aber, im Grunde genommen, verbleibt und sich zu den Objektbesetzungen verhält wie der Körper eines Protoplasmatierchens zu den von ihm ausgeschickten Pseudopodien" (1914, S. 141).

Dieser Vorstellung nach hat also der narzißtisch Kranke die libidinöse Besetzung von Objekten ab- und ins eigene Ich zurückgezogen, ähnlich wie der organisch Kranke sein Interesse an der Außenwelt verliert und sich vornehmlich nur noch mit dem eigenen Körper zu befassen vermag.

Sieht man so bei Freud den sekundären Narzißmus als objektlosen Zustand eines kranken Individuums, so verweist er doch auch auf eine narzißtische Form der Objektwahl, nach der man liebt:

"a) was man selbst ist (sich selbst),
b) was man selbst war,
c) was man selbst sein möchte,
d) die Person, die ein Teil des eigenen Selbst war" (ebd. S. 156).

Wie Hartmann gezeigt hat, verwendet Freud zu dieser Zeit den Ich-Begriff noch sehr viel umfassender als nach 1920, nämlich im Sinne der gesamten Persönlichkeit; Hartmann weist darauf hin, daß "bei der Anwendung des Begriffs Narzißmus oft zwei verschiedene Gegensatzpaare in eines verschmolzen" scheinen. "Das eine bezieht sich auf das Selbst (die eigene Person) im Gegensatz zum Objekt, das andere auf das Ich (als ein psychologisches System) im Gegensatz zu den anderen Teilstrukturen der Persönlichkeit". (1964/1950, S. 342).

In der neueren psychoanalytischen Narzißmusforschung findet dann auch konsequent das Konzept des Selbst in unterschiedlicher Bestimmung seine

Verwendung. Eine detailliertere Untersuchung des Begriffes "Selbst" werde ich unter Punkt II dieses Aufsatzes versuchen.

Von den narzißtischen Persönlichkeitsstörungen, die durch ihre Symptomatik mehr oder weniger auffällig werden, unterscheiden sich die narzißtischen Charakterverarbeitungen, wie sie z. B. Argelander (1972) im "Flieger" beschrieben hat. Diese Personen zeichnen sich oft durch große soziale Erfolge aus, sie haben anscheinend keinen Leidensdruck, empfinden sich und ihre Beziehungen zu anderen keineswegs als gestört oder krank. Sie leben, wie Kernberg sagt, "parasitär" und "ausbeuterisch", haben eine "charmante Fassade" und erreichen ihre Erfolge durch "Pseudosublimierungen" (vgl. 1978, S. 262 - 264). Dieser narzißtische Charakter wird in sozialpsychologischen Studien häufig als neuer "Alltagscharakter" postuliert.

Daneben beschreibt z. B. Jacobson Patienten, die sich in hochdifferenzierte anspruchsvolle Arbeit stürzen, die fähig sind zu relativ konstanten und realitätsgerechten Objektbeziehungen und die dennoch gegen eine drohende Dekompensation zu kämpfen haben. Diese Personen brauchen bestimmte, Sicherheit gewährende Realitäskonstellationen; dann gelten sie sogar häufig als besonders "gesunde, liebenswürdige und problemlose Menschen" (1972, S. 52).

Die primitiven Abwehrmechanismen dieser Patienten - Verleugnung, Introjektion, Projektion, Spaltung - deuten auf frühe traumatische Erfahrungen hin, die von einem schwachen Ich nur auf diese Weise bewältigt werden konnten.

Green benennt diesen frühen Kernkonflikt als Dilemma zwischen Trennungsangst und der Angst vor Eindringen, vor zu großer Nähe (vgl. 1975, S. 514) und macht damit - im Gegensatz zu Freud - gerade auf die intensive vorhandene Bindung aufmerksam.

Kohut formuliert dies - ebenfalls im Gegensatz zur klassisch psychoanalytischen Theorie (Freud 1914, aber auch Kernberg 1978, der den Freudschen Ansatz wieder aufgreift) - eindeutiger, wenn er sagt: "Die Antithese zum Narzißmus ist nicht die Objektbeziehung, sondern die Objektliebe" (1966, S. 562). Kohut unterscheidet hiermit die narzißtische Objektbeziehung von der libidinösen. Er berichtet im Zusammenhang mit der narzißtischen Persönlichkeitsstörung über "intensive Gefühle der Leere und Depression", über abgestumpfte Gefühle, Mangel an Initiative und Unwirklichkeitsgefühle (1973, S. 34).

Beobachtungen zeigen, daß diese Menschen häufig darüber klagen, daß nichts sie wirklich berühren könne, daß alles, was ist, was sie denken und fühlen, genausogut anders sein könnte, sie meinen, sie könnten ihre Gefühle wie durch "Knopfdruck" sofort abstellen. Auffallend ist dagegen die enorme Kränkbarkeit, die fatale Reaktion auf nur geringfügige Unstimmigkeiten, die intensiven Schamgefühle, die ständige Angst vor dem Verlust eines Liebesobjektes oder von dessen Zuneigung und Wertschätzung. Trennungsschmerz und Trauer werden oft heftig verleugnet und an deren Stelle tritt die Illusion der totalen Autonomie: die Phantasie, daß Trennungen ohne Bedeutung seien, da auch die betreffende Person ohne Bedeutung sei. Oft ist es schwer, diesen Mechanismus von einem tatsächlichen Abzug der Besetzung von den Objekten zu unterscheiden. Patienten mit schwach ausgebildeten Ich-Strukturen dekompensieren nach einer solchen Phase der Verleugnung nicht selten und ersetzen die unerträgliche Realität halluzinativ durch eine selbst produzierte psychotische Welt, in der dann das verlorene Objekt wahnhaft wieder auftaucht.

In nur scheinbarem Gegensatz hierzu stehen der von Kohut beobachtete

Objekthunger und die oft suchtartige Beziehung dieser Patienten zu ihrem Analytiker oder zu anderen Objekten (vgl. 1973, S. 66). Interessant im Hinblick auf die heute so häufig beobachteten typischen Verhaltensweisen gestörter Kinder und Jugendlicher ist folgende Einteilung Kohuts: Er benennt zwei Gruppen narzißtischer Störungen: 1. Sehr frühe Störungen, die zu einer allgemeinen Strukturschwäche und Beeinträchtigung des grundlegenden narzißtischen Gleichgewichts führen. Und 2. spätere präödipale, traumatisierende Störungen, die die "Entwicklung der triebkontrollierenden und triebkanalisierenden Grundstruktur des psychischen Apparates beeinträchtigen" (Kohut 1973, S. 67). Die unmittelbaren Auswirkungen solcher Störungen lassen sich unschwer ablesen in der oft extrem ausgeprägten Lern- und Spielunfähigkeit von Kindern, in der oft an Apathie grenzenden Langeweile, womöglich auch im Interesse der Jugendlichen an Disco-Besuchen, wo die Unmittelbarkeit der sensorischen Reize und rhythmischen Körperbewegungen zu einer direkten Steigerung des Selbst-Gefühls führen. Nicht zuletzt ist auch der massenhafte Konsum von Comics primärnarzißtischen Inhalts und neuerdings von Katastrophen- oder Horrorfilmen Indiz für eine narzißtische Störung des psychischen Gleichgewichts und des Vertrauens in eine Sicherheit gewährende Umwelt. Die partielle zur Verschmelzung tendierende Identifikation mit Superman und anderen magischen Größen, wie auch mit den Horrorgestalten entsprechender Filme lassen die eigene Ohnmacht vorübergehend vergessen, und das ungeheuere Ausmaß der eigenen narzißtischen Wut wird auf diesem Wege illusionär abgeführt (vgl. Trescher 1979). Der phantastische Warenkonsum, der bereits das Interesse jüngerer Schulkinder absorbiert, entspricht einem erschreckenden Mangel an Objektkonstanz: Alles wird wertlos, sobald es nicht (mehr) unmittelbar ein oft kraß entstelltes Bedürfnis zu befriedigen vermag.

Beispielhaft ist die spontan geäußerte Wunschphantasie eines zwölfjährigen Jungen (Axel) mit schwerem narzißtischen Trauma im Bereich des frühen Körperschemas, als er soeben einen nachfolgenden Patienten in der Praxis seiner Therapeutin kommen hört: "Hunderttausend Jaguars, zweihunderttausend Mercedes, hundertfünfzigtausend Porsches" unverzüglich geliefert zu bekommen. Anders kann er die Kränkung, nicht das einzige Kind der Therapeutin zu sein und sich in wenigen Minuten von ihr trennen zu müssen, nicht ertragen, zumal die Therapeutin wenige Wochen zuvor die Frequenz seiner Therapiesitzungen auf eine Sitzung pro Woche reduziert hatte. Er muß diese empfindliche Störung seines Selbstwertgefühls durch überdimensionale Anhäufung von Symbolen der Macht und Größe kompensieren. Autos, wie auch andere Fahrzeuge, sind in seinem Erleben und vor allem in seiner Beziehung zur Therapeutin weniger sexualisiert als vielmehr Symbole seines (Körper-) Selbst, das er als verstümmelt, schlecht und nicht funktionsfähig erlebt.

Nach Kohut ist die narzißtische Störung als eine Störung im Bereich des Selbst zu definieren: "Ich meine die Entdeckung, daß bei den narzißtischen Persönlichkeitsstörungen der Zusammenhalt des Selbst unsicher ist, daß er auf der Aufrechterhaltung der Beziehung des Patienten zu einem Selbstobjekt beruht, und daß die falsche Empathie des Selbst-Objektes ... zur Folge hat, daß das Selbst in Stücke bricht, und daß diese Vorgänge eine progressive Entwicklung der frühen Kindheit umgekehrt wiederholen, nämlich daß ein Stadium, in dem das Kind nur einzelne Körperteile und einzelne körperliche und seelische Funktionen erlebt, ersetzt wird durch ein Stadium, in dem das Kind sich selbst als zusammenhängendes körperlich-seelisches Selbst erlebt" (1975, S. 252).

Diese Sichtweise ist grundlegend für das Verständnis des narzißtischen Syndroms wie auch für die Rolle der Trennungserfahrungen, wie ich sie später untersuchen möchte. Henseler, der vom "Selbstgefühl" spricht, erklärt in diesem Zusammenhang den Suizid als mögliche Reaktion auf unerträgliche narzißtische Kränkungen, als Ausweichen vor der narzißtischen Katastrophe, d. h. vor Fragmentierung und Zerfall der Persönlichkeit und Psychose (vgl. 1974 und 1975).

Der gleiche zwölfjährige Junge (Axel), der die Trennung von seiner Therapeutin mit der oben beschriebenen Reaktion beantwortet (die teuren Autos sollen sein bedrohtes Selbstgefühl wieder stabilisieren und ihn auch in den Augen der Therapeutin wertvoll machen), zeigt in der folgenden Sitzung ein neues Verhalten: Er beginnt mit der Therapeutin ein Spiel, bei dem sie sich gegenseitig "abschießen" müssen. Da die Therapeutin schon lange seine tiefen Wutgefühle ihr gegenüber beobachtet hat, weigert sie sich, als die Reihe an sie kommt, Axel "abzuschießen", um statt dessen seine Wut im Zusammenhang mit den Trennungserfahrungen anzusprechen. Axel ruft daraufhin in panischer Angst aus: "Wenn Sie mich nicht sofort abschießen, zerstöre ich mich selbst!" Diese Reaktion macht nicht nur die tiefe narzißtische Kränkung deutlich, unter der Axel leidet, sein Gefühl wertlos zu sein, weil er die Therapeutin nur noch selten sieht und sie nach jeweils 50 Minuten wieder verlassen muß, sondern auch die archaischen Schuldgefühle als Reaktion auf seine mörderische Wut. Sich selbst zu zerstören, erscheint ihm spontan als einziges Mittel, um der phantasierten Zerstörung (Verlassenwerden) durch die Therapeutin - die immer wieder auf Trennung besteht und die überdies seine eigene Wut erkannt hat - auszuweichen. Er fühlt sich in diesem Moment in Gefahr, von seinen sonst zwanghaft abgewehrten Aggressionen überflutet zu werden und daran zu zerbrechen. Um mit Henseler zu sprechen: Axel fürchtet die narzißtische Katastrophe und flüchtet sich in die Phantasie, sich selbst zu zerstören. Hierbei ist überdeutlich, daß das Ausmaß seiner Wut mit der Intensität seines Wunsches nach Nähe und ununterbrochenem Zusammensein korrespondiert. So wie die schmerzhaften Scham- und Schulgefühle Reaktion auf die archaische Wut sind, so ist diese wiederum Reaktion auf und gleichzeitige Verleugnung seiner tiefen Wünsche nach Homöostase und seiner gierigen Wünsche, die Therapeutin (-Mutter) für sich selbst und ausschließlich zu besitzen.

Nach Henseler ist der narzißtisch motivierte Selbstmord(-versuch) eine pathologische Reaktion auf eine Kränkung. Er stellt fünf Thesen auf, nach denen der zum Selbstmord neigende Mensch eine in seinem Selbstgefühl stark verunsicherte Persönlichkeit ist, die sich von Verlassenheit und Ohnmacht bedroht fühlt und deshalb zu Realitätsverleugnung und Idealisierung der eigenen Person Zuflucht nimmt und die gegebenenfalls in die Phantasie vom "Rückzug in einen harmonischen Primärzustand" flieht. "Indem er (der zum Selbstmord neigende Mensch, U. F.) diese Phantasie in Handlung umsetzt, kommt er der drohenden narzißtischen Katastrophe aktiv zuvor und rettet für sein Empfinden sein Selbstgefühl. Er verzichtet zwar auf seine Individualität zugunsten seiner Verschmelzung mit einem diffus erlebten primären Objekt, gewinnt aber Sicherheit, Geborgenheit, Ruhe und Seligkeit" (Henseler 1974, S. 85).

II

Bisher ist der Begriff des"Selbst" in der Psychoanalyse unterschiedlich und gerade im Hinblick auf die narzißtische Problematik unzureichend definiert.

Gerade auch zum Verständnis der frühen Objektbindung und der weitreichenden Auswirkung von Trennungen muß das "Selbst" in seiner Genese und ursprünglichen Formgebung eingehender untersucht werden. So schreibt Green: "Ohne dessen gewahr zu werden, stehen wir (beim Narzißmus, U. F.) vor einem Modell des psychischen Apparates, das wir vom psychoanalytischen Raum aus in Begriffen von Selbst und Objekt erarbeitet haben. Aber während das Objekt zur ältesten psychoanalytischen Tradition gehört, bleibt das erst kürzlich in Erscheinung getretene Selbst ein unpräzises Konzept" (1975, S. 529).

Einer der ersten Analytiker, der das Selbst vom Ich differenzierte, war Hartmann. Während das "Selbst" in seiner Auffassung die eigene Person (im Gegensatz zu Objekten) bezeichnet, bleibt der Begriff "Ich" zur Benennung eines psychischen Systems unter anderen solcher Systeme reserviert. "Selbstrepräsentanz" als Gegensatz zur "Objektrepräsentanz" kennzeichnet die Vorstellung, die das Ich vom Selbst entwickelt und als Instanz in sich aufnimmt (vgl. Hartmann 1950, S. 337; Finger 1977, S. 87 ff.). D. h. die Entfaltung der Selbstrepräsentanz korrespondiert mit der Entfaltung der Ich-Funktionen (Wahrnehmungsverarbeitung). Folgerichtig bestimmt Spitz das Selbst als Produkt der durch Wahrnehmungsprozesse gesammelten Gedächtnisspuren. Es entwickelt sich über die Stufen "Nicht-Selbst" und "Ur-Selbst". Er faßt es als eine zu einer Vorstellung führenden Verarbeitung emotioneller und somatischer Erfahrung auf, begründet auf dem Bewußtsein des Eigendaseins als eines Individuums (vgl. Spitz 1970, S. 104). Dieser Prozeß ist mit dem Spracherwerb abgeschlossen. Lorenzer, der das Ich als Stätte der Repräsentanzenbildung sieht, kommt zu einer ähnlichen Annahme, wenn er die Errichtung symbolischer Objekt- und Selbstrepräsentanzen mit der Einführung der Sprache und dem Erwerb des Bewußtseins in einen zeitlichen und kausalen Zusammenhang stellt. Lorenzer verwendet den Symbol-Begriff im Gegensatz zur klassisch psychoanalytischen Auffassung im Sinne von bewußten (bzw. bewußtseinsfähigen) Repräsentanzen einer bestimmten Interaktionsform. "Symbole sind als Objektrepräsentanzen Instrumente der Triebökonomie, sie sind Strukturen, an denen sich die Besetzungen abspielen können" (Lorenzer 1970, S. 89). Als bewußte Repräsentanzen sind sie somit "psychische Gebilde, die äußere Objekte und Vorgänge oder innere Vorgänge repräsentieren, die von diesen Objekten im Wahrnehmungs-, bzw. Erkenntnisprozeß unterschieden werden können und die als selbständige Einheiten Gegenstand der Denk- und Erkenntnisprozesse werden" (ebd. S. 91).

Ich möchte nun darauf verweisen, daß Anfänge des Ichs, manifestiert im "Körper-Ich", im "Ich-Gefühl", in den "Ich-Kernen", wie auch frühe Subjekt- und Objektimagines, als Anfänge des Selbst bereits auf der vorsymbolischen Entwicklungsstufe, vom ersten Lebenstag an einsetzen. Selbst Spitz spricht ja in Anlehnung an Hoffer (1950) vom "Mundselbst" als Parallelerscheinung zu den Anfängen aller Wahrnehmung in der Mundhöhle (vgl. Spitz 1965, S. 89).

Mahler nimmt ein von Anfang an wahrnehmendes, wenn auch unbewußtes, Ich und frühe Formen des Selbst an. Es handelt sich dabei um ein dem "Körperschema" des Säuglings direkt zugeordnetes Ich und Selbst. "Das Körper-Ich umfaßt zwei Arten von Selbstrepräsentanzen; und zwar einen inneren Kern des Körperbildes, dessen Grenze dem Körperinneren zugekehrt ist und es vom Ich trennt, sowie eine äußere Schicht sensoriperzeptiver Engramme, die zur Abgrenzung des 'Körper-Selbst' beiträgt" (Mahler 1968, S. 17).

In Winnicotts Konzept des "real" und des "false self" wird deutlich, daß die Funktionen von Ich und Es – sofern diese in den ersten Lebensmonaten überhaupt voneinander zu trennen sind – im Dienste der Erhaltung des kindlichen Selbst stehen. "In den sehr frühen Entwicklungsstadien eines Menschenkindes muß man also die Ich-Funktionen als ein Konzept betrachten, das von dem Konzept der Existenz des Säuglings als Person untrennbar ist. Was für ein Triebleben abgesehen von den Ich-Funktionen vorhanden sein mag, kann man vernachlässigen ... Es gibt kein Es vor dem Ich" (1974, S. 72). Dennoch setzt Winnicott die Konstituierung des Selbst erst viel später an, dann nämlich, "wenn das Kind angefangen hat, seinen Intellekt zu benützen, um das anzuschauen, was andere sehen oder fühlen oder hören und was sie begreifen, wenn sie diesem Säuglingskörper begegnen" (ebd.). Er versteht somit die Konstituierung des Selbst als Ergebnis der Reifung der Wahrnehmungsapparate, genau wie Spitz und andere Autoren. Das "wahre Selbst" ist primär gebunden an die "Lebendigkeit der Körpergewebe, und an das Wirken von Körperfunktionen, einschließlichlich der Herzarbeit und der Atmung" (ebd. S. 193).

Dagegen nimmt Jacobson ein von Geburt an vorhandenes Ur-Selbst an, das in einer psychosomatischen Matrix gründet und das als das "früheste psychophysiologische Selbst bezeichnet wird" (Jacobson 1973, S. 17).

Der Vergleich dieser unterschiedlichen Konzepte erscheint zunächst verwirrend. Tatsächlich ähneln sie sich indes in der Phänomenologie der frühesten postnatalen Phase; die Differenzen bestehen in deren Interpretation und metapsychologischen Bestimmung. Es kristallisieren sich im wesentlichen zwei konträre Ansichten heraus: auf der einen Seite die Annahme des an diakritische Wahrnehmungsprozesse gebundenen Selbst. Die zweite Annahme scheint auf den ersten Blick einsichtig, zumal sie eben die Stelle zu bezeichnen scheint, an der das Kind seiner eigenen psychosomatischen Existenz mit dem Erwerb des Bewußtseins gegenübertritt; dennoch wird hier die Annahme eines irgendwann erfolgenden Sprunges in der kindlichen Entwicklung impliziert: Die Wahrnehmung ist aber keine plötzliche Errungenschaft, hat vielmehr von Geburt an ihre Vorläufer in der von Spitz beschriebenen coenästhetischen Wahrnehmung.

Die coenästhetische Wahrnehmung ist von ganzheitlicher Art, nach dem Prinzip des "alles oder nichts". Das Kind reagiert auf coenästhetische Signale wie: Gleichgewicht, Spannung, Körperhaltung, Temperatur, Vibration, Haut- und Körperkontakt, Rhythmus, Tempo, Dauer, Tonhöhe, Klangfarbe, Resonanz, Schall u. a. Spitz bezeichnet die "extensive coenästhetische Wahrnehmung als die einzige Brücke, über die sich der Säugling 'vorwärtsbewegen' und die intensive diakritische Wahrnehmung erwerben kann" (1965, S. 151). Somit sind das "Ur-Selbst" und die "Selbstrepräsentanzen" nicht mehr als bloße Gegensätze zu fassen. Vielmehr müssen wir als Vorläufer der Selbstrepräsentanzen frühe Vorformen derselben annehmen, die noch nicht symbolisch (im Sinne Lorenzers) sind, aber der coenästhetischen Organisation zugehören und die ich als coenästhetische Imagines bezeichnen möchte. Diese coenästhetischen Imagines können aber, wenn man der Tatsache Rechnung trägt, daß der Säugling als solcher nur in engster Verbindung mit der mütterlichen Pflegeperson existiert (vgl. Winnicott 1974, aber auch Lorenzer 1972), nichts anderes sein als coenästhetische Imagines der Mutter-Kind-Einheit, der symbiotischen Kind-Mutter-Existenz.

Auf meine obige Annahme zurückgreifend, möchte ich nun folgende These formulieren (vgl. auch Finger 1977, S. 103): Das frühe Selbst, von der organisierenden Tätigkeit des Ich anfänglich noch nicht geschieden, besteht in allerfrühesten coenästhetischen Wahrnehmungsempfindungen in Einheit mit der pflegenden mütterlichen Bezugsperson. Ich nenne diese Stufe das "coenästhetische Dual-Selbst". Aus ihm differenzieren sich in Abhängigkeit von der qualitativen Ausbildung des Ich innerhalb spezifischer Interaktionsstrukturen abgegrenzte Imagines von Selbst und (zunächst mütterlichem Teil-) Objekt, die schließlich mit Einsetzen des Symbolisierungsprozesses zu benennbaren und verfügbaren Repräsentanzen werden.

Meiner Meinung nach lassen sich spezifische Aspekte des Narzißmusproblems – insbesondere die Rolle der Trennungserfahrung und bestimmte Bindungsmodalitäten – auf dem Hintergrund dieses Konzeptes besser verstehen.

Lorenzer bezeichnet die frühe Mutter-Kind-Dyade als Phase der Einigung auf bestimmte Interaktionsformen zwischen dieser Mutter und diesem Kind. "Das Kind macht sich das Bild von seiner Mutter nach dem Bilde der Interaktion ... Auch ist die Interaktionsform weder eine dem Kind imputierte äußere Realität, noch ... eine innere Formel. Sie ist notwendig beides als Ausdruck einer Einigungssituation" (1972, S. 45). Zwar kann man nach Lorenzer auf dieser Stufe noch nicht von intersubjektivem Austausch sprechen, es müssen aber die hier vorherrschenden gestischen Interaktionen zwischen Mutter und Kind bereits als Vorläufer der späteren symbolischen Interaktionsformen gerade im Hinblick auf eine spätere narzißtische Pathologie genauer betrachtet werden. Lorenzer spricht von gescheiterten Einigungen zwischen Mutter und Kind auf symbolischer Ebene, die zur Desymbolisierung und damit zur Neurotisierung führen. Diesen Ansatz möchte ich hier erweitern, denn bei der narzißtischen Entwicklung ist ja der Prozeß der Symbolisierung bereits von Anfang an beeinträchtigt. Gescheiterte Einigungen in der frühen Mutter-Kind-Dyade erklärt Lorenzer, wenn er schreibt: "Das Kind muß sich der erzwungenen Einigung im partiellen Falle fügen, weil es an die Praxis des dominanten Partners innerhalb der Mutter-Kind-Dyade gebunden ist" (ebd. S. 129). Eine erzwungene Einigung aber ist per definitionem keine Einigung, sondern vielmehr eine Pseudoeinigung. Diese Pseudoeinigungen führen zur Ausbildung verzerrter Selbst- und Objektimagines zumal dann, wenn das Kind noch gänzlich auf seine coenästhetische Wahrnehmung angewiesen ist.

Erzwungene oder Pseudo-Einigungen auf dieser Stufe beeinträchtigen somit bereits die frühesten Ansätze des Selbst, des sogenannten coenästhetischen Dual-Selbst in je spezifischer Form. Später, mit der Einführung von Sprache werden diese Pseudoeinigungen zu Pseudosymbolen. Im Pseudosymbol ist zwar die Situation (Interaktionsform) benannt, nicht aber das erzwungene Moment des Einigungsvorgangs. Der Vorgang der Verfälschung ist hier qualitativ anders als bei der von Lorenzer beschriebenen Desymbolisierung, wo erst einmal ein Symbol sich bilden konnte aufgrund gelungener vorsprachlicher Einigung. Desymbolisierung ist gegenüber der mangelhaften Ausbildung von Symbolen, bzw. der Ausbildung von Pseudosymbolen eine sekundäre Pathologisierung (vgl. Finger 1977, S. 153 ff.). Je früher nun die pathologisierenden Erfahrungen einsetzen, desto umfangreicher wirkt sich die Behinderung differenzierender und synthetisierende d. h. symbolischer Entwicklung (als Behinderung der Entfaltung von Ich-Strukturen) aus.

Wie die desymbolisierten Interaktionsformen sind auch die Prä- bzw. Pseudo-Symbole unbewußte Repräsentanzen, an denen sich Besetzungsvorgänge abspielen. Und jede affektive Besetzung spielt sich im Rahmen eines konkreten Interaktionszusammenhanges, einer "Szene" ab. Während es sich nun bei der Desymbolisierung um Szenen im weiteren Bereich der sexuellen Triebversagung handelt, liegen bei der Pseudosymbolisierung Versagungen durch existentiell wichtige Selbst-Objekte vor (z. B. Trennungen, die Todesangst auslösen). Es handelt sich also um libidinöse Szenen im einen, um primärnarzißtische Szenen im anderen Falle.

Argelander spricht in ähnlichem Zusammenhang von "Triebschicksalen im Unterschied zu narzißtischen Schicksalen" (1972, S. 15). Übermäßige Versagungen durch das frühe Selbst-Objekt möchte ich als traumatisierende Einbrüche in das hier vorherrschende "Sicherheitsprinzip" bezeichnen. Als Sicherheitsprinzip bezeichne ich in Anlehnung an Joffe und Sandler den frühen Vorläufer des Lust- und des späteren Realitätsprinzips. Joffe und Sandler arbeiten heraus, daß das Streben des neugeborenen Kindes weniger auf Lustgewinn, bzw. Unlustvermeidung gerichtet ist, als vielmehr auf Zustände des Wohlbefindens und der Sicherheit (vgl. 1967, S. 159). "Die unbewußte Szene des primären Narzißmus hat" nach Argelander "einen grandiosen Charakter" ... "Die primärnarzißtische Objektbindung läßt die Wahrnehmung der natürlichen menschlichen Kontur nicht zu, sondern verzeichnet sie ins Ungeheure, Dämonische und Unmenschliche" (1972, S. 25/26).

Die mit der Symbolbildung erreichte Stufe der Entwicklung, auf der das "Symbol mit dem realen Liebesobjekt draußen identisch ist und gleichzeitig davon unterschieden werden kann" (Lorenzer 1972, S. 83), kommt bei präsymbolischen Fixierungen gar nicht erst zur Entfaltung. Das Präsymbol dieser Phase, die "coenästhetische Imago", die bei Fixierung erhalten bleibt, ist weder mit dem realen Objekt identisch, noch kann sie vom wahrgenommenen Objekt unterschieden werden. Die so früh einsetzende Behinderung von Differenzierungs- und Synthetisierungsvermögen hat in fataler Weise eine Unfähigkeit zur realen Situationsbewältigung zur Folge.

Die partielle Fixierung auf frühinfantile Stufen des Selbst und auf die Erhaltung des Sicherheitsprinzips führt überdies zu immer gleichbleibenden Formen der realen Interaktion, zu infantilen Objektbeziehungen und Situationsgestaltungen, die in den oben beschriebenen sogenannten narzißtischen Symptomen zum Ausdruck kommen.

III

Wenn die narzißtische Krise, wie Henseler in seiner Studie belegt, häufig in die Selbsttötung mündet, so liegt es nahe, dieses Phänomen näher zu untersuchen. Es stellt sich die Frage, ob es sich hier lediglich um das Ausweichen vor der "narzißtischen Katastrophe" handelt (wie dies Henseler postuliert), oder ob die Suizidhandlung als solche nicht auch den physischen Nachvollzug einer bereits eingetretenen psychischen Realität darstellt.

Mögen bei dem den Freitod wählenden Individuum unbewußt auch die unterschiedlichsten Vorstellungen über den Tod vorhanden sein, so beinhaltet seine Wahl faktisch doch die einzig radikale Trennung von der Welt der Objekte und kann mithin kaum als bloße Aufgabe der Individualität zugunsten einer Verschmelzung mit einem diffusen Objekt gesehen werden (vgl. Henseler 1974, S. 85).

Es steht zu vermuten, daß der Regression und der phantastischen Suche nach dem harmonischen Primärzustand in der Suizidhandlung (Henseler) eine resignative Erfahrung absoluter Ohnmacht und des Verlassenseins zugrunde liegt. Dies läßt sich anhand von Berichten bzw. Niederschriften von Suizidanten belegen. So bestätigt auch Améry, in seinem "Diskurs über den Freitod", obwohl er sich entschieden gegen einen Zusammenhang von narzißtischer Krise und Suizid ausspricht, diesen indirekt, wenn er vom Suizidanten sagt, daß er nun "sein Selbst selbst entselbstet" (1976, S. 33) und sich damit der Ohnmacht und der Erfahrung des ausgelieferten Selbst entzieht. Er schreibt weiter: "Wovon wir mit gerechtfertigter Überzeugung sprechen können, ist die existentielle Einsamkeit des Einzelnen: die ist uns unmittelbar gegeben zu jeder Stunde ... Aber wenn wir selbst den allgemein akzeptierten Fakten und Ziffern vertrauen wollen und also aufgrund ihrer annehmen, daß der alleinstehende Mensch sich eher der Todesneigung überlasse als der in ein gesellschaftliches System an bestimmter Stelle eingespannte, sagt dies doch nichts aus über die Fundamentalkondition der Einsamkeit des in die feindselige Welt hinausragenden Subjekts, das sich zwar ständig am Anderen aufbaut, von diesem aber ebenso permanent zerstört wird" (ebd. S. 99). Diese "fundamentale Einsamkeit" aber, deren sich der Suizidant so überaus bewußt ist, ist nichts anderes als die Erfahrung des Getrennt-Seins von allen anderen, zumindest von allen bedeutungsvollen anderen, welches er im Akt der Selbsttötung verifiziert. Ich möchte somit die Trennungserfahrung als eine Fundamentalkondition der narzißtischen Störung bezeichnen. Insbesondere Trennungen, die den Bereich des frühen coenästhetischen Dualselbst tangieren, welches an dieser Erfahrung in Stücke bricht. Der Freitod als das "Privileg des Humanen" (Améry) mag mit all den begleitenden harmonischen Todesphantasien (Henseler) dann doch nicht bloße Flucht, sondern auch aktive Beendigung der narzißtischen Katastrophe sein.

In Silvia Plaths autobiographischer Erzählung "Die Glasglocke" (1969) schluckt die Heldin, in einem Keller versteckt, 50 Schlaftabletten, nachdem sie das Grab ihres verstorbenen Vaters besucht hatte (vgl. auch Alvarez 1974). Womöglich suchte sie im Tod die Wiedervereinigung mit dem Vater. Doch offenbar machte das Getrennt-Sein von ihm sie selbst (ihr Selbst) lebensunfähig.

Auch Alvarez, der am Schluß seiner Studie bekennt, selbst ein gescheiterter Selbstmörder zu sein, unternahm den ernsthaften, wenn auch gescheiterten, Suizidversuch im Anschluß an einen Ehestreit, währenddessen seine Frau die gemeinsame Wohnung (und ihn) verlassen hatte.

Das Erleben des unüberwindlichen Getrennt-Seins von existentiell bedeutungsvollen anderen und die darin gründende Ohnmacht des eigenen Selbst, der eigenen Wünsche, liegen der Empfindung der Sinnlosigkeit der eigenen Existenz zugrunde. Die Suizidhandlung setzt dieser katastrophalen Erfahrung ein Ende in einem letzten Akt der Autonomie, in welchem nicht nur die Wiedervereinigung mit dem verlorenen Objekt gesucht wird, sondern - im Akt der Selbsttötung - die Wiedervereinigung des bereits fragmentierten Selbst. "Einer geht abends heim und sagt in der schlecht beleuchteten Gasse, die er durchschreiten muß: Es ist alles nichts wert, nichts lohnte meine Mühe, was ich erhoffen könnte, ist Illusion, die sich in ihrer Verwirklichung aufzehrt. Ich mache der schlechten Sache ein Ende. Nur eben, jemand ist daheim, redet vom Abendbrot und vom Schnupfen und vom Wetter morgen. Der eben noch Suizidär war, wird überschwemmt vom Alltag, schwimmt mit in dem trüben Wasser, so kommt er nicht einmal zu seiner Einsamkeit als

Voll-Erlebnis, wird ärmer und armseliger. Er ist schlechter dran als der Nebenmensch, der zur selbigen Stunde mit den gleichen Gedanken heimzu strebt, wo aber kein Geschwätz ist, das ihn sich entfremdet. Es war alles nichts nütze, sagt der, und wird alles nichts wert sein morgen und alle Tage. Es sei ein Ende gesetzt. Am nächsten Morgen findet ein Nachbar seinen Kadaver. Er hat sich selbst gehört und hat sich gehorcht" (Améry 1976, S. 99).

Die Selbstentfremdung, die hier durch den Akt der Selbsttötung beendet werden soll, ist aus dem Zerfall der narzißtischen Dualunion erklärbar: Das Kind ist mit der Mutter identisch, verliert es sie, so verliert es einen Teil des eigenen Selbst. Die frühe Trennung von der Mutter (= gute Brust), wie auch die spätere Trennung von der sie stellvertretenden Person ist somit "Selbst-Trennung, Selbstentfremdung und Selbstverstümmelung ..." (Caruso 1974, S. 145). Oder, wie Freud 1938 kurz skizziert: "Haben und Sein beim Kind. Das Kind drückt die Objektbeziehung gern durch die Identifizierung aus: ich bin das Objekt. Muster: Brust. Die Brust ist ein Stück von mir, ich bin die Brust ..." (1938, S. 151).

So kann die Selbsttötung (nicht der Tod) im Kontext der narzißtischen Störung als Beendigung der unüberwindlichen Trennung und gleichzeitig als endgültiger Heilungsversuch des fragmentierten Dual-Selbst in diesem Akt verstanden werden.

Ich möchte nun den Selbstmord (-versuch) als extremen Ausdruck einer narzißtischen Störung nicht näher untersuchen, meine aber, daß er in besonderer Weise Aufschluß gibt über die Rolle der Trennung in den narzißtischen Störungen überhaupt.

Joffe und Sandler bezeichnen die Grundform des Erlebens bei der narzißtischen Störung als "seelischen Schmerz ..., mit dem sich das Ich ständig auseinandersetzen muß" (1967, S. 163). Dieser Schmerzzustand resultiert aus einer Abweichung vom Idealzustand des "Wohlbefindens". Das Wohlbefinden beinhaltet aber in erster Linie Sicherheit und Geborgenheit. Es ist nun augenfällig, daß das Kleinstkind, das noch nicht über differenzierte und wohletablierte innere Repräsentanzen verfügt, Sicherheit und Geborgenheit nur innerhalb der realen Mutter-Kind-Beziehung erfahren kann, daß also nur die empathische Anwesenheit des Sicherheit gewährenden Objektes jenen Idealzustand gewährleisten kann und daß also die faktische Trennung von diesem oder auch die unempathische Anwesenheit desselben (als psychische Trennung) jenen seelischen Schmerz auslösen muß. Hierauf erfolgen nun die unterschiedlichsten Verarbeitungs- und Abwehrversuche, wie z. B. "Suchen nach narzißtischen Zufuhren, Überkompensation in der Phantasie, Identifizierung mit idealisierten und omnipotenten Gestalten, pathologisch übertriebene Arten narzißtischer Objektwahl, die zwanghafte Pseudosexualität" u. a. (ebd.), wie sie in Abschnitt I beschrieben wurden.

Caruso bezeichnet in seiner Studie "Die Trennung der Liebenden" (Untertitel: Eine Phänomenologie des Todes) die Liebestrennung und den Tod als Bundesgenossen; die Trennung wird als "Ich-Katastrophe", als "Identitätsverlust", als "Verstümmelung des Bewußtseins" erlebt. Dies ist keine bloße Metapher, sondern erschreckende Realität im Erleben der Getrennten. "Trennungsschmerz ist letztlich narzißtischer Schmerz" (Caruso 1974, S. 17). "Ein Teil des Ichs scheint abgerissen zu sein ..., das verstümmelte Ich hat seine Identität zeitweise eingebüßt" (ebd. S. 43). Der Trennungsschmerz, die Verzweiflung, die Abwehrmechanismen, die schließlich das Weiterleben ermöglichen, lassen das existentielle Getroffensein der von Caruso in seine Kasuistik aufgenommenen verliebten Personen in krasser Weise erkennen. Die "Katastrophe" der Trennung von der geliebten Person ist weniger aus den nunmehr unbefriedigten libidinösen Wünschen zu erklären, als vielmehr aus dem Zerbrechen der in der Verliebtheit wiederholten Dualunion: "Offenkundig wiederholt die Liebestrennung frühere Katastrophen" (ebd. S. 22). Dem partiellen Auflösen der Ichgrenzen, dem Verschmelzen mit dem Liebesobjekt, welches dem frühen idealisierten Objekt so nahe wie möglich kommt, läuft eine spezifische Regression auf frühinfantile (narzißtische) Stufen der psychischen Struktur parallel.

Mit Einschränkungen kann auch im Falle der Verliebtheit bzw. der in der Verliebtheit erfolgenden Trennung der Begriff des Selbst größere Klarheit für das Verständnis innerpsychischer Vorgänge bringen. So möchte ich weniger von einer Ich-Katastrophe sprechen als von einer Katastrophe des Selbst und zwar speziell des coenästhetischen Dual-Selbst, welches in der leidenschaftlichen Liebesbindung noch einmal wiederbelebt werden konnte. Die Trennung ist dann in der Tat eine Trennung im und von einem Teil des eigenen Selbst und ist somit die eigentliche narzißtische Katastrophe. Der Verlust des Liebesobjekts - man sollte hier wohl genauer vom Partialobjekt sprechen - ist nicht bloße Bedrohung, sondern realer existentieller Einbruch in das Leben, eine Erfahrung des Todes, wie Caruso schreibt. Die bei der Trennung vom Liebesobjekt notwendig werdende Zurücknahme der libidinösen Besetzung von seiner Repräsentanz würde, wollte man am Freudschen Modell festhalten, zu einer Stauung der Libido im Ich und damit zur Erkrankung führen (vgl. Freud 1914, S. 151), würde aber gerade die "Ich-Verarmung", die Verzweiflung und das Empfinden des eigenen Sterbens (vgl. Caruso 1974) nicht ausreichend erklären. Betrachtet man indes das Selbst als gesonderte psychische Organisationsform, die zunächst mit narzißtischer Libido besetzt ist (vgl. Kohut 1973, S. 45), so macht dessen Entstehung gerade diese Phänomene verständlicher: das frühe Selbst konstituiert sich über diffuse coenästhetische Imagines von Objekt und eigener Person in bestimmten Interaktionen, wobei diese anfänglich eine Einheit bilden. Die Trennung des Kindes von diesem Objekt, wie auch die spätere Trennung der Liebenden als Wiederholung der frühen Katastrophe hat notwendig eine Rücknahme der narzißtischen Libido von dieser ganzheitlichen Imago, i. e.: vom frühen Selbst zur Folge. Somit ist der Verlust des Liebesobjektes zugleich partieller Verlust des Selbst, da ja die Besetzung mit und der Abzug der narzißtischen Libido notwendig beide: Objekt- und Selbst-Imago betrifft. Das Selbst stirbt in einem Teil, bleibt verstümmelt zurück. Die mangelhafte affektive Besetzung des Selbst wird nun fühlbar in dem Empfinden von Kälte, Leere, Depression, im Gefühl der eigenen Wert- und Bedeutungslosigkeit, wie auch in dem von Joffe und Sandler beschrieben "seelischen Schmerz" (vgl. 1967).

Wenn nun die Trennung erwachsener Liebender Reaktionen wie die hier beschriebenen auslöst, so wäre die Verliebtheit als eine Form der narzißtischen Alltagspathologie zu bezeichnen, als Regression auf frühinfantile Entwicklungsstufen und den Primärprozeß: "Das Gewissen findet keine Anwendung auf alles, was zugunsten des Objektes geschieht; in der Liebesverbindung wird man reuelos zum Verbrecher ... Das Objekt hat sich an die Stelle des Ichideals gesetzt" (Freud 1921, S. 125). Die scheinbare Selbstaufgabe des Verliebten wird aus der Verschmelzung mit dem Liebesobjekt und der dadurch erfahrenen grandiosen Erweiterung des Selbst verständlich. Die coenästhetische Imago des allerfrühesten Objektes wird ersetzt und gleichsam reanimiert.

Während der zwölfjährige Axel die Trennung von seinem in der Übertragungsliebe wiederbelebten Selbst-Objekt (Therapeutin-Mutter) mit mörderischer Wut beantwortet und seine gierigen Wünsche auf leblose und darum verfügbare Objekte verschiebt, um der Wiederholung der narzißtischen Katastrophe zu entgehen, entwerten andere Menschen dieses Objekt bei drohender oder vollzogener Trennung und töten es somit in ihrem Selbst. Die dann entstehende Leere, Depression, Affektstumpfheit, Gleichgültigkeit ist zwangsläufige Folge, da mit der Tötung des Selbstobjekts die partielle Selbsttötung Hand in Hand geht.

Im Extremfall zieht sich dieser Vorgang durch die gesamte Lebensgeschichte der betreffenden Person hindurch und führt zu Verhaltensmustern, wie sie oben beschrieben wurden. Aus der grundlegenden Entwertung der anderen und Verstümmelung des eigenen Selbst folgt die Unfähigkeit, befriedigende Beziehungen auch nur partiell aufzubauen. Die Verlagerung des affektiven Begehrens auf Konsumgüter ist deshalb plausibel, weil hier die narzißtische Ur-Szene der Trennung vom Selbst-Objekt sowohl wiederholt als auch umgangen werden kann (vgl. Anmerkung 1). Die toten Waren können zerstört und jederzeit ersetzt werden. Da sie verfügbar sind, sind sie besser und weniger bedrohlich als das ursprüngliche und jetzt verlorene Objekt. Da sie zerstörbar sind, ähneln sie dem fragmentierten Selbst, in dem die Erfahrung der Wertlosigkeit und Leblosigkeit unauslöschlich verankert ist. Hier evoziert schon jede geringfüge Versagung den "narzißtischen Originalvorfall".

Die Gier nach toten, aber verfügbaren Gütern mag sich in anderen Fällen auf die Sucht nach andern Objekten, nach sozialen Kontakten und sozialen Erfolgen verschieben, die den eigenen Unwert kompensieren und die innere Leere dennoch chronifizieren. Caruso würde hier vom Abwehrmechanismus der "Flucht nach vorne" sprechen: "Viel vordergründiger als die Gleichgültigkeit tritt in der Trennungsarbeit ihr Widerpart zutage, nämlich die 'Flucht nach vorne', sei es in Form einer von der Gesellschaft und vom Überich bejahten Leistung oder aber, als Kompromiß zwischen Überich und Es-Ansprüchen, in Form einer Art Vergnügungssucht. Das Gemeinsame ist jeweils eine Art Ablenkungs- bzw. Betäubungstendenz durch - zumindest sekundär - lustbringende Tätigkeit" (Caruso 1974, S. 107).

Dieser sekundäre Lustgewinn vermag die Bruchstelle im tief verletzten Selbst zu kaschieren. So ist es auch die narzißtische Libido, die vor allem auf sozial anerkannte Leistungen gerichtet wird und einen spezifisch narzißtischen Gewinn verspricht.

Bei vielen Patienten, wie sie zum Teil auch von Jacobson beschrieben wurden, tritt die hochqualifizierte Arbeit an die Stelle des verlorenen Selbstobjekts und kann so das frühe Trennungstrauma 'ungeschehen' machen. Auch die Arbeit ist dem Ich verfügbar. Gerade in der kreativen künstlerischen oder wissenschaftlichen Arbeit erwächst die Befriedigung weniger aus der letztendlichen Anerkennung durch andere, als aus ihrer Produktion selbst. In diesem Prozeß kommt die Phantasie der vollkommenen Homöostase und der Unversehrtheit des ganzheitlichen Selbst voll zum Tragen. Mit der Arbeit wird das gute Objekt, das verlorengegangen ist, immer wieder neu erschaffen.

Während in diesem Prozeß schöpferischer Arbeit eine echte, Befriedigung gewährende Sublimierung sichtbar wird, ist das sozial gut angepaßte und oft zum Erfolg führende Verhalten narzißtisch gestörter Personen als sekundäre Bearbeitung im Sinne einer pseudosymbolischen Errungenschaft schon daran zu erkennen, daß es das Gefühl der Leere, Hohlheit und Sinnlosigkeit nur notdürftig kaschiert.

Anmerkungen

1 Der Betreuer einer Gruppe sozial benachteiligter Kinder in einer Ferienfreizeit schildert dies so: "Es fliegt alles durcheinander, Laken im Dreck und anderswo, Nutella hinterm Ohr, Zahnpasta im Haar ... Ich bin in Amerika, weniger die Aggressionen, der Neid, als das völlige Konsumverhalten, die Unfähigkeit, sorgfältig mit etwas umzugehen ... Ich bin in Amerika, die ständige Kaugummimusik 'I am a confession', 'With a little luck' ... Die Gesetzmäßigkeit des Vorganges 'Konsumieren - Verdauen - Ausscheiden' war sehr auffällig ... Mit dem Essen wurde oft in untolerierbarer Weise umgegangen. Es wurde herumgepampt ... Teller aufgefüllt und stehen gelassen, weggeworfen und zertreten ..." (Krebs 1979).

2 Caruso definiert in seiner Ende der 60er Jahre entstandenen Studie weder den Begriff des Ich, noch den des Narzißmus näher, er verwendet aber beide sinngemäß wie Freud 1914. Er spricht von libidinöser Besetzung der Objekte und von der Zurücknahme dieser Besetzung bei der Trennung: "die zurückgenommene, ihrer Besetzung unsicher gewordene Libido flutet ... auf das eigene Ich zurück ... ich kann ebensowenig Ich sein, ich kann ebensowenig bei Mir verweilen, mit Mir sein, wie Ich durch Identifikation ein anderer war" (Caruso 1974, S. 32).

Literatur

Améry, Jean (1976): Hand an sich legen. Diskurs über den Freitod. Stuttgart.

Alvarez, A. (1974): Der grausame Gott. Hamburg.

Argelander, Hermann (1972): Der Flieger. Frankfurt/M.

Caruso, Igor (1974): Die Trennung der Liebenden. München.

Finger, Urte D. (1977): Narzißmus und Gruppe. Frankfurt/M.

Freud, Sigmund (1914): Zur Einführung des primären Narzißmus. GW X
 - (1921): Massenpsychologie und Ich-Analyse. GW XIII
 - (1938): Erlebnisse, Ideen, Probleme. GW XVII

Green, André (1975): Analytiker, Symbolisierung und Abwesenheit im Rahmen der psychoanalytischen Situation. In: Psyche XXIX Stuttgart

Hartmann, Heinz (1964 (1950)): Bemerkungen zur psychoanalytischen Theorie des Ich. In: Psyche XVIII Stuttgart

Henseler, Heinz (1974): Narzißtische Krisen. Reinbek
 - (1975): Die Suizidhandlung unter dem Aspekt der psychoanalytischen Narzißmustheorie. In: Psyche XXIX Stuttgart

Jacobson, Edith (1972): Psychotischer Konflikt und Realität. Frankfurt/M
 - (1973): Das Selbst und die Welt der Objekte. Frankfurt/M.

Joffe, W. und Sandler, J. (1967): Über einige begriffliche Probleme im Zusammenhang mit dem Studium der narzißtischen Störung. In: Psyche XXI Stuttgart

Kernberg, Otto (1978): Borderline-Störungen und pathologischer Narzißmus. Frankfurt/M.

Kohut, Heinz (1966): Formen und Umformungen des Narzißmus. In: Psyche XX Stuttgart
 - (1973): Narzißmus. Frankfurt/M.

Krebs, Heinz (1979): Bericht eines Betreuers über die Freizeit einer Projekt-
gruppe. Unveröffentlichtes Manuskript. Frankfurt/M.
Lorenzer, Alfred (1970): Sprachzerstörung und Rekonstruktion. Frankfurt/M.
- (1972): Zur Begründung einer materialistischen Sozialisationstheorie.
Frankfurt/M.
Mahlrer, Margret (1968): Symbiose und Individuation. Stuttgart
Plath, Silvia (1969): Die Glasglocke. Frankfurt/M.
Spitz, René A. (1965): Vom Säugling zum Kleinkind. Stuttgart
- (1970): Nein und Ja. Stuttgart
Trescher, Hans-Georg (1979): Narzißmus und Comic. In diesem Band
Winnicott, Donald W. (1974): Reifungsprozesse und fördernde Umwelt.
München

Volker Hirmke

Er fürchtet sich vor dem schwarzen Mann
oder
Ein Gastarbeiterkind zwischen zwei Welten

Initialerlebnis

Meinen ersten Kontakt mit Nicola hatte ich an einem Februarmorgen; es war zugleich mein erster Arbeitstag in einer Kindertagesstätte mit heilpädagogischem Schwerpunkt. Bei herrlichem Winterwetter fuhren zwei Erzieherinnen und ich mit den Kindern in den Taunus zum Schlittenfahren. Wir Betreuer hatten uns abgesprochen, die vierzehn, zwischen dreieinhalb und sechseinhalb Jahre alten Kinder nicht in Gruppen aufzuteilen. Wir wollten sie in der freien Natur nicht unnötig einschränken. Außerdem sollte mir als Neuling die Möglichkeit gegeben werden, die Gruppe als Ganzes kennenzulernen, ohne schon mit einer konkreten Verantwortung für bestimmte Kinder belastet zu werden. Auf dem Weg zu einer fürs Rodeln geeigneten Wiese am Waldhang zog sich unsere Gruppe ziemlich auseinander. Während die beiden Betreuerinnen mit einem Teil der Kinder voraus liefen, ging ich am Schluß und kümmerte mich um die sogenannten Nachzügler. Auf der Wiese angelangt, stürzten sich die Kinder begeistert auf die Schlitten und rodelten den Hang hinunter.

Ein kleiner Junge jedoch schien sich für all das überhaupt nicht zu interessieren. Ohne nach links oder rechts zu schauen, stapfte er auf geradem Weg durch den sehr hohen Schnee auf den Wald zu. Als er so, wie hypnotisch angezogen, dem Waldrand zuschritt, erweckte er bei mir den Eindruck eines "Philobaten", der seinen "freundlichen Weiten" entgegenstrebt (Balint 1972, 30). Ich lief hinter ihm her, eigentlich wohl in der Absicht, ihn zur Gruppe zurückzuholen. Als ich ihn erreicht hatte, mußte ich feststellen, daß er von mir überhaupt keine Notiz nahm; ja, daß sein Weitendrang unermeßlich schien. So gingen wir nebeneinander her. Ich fragte ihn, wie er denn heiße und ob wir nicht wieder zurückgehen sollten, denn wir waren schon gut einen Kilometer von der Gruppe entfernt. Aber er reagierte weder auf meine Ansprache noch überhaupt auf meine Gegenwart. Er setzte wie ein Automat einen Fuß vor den anderen und aß unablässig Schnee. Ich fragte ihn, ob ich seine Hand, mit der er den Schnee in den Mund schob, in meiner Hand etwas wärmen solle. Da er wieder nicht reagierte, nahm ich seine Hand in meine, und wir gingen weiter. Das Gelände wurde jetzt sehr hügelig. Ich hatte die Absicht, ihn in einem großen Bogen zu unserem Ausgangspunkt zurückzuführen. Jedesmal, wenn es von nun an bergab ging, sang ich ihm eine Melodie vor, ohne Worte, aber jedesmal dieselbe Melodie. Beim vierten oder fünften Mal sang er plötzlich auch mit.

Eine halbe Stunde später waren wir wieder bei der Gruppe zurück. Außer dem Trällern der Melodie war ihm während der ganzen Zeit kein Ton über die Lippen gekommen. Allerdings hielt er seine Hand immer noch in der meinen. Bei den anderen Kindern angelangt, holte er einen Schlitten und brachte ihn zu mir. Auf meine Frage, ob er mit mir Schlittenfahren wolle, sagte er ja. Als wir beide auf dem Schlitten saßen, fragte er mich plötzlich, ob ich ihn liebe. Ich fragte ihn darauf, ob er möchte, daß ich ihn lieb habe, und er sagte ja.

Von diesem Augenblick an änderte sich sein Verhalten grundlegend. Er sprach mit mir, was er alles erlebte und wich nicht mehr von meiner Seite. Nach einiger Zeit entdeckte er am Rande der Rodelwiese einen Verschlag, in welchem Enten untergebracht waren. Jetzt war er völlig aufgedreht und verfiel in eine geradezu euphorische Stimmung. Er erzählte immer wieder von Enten, meinte, was das für liebe Tiere seien, und wie sehr er sie mag. Ich sollte ihm die Tür aufmachen, damit er zu den Enten 'reingehen könnte. Zunächst ging ich nicht auf ihn ein. Doch wurde dadurch sein Drängen immer unerbittlicher. Er wurde auch immer wütender und verzweifelter. Ich versuchte, ihm zu erklären, daß die Enten wegfliegen würden, wenn ich die Türe aufmachte und daß der Mann, dem sie gehörten, dann ganz traurig wäre. Er meinte daraufhin, die Enten würden nicht wegfliegen, die blieben bei ihm, die wären lieb. Er bestand nun nicht mehr darauf, zu den Enten hineinzugehen, sondern beschränkte sich darauf, mir laufend zu erzählen, wie lieb die Enten wären und daß sie nicht wegfliegen würden.

Den Rest des Tages verbrachten wir mit Schlittenfahren, wobei ich von Zeit zu Zeit mit ihm wieder zu den Enten gehen mußte, und er immer wieder erzählte, wie lieb die Enten seien, und daß sie nicht wegfliegen würden.

Einführung in die Welt des Todes

Während der nun folgenden zehn Tage, in denen sich das Geschehen ausschließlich in den Räumen der Kindertagesstätte abspielte, wurde mir vom Betreuerteam die mehr oder minder alleinige Verantwortung für Nicola übertragen. Seinen Namen erfuhr ich nicht von ihm selbst - er sprach ja nie über sich - sondern von den anderen Kindern. Wenn diese versuchten, ihn in ihr Spiel mit einzubeziehen, reagierte er aggressiv, schlug sie, zerstörte ihr Spiel und rannte weg. Auffallend war, daß, wenn er von anderen Kindern geschlagen oder an den Haaren gezogen wurde, er überhaupt keine Schmerzreaktionen zeigte. Während der ganzen Zeit, die ich hier versuche zu beschreiben, hat Nicola nicht ein einziges Mal geweint. Seine Hauptbeschäftigung während der acht Stunden, die er jeden Tag in der Kindertagesstätte zubrachte, galt sich selbst. Er rannte, oft stundenlang, immer diagonal durch einen der Räume, dann wieder spielte er schier endlos mit Wasser, indem er Wasser von einer Flasche in eine andere goß. Oft "spielte" er auch mit einem Auto, das er nur hin und her schob, oder er stellte sich auf einen Stuhl ans Fenster und schaute völlig unbewegt auf die Straße hinunter.

Alle diese Tätigkeiten erstreckten sich oft über Stunden und verliefen völlig wortlos; nur manchmal, vor allem beim Rennen durch das Zimmer, lallte er unverständliche Laute vor sich hin.

Beim gemeinsamen Mittagessen veranstaltete Nicola immer eine große Schweinerei. Er aß prinzipiell nur mit den Händen, spuckte oft die Hälfte wieder aus, ließ Essen unter den Tisch fallen und nahm anderen Kindern ihr Essen weg. Alles, was er aß oder trank, nahm er sehr gierig zu sich. Nach dem Essen hielten die Kinder einen ca. zweistündigen gemeinsamen Mittagsschlaf. Nicola näßte während des Schlafes oft ein, schlief aber ruhig und mußte fast immer nach zwei Stunden geweckt werden. Das augenscheinlich auffallendste an Nicolas Verhalten war, daß er weder mit den anderen Kindern, noch - wenigstens bis zum damaligen Zeitpunkt - mit den Betreuern verbal kommunizierte. Die einzigen Worte, die er bis dato an die Betreuer richtete, waren die, daß er Durst habe.

Die Beziehung, die zwischen Nicola und mir am Vortage scheinbar entstanden war, schien wieder zu verschwinden. Ich hielt mich den ganzen Tag über in seiner Nähe auf, war einfach da und verfügbar. Ich blieb während der ganzen Zeit, bis auf die Situationen, in denen ich bei Handgreiflichkeiten zwischen Nicola und anderen Kindern die Grenzen, in dem Fall das "Kannibalismustabu" (Manoni 1973, S. 241 f.) aufrechterhalten mußte, passiv. Ich brachte all seinen Worten, Gesten und Handlungen eine "freischwebende Aufmerksamkeit" (Freud, GWVIII, S. 377) entgegen. Trotzdem wurde ich von ihm fast vollständig ignoriert; anfangs hatten wir vielleicht nur während fünf Minuten des ganzen Tages einen direkten, verbalen Kontakt miteinander.

Während der folgenden Tage wurden die Kontaktaufnahmen von seiten Nicolas häufiger, beschränkten sich aber auf kurze Momente. Am Nachmittag des zweiten Tages wurde er, allem Anschein nach grundlos, unglaublich aggressiv. Zuerst warf er seine Spielsachen, dann alle verfügbaren Gegenstände gegen die Wand. Er schien völlig außer sich zu sein, schrie mit total verzerrtem Gesicht unverständliche, weder zu der deutschen noch zu seiner italienischen Muttersprache gehörende Worte gegen die Wand und schlug mit einem Stuhl erbarmungslos auf diese ein. Dann wandte er sich dem Fenster zu und schlug mit dem Stuhl, immer noch in einer regelrechten Panik, zwei Scheiben kaputt. Da er sich überhaupt nicht zu beruhigen schien, ging ich zu ihm, stellte mich neben ihn und fragte, ob er Angst habe. Da ließ er den Stuhl fallen, klammerte sich mit beiden Händen an mein Bein und sagte, immer noch mit ängstlich verzerrtem Gesicht, das auf das Fenster gerichtet war, völlig außer Atem: "Da ist der schwarze Mann. Da kommt der schwarze Mann 'rein und macht mich tot". Ich legte meinen Arm um ihm und versuchte, ihn wieder zu beruhigen, indem ich ihm immer wieder sagte, daß er keine Angst zu haben brauche und daß er ja nicht allein und ich bei ihm sei. Allmählich wich die Angst, und er konnte dann wieder sein ich-bezogenes, stereotypes Spiel aufnehmen und braucht mich nicht mehr.

In der Folgezeit kam es noch mehrfach zu solchen Szenen, in denen Nicola in Todesangst um sein Leben kämpfte.

Vierzehn Tage später wurde Nicola aus der Kindertagesstätte genommen und "zur Abklärung seines auffälligen Verhaltens in eine kinderpsychiatrische Klinik zur Beobachtung eingewiesen".

Aktenstudium

Nicola war zu o. g. Zeitpunkt genau sechseinhalb Jahre alt. Er war als das letzte von drei Kindern in Süditalien geboren worden. Seine beiden Brüder waren ein bzw. sieben Jahre älter als er. Laut Angaben der Mutter gab es keine prä-, peri- oder postnatalen Auffälligkeiten. Nicola sei ein kräftiges Kind gewesen. Er wurde vierzehn Monate gestillt. Mit dreizehn Monaten sei er gelaufen, mit sechzehn Monaten habe er die ersten Worte gesprochen. Im Alter von vier Jahren habe er die italienische Sprache beherrscht. Nach dem Abstillen folgte die Mutter nach achtzehn Monaten ihrem Mann nach Deutschland. Nicola und sein nächstälterer Bruder blieben bei den Großeltern. Auf die Fragen der Kinder nach ihrer Mutter erzählten die Großeltern, diese sei zum Einkaufen gegangen. In diesem und in den beiden folgenden Jahren kam die Mutter dann während ihres Sommerurlaubs zu Besuch. Ein halbes Jahr später, Nicola war jetzt vier Jahre alt, starb die Großmutter. Der Großvater soll die beiden Kinder mit auf den Friedhof und in die Leichenhalle genommen haben, und es soll viel vom Teufel und von Geistern die Rede gewesen sein. Die Jungen wurden von der Mutter nach Deutschland geholt, und Nicola kam in einen privaten Kindergarten. Dort war sein Verhalten recht lebhaft und laut. Nach Weihnachten desselben Jahres änderte sich das Verhalten Nicolas radikal. Er hörte auf zu sprechen und zog sich von allem, auch von den Familienmitgliedern, zurück. Darauf veranlaßte die Mutter einen Kindergartenwechsel. Dort konnte er nur vierzehn Tage bleiben, da sein Verhalten zu schwierig war. Deshalb ließ die Mutter das Kind erst von einem Kinderarzt, dann von einer Nervenärztin untersuchen; jeweils ohne Befund. Im Sommer desselben Jahres sollte Nicola, genau sechs Jahre alt, eingeschult werden. Wegen Mangels an jeglicher Mitarbeit und Teilnahme wurde eine heilpädagogische Betreuung empfohlen. Bis zu seiner Einweisung in die psychiatrische Kinderklinik blieb er sechs Monate in der heilpädagogischen Kindertagesstätte für ausländische Kinder.

In dieser Zeit fand ein zweites Explorationsgespräch mit der Mutter in Anwesenheit von Nicola statt. Die Mutter wurde nochmals gebeten, alle Einzelheiten zu benennen, die zum Zeitpunkt Nicolas plötzlicher Veränderung in der Familie von Bedeutung gewesen wären. Nach einigem Zögern berichtete die Mutter folgendes: Nicola habe zur fraglichen Zeit (also vor etwa einem Jahr) in dem Feinkostgeschäft, in welchem sie arbeitete, zwei Brötchen gestohlen. Diese hatte er angeblich für seinen Bruder bestimmt. Er sei dabei erwischt worden, und der Vater, der sonst sehr gutmütig wäre, habe daraufhin Nicola tüchtig verhauen und mindestens einen Tag – wahrscheinlich sogar länger – in einen dunklen Kellerraum gesperrt. Während die Mutter diese Geschichte erzählte, wurde Nicola extrem unruhig. Er lief aufgeregt hin und her, hielt sich die Ohren zu und versuchte schließlich, seiner Mutter den Mund zuzuhalten. Gegen Ende des Gesprächs erzählte die Mutter, daß ihr mittlerer Sohn Nicola von Gespenstern und Geistern erzähle, wenn es Krach zwischen den beiden gäbe. Auch sie selbst würde ihm manchmal sagen, daß der Teufel in ihm sei, wenn er sich 'mal wieder sehr ungezogen verhalten würde. Außerdem sei ihr Sohn überängstlich. Er würde vor lauter Angst nie im eigenen Bett schlafen, sondern immer mit seinem Bruder zusammen.

Nach einer vierwöchigen Beobachtung wurde die vorläufige Diagnose: "Partieller Mutismus als inadäquate Erlebnisreaktion bei einem von Anfang an behinderten Kind" gestellt. Vom Psychologen des Hauses wurde dreimal wöchentlich eine verhaltenstherapeutisch orientierte Einzeltherapie mit Nicola durchgeführt. Nach etwa vier Monaten wurde die Therapie erfolglos abgebrochen, da er sich "allen Bemühungen, nach Aufforderung zu handeln, bzw. gezielt kleine Aufgaben zu lösen (Lernspiele, Gestalterfassungstraining etc.) widersetzte. Verstärkter Druck löste einen Aggressionssturm aus". Das Kind wurde nun folgendermaßen beschrieben: "Über das verwirrende Verhalten des Kindes mit seinen mutistischen, autistischen und bisweilen präpsychotischen Zügen hinaus wirkt Nicola schlichtweg krank".

Die nächste Diagnose wurde dann vom Kinderpsychiater der Klinik erstellt.

Klinisches Gutachten

Nicola war sechs Wochen lang zur stationären Beobachtung in der Kinderpsychiatrischen Klinik. Die körperliche Untersuchung führte zu Werten, die im unteren Bereich der Altersnorm lagen. Es fand sich kein Hinweis auf eine organische Erkrankung. Das EEG wies eine altersentsprechende Hirnstromkurve auf.

Verhaltensbeobachtung in der Gruppe: In sich zurückgezogen, kein Kontakt zu anderen Kindern, kein konstruktives Spiel, keine Fragen, keine Antworten, oftmals in tranceartigen Zuständen mit leerem Blick, erst vor sich hinlächelnd, dann mit imaginären Gestalten sprechend. In Erregung redete er oft deutsch: "Meine Mutti ist geklaut; ich habe es nicht gemacht, mach die Tür zu, da kommt die Hexe; du hast geklaut; ich hau dich mit dem Schuh".

Einzelbeobachtung: Er spielte gern mit Wasser, beschäftigte sich meist jedoch stereotyp und ohne innere Beteiligung mit fahrbarem Spielzeug.

Vorläufige Diagnose: Ein "Morbus Heller" (Pschyrembel 1975: "Synonym für Dementia infantilis; akut oder schleichend im 3. oder 4. Lebensjahr beginnend, nach zunächst normaler Entwicklung. Charakteränderung, Sprachstörungen und Demenz, Ätiologie unklar".) wäre in seiner Vieldeutigkeit der Ätiologie bei diesem behinderten Kind mit Einwand nicht auszuschließen.

Reflexion meiner Erlebnisreaktionen und Auswertung des Materials

a) Initialerlebnis

Die Frage, die sich unwillkürlich aufdrängt, ist: Warum hat Nicola vom ersten Tag an eine so intime Beziehung zu mir herstellen können? Sie kann von mir selbst nach eingehender Reflexion und ausführlichen Erörterungen mit erfahrenen Kollegen nur ungenügend beantwortet werden. Ich erinnere an das Initialerlebnis, wo ich Nicola durch den Schnee folgte. Bei unserem ersten Kontakt versuchte ich nicht, ihn zur Umkehr zu bewegen, ihm also meinen Willen zu oktroyieren, sondern ich tat gerade das Gegenteil: Ich bot ihm Körperkontakt (eine wärmende Hand), ging zusammen mit ihm, ja, zeigte ihm durch mein Singen, daß es auch mir Spaß machte, mit ihm durch den Schnee zu stapfen. Er konnte also das Gefühl haben, in seinem Verhalten und damit in seiner ganzen Person akzeptiert und angenommen zu sein. Ich möchte die Qualität dieses Initialkontaktes mit Nicola in Anlehnung an Spitz (1974) als "coenästhetischen Dialog" bezeichnen. Die coenästhetische Wahrnehmung unterscheidet sich fundamental von der Sinneswahrnehmung der diakritischen Organisation; sie ist extensiv und manifestiert sich in Form von Affekten (vgl. a.a.O. S. 62 f). "Das coenästhetische System reagiert also auf nichtverbale, nichtgerichtete Ausdruckssignale" (S. 152). Ich halte es jedoch für vermessen, allein die Art, wie ich auf ihn einging, als Begründung dafür zu präsentieren, weshalb der Junge mich kurze Zeit später fragte, ob ich ihn liebe. Ich halte diese Entwicklung für einen Glücksfall, wie er in vergleichbaren Situationen nur sehr selten zustande kommt. In meiner Identifikation mit Nicola verstand ich seine Frage, ob ich ihn liebe, in dem Sinne, ob ich bei ihm bleibe. Daß diese, meine Empfindung auf der Identifikationsebene wohl richtig - empathisch - war, werde ich später noch begründen.

Das dritte Erlebnis des ersten Tages, die Entenszene, war für mich das bedeutsamste, weil mir Nicola hier einen ersten Einblick in seine Welt gewährte. Obwohl er für mich ein quasi unbeschriebenes Blatt war, ich kannte seine Vorgeschichte noch nicht, brachte ich die Szene bei den Enten mit seiner Person in Zusammenhang. Wie anfangs beschrieben, habe ich die Szene nicht sofort verstanden. Szenisches Verstehen erfordert einige Voraussetzungen, wie z. B. coenästhetische Wahrnehmung des emotionalen Zustandes des Kindes, empathisches Verstehen, Reflexion eigener Wünsche und Bedürfnisse dem Kind gegenüber, um nur die wichtigsten zu nennen. Diese

Voraussetzungen konnte ich in der damaligen Situation nur bedingt erfüllen. Ich ignorierte seinen Wunsch, ihm die Tür zum Entenverschlag aufzumachen, weil mir dies unangenehm war und mich verunsicherte. Er fühlte sich nicht verstanden, was ja auch stimmte, und reagierte auf diese Kränkung mit Wut. Erst seine Reaktion auf meine Äußerung, daß die Enten wegfliegen würden und der Besitzer dann traurig wäre, ließ bei mir die Vermutung aufkommen, daß Nicola hier eine bedeutsame Szene aus einer frühen Kindheit wiederbe- und erlebt hatte. Das Geschehen konzentrierte sich darauf, daß die Enten lieb seien, nicht wegflögen und bei ihm blieben. Ich glaube, das war der erste, wenn auch verschlüsselte, Hinweis von Nicola auf seine seelische Not.

Die Bedeutung solcher Szenen wurde von Leber in einer metaphorischen Beschreibung über den Zusammenhang zwischen frühkindlicher Entwicklung und späterem Verhalten hervorgehoben: "Die Erfahrungen der Kinderstube gehen untilgbar ein in sein Erleben und Verhalten. In der Kinderstube wird sozusagen inszeniert, was im späteren Leben mit wechselnden Kulissen und Requisiten gespielt wird. Wer gelernt hat, die Originalszenen zu erkennen, dem werden sie in der Interaktion transparent. Gerade die nicht erinnerten Szenen stellen sich verschleiert und verfremdet dar. Verhaltensänderung, Aufhebung von Blockaden des Bildungsprozesses und Verselbständigung erfolgen nur aus der nachträglichen Verarbeitung, d. h. einer Korrektur der Inszenierung" (1972, S. 19).

b) Trennung

Verfolgt man die Lebensgeschichte des Italienerjungen Nicola bis hierher, so fällt auf, daß sich ein Thema wie ein roter Faden durch die Schilderungen zieht: Trennung.

Um sich das Ausmaß und die Auswirkungen besser vorstellen zu können, werden hier noch einmal alle wichtigen Ereignisse, die für den Jungen mit einer Trennung verbunden waren, tabellarisch aufgeführt.

1. Trennung mit 1 1/2 Jahren	Die Mutter folgt dem Vater nach Deutschland. Nicola bleibt bei den Großeltern.
2. Trennung mit 2 Jahren	Die Eltern müssen nach 4-wöchigem Jahresurlaub wieder zurück nach Deutschland.
3. Trennung mit 3 Jahren	Nach einjähriger Abwesenheit verbrachten die Eltern ihren Jahresurlaub wieder in Italien.
4. Trennung mit 4 Jahren	Wieder Jahresurlaub der Eltern und deren Rückkehr nach Deutschland.
5. Trennung mit 4 1/4 Jahren	Tod der Großmutter; Nicola lebt von nun an bei seinen Eltern in Deutschland.
6. Trennung mit 5 1/2 Jahren	Vater sperrt Nicola wegen zweier gestohlener Brötchen für mindestens einen Tag in einen dunklen Keller.
7. Trennung mit 6 1/2 Jahren	Nicola kommt in die Klinik zur kinderpsychiatrischen Untersuchung und wird von mir abrupt getrennt.

8. Trennung 6 Wochen später

Nicola wird, nachdem er zu einer Betreuerin, die nur für ihn da war, eine emotionale Beziehung hergestellt hatte, aus
der Kinderpsychiatrie entlassen.

Ich möchte ausdrücklich darauf hinweisen, daß es sich in diesem Fall nicht um ein ausschließlich psychologisches Problem handelt, sondern vielmehr auch um ein soziales. Wer ausländische Familien mit ihren Kindern, mög- lichst noch aus südlichen Breiten stammend, erleben konnte, der weiß, wie geradezu symbiotisch die Beziehungen zwischen den Eltern und ihren Kindern sind, wie abgöttisch die Kinder geliebt werden, und das nicht nur bis zum zweiten Lebensjahr. Es besteht kein Grund anzunehmen, daß es in der Fami- lie von Nicola anders war, ganz im Gegenteil: Ich habe erlebt, wie sehr die Mutter darunter gelitten hat, daß ihr Kind unglücklich ist. Das Tragi- sche ist, daß aufgrund ökonomischer Verhältnisse – der Mann fand als Maurer in Süditalien keine Arbeit – dieser Familie ein Schicksal widerfuhr, wie es unzählige andere Arbeitsemigranten mit ihnen teilen.

Der Mann fuhr – gezwungenermaßen – nach Deutschland, weil ihm hier, im Gegensatz zu seinem Heimatland Italien, die Chance gegeben wurde, für seine Familie zu sorgen. Die Frau blieb in Erwartung ihres dritten Kindes mit den anderen beiden Kindern zurück. Als das neugeborene Kind achtzehn Monate alt war, folgte sie in dem Gefühl, eine fürsorgliche und liebende Mutter gewesen zu sein, ihrem Mann nach Deutschland. Sie wollte ebenfalls zum Unterhalt der Familie beitragen. Die Kinder blieben alle bei den Groß- eltern, die sie versorgten. Nun nahm eine verhängnisvolle Kette von Ereignis- sen ihren Anfang. Die Mutter brachte den kleinen Jungen abends zu Bett und war am nächsten Morgen nicht mehr da. In der Absicht, das Kind nicht unnötig zu belasten und traurig zu stimmen, wurde es nicht auf die Tren- nung vorbereitet. Das ging sogar soweit, daß die Großmutter auf die Fragen Nicolas nach dem Verbleiben seiner Mutter ihm erzählte, sie wäre einkaufen und bald wieder da. In Mahlers (1965, S. 165 f) Unterteilung der normalen Separations- und Individuations-Phase, würde Nicolas damaliger Entwicklungs- stand der Unterphase zugeordnet, "in der aus dem Säugling das Kleinkind wird. Das Kind wird sich immer mehr seiner physischen Trennung bewußt, und mit dieser Erkenntnis wird seine Frustrationstoleranz geringer. Eine minimale Angst vor Objektverlust wird beobachtet" (selbst ohne realen Grund besteht also schon eine gewisse Trennungsangst, Anm. d. V.).

Die Reaktion des Kleinkindes, der Mutter zu folgen – die Tendenz in Seh- oder Hörweite zu bleiben – wechselt bezüglich ihrer Stärke innerhalb kürze- rer oder längerer Zeiträume erheblich. Sie wird besonders leicht bei Müdig- keit oder Hunger aktiviert, oder wenn das Kind Schmerzen hat oder sich fürchtet. Ein Höhepunkt dieser Reaktionsform scheint zwischen dem 18. und 20. Lebensmonat erreicht zu sein (vgl. Bowlby 1959, S. 449). Wenn ein Kind also im Alter Nicolas von seiner Mutter, zu der es eine normale Beziehung hatte und von der es noch nie getrennt war, getrennt wird, reagiert es auf diese Trennung mit einer bestimmten Folge von Verhaltensweisen. Bowlby (1961, S. 412 f) hat die Phasenabfolge bei einer Trennung von der Mutter, die er zusammen mit Robertson an gesunden Kindern beobachtete, so prägnant und beeindruckend beschrieben, daß sie hier im Wortlaut wiederge- geben werden soll: "Die Initialphase, diejenige des Protestes, kann einige Stunden bis eine Woche oder länger dauern. In dieser Phase ist das kleine Kind akut darüber beunruhigt, seine Mutter verloren zu haben, und sucht sie mit all seinen beschränkten Kräften wiederzugewinnen. Es weint oft laut, rüttelt an seinem Bettchen, wirft sich herum und schaut begierig nach jeder Erscheinung und jedem Geräusch, ob sie sich als fehlende Mutter erweisen. Sein ganzes Benehmen läßt die sichere Erwartung durchblicken, daß sie zurückkehren werde. Unterdessen neigt es dazu, alle Ersatzpersonen, die etwas für es tun möchten, abzulehnen, wenn sich auch gewisse Kinder verzweiflungsvoll an jemanden klammern.

Während der Phase der Verzweiflung, die allmählich den Protest ablöst, ist die Präokkupation des Kindes mit der fehlenden Mutter weiterhin augenfällig, obwohl sein Verhalten wachsende Hoffnungslosigkeit ahnen läßt. Die aktiven Körperbewegungen nehmen ab oder verschwinden, und das Kind weint häufig monoton oder periodisch. Es ist in sich gekehrt und apathisch, stellt keine Forderungen an die Umwelt und scheint sich in einem Zustand tiefer Trauer zu befinden. Dies ist ein stilles Stadium und wird manchmal im Sinne einer Abnahme der Not mißverstanden.

Die Phase der Gleichgültigkeit, die allmählich die Verzweiflung ablöst, wird, weil das Kind mehr Interesse für die Umgebung zeigt, oft willkommen geheißen, als ob das Kind sich erholt hätte. Es stößt andere Personen nicht mehr zurück, nimmt Fürsorge, Nahrung und Spielsachen an, lächelt vielleicht sogar und sucht Gemeinschaft. Alles scheint in bester Ordnung. Wenn die Mutter des Kindes zu Besuch kommt (im geschilderten Fall erst nach einem halben Jahr, Anm. d. V.), wird jedoch ersichtlich, daß etwas nicht stimmt. Denn das Benehmen, das für dieses Alter der normalerweise starken Bindung charakteristisch ist, fehlt völlig. Weit davon entfernt, seine Mutter zu begrüßen, scheint das Kind sie kaum zu kennen. Weit davon entfernt, sich an sie anzuschmiegen, bleibt es in der Distanz und apathisch. Statt zu weinen, wendet es sich wortlos weg. Es ist, als ob das Kind jedes Interesse an der Mutter verloren hätte" (a.a.O.).

Als die Mutter Nicola verließ und nicht mehr zurückkehrte (zumindest nicht früh genug), war sein Vertrauen zu ihr, was gleichbedeutend war mit dem Vertrauen zu anderen Personen, zerstört oder zumindest gestört. In seiner Phantasie konnte er das Verlassenwerden von der Mutter nur damit erklären, daß er böse war, und die Mutter ihn bestrafen wollte oder aber, daß die Mutter eben böse war, denn eine gute Mutter verläßt ihr Kind nicht, das tut nur eine böse Mutter. Oft empfinden Kinder in ständig wechselnder Folge beides (vgl. Buxbaum 1973, S. 193). Nicola mußte diese narzißtische Kränkung fünfmal ertragen. Es ist nicht mehr nachprüfbar, wie er darauf reagiert hat, aber die Vermutung liegt nahe, daß er bei der wiederholten Erfahrung der Fassungslosigkeit über den Verlust der Mutter oder des Mutterersatzes (Tod der Großmutter), denen er immer wieder Vertrauen und Zuneigung schenkte, diesen Personen immer weniger Vertrauen entgegen bringen konnte und früher oder später das Risiko, sich überhaupt mit jemandem einzulassen, ganz aufgab. Statt dessen hat er wohl zunehmend seine Gefühle und Wünsche gegenüber von diesen abgezogen und wurde egozentrisch, d. h. er richtete sie auf sich selbst oder auf besetzte materielle Dinge mit ihnen (vgl. Bowlby 1961, S. 412).

Bevor ich mich ausführlicher mit dem autistischen Rückzug des Kindes beschäftige, möchte ich noch kurz auf zwei andere vorangegangene Ereignisse Bezug nehmen. Zuerst möchte ich noch einmal auf die fünfte Trennung (Tabelle) hinweisen, die für den Jungen ja ganz beträchtliche Auswirkungen hatte: Verlust des Mutterersatzes, Wiedersehen mit der richtigen Mutter,

Trennung von seinem sozialen Bezugsrahmen, Umzug in ein Land, dessen Sprache er weder sprach noch verstand. Ich vermute, daß ein weiterer Grund für seine pathologische Erwartungsangst vor Verlassenwerden und Liebesverlust für Nicola sicher darin bestand, daß er sich für den Tod seiner Großmutter mitverantwortlich fühlte, und er hielt sich deshalb für schuldig und ungeliebt. Meine Vermutung stützt sich auf das reale Erlebnis der Trennung von der Großmutter sowie das anschließende, für Nicola wohl sehr mystische und angsterregende Erlebnis in der Leichenhalle, wo der Großvater von Geistern und dem Teufel gesprochen haben soll.

Das zweite Erlebnis betrifft die von mir so bezeichnete sechste Trennung, als Nicola fünfeinhalb Jahre alt war (Tabelle). Dieses "Keller-Trauma" war in seinen offensichtlichen Auswirkungen wohl das bedeutsamste Ereignis in einer Reihe trauriger Daten aus der Lebensgeschichte des kleinen Italienerjungen und zeigt, daß eine Änderung der äußeren Situation allein (Nicola war ja wieder mit seiner Familie vereint, Anm. d. V.) bei einem Kind wie Nicola nicht ausreichte, um die Erleben und Verhalten bedingenden frühen Erfahrungen und Konflikte zu überwinden. Sie wurden hier für das Kind auf furchtbare Weise wieder lebendig, so daß eine gezielte Heilpädagogik bzw. psychotherapeutische Arbeit mit dem Kind selbst notwendig wurde (vgl. Leber 1975, S. 27).

Die Eltern, hier besonders der Vater, der ja im traditionellen Rollenverständnis die strafende Instanz repräsentiert, fühlte sich sehr in seiner (auch nationalen) Ehre getroffen, daß sein Kind, dazu noch an der Arbeitsstelle seiner Frau, gestohlen hatte. Den Hintergrund für die vom Vater praktizierte "erzieherische Maßnahme", nämlich das Kind in einen dunklen Keller einzusperren, erklärt Richter wie folgt: "Es läßt sich festhalten, daß das angeborene Maß an Sensibilität des Kindes für Isolation in unserer Erziehungstradition regelmäßig dadurch verstärkt wird, daß seine Isolationsangst als Ansatzpunkt für erzieherische Manipulation ausgenutzt wird, indem man seine Trennungsfurcht fortgesetzt schürt, erhält man sich die Abhängigkeit des Kindes und kann dadurch die konstante Wirksamkeit von Erziehungseingriffen sichern" (1976, S. 55). Was der tradierte Erziehungsstil, der vom Vater im Exzeß praktiziert wurde, für verheerende Folgen haben sollte, war der Vorstellungskraft der Eltern nicht zugänglich. Was eine derart traumatisierendes Erlebnis - als vorläufiger Höhepunkt einer ganzen Reihe von Trennungserlebnissen - bei dem Jungen angerichtet hat, kann von Außenstehenden nur vermutet werden. Auf die Todesangst, die Nicola erlebt haben muß, weist auch A. Freud (1971 S. 124) hin: "Bei Verlust der mütterlichen Fürsorge entsteht wegen der biologischen Einheit von Mutter und Kind beim Kind Angst vor Vernichtung". Diese archaischen Ängste sind bei Nicola sicher wieder in stärkstem Maße aktualisiert worden, als er im Keller eingesperrt war, allein, im Dunkeln, ohne Essen und Trinken. Ein solch furchtbares Erlebnis ließ Nicola zu einem der Kinder werden, "die für die Möglichkeit einer Trennung oder eines Liebesverlustes übermäßig empfindlich werden, entweder durch die Erfahrung von tatsächlicher Trennung und Liebesverlust oder durch die Drohung mit Trennung und Liebesverlust" (Bowlby 1961, S. 455).

Ich möchte in diesem Zusammenhang noch einmal auf das "Initialerlebnis" zurückkommen, genauer gesagt auf die Szene, in welcher Nicola unablässig Schnee essend seinen freundlichen Weiten entgegenstrebte. Im Nachhinein sehe ich darin einen Hinweis auf seine Trennungsproblematik, wie sie erst später offenbar wurde.

Für Balint scheinen alle philobatischen Haltungen mit der Trennung vom Objekt zusammenzuhängen. Die freundlichen Weiten sind seiner Ansicht nach eigentlich nichts anderes als wunscherfüllende Erinnerungen an Zustände, wie sie in der intrauterinen Periode sowie in der postnatalen symbiotischen Phase herrschen.

Balints Interpretation der philobatischen Welt kann wiederum sehr leicht mit der Lebensgeschichte Nicolas in Verbindung gebracht werden. Der Junge hat ja mehrfach traumatisierende Trennungen von wichtigen Objekten erfahren müssen und Befriedigung eigentlich nur auf der Stufe des "coenästhetischen Dual-Selbst" (Finger 1977, S. 103) erfahren, wo das Kind versucht, zur intrauterinen Einheit mit der Mutter zurückzukehren und eine Aufspaltung in Selbst und Objekt zu überdecken. Die Eßlust besaß daher eine andere Qualität als die der lebenserhaltenden Nahrungszufuhr. Die philobatischen Handlungen des kleinen Jungen sollten also einen Zustand der Regression herbeiführen, in welchem totale Harmonie zwischen ihm und seiner Umwelt besteht.

c) Rückzug

Nicola befand sich wohl sicherlich bereits auf einem autistischen Rückzug, da er zu einem Zeitpunkt, wo ihm die physische Trennung von der Mutter immer bewußter wurde, von der Mutter real verlassen wurde und sich seine latenten Trennungsängste vor Objektverlust (Mahler 1965, S. 165) auf das Schrecklichste bewahrheiteten. Er konnte somit nicht über den lebensnotwendigen emotionalen Rückhalt verfügen - über eine "diatrophische Mutter" (Spitz 1976) -, und sich mit der Welt altersentsprechen auseinandersetzen. Für seine Zuflucht, den autistischen Rückzug, war eine Realität verantwortlich, die Enttäuschung, Zerstörung und Verletzungen bereitete. Wie alle autistischen Kinder, so hatte auch Nicola Angst um sein Leben. Hier sei nur an die Szene im Kindergarten erinnert, wo er sich so verzweifelt gegen den "schwarzen Mann" zur Wehr setzte. Bettelheim (1977) begreift infantilen Autismus als einen inneren Zustand, der sich als Reaktion auf das Gefühl herstellt, sich in einer extremen, tödlichen Situation ohne jegliche Hoffnung zu befinden. Ich kann nur vermuten, daß sich Nicola nach der plötzlichen Trennung durch und von der Mutter, mehr aber noch nach dem dramatischen Erlebnis, als er in den dunklen Keller gesperrt wurde, als in einer derartigen Situation befindlich gefühlt haben muß. "Wenn sich beim Kind die Phantasie durchsetzt, es selbst war böse - und somit Verursacher der Trennung - versucht es vielleicht, so gut zu sein, daß es sich im Extremfall nicht einmal mehr bewegt. Eine weitere Reaktion auf Trennung ist der Verlust (Aufgabe) einer vor kurzem erreichten Leistung, wie z. B. Sprechen, Sauberkeit etc. Die jüngste Leistung wird meist zuerst aufgegeben; andere können sehr bald folgen, und es ist durchaus möglich, daß das Kind allgemeine Rückschritte macht" (Buxbaum 1973, S. 192 ff.). "Dem Kind bleibt nichts anderes übrig, als sich in einen quasi intrauterinen Zustand zurückzuziehen. Seine Wut auf die Kränkung, daß es nicht über eine diatrophische Mutter verfügen kann, muß es mit starren Riten, Konzentration auf Dinge und sinnlosen rotierenden Bewegungen u. a. kompensieren" (Leber 1977, S. 85). Beide Reaktionsweisen, die der Regression auf eine bereits überwundene Entwicklungsstufe (orale Phase) als auch die, Dingen (Autos) seine ganze Aufmerksamkeit zu schenken oder immer diagonal durch das

Zimmer zu laufen, konnten bei Nicola beobachtet werden. Seine relative Schmerzunempfindlichkeit, ich habe ihn nicht einmal weinen sehen, war ebenfalls ein Hinweis, der auf einen autistischen Rückzug deutete. Autistische Kinder sind ihrem eigenen Körper und seinen natürlichen Signalen ebenso entfremdet wie der Außenwelt, d. h. sie reagieren nicht auf körperlichen Schmerz. Alle Sensationen werden sofort in das Abwehrsystem eingearbeitet, denn eine Nicht-Abwehr selbst von Körpergefühlen würde ja wieder eine Schutzlosigkeit gegenüber der Außenwelt mit sich bringen. Der einzig mögliche Schutz ist also, nichts zu tun und sich gegen alles empfindungslos zu machen, was von innen oder außen kommt (vgl. Bettelheim 1977).

Die These, daß mindestens ebensoviele psychische Störungen im 2. Lebensjahr entstehen, wo Anklammern und Folgen des Kleinkindes ihren Höhepunkt erreicht haben, wie in den ersten Lebensmonaten (Bowlby 1959, S. 454), wird von Bettelheim zumindest qualitativ verifiziert. "Infantiler Autismus kann den Erfahrungen dreier verschiedener, kritischer Entwicklungsperioden entstammen: ... Der dritte kritische Zeitraum ist vielleicht der zwischen dem 18. Monat und 2 Jahren, nämlich der, in dem Autismus im allgemeinen erkannt wird. In diesem Alter kann das Kind nicht nur emotional auf die Welt zugehen, sondern es kann auch den Kontakt mit ihr vermeiden, indem es sich motorisch von ihr wegbewegt. Auf dieser Stufe tritt zu emotionalem Rückzug von der Mutter der emotionale und physische Rückzug von der Welt überhaupt" (Bettelheim 1977, S. 47).

Wie sich soziale Benachteiligung im Subjekt niederschlagen kann, zeigt der Fall Nicola in sehr dramatischer Weise. In diesem Fall wird deutlich, "daß Eltern keine perversen Monster sein und Familienverhältnisse nicht aus extremer Grausamkeit und nackter Gewalt bestehen müssen, um ein Kind tief gestört werden zu lassen" (vgl. Bettelheim a.a.O.). Die Ursachen für das spätere Schicksal des Kindes entstand aus der sozialen Not, in welcher sich die Eltern damals befanden.

Nicola fühlte sich von frühester Kindheit an von Verlassenheit in seiner physischen wie psychischen Existenz bedroht. Außer von diesen Gefühlen wurde sein Leben und seine Entwicklung von weiteren Faktoren bestimmt, wie z. B. ein brüchiges Beziehungsangebot von frühester Kindheit an, enge Wohnverhältnisse - hier in Deutschland bewohnte die fünfköpfige Familie eine Zweieinhalb-Zimmer-Wohnung -; Forderungen an ihn - im Kindergarten, bei der Einschulung, in der Kindertagesstätte - , die Basiskompetenzen voraussetzen, die er unter dieser Belastungskumulation nicht erwerben konnte. Diese Belastungen bedeuten für das kindliche Subjekt, daß es sich in frühester Lebenszeit nicht getragen, entlastet, behaglich, befriedigt und sicher erleben kann, sondern dem Gefühl der Ohnmacht, Unsicherheit und Existenzangst ausgeliefert ist (vgl. Leber 1977, S. 86).

Diagnosen und Maßnahmen

Nachdem sich nach der 6. Trennung (vgl. Tabelle) das Verhalten des Jungen so grundlegend änderte, waren die Eltern sehr beunruhigt und ratlos. Sie ließen Nicola von einem Kinderarzt sowie einer Nervenärztin untersuchen. Beide Ärzte schlossen ihre medizinischen Untersuchungen ohne Befund ab.

Auf Empfehlung der Schulbehörde wurde Nicola (nunmehr sechsjährig) aufgrund seines völligen "Versagens" beim Einschulungstest - er saß teilnahmslos herum und starrte apathisch vor sich hin - der Betreuung einer heilpädagogischen Kindertagesstätte überantwortet.

Diese Maßnahme war sicherlich gut gemeint und richtig. Die Pädagogen hatten zumindest erkannt, daß der kleine Junge im "Leistungsbetrieb Schule" untergehen würde und daß er des Schonraums einer besonderen Betreuung bedurfte.

Wie fatal es ist, wenn ein Kind sein Problem anbietet und nicht verstanden wird, geht aus der nächsten "Diagnose" hervor, welche nach vierwöchigem Aufenthalt in der Kindertagesstätte erstellt wurde: Partieller Mutismus als inadäquate Erlebnisreaktion bei einem von Anfang an behinderten Kind. Meines Erachtens wurde hier nicht diagnostiziert, sondern etikettiert; der fundamentale Unterschied zwischen beidem liegt in der Perspektive: "Partieller Mutismus" ist ein psychologischer Terminus, der erst einmal vereinfacht ein explizities Verhalten beschreibt. "Inadäquate Erlebnisreaktion" jedoch entstammt nicht dem diagnostischen Vokabular, sondern ist eine Bewertung diagnostischer Erkenntnisse. Diese Bewertung ist jedoch völlig subjektiv und impliziert eine Schuldzuschreibung gegenüber dem Klienten (Nicola). Zuallerletzt erhält die Diagnose durch den Zusatz "bei einem von Anfang an behinderten Kind" ihren endgültigen stigmatisierenden Charakter. Auch nach sorgfältigstem Aktenstudium war nicht der geringste Anhalt dafür zu finden, der auf eine (geistige) Behinderung des kleinen Jungen hinwies.

Mit dieser "Diagnose" wurde das Kind in verhaltenstherapeutische Einzelbehandlung übernommen. Diese erstreckte sich über vier Monate und wurde erfolglos abgebrochen. Wie schlimm es ist, wenn man am Problem des Kindes vorbeigeht, wurde für beide - den Jungen und den Therapeuten - fühlbar. Nicola brauchte Akzeptation, Verständnis, Empathie und befriedigende Erfahrungen, um sicher zu sein, seine autistische Abwehr sukzessive aufgeben zu können. Der Therapeut wollte ihm die "Beschäftigung mit Wasser strikt wegkonditionieren", wollte Nicolas "Marotten" nicht beachten, wollte "systematisch altersgemäße Fähigkeiten bei ihm trainieren", wollte verändern, daß man ihn "im Moment *notgedrungen* häufig noch wie ein Kleinkind behandelt und gewähren läßt".

Ein Dialog kam folglich nicht zustande. Die Therapie wurde vielmehr für beide ein Fiasko: Die Aufforderungen des Therapeuten lösten bei Nicola einen Aggressionssturm aus, der in totale Zerstörung ausartete. Dies wiederum löste im Therapeuten Kränkung und Wut aus, so daß ihm in seiner Ohnmacht nur eine Möglichkeit blieb, seine totale Macht zu demonstrieren: Er schickte Nicola weg und beendete die Therapie.

Auf den Weg zur nächsten Intervention - stationäre Unterbringung in der Kinderpsychiatrie - wurde dem Jungen noch folgende "Diagnose" mitgegeben: "Verwirrendes Verhalten mit mutistischen, autistischen und bisweilen präpsychotischen Zügen; das Kind wirkt schlichtweg krank". Nach sechswöchigem Klinikaufenthalt, während dessen der Junge sein Problem und seine seelische Not überdeutlich zum Ausdruck brachte (siehe klinisches Gutachten), ohne daß er im geringsten verstanden wurde, bekam er folgende "Diagnose" mit auf seinen weiteren Leidensweg: Die Ätiologie des kranken Verhaltens konnte nicht geklärt werden. Ein Morbus Heller (infantiler Schwachsinn) sei "mit Einwand nicht auszuschließen".

Mit der fünften und zugleich letzten Maßnahme wurde ich ungefähr sechs Wochen nach der Entlassung Nicolas aus der Klinik betraut. Da es dem Jungen nicht möglich gewesen war, sich auf irgend jemand anderen so intensiv und intim einzulassen wie auf mich (vgl. 1. und 2. Kapitel), und da auch ich selbst einen emotionalen Zugang zu dem Kind gefunden hatte, stand

stand einer intensiven heilpädagogischen Einzelbetreuung nichts im Wege.

Die Betreuung, acht Stunden wöchentlich, wurde von mir durch eine Intervention eingeleitet, welche die Mutter des Jungen betraf: Aus der Kenntnis der Vorgeschichte hielt ich es für wichtig, daß Nicola zu den Stunden *immer* von seiner Mutter gebracht wurde und auch *jedesmal* von ihr wieder abgeholt wurde. Ich verband mit dieser Vereinbarung die Hoffnung, daß dieses konstante Verhalten der Mutter in Verbindung mit der Konstanz der Betreuung - nach jeder Trennung am Ende der Stunden war ich ja zu Beginn der nächsten Stunden wieder da - als additives Element zum Behandlungsverlauf es dem Jungen ermöglichen konnte, vielleicht ganz neue Erfahrungen in bezug auf Trennungssituationen und Trennungsverhalten zu machen.

Mein Therapieziel war, mit Nicola "eine förderliche, emanzipative Interaktion herzustellen und mit ihm einen befreienden Dialog zu führen" (Leber 1975, S. 160). Es sollte ihm möglich werden, sukzessive seine "leere Festung" (Bettelheim) zu verlassen und mit der Welt in Beziehung zu treten.

Der Zugang zu dem kleinen Jungen wurde mir durch zweierlei Faktoren sehr erleichtert: Zum einen konnte ich mich Nicola als verständnisvoller Partner, als 'Nicht-Erzieher', anbieten; zum anderen schienen doch noch "Vertrauensspuren" unserer früheren Beziehungen vorhanden gewesen zu sein.

Bereits in der ersten Stunde forderte er mich verbal und direkt auf, sein Spiel mitzuspielen. Ich begriff diese frühe Interaktion - obwohl sie ganz einseitig war, denn er forderte, und ich hatte zu gehorchen - als eine Chance, mit ihm in einen Dialog treten zu können. So spielte ich engagiert mit und versuchte, Nicola das Gefühl zu vermitteln, über mich verfügen zu können, ohne irgendwelche Gegenforderungen befürchten zu müssen.

Die ersten 20 Stunden spielte der kleine Junge wie besessen - und ich wich nicht von seiner Seite, war immer verfügbar. Schon bei geringsten Anlässen, die ihn eine Trennung befürchten ließen, klammerte er sich an mich. Da ich in diesen Situationen empathisch und wunscherfüllend auf ihn einging, erwies sich seine Trennungsangst als unbegründet, und bei Nicola konnte sich ein Bild der "guten Mutter" immer mehr konfigurieren. Es war sehr wichtig, "die Neuauflagen frühkindlicher Szenerie zu erkennen und die Rolle, die mir dabei zugeschoben wurde, zu erfassen" (Leber 1972, S. 30). Ich wollte zu Anfang seine Ängste (z. B. daß seine Mutter nicht zurückkommt, um ihn abzuholen) noch nicht verbalisieren, da ich befürchtete, ihn damit wieder in seine autistische Welt zurückzudrängen. Ich versuchte, ihm vielmehr das Gefühl zu geben, keine Angst haben zu müssen, angenommen zu sein und mit seinen Ängsten und seiner Wut verstanden und akzeptiert zu werden.

Nach etwa drei Wochen war bereits eine erhebliche Veränderung, was den Verlauf der Stunden betraf, eingetreten. Nicola konnte - zumindest zeitweise - auf mein Mitspielen verzichten; oft genügte ihm meine bloße Anwesenheit, derer er sich aber immer wieder versicherte.

Die folgenden Stunden zeichneten sich durch eine sukzessive Auseinandersetzung mit seinem Trennungstrauma aus. So wurden immer häufiger dunkle Ecken und Räume vom Kind als böse Orte identifiziert, die er meist auch selbst bewohnte, da er ja auch böse war. In derartigen Situationen hielt er immer meine Hand und wurde nach anfänglicher Aufgeregtheit, die sich manchmal bis zur Panik steigerte, zusehends ruhiger.

Nach der zweiunddreißigsten Stunde, also in der fünften Woche unserer gemeinsamen Arbeit teilte mir die Mutter mit, daß sie mit ihrer Familie wieder nach Italien zurückkehren werde. Die Gründe hierfür lagen in der anhaltenden Arbeitslosigkeit ihres Mannes, in dem Wunsch, daß der ältere Sohn in Italien in die Schule gehen sollte, sowie nicht zuletzt an Nicola, dessen Absonderlichkeit die Eltern mit Deutschland in Verbindung brachten. Die Rücksiedlung in die Heimat sollte vier Tage später erfolgen.

Ich war durch diese Nachricht wie paralysiert. Ich hatte Verständnis für die Entscheidung der Eltern und für ihre verzweifelte Situation; aber ich sah dadurch auch Nicolas vielleicht letzte Chance vertan.

Den Eltern wurde bei jedem Urlaub, den sie in ihrer Heimat verbrachten, von Verwandten und Bekannten mehr oder minder vorgeworfen, daß Nicola, solange er noch in Italien lebte, ein völlig normales Kind gewesen, und er erst in Deutschland so auffällig geworden sei. Auf diesem Hintergrund erfuhr die Behinderung des Kindes eine ganz eindeutige moralische Bewertung: "Behinderung gewinnt ihre Bedeutung immer erst aus dem Zusammenleben mit anderen Menschen und aus den Verhältnissen, von denen dieses in einer Gesellschaft bestimmt wird" (Leber 1978, S. 8). Die recht überstürzte Rückkehr nach Italien erklärte sich damit, daß die Familie die Möglichkeit hatte, von befreundeten Landsleuten in deren Wagen mitgenommen zu werden, was für sie eine enorme Geldersparnis bedeutete.

Mir selbst blieb in dieser Situation keine Möglichkeit mehr, Nicola auf die bevorstehende Trennung von mir vorzubereiten. Ich hatte die Befürchtung, daß dieses Ereignis für ihn einen traumatischen Charakter haben würde; denn es war die Wiederholung bereits mehrfach erlebter Trennungssituationen, die ihn ja gezwungen hatten, sich aufgrund permanenter schwerster narzißtischer Kränkungen in seine autistische Welt zurückzuziehen. Er hatte im Verlauf der Betreuung zwar seine autistische Position zugunsten eines mehr der Realitätsprüfung unterliegenden Verhaltens weitgehend aufgeben können, doch war ich skeptisch in bezug auf seine Ich-Stabilität, die meines Erachtens noch nicht so weit ausgereift sein konnte, um eine derart schwerwiegende Kränkung eines erneuten Beziehungsabbruchs zu verkraften. Es stand also zu befürchten, daß Nicola in seine ursprüngliche Position würde zurückfallen müssen.

In Ergänzung der zu Anfang tabellarisch aufgeführten einschneidenden Ereignisse in frühester Kindheit war dieser Vorgang die neunte Trennung in der traumatischen Lebensgeschichte von Nicola.

Literatur

Balint, M. (1972): Angslust und Regression. Reinbek
Bettelheim, B. (1977): Die Geburt des Selbst. München
Bowlby, J. (1959): Über das Wesen der Mutter-Kind-Beziehung. In: Psyche XIII/7, Stuttgart
ders. (1961): Die Trennungsangst. In: Psyche XV/7, Stuttgart
Buxbaum, E. (1973): Das Problem der Trennung und das Gefühl der Identität. In: G. Ammon, Psychoanalytische Pädagogik. Hamburg
Finger, U. D. (1977): Narzißmus und Gruppe. Frankfurt
Freud, A. (1971): Wege und Irrwege der Kinderentwicklung. Stuttgart
Freud, S. (1912): Ratschläge für den Arzt bei der psychoanalytischen Behandlung. GW VIII, Frankfurt 1972
Leber, A./Reiser, H. (1972): Sozialpädagogik, Psychoanalyse und Sozialkritik. Neuwied

Leber, A. (1975): Kinder mit neurotischen Störungen. In: G. Iben, Heil-
und Sonderpädagogik. Kronberg

Leber, A. (1977): Psychoanalytische Aspekte einer heilpädagogischen Theorie. In: A. Bürli (Hrsg.) Sonderpädagogische Theorie - Vergleichende
Sonderpädagogik. Luzern

Leber, A. (1978): Heilpädagogik. Erscheint in: Eifert/Tiersch/Otto (Hrsg.),
Handbuch der Sozialarbeit/Sozialpädagogik. Neuwied

Mahler, H. (1965): On the significance of the normal seperation - individuation - phase. In: Schur, M.: Drives, affects, behavior. New York

Mannoni, M. (1973): Der Psychiater, sein Patient und die Psychoanalyse.
Olten

Pschyrembel, W. (1975): Klinisches Wörterbuch. Berlin

Richter, H. E. (1976): Flüchten oder Standhalten. Reinbek

Schmauch, U. (1978): Ist Autismus heilbar? Frankfurt

Spitz, R. A. (1974): Vom Säugling zum Kleinkind. Stuttgart

ders. (1976): Vom Dialog. Stuttgart

Aloys Leber

Rückzug oder Rache

Überlegungen zu unterschiedlichen milieuabhängigen Folgen früher Kränkung und Wut

Psycholoanalyse hatte zunächst Krankheitssymptome und Störungen jener Menschen im Auge, die sich als Mitglieder dieser Gesellschaft, als "Bürger", als Teilhaber an der Polis erleben, sich an ihre Konventionen gebunden fühlen und sich auch um des gesellschaftlichen Ansehens willen ihrem Druck fügen. Die in der eigenen Sozialisation verinnerlichten Konventionen und die aktuellen Einflüsse aus der Gesellschaft vermitteln sie in der alltäglichen Interaktion wie in geplanten und gezielten Maßnahmen an die Kinder. Bei diesen entsteht, wie vordem bei ihren Eltern, eine Diskrepanz zwischen elementaren Bedürfnissen und Grundintentionen einerseits und den Anforderungen der Gesellschaft andererseits. Impulse, die mit gesellschaftlichen, in den Eltern repräsentierten Normen nicht in Einklang zu bringen sind, müssen abgespalten, d. h. schon sehr früh aus keimendem Erleben und Selbstverständnis heraus ausgeschlossen bzw. bereits in das bewußte Erleben eingegangene Wünsche und Interaktionserfahrungen müssen aus ihm "verdrängt" werden. In bestimmten belastenden und widersprüchlichen Situationen manifestiert sich das Abgespaltene und Verdrängte in Krankheitssymptomen oder in irrationalen, von der Selbstkontrolle nicht beherrschbaren Verhaltensweisen.

Für gestörte "bürgerliche" Kinder heißt dies z. B., daß sie mit "Dummheit" oder Krankheit Eltern und Lehrer auf eine unangreifbare Weise angreifen. Für sie ist Schulversagen und Krankheit ein Ersatz für eine offene und Mut fordernde Auseinandersetzung mit Eltern und Lehrern, aber auch das Eingeständnis erfahrener Kränkung und der Reaktion unbändiger Wut. Man kann es sich nicht leisten als schlimmes, böses Kind verachtet, verstoßen und bestraft zu werden. Schulversagen ist damit oft ein unbewußter, aus der Hilflosigkeit des Kindes erwachsender Versuch, Wut und Rache verschleiert zum Ausdruck zu bringen. Dabei darf das Ziel nicht erreicht werden, sondern Herabsetzung und Strafe werden in der Wendung auf sich selbst vom Kind schon vorweggenommen.

Daneben versuche ich eine andere in diesem Sinne sich nicht bürgerlich verhaltende sogenannte Randgruppe und deren Kinder mit Hilfe von zwei Beschreibungen aus der Literatur vorzustellen. Die erste stammt von Redl und Winemann, die zu den ganz wenigen in der Psychoanalyse gehören, die mit Angehörigen dieser Gruppe, mit "Kindern, die hassen" gearbeitet haben.

"Zwischen dem Haß, den wir bei einem Kind aus dem Mittelstand sozusagen als Seitenlinie der Angst bzw. einer neurotischen Störung beobachten können und dem, den ein jugendlicher Krimineller aus dem Slum, in dessen Existenzkampf er nur durch Aggression überleben konnte, entwickelt, ist jedoch eine schier unüberbrückbare Kluft. Es ist ein gewaltiger Unterschied, ob ein Kind gelegentlich auf Frustration aggressiv reagiert, mal die negative Seite seines ambivalenten Gefühls dem Bruder oder der Schwester gegenüber enthüllt, oder ob es unter so kompakter Grausamkeit und Vernachlässigung gelitten hat, daß die notwendige (Gegen-)Aggression im Laufe der Zeit sein soziales Anpassungsgefüge zerstört hat. Es ist ein großer Unterschied zwischen dem Kind, dessen Persönlichkeitsstruktur sich noch in einem so guten Zustand befindet, daß es der Hilfe in einer wohlmeinenden Einrichtung zugänglich ist und dem Kind, dessen normale Verhaltenskontrolle durch den Haß bereits zerstört wurde, als es noch abhängig und schwach war, und das in Wirklichkeit nur noch ein hilfloses Aggressions-Bündel ist. Das eine bricht ab und zu mal aus und zeigt in der Schule aggressiven Widerstand oder verrät uns durch seine Fingermalerei tiefsitzende Zerstörungswünsche, das andere scheint jedoch in seiner ungehemmten Aggressivität gleichsam zu versinken" (Redl und Winemann 1970, S. 15).

Die Schilderung von Redl und Winemann enthält bereits in der sprachlichen Formulierung Interpretation in einem Vergleich mit dem neurotischen - nicht schwer gestörten, nicht autistischen und psychotischen - Kind aus der Mittelschicht. Deshalb möchte ich die theoretisch weniger belastete Schilderung der Autorengruppe "Abenteuerspielplatz Märkisches Viertel" (1973, S. 82) heranziehen, wo sie schreibt: "Selbst bei geringfügigen Anlässen explodieren die Kinder: die Mehrzahl von ihnen kannte überhaupt keine Alternativlösungen in Konflikten, es herrschte fast ausnahmslos das Recht des Stärkeren, auch wenn dieser objektiv im Unrecht war. Wir hatten oft das Gefühl, daß diese aggressiven Verhaltensmuster nach einem unabänderlichen Schema automatisch und zwanghaft ohne Kontrollfähigkeit des einzelnen Kindes abliefen. Der affektive Stau war oft so wirksam, daß die Kinder genau in den Konfliktphasen, in denen ein Eingreifen notwendig war, um Schaden und Verletzungen zu verhindern, unseren verbalen Vermittlungsversuchen entzogen waren".

Sowohl bei den "Kindern, die hassen" von Redl und Winemann wie bei den beschriebenen Kindern auf dem Abenteuerspielplatz im Märkischen Viertel handelt es sich offenbar um Kinder, die vom Lebensstart an Schutz, Verständnis und Befriedigung elementarer Bedürfnisse entbehren, die sich von vornherein als unwillkommen, verachtet, verstoßen erleben mußten. Sie waren also allen Gefahren ausgesetzt, vor denen sich die "bürgerlichen" Kinder durch Wohlverhalten, notfalls autistischem Rückzug, Abspaltung und Verdrängung von Affekten zu schützen suchen. *Es sind Kinder, bei denen Belastungen kumulieren* und die häufig in existenzbedrohende Situationen geraten.

Sie passen sich weniger - wie die Kinder der ersten Gruppe - an die Vorstellungen und Erwartungen der Eltern und damit an gesellschaftliche Konventionen an. Sie reagieren vielmehr auf blinde, ungesteuerte elterliche Gewalt. Diese ist allerdings eine Weitergabe jener gewaltsamen Kränkung, der sich die Eltern in der bürgerlichen Gesellschaft und ihren Institutionen ausgesetzt fühlen. So gilt auch für sie untereinander "das Recht des Stärkeren". Der Schwächere wird als der gefahrlos Angreifbare zum Sündenbock. Bei meiner Projektarbeit in einer Notunterkunft war das größte Problem, entweder die sich buchstäblich auf dem Rücken der Kinder entladende Wut vieler Eltern zu verringern, oder die Kinder vor den Wutreaktionen ihrer Eltern zu schützen. Entsprechend waren die Spannungen zwischen den Kindern in der Spielstube, die nach dem Prinzip der "horizontalen Gewalt" (vgl. Paulo Freire 1973, S. 48) ständig aus scheinbar geringfügigen Anlässen aufeinander losgingen. Kinder, die unter solchen Bedingungen leben müssen, erfahren kaum eine Einführung in gesellschaftsübliche Verhaltensmuster. Unter der permanent erlittenen Entwertung kann sich nur noch eine unstrukturierte Aggressivität entwickeln, die sich - neue Gewalt provozierend - auf die Umwelt richtet. Bei ihnen kann man das, was sich in der frühesten Lebenszeit zwischen dem Kind und seiner Mutter abspielt, wohl kaum "Eintarieren von Lösungsformeln" nennen, "die bestehende Spannungen nicht total abbauen, sondern in einer bestimmten *Einigung* aufheben" sollen (Lorenzer 1972, S. 29 - Hervorhebung von mir A. L.). Diese Kinder haben im Grunde nicht, wie die anderen eine "gute" Mutter, mit der man sich "einigt", um deren willen es sich lohnen würde, selbst "gut" zu sein und sich von der Wut zu trennen. Die durchgängige, wenn auch oft mit viel Leid verbundene Beziehung "gute Mutter - gutes Kind" der bürgerlichen Gruppe kommt nicht zustande. Der in der "Unterschicht" häufiger beobachtete "punitive" Erziehungsstil (vgl. Habermas 1968, S. 50) scheint mir in vielen subproletarischen Familien weniger an gesellschaftlichem Verhalten und zu erbringenden Anpassungsleistungen orientiert. Er besteht vielmehr weithin in der völlig unbedachten Weitergabe von Kränkungen. Wer mit subproletarischen oder auch früh hospitalisierten Kindern arbeitet, macht ähnliche Erfahrungen, wie die zitierten Pädagogen auf dem Abenteuerspielplatz im Märkischen Viertel in Berlin. Es ist nicht das Explodieren "bei geringfügigen Anlässen" und "das Recht des Stärkeren" allein, was den Betreuer hier erschreckt, als vielmehr der ihn zur Willfähigkeit zwingende Terror, dem er sich machtlos unterworfen fühlt. Ich habe selbst in der Arbeit mit solchen aggressiven Kindern lange gebraucht, bis ich zu verstehen begann, 1. was es bedeutet, wenn sie von unserem Standpunkt her gesehen, leichte Einschränkungen und Frustrationen so als Kränkungen erlebten, daß sie anhaltend zu brüllen und zu toben begannen und damit die Szene völlig beherrschten und 2. wo der "Originalvorfall" (im Sinne von Lorenzer) bzw. das ursprüngliche Trauma zu suchen und wie diesen in Wahrheit verzweifelten Kindern beizukommen wäre.

Herbert Rosenfelds (1971) Untersuchung der aggressiven Aspekte des Narzißmus war mir sehr aufschlußreich, auch wenn er sich dabei nicht von der Todestriebhypothese freimachen konnte. Erst mit Kohuts Aufsatz "Narzißmus und narzißtische Wut" (1973) hatte ich einen Schlüssel zum Verständnis des Problems gefunden. Nur erschien es mir notwendig, seine in Interaktion mit "bürgerlichen" Patienten gewonnenen Beschreibungen in Anlehnung an Balint, Bettelheim, Henseler, Mahler, Spitz, Winnicott u. a. in entwicklungspsychologische Vorstellung zu übersetzen, um den Ursprung der frühen narzißtischen Kränkung und der daraus resultierenden narzißtischen Wut zu finden, schließlich die unterschiedlichen Auswirkungen auf das Verhalten der einen und der anderen Gruppe zu verfolgen.

Nach Kohut (1973, S. 540 - 541) sieht der narzißtisch Kränkbare "den Feind, der archaische Wut in ihm wachgerufen hat, nicht als autonome Quelle eigenständiger Triebregungen, sondern *als Fehler in einer narzißtisch wahrgenommenen Realität* - er ist für ihn ein widerspenstiger Teil seines erweiterten Selbst (expanded self). Er glaubt daher, daß er das Recht habe, volle Kontrolle über ihn auszuüben, und seine bloße Unabhängigkeit, ja schon sein Anderssein, stellt eine Beleidigung für ihn dar.

Narzißtische Wut entsteht also dann, wenn das Selbst oder das narzißtisch besetzte Objekt es versäumen, den absolutistischen Ansprüchen gemäß zu leben, die von der narzißtischen Persönlichkeit an Selbst und Selbst-Objekt gestellt werden - seien es nun die absolutistischen Ansprüche des Kindes, das mehr oder weniger phasengerecht auf der Grandiosität und Omnipotenz des Selbst und des Selbst-Objekts besteht, oder die des narzißtisch fixierten Erwachsenen, dessen archaisch-narzißtische Strukturen unmodifiziert geblieben sind, weil sie vom Rest der wachsenden und reifenden Psyche isoliert wurden, nachdem die der Entwicklungsphase angemessenen narzißtischen Forderungen der Kindheit traumatisch frustriert wurden." Ich möchte versuchen, diese Ausführungen entwicklungspsychologisch zu begreifen. Wie auch nichtanalytische Psychologen (z. B. Heinz Werner 1953) hervorgehoben haben, lebt das ganz junge Kind in einer Subjekt-Obejet-Einheit. Dies bedeutet, daß das Kind die vorgeburtlich erlebte "nutritive Einheit zwischen Mutter und Kind" (Argelander 1971, S. 366) nach der Geburt noch aufrecht erhalten wird. In harmonischer Einheit mit der Mutter erlebt sich das Kind "getragen", groß, stark und mächtig. Es erlebt sich im Mittelpunkt eines mächtigen Systems und hat die Illusion, selbst dessen Beweger und Bewirker zu sein. Hier scheint mir der entscheidende Grund für den von Piaget (z. B. 1972 und 1975) herausgestellten "Egozentrismus" des Kindes zu sein. Gleichzeitig setzt aber vom ersten Tage an für das Kind die Strukturierung der Wahrnehmung ein. Das Kind "lernt" nur ganz allmählich, die für allmächtig gehaltene Einheit mit der Mutter aufzugeben. Dabei scheint die Art, wie sich die Mutter einfühlend, "coenästhetisch" (im Sinne von Spitz 1967, S. 151 ff.) auf das Kind einstellen kann, eine ausschlaggebende Rolle zu spielen. Je besser die symbiotische Beziehung, der Austausch auf der coenästhetischen Ebene zwischen Mutter und Kind ist und das Kind den homöostatischen Zustand von Wohlbehagen, Sicherheit, Bedürfnisbefriedigung und affektiver Entlastung erreicht und sich damit im Zentrum jenes allmächtigen Mutter-Kind-Systems fühlen kann, umso eher wird es fähig, diese Illusion allmählich aufzugeben und ein ausgeglichenes Selbstwertgefühl zu entwickeln. Der "Fehler in einer narzißtisch wahrgenommenen Realität" (vgl. obig. Kohut-Zitat) entsteht dann dadurch, daß die symbiotische Beziehung gestört ist. Wenn die Mutter nicht auf seine elementaren Belange eingeht, spürt das Kind, daß etwas Anderes, Mächtiges getrennt, unabhängig von ihm existiert. Es fällt aus dem für die "Welt" gehaltenen grandiosen Mutter-Kind-System heraus, das seine absolutistischen Ansprüche nicht erfüllen kann. Wenn diese Ansprüche aber sozusagen ins Leere gehen und es sich seiner Hilflosigkeit und Ohnmacht ausgeliefert fühlt, kann es diesen Zustand nur ertragen, indem es sich um jeden Preis an die Illusion *seiner* Allmacht klammert. Das Ausmaß von Kränkung und Wut hängt davon ab, wie kraß, abrupt, hart und andauernd der Sturz in die Ohnmacht erfolgt. Diese Ur-Kränkung - die Henseler (1974, S. 75 f.) Urverunsicherung nennt - und die daraus folgende Wut sind umso stärker, je geringer Bereitschaft und Fähigkeit der Mutter sind, sich empathisch auf das Kind einzustellen und es damit weniger Aussicht hat, Objektbeziehungen, Selbstverständnis und Eigenkompetenz zu entwickeln und den absolutistischen Anspruch langsam mit einer realistischen Selbsteinschätzung zu vertauschen (vgl. Winnicott 1974, S. 189 f.).

Bei meiner Arbeit mit psychisch gestörten, "bürgerlichen" Kindern, wie aus der psychoanalytischen Behandlung Erwachsener einerseits und sozial benachteiligten, dissozialen Kindern andererseits, konnte ich immer wieder den Zusammenhnag zwischen der Form der narzißtischen Wut und den unterschiedlichen Entwicklungs- und Bildungsprozessen beobachten.

Bei "bürgerlichen" Kindern erfährt die narzißtische Wut also ein anderes Schicksal als bei subproletarischen bzw. bei sozial benachteiligten Kindern. Auch wenn ihre Pflegepersonen nicht einfühlend, befriedigend und entlastend auf sie eingehen können, erthalten "bürgerliche" Kinder häufige Gratifikationen. Auch wenig empathische, narzißtisch fixierte, egozentrische, in eigenen Problemen befangene "bürgerliche" Eltern fühlen sich total für ihre Kinder verantwortlich. Dies gehört zu ihrem Selbstverständnis. Für viele von ihnen sind ihre Kinder bewundernswerte "Produkte", mit denen sie "Staat machen" möchten. Als Ersatz für die mißglückte symbiotische Partizipation an der "Größe" ihrer Mütter werden sie darin bestärkt, wie großartig sie allein sind. Diese Kinder nehmen die auf narzißtischer Projektion basierenden *Gratifikationen* für bare Münze und bauen ein "falsches Selbst" im Sinne von Winnicott (1974, S. 182 ff.) auf, während das "richtige Selbst" die empathisch mitgehende, seine ersten Aktivitäten akzeptierende Mutter voraussetzt, die dem Kind die Ablösung aus der grandiosen Einheit ermöglichen und seine Individuation im Dialog fördern kann. Vermutlich hängt es wesentlich von der Qualität der "Verstärkung" ab, ob diese Kinder später Größe nur phantasieren oder - z. B. als Künstler, Wissenschaftler, Politiker - auch realisieren können.

Die Eltern bieten ihnen, wenn auch keine Einfühlung, so doch ihre Anwesenheit, ihren Schutz, ihre Pflege und Versorgung an, selbst dann, wenn sie das Kind bewußt oder unbewußt ablehnen. Das Kind erlebt, daß es sich auf die Eltern verlassen kann, auch wenn sie nicht einfühlend auf es eingehen, ja es unterdrücken und ihm schwere Versagungen auferlegen. Auf Schutz und Fürsorge angewiesen, versucht sich das Kind von seiner Wut zu distanzieren, auch dann noch, wenn es durch die verständnislose Haltung einer selbstbezogenen Mutter immer wieder gekränkt wird. Weil die Mutter gebraucht wird, weil man sich von ihr existentiell abhängig fühlt, kann man sie - bzw. ihre Repräsentanz - nicht direkt mit Wut belegen, durch die sie vernichtet oder doch verscheucht werden könnte; denn besser eine solche Mutter als keine Mutter (vgl. Bigras 1975, S. 29).

Das Kind erlebt, daß Wut (überhaupt Agression) in der bürgerlichen Familie verpönt ist. Wer wütend ist, ist kein liebes, braves Kind, wird diffamiert, muß sich schämen, ja ist untragbar und muß ausgeschlossen werden. Dies führt dazu, daß das Kind seine Hilflosigkeit verleugnet und seine Wut aus dem Leben ausklammert, sie in sein Selbstverständnis, in seine Identität nicht einbeziehen kann. Nur im Extremfall wird der Realisation narzißtischer Wut ein völliger autistischer Rückzug (in eine quasi intrauterine Welt, ohne jeden echten Gefühlsbezug zu Personen) oder eine psychotische Dekompensation vorgezogen. In günstigeren Fällen kommen Wut und Rache in versteckten, als ichfremd - besser selbstfremd - erlebten omnipotenten, zwanghaften Rachephantasien, in paranoiden Ängsten oder in Depressionen, bei psychophysischer Verkrampfung in Körpersymptomen wie z. B. essentiellem Hochdruck oder auch in ichsyntoner Begeisterung für die Bekämpfung von "Schädlingen" und bösen Feinden zum Ausdruck.

Ich weiß um den Personenkreis zu wenig, um sagen zu können, daß es sich bei den "Fluchtbewegungen" mystischer Gruppen, bei Hippies und Drogenabhängigen auch um den Rückzug von der Urkränkung und der narzißtischen Wut in einen Zustand der Aufgehobenheit und Verschmerzung mit einem grandiosen narzißtischen Objekt handelt, vermute es aber und werde durch Michael Balint (1970, S. 68) darin bestätigt. Man müßte unter diesem Konzept solchen unterschiedlichen Entwicklungen nachgehen. Hier erscheint es mir sinnvoller, an einem Beispiel eine auf die ganz frühe narzißtische Kränkung und Wut zentrierte "bürgerliche" Sozialisation aufzuzeigen, um sie dann mit der subproletarischen zu vergleichen.

In dem Buch "Eine Seele lernt leben" berichtet Clara C. Park (1973) als Mutter über die Entwicklung ihres eigenen autistischen Kindes. Ich halte diesen Bericht für ein äußerst interessantes Dokument nicht nur für das Studium des frühkindlichen Autismus, sondern überhaupt der Mutter-Kind-Interaktion. Mir geht es hier darum, anhand der Schilderung von Park aufzuzeigen, wie in einer Familie des gehobenen Mittelstandes der autistische Rückzug - wenn auch nicht als die einzig denkbare Möglichkeit - zu verstehen ist: Elly wird als jüngstes von vier Kindern einer amerikanischen Akademikerfamilie geboren. Der Vater ist Physiker und Professor an einem College; die Mutter - selbst auch Wissenschaftlerin - beabsichtigte, nachdem drei Kinder herangewachsen waren, einen Lehrauftrag zu übernehmen. Beide Eltern sind auf "wissenschaftliches Denken eingestellt". Dies kommt in Hinblick auf die nachgeborene, unerwünschte Elly so zum Ausdruck: "Wir nahmen an, daß Ärzte (bei der Untersuchung des autistischen Kindes, A. L.) genauso vorgingen wie andere Wissenschaftler, indem sie Folgerungen aus Daten ableiten." Dies nicht auf Empathie, sondern einzig auf diakritischer Wahrnehmung basierende Vorgehen charakterisiert den Umgang zwischen Eltern und Kind. Es ist in unserem Zusammenhang interessant zu erfahren, was die Mutter über die Entwicklung ihrer drei älteren Kinder berichtet, wovon ich einige Sätze wiedergeben möchte:

"*Ich* hatte fasziniert die ersten Sprechversuche meiner Kinder *überwacht*. *Ich* hatte die ersten Zeichen der sprachlichen Entwicklung beobachtet, die von der Welt der Menschen und *Objekte* zum Beginn *des abstrakten Denkens* führen. *Ich* hatte Bücher mit ihnen angeschaut und ihnen vorgelesen. *Ich* hatte Ton und Modellierpaste für sie besorgt. *Ich* hatte ihnen Zahlen und Buchstaben beigebracht und sie Wörter buchstabieren gelehrt. *Ich* hatte darauf geachtet, daß sie die klasssischen Kinderbücher erhielten, die sowohl ihre Phantasie anregten, als auch belehrend waren. *Ich* hatte bestraft und belohnt; *ich* hatte versucht, sie zu Großzügigkeit, Selbstbeherrschung und Güte zu erziehen. *Ich* hatte gewaschen und gekocht, *zugeredet* und diskutiert. *Ich* hatte mich voll und ganz der Aufgabe gewidmet, die ersten Jahre *dieser kleinen Wesen zu überwachen*, und *ich war sehr stolz auf mein Werk* ... *Ich* schwelgte in ihrem hübschen Aussehen, das mir jedesmal wie ein Wunder vorkam, wenn ich an meine eigene, in dieser Hinsicht weniger begünstigte, *bebrillte* Kindheit dachte.

Ich war ... furchtbar *stolz darauf,* drei solche Kinder *hervorgebracht* zu haben. Aber ich hatte die Vorstellung, daß *mein Werk* im wesentlichen getan sei. ... *Ich* hatte sieben Jahre damit zugebracht, kleine Kinder etwas zu lehren und mit einigem Erfolg. *Nun wollte ich junge Menschen* unterrichten, deren Verstand meinem eigenen eher entsprach." (S. 16 f.; Hervorhebungen von mir, A. L.)

Schon die drei Erstgeborenen kann sie schwer wahrnehmen, sich mit ihnen austauschen und ihre Verselbständigung anregen. Sie zwingt ihnen vielmehr - ohne sich dessen bewußt zu sein - ihre eigenen narzißtischen Vorstellungen auf. *Sie* hat sie hervorgebracht, kontrolliert sie und macht sie vollkommen. Sie sind *ihr* Werk. Leider wissen wir nicht mehr über diese Kinder, wir können uns nur vorstellen, wie sie unter ihrer Hand geworden sind. Wir haben hier ein Musterbeispiel dafür, wie eine Mutter, die sich selbst noch im Zentrum eines grandiosen Systems erleben muß, diese Tendenz bei ihren Kindern weder wahrnehmen noch akzeptieren kann. Bei den gewünschten Kindern wird mehr ein "falsches Selbst" aufgebaut, während das nicht gewollte Kind an einer Wand der Verständnislosigkeit abprallt.

Im "Stadium hoffnungsvoller Planung" für den Beruf wurde Frau Park von der vierten Schwangerschaft überrascht. Sie war zunächst niedergeschlagen, wurde dann wütend, fand die Situation schließlich "erheiternd". Während der Schwangerschaft bekam sie Masern, verwechselte diese mit Röteln und fürchtete schlimme Folgen für das Kind.

"Um die Zeit der ersten Wehen zu überbrücken" hatte sie sich in der Nacht vor Ellys Geburt das Requiem von Brahms angehört (S. 28). Das Kind sollte wenigstens ein Junge werden, ein Junge, "für den man größere Träume träumen kann." Irrtümlich von der Hebamme als prächtiger Junge deklariert, war es eine große Enttäuschung, daß es ein Mädchen war, "ein gesundes, wohlgestaltetes Kind, *außergewöhnlich* nur darin, daß sie Tag und Nacht *schrie*, weil sie Koliken plagten" (S. 19). Es erscheint mir fraglich, ob die Diagnose Kolik stimmt oder ob es eine verdinglichende Zuschreibung ist auf die Reaktion eines Kindes, dessen Mutter sehr gut Daten registrieren und Folgerungen daraus ziehen kann, aber offenbar nicht in der Lage ist, die diffusen Äußerungen des Kindes zu verstehen, sich auf den Austausch mit ihm einzustellen.

In der Familie sucht man auf die immer wieder gestellte Frage, wann der autistische Rückzug des Kindes begonnen hat, eine Antwort zu finden. Man darf annehmen, daß das Geschrei des Kindes nicht nur auf die Kolik zurückzuführen ist bzw. daß die Koliken Folge eines allgemeinen Unbehagens sind. Wir wissen nicht genau, welchen Charakter das Schreien hatte, das dann plötzlich wie eine Dreimonatskolik aufhörte. Denn auch Koliken entstehen nach Spitz (1967, S. 230 ff.) dann, wenn überbesorgte Mütter die Signale der Kinder mißverstehen, sie füttern anstatt ihnen zu helfen, Spannungen abzuführen.

Ich vermute, daß die Mutter hier einseitig Wehgeschrei feststellte, die Wut nicht heraushörte und nicht bemerkte, wie das Kind aus Resignation und aus panischer Angst vor der Überwältigung durch die Wut und vor ihren Folgen sich aus dem Dialog, aus jeder auf Emotionen basierenden Kommunikation zurückgezogen, das heißt sich nicht auf eine keimende Beziehung zwischen Selbst und Objekt eingelassen hat, weder auf Identität ausbildet, noch auf Befriedigung ausgeht, ein Selbst in seinem Leben auch nicht ansatzweise ins Spiel bringt, nicht einmal ein "falsches Selbst". Die Vermutung dieser Genese findet ihre Bestätigung in einem späteren Ereignis, bei dem sich dieser Vorgang quasi im Zeitraffer wiederholte und wonach Elly sich dann offenbar endgültig zurückzog.

Sie hatte mit siebzehn Monaten gelernt, Treppen hinaufzukrabbeln, vergaß dies wieder, lernte es dann nach Monaten erneut, wie auch das Hinunterkrabbeln, jedoch fixiert auf die Treppe im Elternhaus. Als sie über zwei Jahre alt war, trugen sie die Eltern im Haus von Freunden "die Treppe hinauf und ließen sie auf halber Höhe stehen" (S. 41). Die Mutter stand unten und wollte sie bewegen, allein herunterzukommen. Elly begriff die Situation sofort. "Sie quengelte wohl gelegentlich oder weinte auch einmal laut, wenn ihr etwas weh tat, aber nie heftig und lange. Bei dieser Gelegenheit aber weinte sie herzzerreißend, verzweifelt, zornig, tief aus dem Innern heraus, wohin wir nie vordrangen" (S. 41). Der "Originalvorfall" hat sich noch einmal dramatisch dargestellt: das Kind fühlt sich allein gelassen, unfähig etwas zu bewirken und gibt auf. Der Ausbruch seiner verzweifelten Wut in dieser Szene hat beide, Mutter und Kind, so erschreckt, daß er sich nicht mehr wiederholen darf.

123

Die Schilderung dieser autistischen Entwicklung sollte paradigmatisch sein für andere "leichtere" Formen des Rückzugs aus Angst vor der narzißtischen Wut, vor der eigenen explosiven Destruktivität.

"Alle schwergestörten Kinder sind unfähig zu zielgerichtetem Handeln oder jedenfalls zu einer Form von Aktivität, die ihnen bringt, was sie wollen. Zugleich erleben sie eine explosive Wut, meist ohne spezifischen Inhalt, und eine totale Abwehr dagegen, auszudrücken, was die Wut oder jedes andere Gefühl überhaupt ausgelöst hat - weil sie sicher sind, daß es niemals eine befriedigende emotionale Antwort darauf gibt" (Schmauch 1975, S. 45/46 zu Bettelheim 1967, S. 54).

Andere Folgen narzißtischer Kränkung und Wut finden wir bei Kindern, die in einem anderen, Schutz und Versorgung versagenden Milieu mit unzuverlässigen, wechselnden Bezugspersonen leben müssen. Es handelt sich um Kinder, deren Mütter aufgrund eigener früher Deprivation und schlechter Lebensbedingungen sich weder empathisch auf sie einstellen können, noch die Aktivität zu jener gesellschaftskonformen Leistung aufbringen bzw. durch Krankheit, Arbeit, Gram, Sucht etc. daran gehindert sind, einem Kind schon Ernährung und körperliche Pflege ausreichend zu gewähren. In diesem Milieu findet das Kind nicht einmal minimal Schutz, Austausch, affektive Entlastung, oft auch keinen Schutz vor Durchbrüchen der Reizschranke in enger Wohnung und nicht selten gegen es gerichteten Wutreaktionen. Im Gegensatz zu dem gestörten "bürgerlichen" Kind erlebt es also nicht, daß jemand für es da ist. Ihm werden kaum Gratifikationen zuteil d. h. Ermunterungen zu wachsenden Ichleistungen, die als "gutes Produkt" von der Mutter gewertet werden könnten, es erlebt die Mutter nicht einmal als zuverlässig in ihrer physischen Anwesenheit und Fürsorge.

In der Folge davon haben diese Kinder eigentlich nichts zu verlieren. Sie brauchen keine Angst zu haben, eine Mutter zu vernichten, auf die sie angewiesen sind. Für sie existiert die "gute Mutter" kaum. Anders als in "bürgerlichen" Kreisen wird im Milieu dieser Kinder Wut nicht diskriminiert. Sie erleben sie vielmehr als gängige Kommunikationsform sich selbst oder anderen gegenüber. Für sie ist Wut nicht nur eine unmittelbare Reaktion auf frühe kränkende Erfahrung der Ohnmacht, sondern wird ihnen als gängiges Verhaltensmuster ständig präsentiert.

Während das gestörte "bürgerliche" Kind die Fähigkeit gewinnt, sich eigene Omnipotenz in der Phantasie auszumalen, sprachlich wie durch kompetente Handlungen, durch besondere Leistungen darzustellen, fehlt dies dem sozial benachteiligten Kind, das weder entsprechende Vorbilder erlebt, noch Anreize erhält, um trotz brüchiger und versagender Harmonie mit der Mutter Vorstellungen, Sprache, Eigenaktivität auszubilden. Ihm bleibt als einzige Möglichkeit, sich mit Hilfe seiner unstrukturierten, chaotischen Wut groß zu machen, mit Schreien, Toben und wilder Gewalttätigkeit, d. h. mit primitivem Terror Macht zu suchen, das Objekt zu beherrschen.

Besonders gravierend ist, daß diese Kinder der ständigen Abwertung ausgeliefert sind, die ihre Eltern objektiv oder subjektiv beim Umgang mit Menschen außerhalb ihrer Familie, ihres Randgruppenghettos - am Arbeitsplatz, bei Begegnungen mit Ämtern - erleben und die sie an ihre Kinder weitergeben, die einzigen, denen sie noch eine zweifelhafte Überlegenheit demonstrieren können. Die Kinder sind zudem den Diffamierungen von draußen ausgesetzt. So wird die Urkränkung immer wieder aktualisiert. Vor ihr soll die in diesem Milieu häufig anzutreffende apathische Indolenz schützen, aber auch jener merkwürdig anmutende Stolz, selbst im tiefsten Elend niemand zu brauchen, ebenso wie der Versuch, durch Streunen in philobatischer Weise (vgl. Hirmke 1983) in grenzenloser Weite zu leben, dabei mit Alkohol Wohlbehagen zu erzeugen und sich so zugleich im Einklang mit der Welt (d. h. der Mutter) zu fühlen. Diese Entwicklung ist aber verhältnismäßig harmlos gegenüber der Sucht, sich mit Wut und Racheimpulsen selbst großartig zu sehen. Was in der "bürgerlichen" Sozialisation als böse und gefährlich abgespalten und auf äußere Objekte projiziert oder auf das verinnerlichte Objekt gerichtet werden kann, wird zum Agieren eigener Größe benutzt, einer "Omnipotenz des grandiosen Selbst, das darauf beharrt, das Selbst-Objekt völlig zu beherrschen" - wie man es mit einer Formulierung Kohuts (1973, S. 551) ausdrücken kann.

In seinem Abschnitt über die chronische narzißtische Wut hat Kohut zweifellos die "bürgerliche" Persönlichkeit im Auge, bei der die frühe Kränkung unbewältigt bleibt oder immer wieder hervorgerufen wird. Denken und Handeln werden in den Einflußbereich archaischer Aggressionen gezogen, werden der alles überflutenden Wut untergeordnet. Aber Denken und Handeln sind immerhin ausgebildet. Nachdem sich das archaische Objekt als nicht verfügbar erwiesen hat, wird die Denkfähigkeit dazu benutzt, unter der treibenden Kraft narzißtischer Wut einen Zustand von grandioser Allmacht herzustellen und zu rechtfertigen. Im Endeffekt kann das der narzißtischen Wut verfallene Ich anfänglich begrenzte und vereinzelte Racheakte zu Feldzügen organisieren, "die als Ausdruck einer endlosen Rachsucht mit endloser Leidenschaft in Gang gehalten werden". Kohut hat hier offenbar Personen wie Hitler und politische Terroristen im Auge, die über eine erworbene Kompetenz verfügen, ihre von narzißtischer Wut und Rache motivierten Taten (Kriege, Terrorakte) erstens zu bedenken und bewußt strategisch einzusetzen und zweitens sie zu rechtfertigen. Wer über eine plausible, mit herrschenden Vorstellungen in der Gesellschaft übereinstimmende Begründung für die Organisation seiner wutgespeisten Racheakte liefert, braucht sich seiner Wut nicht zu schämen, er wird vielmehr noch als Held, Führer und Retter gefeiert, da er die Wut zum Ausdruck bringt und Rache übt, die andere erst wagen, wenn er sie mitreißt und zu diesen Handlungen legitimiert. Das archaische Objekt, auf das man sich bei aller Demütigung angewiesen fühlt, bleibt unangreifbar, ja es wird als Heimat, Vaterland, Partei noch glorifiziert und "verteidigt" (vgl. Leber 1979 und 1983).

Hier sehe ich einen Gegensatz zu sozial Benachteiligten, die kaum Gelegenheit hatten zu lernen, ihre Aktivität zu überdenken und zielgerecht zu verwenden. Sie sind dem Gesetz des Augenblicks unterworfen, d. h. sie handeln nicht, sie reagieren unmittelbar, wenn sie sich provoziert fühlen. Sie sind stärker dem Primärprozeß unterworfen. Ihre durch Wut und Terror demonstrierte "Größe" basiert weder auf einer Handlungskompetenz noch auf Planung und (schein-)rationaler Begründung. Weder motorische Fähigkeiten noch Sprache und Denken sind adäquat ausgebildet und können so auch nicht politisch eingesetzt werden, wie dies die Studenten, die 1969 solche Jugendliche übereilt politisch aktivieren wollten, schmerzlich erfahren haben. Der Terror dieser Gruppe wird nicht in Zusammenhang mit bestehenden Verhältnissen gebracht. Er ist scheinbar grundlos und damit unpolitisch und ahistorisch.

Sozial Benachteiligte sehen sich nicht veranlaßt, ihre spontanen Wutreaktionen und Racheakte zu rechtfertigen. Dies würde eine relativ gute Ich-Entwicklung voraussetzen, wie auch die Entwicklung von Scham in Bezug auf

Wut. Wie ich oben zu begründen versuchte, ist Wutreaktion aber ein gruppenkonformes Verhalten. Die Wutreaktionen in diesen Kreisen bleiben trotz ihrer archaischen Dimension einer breiteren Öffentlichkeit oft verborgen, weil sie sich innerhalb der Familie oder innerhalb der Mauern des Ghettos abspielen, wo sich selbst bei gefährlicheren Prügeleien - weil für sie an der Tagesordnung und im Grunde unbeeinflußbar - die Polizei heraushält. Was die sozialtherapeutische Arbeit mit aggressiven Kindern dieser Gruppe so schwer macht, ist, daß sie keine Scheu haben, Erwachsene, d. h. vor allem ihre Betreuer tätlich anzugreifen, wodurch diese immer wieder erschüttert und verunsichert werden. Für solche Kinder sind die Betreuer nicht nur Repräsentanten der versagenden "bösen" Mutter. Ihre tolerante Haltung wird als Schwäche aufgefaßt, und am Schwächeren können sich eben erfahrungsgemäß die Aggressionen entladen.

Um den Ansatz der Entwicklung eines Menschen dieser Personengruppe zu skizzieren, greife ich auf ein Beispiel von Julia Schwarzmann zurück, wo sie beschreibt (1971, S. 36), wie das in dem Buch Anna genannte Kind von seinen Eltern schon als Säugling in den ersten Lebenswochen und -monaten unversorgt allein zu Hause gelassen wurde, während die Eltern Gaststätten aufsuchten. Das Kind schrie, ja brüllte so laut und so lange, bis die in ihrer Nachtruhe gestörten Nachbarn die Polizei alarmierten. Die Mutter beklagt noch nach zwanzig Jahren den Ärger, den ihr Anna als Baby bereitet habe, indem sie ihr ihre abendlichen Vergnügungen mißgönnte. Schwarzmann gibt (S. 38) einen Bericht der Mutter wörtlich wieder:

"Und dann als Anna so zwei Jahre alt wurde und man hätte denken können, daß sie mir weniger Arbeit machen, nicht mehr Bett und Hosen nässen würde, ging der Tanz erst recht los. Wenn ich sie auf den Topf setzte und ihr befahl, ihr Geschäft hineinzuverrichten, schaute sie mich bloß trotzig an und stand immer wieder auf; kurz danach hatte sie die Hosen voll, und ich konnte mit Waschen der Windeln und Hosen von vorne anfangen. Da habe ich sie tüchtig durchgeprügelt und das hat genützt. Sie hörte auf zu nässen und mit Kot zu schmieren. Aber dann wurde sie plötzlich vertrotzt und verstockt. So mußte ich ihr wieder handfest den Meister zeigen (mit entsprechender Handbewegung)".

Man kann sich vorstellen, wie dieses "Spiel" zwischen "böser Mutter" und "bösem Kind" im Wechsel von Kränkung und Rache unter dem Motto "wer beherrscht wen" endlos, eskalierend und auf andere übergreifend - generalisierend - weiterging. Aber das ist nur eine Seite. Diese Kinder müssen sich permanent an der "bösen Mutter" rächen; solange sie sich aber noch nicht mit dem Panzer der Indolenz umgeben und noch nicht ganz in der Rache aufgehen, suchen sie fortwährend nach der "guten Mutter". Haben sie nun jemand gefunden, der auf ihren Appell: "Sei meine gute Mutter" eingeht, klammern sie sich an ihn, folgen ihm, erwarten von ihm die Erfüllung ihrer elementaren Wünsche und ihrer Sehnsucht nach symbiotischem Austausch (vergl. Bowlby 1959, S. 415 - 456).

Die Anforderung an den Betreuer ist, sich darauf ganz einzustellen, aber auch die Wutreaktionen auszuhalten, wenn die böse, frustrierende Mutter im Alltag auf ihn übertragen wird. Es gilt einerseits die "gute Mutter" für eine Grundbeziehung darzustellen und dennoch auch in der Übertragung als "böse Mutter" erlebt und mit Wut und Haß überschüttet zu werden. Ich habe auch gesehen, wie von solchen Kindern empathischen Betreuerinnen gegenüber allmählich eine relativ wutfreie, die Ich-Entwicklung fördernde Beziehung entstand, während andere noch als "böse Mutter" herhalten mußten. Es gilt einerseits die "gute Mutter" für eine Grundbeziehung darzustellen und dennoch auch in der Übertragung als "böse Mutter" erlebt und mit Wut und Haß überschüttet zu werden. Ich habe auch gesehen, wie von solchen Kindern empathischen Betreuerinnen gegenüber allmählich eine relativ wutfreie, die Ich-Entwicklung fördernde Beziehung entstand, während andere noch als "böse Mutter" herhalten mußten. Es kommt allerdings zur Katastrophe, wenn eine schließlich als gute Mutter angenommene Bezugsperson, um derentwillen Entwicklung riskiert wird, durch Urlaub oder Krankheit ausfällt. Dann bricht alle Wut in einem unbeschreiblichen Terror von neuem aus. In jedem Fall würden sich die sozialtherapeutischen Zukunftschancen erhöhen, wenn es gelänge, so früh als möglich anzusetzen, "hinter" die narzißtische Kränkung vorzudringen und von da eine neue Entwicklung einzuleiten. In der Arbeit von M. Schäfer "Musiktherapie als Heilpädagogik" scheint ein solcher von psychoanalytischer Einsicht getragener Ansatz gefunden zu sein, wo über die Beziehung zur Heilpädagogin z. B. mit Hilfe von Klangreizen regressiv eine frühe - symbiotische - Interaktion auflebt als Verständigungsbasis, von der aus neue Bildungsschritte (im Sinne der Ich-Entwicklung) angebahnt werden können, natürlich nur im Zusammenhang mit einer Konsolidierung und Verbesserung der gesamten Lebensbedingungen.

Der Kontakt mit dieser Personengruppe ist immer schon erschwert durch der bürgerlichen Sozialisation entstammende affektive Vorurteile, Projektionen und Angst. Welche Angst erleben z. B. viele Studenten bei der Teilnahme an einer Bewohnerversammlung in einer Notunterkunft, wenn dort eine gereizte Stimmung herrscht und es zu heftigen Auseinandersetzungen kommt? Was bedeutet die Entrüstung, wenn von "Rabenmüttern" berichtet wird, die ihre Kinder schlecht versorgen und verprügeln? Wird da nicht die "böse Mutter" aus dem eigenen Kreis verbannt und die "gute Mutter" aufgewertet? Warum interessieren wir uns heute so für Randgruppen? Zeigen sie nicht Verhaltensweisen, die wir uns aufgrund unserer "guten Kinderstube" nicht gestatten können? So spannen wir sie selbst in unseren wohlmeinenden Rehabilitationsbemühungen vielleicht vor den Karren unserer unbewußten Wünsche.

Ich möchte abschließend noch durch ein Beispiel die "Interaktion" zwischen "bürgerlichen" und "asozialen" Gruppen aufhellen und damit zeigen, welche Art Aufklärungsarbeit erforderlich ist. Ein Student beobachtete als Betreuer in einem Ferienlager, wie ein bürgerliches Kind Sympathien für ein etwas jüngeres aus einer sozialen Randgruppe entwickelt. Es geht auf dieses Kind zu und redet gewandt und wortreich auf es ein. Das Kind aus der Randgruppe versteht aber gar nicht, was das andere Kind ihm sagen will, fühlt sich "überfahren" und gekränkt und schlägt es. Das bürgerliche Kind ist verblüfft und ratlos über diese Reaktion auf seine Annäherung. Der beobachtende Student findet es großartig, wie sich das jüngere Kind "wehren" und "behaupten" kann. Er unterstellt dem jüngeren Kind die Durchsetzungsfähigkeit, die ihm fehlt, merkt aber nicht, daß es eine verzweifelte sprachlose Reaktion auf erfahrene Hilflosigkeit und Kränkung zeigt. (vgl. Leber/ Bienussa/ Steuck 1979)

In psychoanalytischen Projektseminaren mit Studenten, die mit Kindern und Jugendlichen aus Randgruppen arbeiten, können solche Mißverständnisse häufig aufgedeckt werden. Es erscheint unumgänglich, sie zu klären und die eigene sozialisationsbedingte "Gegenübertragung" zu erkennen, um hellhörig zu werden für das, was uns sozial Benachteiligte von sich mitteilen.

Zusammenfassung

"Bürgerliche" und subproletarische, sozial benachteiligte Kinder unterscheiden sich u. a. in der Äußerung von Wut; erstere drücken sie mehr in versteckter Form, z. B. in Krankheit oder Lernstörungen aus, letztere unverhüllt. Dies wird mit der Präsenz der Bezugspersonen und mit der gesellschaftlich bedingten, milieuspezifischen Einstellung zur Aggresivität in Verbindung gebracht.

Die von Kohut beschriebene, "narzißtische Wut" als Folge von Kränkung wird auf die frühe Mutter-Kind-Einheit bezogen, in der sich das Kind als Mittelpunkt eines für allmächtig gehaltenen Systems erlebt. Wenn die Mutter durch ihre Anwesenheit und ihre Empathie für das Kind verfügbar ist, wird sie diese Illusion zunächst nähren, gleichzeitig aber die allmähliche Anerkennung der "Realität" über die Vermittlung von Beziehung und Eigenkompetenz fördern. Je krasser ein Kind ohne diese Vermittlung den Sturz in die Ohnmacht erfährt, umso stärker ist die Kränkung und die ihm folgende Wut. Während "bürgerliche" Kinder sie gar nicht erst aufkommen lassen dürfen, wird sie von sozial benachteiligten, die ja nichts zu verlieren haben, ausagiert und als das ihnen verfügbare Machtmittel eingesetzt.

Bürgerliche Betreuer und Therapeuten verkennen leicht die Reaktionsweisen sozial Benachteiligter aus ihrer sozialisationsbedingten "Gegenübertragung". In der Therapie muß die Kränkung überwunden und ein Ansatz "hinter" (d. h. lebensgeschichtlich vor) der Urkränkung gefunden werden.

Literatur

Argelander, H. (1971): Ein Versuch zur Neuformulierung des primären Narzißmus. In: Psyche XXV/5
Autorengruppe Abenteuerspielplatz Märkisches Viertel (1973): Abenteuerspielplatz wo verbieten verboten ist. Reinbek
Balint, M. (1970): Therapeutische Aspekte der Regression. Die Theorie der Grundstörung. Stuttgart
Bettelheim, B. (1967): The Empty Fortress. New York
Bigras, J. (1975): Gute Mutter - Böse Mutter. München
Bowlby, J. (1959): Über das Wesen der Mutter-Kind-Bindung. In: Psyche XIII/7
- (1975): Bindung - Eine Analyse der Mutter-Kind-Beziehung. München
Freire, P. (1973): pädagogik der unterdrückten - bildung als praxis der freiheit. Reinbek (Stuttgart 1971)
Habermas, J. (1968): Thesen zur Theorie der Sozialisation - Stichworte und Literatur zur Vorlesung im Sommer-Semester 1968
Henseler, H. (1973): Zur Entwicklung und Regulation des Selbstwertgefühls (Die psychoanalytische Theorie des narzißtischen Systems). In: Psychoanalytische Entwicklungspsychologie (Hrsg. Dieter Ohlmeier). Freiburg
Hirmke, V. (1983): Er fürchtet sich vor dem schwarzen Mann. In diesem Band
Kernberg, O. F. (1975): Zur Behandlung narzißtischer Persönlichkeitsstörungen. In: Psyche XXIX/10
Kohut, H. (1973): Überlegungen zum Narzißmus und zur narzißtischen Wut. In: Psyche XXVII/6
Leber, A. (1979): Terror, Teufel und primäre Erfahrung. In diesem Band
Leber, A. (1983): Frühe Erfahrung und späteres Leben. In diesem Band

Leber, A./ Bieniussa, P./ Steuck, Ch. (1979): Lernprozesse bei der Arbeit mit sozial benachteiligten Kindern. In diesem Band

Lorenzer, A. (1972): Zur Begründung einer materialistischen Sozialisationstheorie. Frankfurt

Mahler, M. S. (1972): Symbiose und Individuation. Bd. 1: Psychosen im frühen Kindesalter. Stuttgart

Park, C. C. (1973): Eine Seele lernt leben. Bern und München

Piaget, J. (1972): Sprechen und Denken des Kindes. Düsseldorf
 - (1975): Der Aufbau der Wirklichkeit beim Kinde. Stuttgart

Redl, F. und Winemann, D. (1970): Kinder die hassen. Freiburg

Rosenfeld, H. (1971): Beitrag zur psychoanalytischen Theorie des Lebens- und Todestriebes aus klinischer Sicht. Eine Untersuchung der aggressiven Aspekte des Narzißmus. In: Psyche XXV/6/7

Schäfer, M. (1976) Musiktherapie als Heilpädagogik. Frankfurt ³ 1979

Schmauch, U. (1977): Ist Autismus heilbar? Zur Psychoanalyse des frühkindlichen Autismus. Frankfurt ³ 1981

Schwarzmann, J. (1971): Die Verwahrlosung der weiblichen Jugendlichen - Entstehung und Behandlungsmöglichkeiten. München/ Basel

Spitz, R. A. (1967): Vom Säugling zum Kleinkind - Naturgeschichte der Mutter-Kind-Beziehungen im ersten Lebensjahr. Stuttgart

Winnicott, D. W. (1974): Reifungsprozesse und fördernde Umwelt. München

Aloys Leber

Terror, Teufel und primäre Erfahrung

Was ist Terror?

Ohne späteren Überlegungen zur Sozialisation von Terroristen und Teufelsbesessenen vorzugreifen, versuche ich beschreibend die Frage zu beantworten, was wir damit meinen, wenn wir etwas als Terror bezeichnen. Wir erleben uns terrorisiert, wenn wir uns gezwungen sehen, uns so zu verhalten, wie es sich andere vorstellen, wenn wir uns ihrem Willen, ihrer Absicht unterwerfen müssen, ohne daß auf unsere Belange, unsere Situation, unsere eigenen "Rechte" Rücksicht genommen wird. Terroropfer fühlen sich gedemütigt und wie eine unbedeutende Sache behandelt. (Beim Abfassen dieser Beschreibung drängt sich mir die Frage auf, wie viele Kinder sich von klein auf terrorisiert fühlen müssen. Doch hatte ich mir vorgenommen, darauf erst später einzugehen.)

Die Anwendung physischer, destruktiver Gewalt, um andere - größere Gruppen, ein ganzes Gemeinwesen - unter Kontrolle und Verfügbarkeit zu bringen, die Opfer zu quälen und zu demütigen, ist heute ein um sich greifendes Phänomen, das wir gerade auch im Hinblick auf solches Verhalten begünstigende Sozialisationsbedingungen in frühester Kindheit untersuchen müssen. Ich möchte zeigen, wie Terror als eine Reaktion auf früh erfahrene Enttäuschung und Gewalt entsteht.

Beobachten wir einen zwei- bis dreijährigen Trotzkopf, so sehen wir, daß er mit seinem Wutanfall zu erzwingen versucht, was er im Sinn hat. Er empfindet es als Beleidigung, wenn er Anweisungen Erwachsener strikt befolgen soll. Es fällt ihm schwer, die Grenzen des Möglichen und den Zwang des Notwendigen anzuerkennen. Mit dem Trotzanfall hat er eine Waffe gefunden, um Erwachsene zu erpressen. Von ihm her gesehen ist es Gegenterror, weil er sich Vorstellungen und Anweisungen anderer fügen soll, die er nicht begreift. Mit seinem Trotz erweist er sich mitunter als stärker als die Erwachsenen, von denen er sich beherrscht fühlt.

Ich habe viele Jahre in einem Heim mit verhaltensgestörten Kindern gearbeitet, die ihre Kindheit unter schwersten Frustrationen, Beeinträchtigungen und auch Mißhandlungen verbracht hatten. Viele von ihnen waren von der Vorstellung besessen, daß das, was sie im Augenblick verlangten - sei es eine besondere Aufmerksamkeit, sei es, daß sie etwas Bestimmtes haben oder tun wollten - sofort erfüllt werden mußte. Geschah dies nicht, gerieten sie nicht nur in Wut, sondern sie versuchten, es mit Schreien, Toben und tätlichem Angriff zu erzwingen. Es konnte vorkommen, daß ein kindlicher "Terrorist" durch seine enorme Aggressivität oder durch sein Mitreißen der übrigen Kinder das gesamte Heim zu beherrschen drohte.

Ich habe anderenorts (vgl. Leber 1957) einen achtjährigen Jungen beschrieben, der sich auf die Treppe stellte und aus Leibeskräften schrie, bis alle Heimbewohner zusammenströmten und die Erwachsenen sich um ihn bemühten. Im Rückgriff auf das Geschrei eines Babys wie auch durch Einkoten und die Verweigerung schulischer Mitarbeit erkämpfte er sich eine illusionäre Eigenmacht und die Rache für das, was man ihm mit der Verlegung in eine unvertraute, fremde, als feindselig erlebte Umgebung angetan hatte.

Das Rachemotiv im Terror wird an folgendem Beispiel noch deutlicher: Ich habe einmal mit Studenten, die mit Kindern aus randständiger Bevölkerungsschicht Gruppennachmittage durchführen, eine schwierige Situation besprochen, in die einige von ihnen mit den Kindern geraten waren. Diese brachen für die Studenten und die hauptamtliche Mitarbeiterin plötzlich, völlig überraschend und ohne ersichtlichen Grund in heftige Aggressionen aus, bei denen die Betreuer beschimpft und körperlich angegriffen wurden. Die Studenten verstanden nicht, wie es zu diesem Eklat gekommen war und was die Kinder damit bezweckten. Ich fragte, was jenem Ausbruch vorausging, da ich der Auffassung war, daß es doch einen Anlaß gab. Es mußte etwas sein, was von den Betreuern als geringfügig eingeschätzt wurde, während es für die Kinder große Bedeutung hatte. Bei der gemeinsamen Erinnerung, was sich an jenem Nachmittag bei der Zusammenkunft mit den Kindern abgespielt hatte, kristallisierte sich allmählich heraus, daß die Hauptbetreuerin gerade abwesend war. Die Studenten waren den Kindern noch wenig vertraut. Für ihre Zusammenkünfte wurde der Gruppe der Gymnastikraum einer Kindertagesstätte zur Verfügung gestellt. Vom Personal der Tagesstätte war diese Gruppe nur geduldet. Es wurde ihr auferlegt, im Anschluß an ihre Spielstunden wieder säuberlich aufzuräumen, worauf mit einer gewissen Überheblichkeit streng geachtet wurde. An jenem Tag hatten sich die Kinder aus Decken und Stühlen eine Hütte gebaut, in der sie zufrieden spielten. Im Hüttenbau versuchten sie, sich selbst eine schützende Situation zu schaffen, in der sie die Abwesenheit der gewohnten Betreuerin kompensieren konnten. Es stellte sich heraus, daß es zu dem erwähnten Aggressionsausbruch kam, als aufgeräumt wurde und die Kinder auch ihre Hütte abbauen mußten. Während die Erwachsenen dies kaum beachteten, waren die Kinder gezwungen, etwas für sie in diesem Augenblick ungeheuer Wichtiges, das ihnen half, die für sie sehr frustrierende und schwer zu ertragende Abwesenheit der vertrauten Person zu bewältigen, zu zerstören. Mit dem Abbruch der Hütte waren sie wieder ihrem Gefühl der Verlassenheit und damit der Ohnmacht ausgeliefert. Sie gerieten darüber in unbändige Wut und griffen die Betreuer aus "Rache" und mit der Intention an, sie zu zwingen, ihnen die "Behausung" wieder herzustellen. Wir werden hernach noch genauer herauszuarbeiten haben, in welchem Zusammenhang mit primärer Erfahrung solcher Terror steht.

Neben offenem, spontanem Terror begegnen wir im Alltag auch dem als Krankheit oder Unfähigkeit getarnten. So konnte ein Kind mit seiner Angst auf die Straße zu gehen eine ganze Familie zwingen, ihm zu willen zu sein, sich strikt nach ihm zu richten. Die Angehörigen mußten fast immer zu Hause bleiben, ihm zur Hand gehen und konnten nicht mehr verreisen. Sie waren in ihrem Leben sehr eingeengt und mußten sich ganz auf die "Patientin" einstellen.

Eine Analysandin sagte mir, sie sei von den Aktionen der Terroristen sehr betroffen, weil sie sehe, daß die offen täten, was sie nur phantasieren könne und mit ihrem ständigen Nörgeln, ihren Wutausbrüchen, ihren Heulszenen im familiären Kreis zu erreichen trachte.

Der politische Terror, wie wir ihn in jüngster Zeit erlebt haben, unterscheidet sich von den bisher beschriebenen Formen dadurch, daß er globale Ziele hat, sich gegen den Staat, die Gesellschaft im ganzen wendet und sich Repräsentanten von großem Einfluß sucht, in Generalbundesanwalt Bubak einen, der als oberster Ankläger ihr Tun zu ahnden hatte. Es sind mächtige Repräsentanten, die nicht einer fremden, sondern der eigenen bürgerlichen "Klasse" angehören und ihre Väter sein könnten. Susanne Albrecht, die an der Ermordung des Vorstandsvorsitzenden der Dresdner Bank Jürgen Ponto beteiligt war, ist die Tochter eines Freundes von ihm, den sie selbst Onkel nannte. Auch ihr Vater ist eine sehr angesehene einflußreiche Persönlichkeit. Wie es von Salewski und Lanz (vgl. 1978, S. 132 f.) beschrieben wird, hatte sie sich ihren Vater zum Vorbild genommen. Später versuchte sie sich mit ihm zu messen. Der Vater soll sie irgendwann enttäuscht haben. Vielleicht hat der Mord an Jürgen Ponto eigentlich ihm gegolten.

Für die "Rote-Armee-Fraktion" steht von vornherein fest, daß dieses "System" nur durch eine gewaltsame Revolution beseitigt werden kann, wie es Frank Dingel meint. Und er fährt wörtlich fort: "Denn die Auseinandersetzung mit und die Revolte gegen die eigenen Eltern, die ja als Richter, Rechtsanwälte, Staatsbeamte zu wichtigen Funktionsträgern des Staates gehören, hat gezeigt, daß 'im Guten' nichts zu erreichen ist" (1977, S. 87). Es muß auch für sie einen Anlaß geben, der dem Abbruch der Hütte bei jenen Kindern entspricht und bei ihnen die Anwendung destruktiver Gewalt provoziert.

Leider hatte ich bisher keine Möglichkeit, dem unmittelbaren Anlaß zum terroristischen Verhalten bei Einzelnen nachzugehen. Wir können nur vermuten, daß es z.T. individuelle Anlässe, die aber im allgemeinen assoziiert sein können, in jedem Fall gibt. Bei Hitler, den ich in diesem Zusammenhang als politischen Terroristen sehe, können wir den Anstoß zu seinem Terrorverhalten in etwa rekonstruieren. Die eigene schlimme, demütigende Lage, nachdem er den Soldatenrock ausgezogen hatte, verband sich mit der "Schmach" des verlorenen Krieges und des Versailler Vertrags - "Da beschloß ich Politiker zu werden" (vgl. Leber 1983).

Die politischen Terroristen unterscheiden sich von denen, die im kleinen Kreise Terror üben, indem sie bewußt geplant und strategisch gekonnt sich erpresserisch und destruktiv betätigen und für diese Tätigkeit eine Begründung haben, die ihr große politische Bedeutung verleihen soll. Was den Zeitgenossen an den Terroristen besonders ärgert, ist ihr Anspruch, "die Welt habe sich nach ihren Vorstellungen und nach nichts anderem zu richten", wie es Horst Schlitter in einem Leitartikel der Frankfurter Rundschau vom 10. 5. 1978 formuliert. Sie verfolgen ihre Ziele ohne Rücksicht auf menschliche Belange und Gefühle anderer, auch solcher, die der Klasse angehören, in deren Interesse sie stellvertretend zu "kämpfen" behaupten. Wie es Franz Wördemann beschreibt, ist "Terrorismus eine Weise der Aggression, die darauf zielt, in den Angegriffenen einen Zustand der Angst, Nervosität, Hysterie hervorzurufen, der die Angegriffenen zur Änderung ihres Verhaltens veranlassen soll; und zwar soll die Gemeinschaft der Angegriffenen verleitet werden, für den und anstelle des Terroristen das zu tun, was der Terrorist aufgrund seiner Schwäche nicht unmittelbar erreichen kann" (1977, S. 59). Zu fragen ist, inwieweit und in welcher Weise diese "Schwäche" für sein Handeln eine Rolle spielt.

Ob Terror sich politisch aufwertet und rational verteidigt, ob er in blinden Aktionen als dissoziales Verhalten erscheint oder als Krankheit getarnt, an welcher der "Patient" selbst unschuldig ist - in jedem Fall besteht keinerlei Empfinden dafür, wie die Opfer leiden, stattdessen ungeheure Befriedigung, sie sich mit brutaler oder sanfter Gewalt gefügig zu machen.

Was ist mit dem Teufel gemeint?

Zunächst kam es mir darauf an, das Phänomen Terror zu beschreiben. Was nun mit dem Teufel gemeint ist, läßt sich sehr viel schwerer ermitteln, da er nicht eine Eigenart des Verhaltens, sondern eine religiöse - besser eine mythische - Vorstellung ist. Was als Teufel, Versuchung durch den Teufel, Teufelsbesessenheit bezeichnet wird, muß noch herausgestellt werden. Nach christlicher Legende (vgl. Kasper 1978, S. 56; Corte 1962, S. 5 f.) hat Gott lange vor Erschaffung der Welt und des Menschen "Engel" als reine Geistwesen, die ihn "verherrlichen" und als seine Boten fungieren, geschaffen und mit freiem Willen ausgestattet. Luzifer, der oberste der Engel, und mit ihm verbundene wurden zu Widersachern Gottes. Sie versuchten, ihn zu stürzen und sich an seine Stelle zu setzen. Aber die guten gottestreuen Engel - an ihrer Spitze Michael - kämpften mit ihnen, besiegten sie und stürzten sie in die "Hölle". Aus dieser "Hölle" heraus haben sie die "Macht", die Menschen in "Versuchung zu führen", daß auch sie sich über Gott zu erheben trachten. Der Sündenfall der "Stammeltern" mit der folgenden Vertreibung aus dem "Paradies" ging auf eine solche Versuchung durch die Schlange, d. h. den Teufel zurück, indem er den ersten Menschen vorgaukelte, wenn sie von der verbotenen Frucht essen würden, hätten sie "Erkenntnis" und wären Gott gleich.

Die im Christentum geforderte "Selbstverleugnung" verlangt den Verzicht auf Eigenmachtansprüche, die der "Teufel" immer wieder provoziert, und die Unterwerfung unter den "allmächtigen Vater", um dafür an dessen "Herrlichkeit" teilzuhaben. Glauben heißt dann Anerkennung der Größe Gottes und Absage an die eigene. Jesus selbst hat bei einer Versuchung durch den Teufel in der Wüste jener Forderung vorbildhaft entsprochen (Matthäus 4, 1-11 und Lukas 4, 1-13; vgl. Haag 1977). Der Teufel beeinflußt den Menschen in dieser Vorstellungswelt nicht nur, um ihn zu verleiten, sich in seinem Sinne über Gott und dessen Willen zu erheben, sondern er ergreift auch Besitz von einigen von ihnen und zwar ausgerechnet von besonders frommen, gläubigen und tugendhaften, von solchen, die gerade nichts mehr fürchten, als sich gegen Gott zu stellen und "böse" zu sein. Bei ihnen unternimmt es ein Priester, im "Exorzismus" mit Gebet und Riten den Teufel wieder "auszutreiben". Wir konnten vor einiger Zeit über die Medien viel über eine solche sogenannte "Besessenheit" erfahren. Anneliese Michel, eine fromme, strenggläubig erzogene Pädagogikstudentin, wurde bei einer Wallfahrt angeblich vom Teufel in Besitz genommen. Während sie zeitweise völlig angepaßt war, ihrem Studium nachging, Examen und Hochzeit vorbereitete, konnte sie plötzlich in ein von ihrem bisherigen Selbstverständnis völlig abweichendes Verhalten verfallen. Sie sprach dann mit veränderter tiefer Stimme, ergoß sich dabei in blasphemischen Beschimpfungen, tobte gegen Gott, Eltern und andere Anwesende, spuckte auf Andachtsgegegenstände und behauptete "Luzifer", jener gestürzte Engel und die Dämonen "Kain" - der seinen Bruder aus Neid erschlug, weil er in besserer Beziehung zu Gott stand als er -, "Nero" und "Hitler" - grausame, zerstörungswütige Despoten - sprächen aus ihr. "Ich bin es nicht, der brüllt. Meine Stimmbänder werden benutzt, ohne daß ich etwas dagegen tun kann. Wenn das Kreuzzeichen geschlagen wird, wird das Gebrüll zwar schlimmer, aber mir persönlich geht es dabei besser.

Ich sitze wie im Hintergrund und beobachte, was draußen vor sich geht"
(Pietrek 1978, S. 3). Anneliese Michel fühlte sich vom "Teufel" gezwungen,
bestimmte sinnlose, ihr fremde und auch autoaggressive Handlungen zu vollziehen, wie z. B. mit dem Kopf gegen die Wand zu rennen, sich sonst Schaden zuzufügen und vor allem Essen zu verweigern. Sie "durfte" oft nur zu
bestimmten Zeiten Nahrung zu sich nehmen, so daß sie sagte, "schnell,
schnell, jetzt läßt er mich gerade ..."
     Anneliese Michel war offenbar an einer psychogenen Magersucht erkrankt,
die auch zu ihrem Tode führte. Eine magersüchtige Studentin, von der die
Psychoanalytikerin Emma Moersch berichtet, hatte es verstanden, ihre Umgebung mit ihrer Nahrungsverweigerung zu manipulieren (vgl. 1974). Sie
phantasierte auch von Dämonen, die wie Gestalten in Polanskis Film "Tanz
der Vampire" nachts Aktivitäten entfalten und tagsüber in Särgen schlafen.
Es besteht eine große Ähnlichkeit zwischen diesem und jenem Krankheitsbild.
So ist es sehr merkwürdig, daß in den ärztlichen Gutachten, soweit dies der
Presse zu entnehmen ist, von Epilepsie, nicht aber von psychogener Mager-
sucht oder Psychose die Rede ist.
     Betrachten wir nun die Teufelsbesessenheit näher, so zeigt sie sich als ein
weite Kreise ziehender Terror, bei dem die Person, die ihn ausübt, sich
weder hinter Krankheit verschanzt noch ihr Verhalten zu legitimieren sucht,
sondern sagt, was aus mir spricht und handelt, das bin nicht ich, das ist der
Böse (oder das Böse?) schlechthin, der Teufel, der von mir Besitz ergriffen
hat, der mich - gegen meinen Willen, gegen meine Zustimmung - zu seinem
Werkzeug macht. So bewirkt der "Teufel", daß andere beherrscht und
gequält werden. Angehörige, Pfarrer, Exorzist und viele andere standen unter
dem Bann von unbändiger Wut, von Haß und Obstruktion, die dem aus ihr
wirkenden Teufel zugeschrieben wurden.
     Allein aus der Beschreibung läßt sich ersehen, welche Verwandtschaft
Terrorismus und Teufelsbesessenheit haben. Der Terrorist ist von seiner
Idee, mit zerstörerischer, rücksichtsloser Gewalt einen Rachefeldzug zu
inszenieren und Macht an sich zu reißen, "besessen" und der Teufelsbesessene übt über den seiner Vorstellung nach ihn wirkenden Dämon Terror
aus. Wir werden noch zu untersuchen haben, inwiefern beide Phänomene
mit primärer Erfahrung zu tun haben und auf welche Weise sich frühe Interaktionsformen bilden, aus denen es später unter bestimmten Umständen
zu solchem Verhalten kommt.

Terror und Teufel am Beispiel von Dostojewskis Roman "Die Dämonen"

Vor einer Beschäftigung mit dem Charakter primärer Erfahrung scheint
es mir interessant zu sein, Dostojewskis berühmten Roman "Die Dämonen"
oder "Die Besessenen" heranzuziehen. Denn in seinem Mittelpunkt stehen
der Terrorist Peter Werschowenski und Nicolai Stawrogin, der sich vom
Teufel besessen wähnt. Peter Werschowenski erscheint als ein skrupelloser
Mensch, dem es jeglicher Einfühlung in andere und an Gespür für Situationen fehlt. Er versteht es aber, in seiner Umgebung alle Fäden in die Hand
zu bekommen und mit anderen wie mit Marionetten zu spielen. Er verschafft
sich Einfluß auf die Frau des Gouverneurs und nutzt diesen schamlos aus,
die ganze kleinstädtische Gesellschaft aus dem Hinterhalt zu manipulieren
und sie im Zusammenhang mit einem Fest durch einen von ihm inszenierten
Mord und eine Brandstiftung in totale Verwirrung zu stürzen. Das soll der
Vorbereitung eines Aufruhrs dienen. Seine Mitverschworenen beherrscht er

bis in ihr Denken und Fühlen hinein. Die Bande bietet sich ihm als ein mit seinen Plänen total übereinstimmendes Instrument an. Als ein Mitglied nicht so rückhaltlos in seine zerstörerischen Pläne einwilligt und sich zurückzieht, fühlt Werschowenski sich zutiefst beleidigt. Unter dem Vorwand, der Abtrünnige würde die Gruppe verraten, organisiert er kaltblütig dessen Ermordung. Seine Mitverschworenen zieht er in dieses Verbrechen mit hinein, um sie so nur noch fester an sich zu binden.

Dostojewski läßt deutlich erkennen, wie er die Verbindung zwischen Kränkung - Wut - Rache sieht. Bei Werschowenski kommt die Wut nicht unmittelbar zum Ausdruck. Sie ist eingebunden in eine kalte Disziplin. Seine Überlegungen und Pläne sind aber von Rachegedanken durchsetzt, wie gerade am Beispiel des Mordes an seinem früheren Komplizen Schatow deutlich wird. Er erweckt bis in den Kreis seiner politischen Verbündeten den Eindruck, im Dienste einer sozialistischen Bewegung zu stehen, gesteht aber, daß er kein Sozialist ist. Ihm geht es eigentlich um den Machtrausch und nicht um ein politisches Ziel. "Als ich abreiste, herrschte hier noch die These Littrés, wonach Verbrechen Wahnsinn ist, jetzt komme ich zurück, und schon ist Verbrechen nicht mehr Wahnsinn, sondern entspricht einem gesunden Empfinden, dem Pflichtgefühl, oder ist wenigstens ein edler Protest." Er möchte "nur ein einziges Mal den Hebel in die Hand "bekommen, um den Erdball aus den Angeln zu heben" und alles "aus den Fugen" zu bringen (Dostojewski o.J., S. 435). Dostojewski bringt zum Ausdruck, welche Allmachtsvorstellungen und welche Wut sich hier Bahn brechen. Er deutet aber auch an, woher sie stammen. Nach dem frühen Tod seiner Mutter wurde Werschowenski als Kind "per Post" zu entfernten Tanten abgeschoben. Sein Vater Stepan Trofimowitsch - ebenfalls eine Hauptfigur des Romans - kümmerte sich nie um ihn. Als er im Erwachsenenalter seinem Vater begegnet, erlebt er ihn als schwach, abhängig, unverbindlichen ästhetischen Vorstellungen nachhängend, wofür der Sohn ihn nur verachtet. Dostojewski schildert Peter Werschowenski als verschlagenen, machthungrigen Unruhestifter, der zutiefst gekränkt, wenn etwas nicht nach seinem Willen verläuft, berechnend und zynisch Allmachtsphantasien und Zerstörungslust ausagiert.

Nicolai Stawrogin, Sohn eines verstorbenen Generals und einer reichen Gutsbesitzerin, dagegen stellt er als eine schillernde, zwiespältige Persönlichkeit vor. Mit seinem geradezu omnipotenten Facettenreichtum übt er auf andere eine große Faszination aus. Sogar für Peter Werschowenski ist Stawrogin die Verkörperung einer ungeheuer einflußreichen Idealfigur, die er in seine zerstörerischen und auf totale Verfügung über das Ganze abzielenden Pläne einspannen zu können glaubt.

Bei aller Faszination, die Stawrogin hervorruft, lernen wir ihn doch als einen in sich zerrissenen Menschen kennen. Er kann sich in gewissen Situationen so überraschend verhalten, "als sei der Mensch, der er früher gewesen war, völlig verschwunden" (a.a.O., S. 444). Er haßt seine Vergangenheit. Schon für seine Mutter ein "früh gekränktes Kind", kann er beschämende, erniedrigende, lächerliche Augenblicke in seinem Leben nie verwinden. Er erlebt dann nicht nur eine maßlose Wut, sondern zugleich ein außerordentliches Lustgefühl. In beschämender, ihn kränkender Lage werden - so verstehe ich es - alle je verbotenen Wünsche wach. Mit einer geheimen Lust konnte er gleichsam über die Mutter triumphieren. Seine Wut und seine verpönten Gelüste erscheinen ihm als eine Gegenmacht, als eine "inbrünstige Bosheit", mit der er, so wie das Kind, das er seinem Geständnis nach verführt hat, glaubt, "Gott erschlagen" zu haben. Und so ist es nicht mehr verwunderlich, wenn dieser von einer Stunde zur anderen sich verwandelnde Mensch in Zweifel gerät, ob er es selbst ist, der so denkt und handelt oder der Teufel, ein fremdes bösartiges Wesen. "Manchmal weiß ich auch nicht, was wirklich ist: ich oder er" (a.a.O.). Er wechselt von Ausschweifungen zu Demutsanwandlungen, von Schlägereien zu aristokratisch imponierendem Benehmen. Er ist derart mit sich selbst uneins, daß er den möglichen Ausweg aus seiner Zerrissenheit, mit einer Frau, die sich ganz auf ihn einzustellen bereit ist, in einem anderen Land ein neues Leben zu beginnen, plötzlich wieder verwirft und Selbstmord begeht.

Indem uns der Autor auch die Mutter Nicolai Stawrogins, insbesondere in ihrem Verhältnis zu Stepan Trofimowitsch - Peter Werschowenskis Vater - als eine der Hauptfiguren des Romans so lebendig vor Augen führt, läßt er uns eine Vorstellung davon gewinnen, was sich im ursprünglichen Umgang zwischen Mutter und Sohn abgespielt haben mag. Nicolai Stawrogins Erleben und Verhalten entspricht - wie ich im weiteren noch zu begründen versuche - psychologisch konsequent dem, was die Mutter Warwara Petrowna aus ihren Beziehungen macht. Sie sorgt für ihren Freund und bringt ihn zur Geltung, aber nicht so, wie dieser es möchte, sondern wie sie es ihm zugesteht und zuweist. So lange er ihren Auffassungen als maßgeblich zustimmt, behandelt sie ihn großzügig, widersetzt er sich aber ihren Zumutungen, fällt er in Ungnade und wird aus ihrem Blickfeld verbannt. In den Plänen der "Generalin" haben die Interessen anderer keinen Platz. Analog können wir uns ihre Beziehung zu ihrem Sohn denken.

Folgen scheiternder Einigung zwischen Mutter und Kind

Um zu verstehen, wie es zur Anfälligkeit für spätere Ausübung von Terror oder zu dem Glauben, vom Teufel beeinflußt oder "besessen" zu sein, kommt, müssen wir uns mit ganz frühen Prozessen der Bildung des menschlichen Subjekts befassen. In der Psychoanalyse ist es möglich, primäre Erfahrung zu verlebendigen und Einsicht in ihren Inhalt und ihre Struktur zu gewinnen. Dabei zeigt sich, wie bei den heute so oft beobachteten narzißtischen und Identitätsstörungen die anfängliche Mutter-Kind-Beziehung die entscheidende Rolle spielt. In den letzten Jahren gelang es immer besser, die Erfahrung aus der psychoanalytischen Behandlung für das Verständnis früher Sozialisation auszuwerten und im Kontext gesellschaftlicher Situation zu begreifen. Hier möchte ich versuchen, die psychoanalytisch erforschte primäre Erfahrung in ihrer Bedeutung für Terror und Teufelsvorstellung zu erörtern.

Je nachdem wie eine Mutter zur Schwangerschaft innerlich eingestellt ist, ergeben sich in Vermittlung von mütterlichem zu kindlichem Organismus bereits Konsequenzen für die Bildung des körperlich-seelischen Subjekts des Kindes (vgl. Orban 1976, S. 3 f.). Im allgemeinen dürfte der intrauterine Zustand für das Kind absolute Vollkommenheit darstellen. Es fühlt sich wohl in einem "paradiesischen" Milieu, in dem "von selbst" alle seine Bedürfnisse befriedigt werden. Diese Vorerfahrung bestimmt auch seine Erlebnisweise nach der Geburt (vgl. Grunberger 1977, S. 15 f.). Es sieht sich nach wie vor im Zentrum eines für allmächtig gehaltenen Mutter-Kind-Systems, in dem auf seine "Veranlassung", seine Signale unverzüglich reagiert wird. Durch ein sensibles hellhöriges Eingehen darauf wird auch weiterhin seinen Bedürfnissen entsprochen. Es wird von Spannungen entlastet, empfindet Wohlbehagen und kann sich "in Sicherheit wiegen".

Was ich hier skizziere, entspricht jedoch eher einer idealistischen Vorstellung als der Wirklichkeit, wie sie das Kind nach seiner Geburt vorfindet. Vom ersten Tag an erfährt das Kind, daß vieles ihm nicht mehr entspricht, daß es sich danach zu richten hat, wie andere seine Situation sehen und gestalten, wie sie bestimmen. So wird es nach der Entbindung in der Klinik schon gleich von seiner Mutter getrennt und einem fremden Reglement unterworfen. Auch eine einfühlsame Betreuerin ist nie "ideal" auf das Kind bezogen. Sie sieht, hört, fühlt und handelt so wie es ihr eigentümlich ist, in Umgangsformen, die in ihrer Erfahrung und in ihrem weiteren Leben von der Gesellschaft vermittelt wurden. Von daher ist sie mehr oder weniger befangen in ihrer Wahrnehmung der Belange des Kindes. Aus psychoanalytischer Sicht wird sie dabei vor allem davon beeinflußt, wie mit ihr selbst in der frühesten Kindheit umgegangen wurde. Das heißt nicht, daß sie unbedingt in gleicher Weise dem Kind begegnet wie ihr einst ihre Mutter, sondern was sich bei ihr als Reaktion darauf herausgebildet hat, trägt sie jetzt an das Kind heran. Selbst wenn es ihr möglich ist, sich mit Einfühlung und Wohlwollen auf das Kind einzustellen, wird es seinen aus der vorgeburtlichen Zeit mitgebrachten Absolutheitsanspruch an sie nicht aufrechterhalten können.

Das Kind kommt - wie es Alfred Lorenzer (1972, S. 23 f.) herausgestellt hat - schon in seinen ersten Lebensmonaten mit der Mutter zu einer "Einigung" darüber, wie sie das Miteinander gestalten. Dabei bilden sich bei ihm grundlegende "Interaktionsformen" aus, die für seine Subjektivität bestimmend sind. Es ist für das von der Mutter abhängige Kind unausweichlich, daß es sich mit ihr auf solche Formen des Umgangs "einigt". Aber zunächst widerfährt ihm die "narzißtische Kränkung" (vgl. Kohut 1975; Leber 1976), daß es nicht selbst Beweger und Bewirker seiner Welt ist. Wie es diese Kränkung verwindet, hängt davon ab, ob die Mutter in der Lage ist, ihm mit Einfühlung und Verständnis entgegenzukommen und ihm eine Brücke zu bauen, um von der Allmachtsillusion zur realen Einschätzung von sich und der Welt zu gelangen, ohne an Selbstachtung einzubüßen (vgl. Haynal 1976, S. 101). Dies gelingt vor allem dann, wenn die Mutter dem Kind die Zuversicht vermittelt, daß es einmal "groß", d.h. fähig sein wird, sein Leben zu meistern und in eigene Regie zu übernehmen (vgl. Trescher 1979). Bedenken wir aber, wie gering die Frau als Frau selbst von Kindheit an eingeschätzt wurde und sich dann auch selbst einschätzt, so müssen wir eingestehen, daß schon von daher gesehen die Chance für ein Kind in unserer Gesellschaft eingeschränkt ist, eine Mutter zu finden, die ihm trotz der schmerzlichen Erfahrung der Begrenztheit Selbstvertrauen vermitteln kann. Je krasser die Zerstörung der Allmachtsillusion und die Zumutung von Ohnmacht und Hilflosigkeit das Kind treffen, desto tiefer geht die narzißtische Verletzung, oftmals verdeckt von einem verstärkten Machtanspruch, auch wenn dieser nicht offen gezeigt werden darf.

Es erscheint mir nun wichtig, nachzuforschen, wie Terror und die Vorstellung, unter dem Einfluß des Teufels zu stehen einerseits und das Mißlingen der "Einigung" in der frühen Begegnung von Mutter und Kind sowie der verfehlte Brückenschlag von der vorgeburtlich entstandenen Allmachtsillusion zu einem realitätsbezogenen Selbstbewußtsein andererseits in Zusammenhang stehen können.

Meines Erachtens gibt es - typisiert gesehen - zwei Grundformen scheiternder Einigung. Die "Einigung" muß mißlingen, wenn der, mit dem man sich einigen müßte, nicht oder nur unzureichend oder in wechselnden Personen oder Verhaltensweisen präsent ist, wie bei Kindern, die längere Zeit im Krankenhaus, im Heim aufwachsen oder bei Müttern, die durch ihren Beruf abwesend sind oder solchen, die zwar physisch anwesend aber für das Kind nur gering verfügbar sind und kaum – oft nur mechanisch – auf seine Belange eingehen. Diese Kinder werden andauernd und ohne Ausgleich mit ihrer Ohnmacht konfrontiert und damit in einer für sie unerträglichen Weise narzißtisch so gekränkt, daß eine kaum vernarbende "Wunde" entsteht. Ihrem Schmerz entgehen jene Menschen, indem sie an der Illusion ihrer Allmacht festhalten und eine Schlaraffenlandsituation halluzinieren oder jeden, der sich dafür anbietet, in ihre narzißtische Welt einbauen und über ihn zu verfügen suchen wie ein ganz junges Kind über seine Mutter.

Hospitalisierte, sich verlassen und ungesichert fühlende Kinder können mit Vehemenz, mit ungeheurem "Starrsinn" und der ihnen möglichen Gewalt Terror ausüben, um sich Bezugspersonen willfährig zu machen. Es ist ein ungekonnter, meist das Gegenteil bewirkender Versuch, über eine erzwungene Beziehung die ersehnte totale Verfügungsmacht zu gewinnen. Ich erinnere an den Jungen im Heim, der es mit Schreien zu erreichen versuchte. Entsprechend verhielten sich auch jene sozial benachteiligten Kinder, die "Gewalt" anwandten, als sie ihre bergende Hütte abbrechen und damit ihre Phantasie, sich selbst eine "paradiesische" Situation zu schaffen, aufgeben mußten. Die verständnislose Vernichtung ihrer Illusion löste entsprechende Wut aus. Wie wir aus den beiden Beispielen ersehen, haben sich die Kinder mit ihrer Wut – kompensatorisch – in einen Machtrausch versetzt und auf die Betreuer Druck ausgeübt, in ihrem Sinn zu handeln. Nicht bewußt geplant, sondern durch eine Forderung ausgelöst, setzt sich die aggressive Szene unwillkürlich durch. In jedem Fall soll die gewaltsam zerstörte Illusion mit Gewalt wieder hergestellt werden.

Die Einigung zwischen Mutter und Kind kann auch dann nicht zustande-kommen, wenn die Mutter für das Kind zwar präsent, aber nicht in der Lage ist, seine "Signale" aufzunehmen und bejahend zu beantworten, sich seinen Belangen gegenüber unsensibel ist, dagegen aber verlangt, daß alles zwischen ihnen so abläuft, wie sie es im Sinne hat. Das Kind spürt dabei, daß die Mutter abweisend wird und sich von ihm zurückzieht, wenn es Widerstand leistet und versucht, eigene Intentionen durchzusetzen. Eine solche Frau kann ihre Fürsorge nur um den Preis der totalen Unterwerfung unter ihre Erwartung gewähren. Es geht hier keineswegs darum, Müttern Schuld anzulasten; denn sie geben nur weiter, was ihnen selbst vermittelt wurde, sicher auch die besonderen Kränkungen, denen sie als weibliche Wesen ausgesetzt waren.

Wir sind bereits in Dostojewskis Dämonen einer Mutter begegnet, die nur gelten lassen kann, was ihrer Sichtweise entspricht. Der Freund wie das Kind haben nur insofern Bedeutung für Warwara Petrowna, als sie beitragen, die eigenen Phantasmen zu realisieren. Versuchen sie, sich dem zu entziehen und gar eigene Ansprüche anzumelden, werden sie uninteressant, fallengelassen oder noch stärkerem Druck unterworfen. Dem von Versorgung und Halt durch die Mutter abhängigen Kind bleibt nichts anderes übrig, als sich ganz auf sich zurückzuziehen, in den "Autismus" zu flüchten oder den Erwartungen der Mutter – wenn auch unter geheimem Vorbehalt – entgegen-zukommen. Dabei tritt es seinen eigenen Omnipotenzanspruch an die Mutter ab und idealisiert, ja glorifiziert sie – und ebenso den Vater – als die absolut Guten und Mächtigen. Diese Verherrlichung ist ihm ein Schutz gegen das Aufkommen gegenteiliger Gefühle. Aus der Teilhabe an der Größe, die es seinen Eltern zuschreibt, gewinnt das Kind - zumindest vordergründig - Selbstachtung (vgl. Kernberg 1978, S. 51). Es darf ja seinen eigenen als "böse" verworfenen Anspruch und seine Wut über die erlittene Demütigung nicht gewahrwerden. Es darf sich auch nicht eingestehen, daß es die Mutter als einschränkend, unterdrückend, "böse" empfindet. Das "Böse" wird aus der Beziehung verbannt, muß von dem entstehenden Selbstbewußtsein "abgespalten" werden. Die "wahre" Beziehung bleibt also verborgen und wird zur Zeit des Spracherwerbs nicht in die nun einsetzende Benennung von Beziehungsmustern - "Interaktionsformen" (Lorenzer a.a.O.) - aufgenommen. Daraus folgt, daß sie nicht adäquat, sondern nur in falscher Weise - als "Pseudosymbole" (vgl. Finger 1977, S. 155 f.) - zur Sprache kommen. Da sie in ihrer wirklichen Bedeutung nicht benannt und begriffen werden dürfen, können sie nicht in das Gedankenspiel eingehen und damit auch nicht der Selbstbesinnung zugängig werden. Das "Abgespaltene" wird von der übrigen Entwicklung abgehängt und verbleibt in einem archaischen Zustand. Das Subjekt verfügt nicht über es, doch wird es in belastenden und kränkenden Situationen immer wieder neu mobilisiert und verschafft sich unwillkürlich Geltung. Das Subjekt, das davon überwältigt wird, kann sich aber nicht leisten, "böse" zu sein. Es greift unbewußt zu schützenden Tarnmanövern, indem es seinen Anspruch und seine Wut als Krankheit oder Unvermögen verkleidet oder indem es vor sich und vor anderen vorgibt, "was aus mir spricht und wirkt, das bin ich nicht, das ist der Teufel, das sind böse Dämonen". Es kann das Böse, Minderwertige, Verworfene auch anderen - Fremden - unterstellen, um dann mit "gerechter" Empörung gegen sie vorzugehen und sie scheinbar unter Kontrolle zu bringen.

Wenn es statt zu einer ausgleichendenEinigung zu einer deformierten, das werdende Subjekt entstellenden Beziehung gekommen ist, lebt das Kind quasi mit einer Lüge, die ihm nicht bewußt wird, die es aber dennoch als eine unbestimmte abgründige Verfehlung seinerseits bedrückt. Ich vermute, daß es mit dieser Erfahrung zusammenhängt, wenn der Teufel "Vater der Lüge" genannt wird. Denn: was in der Beziehung verleugnet und aus ihr "abgespalten" wird, ist das Böse oder der Böse, von dem man sich distanzieren und dem man die Gestalt des aus der "Hölle" operierenden Teufels oder anderer Dämonen geben muß, damit sich nicht der furchtbare Abgrund der eigenen Seele auftut.

Unter dem Einfluß des "Teufels"

Ein junger Mensch, der bereits seit Beginn seiner Schulzeit von der dumpfen Gewissensangst geplagt war, seine Mutter "belogen" und damit eine "Todsünde" begangen zu haben, wurde plötzlich von der Vorstellung beherrscht, er könnte - z. B. bei Prüfungen - die Unterstützung des Teufels erbitten, um in seinem beruflichen Werdegang voranzukommen. Er meinte erfolgreiche Prüfungen rückgängig machen zu müssen, wenn er sicher sei, daß er sie mit Hilfe des Teufels bestanden hätte. In der Analyse wurde ihm allmählich bewußt, daß ein - heftig verworfener - Allmachtsanspruch dahinter steckte. Auch seine Tagträume, aus denen er große Befriedigung zieht, kreisen um Vorstellungen, in denen er sich als der Größte erweist, doch muß er sie als etwas Wesensfremdes erleben, das ihn so überkommt wie der Wunsch nach dem Beistand des Teufels. Es wurde immer deutlicher, daß der Teufel ihm zu einem Erfolg verhelfen sollte, mit dem er über seinen hochangesehenen, von ihm idealisierten Vater triumphieren konnte. Es stellte sich zugleich heraus, daß in seiner Phantasie das Vaterbild das Bild von der ehedem glorifizierten Mutter ersetzt hatte. Der Triumph bezog sich auch auf den die idealen, allmächtigen Eltern repräsentierenden "Gott". Gegen ihn ließ der Teufel in ihm – ausgerechnet in der Kirche – heftige Beschimpfungen aufsteigen. Das mythische Ringen zwischen "guten" und "bösen" Engeln stellt sich hier als Kampf in der Seele eines geplagten Menschen dar, der bereits in frühester Kindheit einsetzt und – da er nicht in das Selbstverständnis einbezogen wird und von der übrigen Entwicklung abgelöst bleibt – sich als "unerledigt" immer wieder aufdrängt.

Nach psychoanalytischem Verständnis kann es nicht darum gehen, den Teufel oder das Böse aus einem solchen Menschen "auszutreiben", oder aber ihn mit medizinischen Etiketten zu versehen, sondern lediglich darum, ihn zu unterstützen, die Angst vor dem, was er aus seiner frühen Erfahrung abspalten mußte, langsam in sein Bewußtsein, in sein Selbstverständnis aufzunehmen. Dabei werden die ursprünglichen Größenvorstellungen neu belebt und schließlich als die eigenen wahrgenommen. Mit der Zeit wird es ihm möglich, sich dazu zu bekennen, daß es seine geheimen Absichten und Affekte sind, die ihn bewegen, deren er sich bisher schämte. Im Schutz der Beziehung zum akzeptierenden und verstehenden Analytiker lernt er, die Gefühle von Haß und Neid bei sich zuzulassen, wenn er auch noch lange nicht zuzugeben wagt, daß sie sich gegen seine nächsten Bezugspersonen richten, daß er Vater und Mutter vom Thron stürzen möchte. Da kann es sein, daß er zwanghafte Befürchtungen hegt, irgendwelche ihm zufällig begegnende Fremde von einem Berg hinab- oder von einer Brücke hinunterstürzen zu müssen. Solche Phantasien drängen sich ihm auf, wenn er beispielsweise von seinem Vorgesetzten eine wenig ehrenvolle Aufgabe zugewiesen bekommt. Er legt dann eine unterwürfige Demutshaltung an den Tag, kann nicht ablehnen und weiß sozusagen nicht, wohin mit seiner inneren Wut. ... Er muß noch viele derartig verfremdete Neuauflagen der ursprünglich mißlungenen Einigung mit seiner Mutter durcharbeiten, bis ihm das alte Muster transparent wird und er den Mut wie auch das Selbstvertrauen gewinnt, sein erzwungenes Ja zurückzunehmen, seine Dimension zu erweitern und den geheimen narzißtischen Verfügungsanspruch durch wechselseitige (Liebes-)Beziehung ("Objektliebe") zu ersetzen.

Terrorismus, eine illusionäre Lösung unbegriffener infantiler Probleme

Wir haben versucht, terroristisches Verhalten und die wahnartige Vorstellung, vom "Teufel" beherrscht zu sein, mit dem krassen Scheitern des frühkindlichen, aus dem intrauterinen Zustand mitgebrachten und durch herrschende Sozialisationsbedingungen nicht adäquat verarbeiteten Allmachtsanspruchs in Verbindung zu bringen, der, je weniger ihm entsprochen wird, eine desto stärkere Virulenz erhält. Weder beim "Besessenen" noch beim Terroristen konnte jene "Omnipotenz des grandiosen Selbst, das darauf beharrt, das Selbst-Objekt völlig zu beherrschen" (Kohut a.a.O. S. 244) im Laufe der frühen oder späteren Entwicklung relativiert und in eine realitätsbezogene Einstellung überführt werden. Beide können ihre "wahren" Impulse nicht benennen und zur Sprache bringen. Während der eine zur mythischen Figur des Teufels greifen muß, um sich über sie auszudrücken, sucht der Terrorist einen anderen "Aufhänger" für das, was ihn bewegt, ohne daß er es begreift. Auch der politische Terrorist ist meiner Vermutung nach ein Mensch, der durch affektive Mißverständnisse mit Bezugspersonen und Ohnmachtserfahrung beim Lebensstart schwerer narzißtischer Kränkung ausgesetzt war.

(Die kindliche Abhängigkeit in einem bürgerlichen Elternhaus darf trotz oder gerade wegen ihrer Subtilität nicht unterschätzt werden. Die Wut darüber wird als primitiv geächtet.) Im "Kampf gegen den Imperialismus" findet er dann eine Gelegenheit, seinen Allmachtsanspruch und seinen Rachedurst in eine politisch radikale Gruppe als eine gerechte Sache einzubringen. Er kann sich nicht eingestehen, daß er sie in erster Linie ausleben möchte und gibt sich als Revolutionär oder Guerillakämpfer, ohne deren Rückhalt in einer ausgebeuteten Klasse zu haben oder von einem unterdrückten Volk legitimiert zu sein und ohne die politischen Verhältnisse unabhängig von seinen irrationalen Motiven realistisch einschätzen zu können (vgl. Fetcher 1978, S. 41 u. 61; Stierlin 1978, S. 193; Wördemann 1977, S. 55). Die von ihm entführten oder ermordeten Vertreter des "korrupten Systems" sind stellvertretend für seine einst idealisierten Eltern jetzt fremde, von ihm entwertete Personen. So wenig wie der Teufelsbesessene darf er sich eingestehen, wen er eigentlich "stürzen" oder wessen er sich bemächtigen möchte.

Ich vermute auch, daß der Impuls zur eigentlich terroristischen Gewaltanwendung bei den Gruppenmitgliedern ausgelöst wurde, als sie sich an der Durchführung ihrer zunächst unblutigen Aktivitäten gehindert sahen. Mit dem neuen Erleben von Ohnmacht wurde die frühe narzißtische Kränkung in traumatischer Weise mobilisiert. Jene für sie unerträgliche Erfahrung der Schwäche drängt sie, die ganze Gesellschaft mit Gewalt dazu zu bringen, ihren im Grunde infantilen Vorstellungen zu folgen. Allerdings werden von ihnen im Unterschied zu den beschriebenen sozial benachteiligten Kindern oder auch zu Rockern und anderen gewalttätigen Zusammenschlüssen nicht nur politische Ziele vorgegeben, sondern ihre Wahrnehmungs-, Denk- und Willensfunktionen wurden in ihrer bürgerlichen Sozialisation so gut ausgebildet, daß sie sich ihrer auch bei der Umsetzung jener archaischen Impulse in gezielte logistisch vorbereitete Terrorhandlungen bedienen können, um diese äußerst effektiv durchzuführen. Ihr Denken ist von Haß und Machtrausch zwar durchsetzt, aber nichtsdestoweniger in der Lage, zu diesem Zweck rational vorzugehen (vgl. Kohut a.a.O.).

Der Terrorist ist vom Volk, für das er angeblich kämpft, nicht nur nicht legitimiert sondern auch total isoliert, allerdings nicht zuletzt deswegen, weil er in anderen Emotionen wachruft, die den seinen entsprechen, die dort aber große Angst auslösen. Der Terrorist ist nicht allein dadurch gefährlich, daß er uns mit äußerer Gewalt bedroht, sondern weil er bei uns terroristische Tendenzen, die wir nicht wahrhaben dürfen, anspricht. Gerade deshalb muß - wie es Politiker formulieren - ein absoluter Trennungsstrich zwischen ihm und uns gezogen werden. In den Reaktionen gegen den Terrorismus werden die nur schwer abzuwehrenden eigenen anarchistischen Impulse verschleiert zum Ausdruck gebracht. Was anders ist der Schrei nach der Todesstrafe oder nach verstärkter Polizeigewalt? Unter dem Vorwand, es gehe um Sicherheit, kommen Omnipotenzansprüche und Rachegefühle auch zum Zuge. Wir fallen ebenfalls in archaisches Denken und Handeln zurück und fordern Maßnahmen, die der gewonnenen Demokratisierung entgegenwirken. Da die Terroristen nicht die einzigen sind, denen als kleinen Kindern Verfügung verwehrt und die schwer gekränkt wurden, darf man annehmen, daß sie für ihre makabre Rolle zwar besonders anfällig sind, die Gesellschaft aber Personengruppen braucht, die diese für sie übernehmen, währenddessen die anderen so tun können, als hätten sie Gerechtigkeit, Friedfertigkeit und Besonnenheit gepachtet.

Den Zusammenhang zwischen primärer Erfahrung und späterem politisch terroristischem Verhalten habe ich auf der Grundlage psychoanalytischer Einsichten erschlossen*. Schon aus seiner Beschreibung lassen sich jene irrationalen Interaktionsmuster erkennen. Eine Bestätigung fand ich bei Salewski und Lanz (1978, S. 141), die sich mit Gewalttätern und Terroristen konkret befaßt haben. Sie fanden, daß bei den Terroristen die Motivation zur jeweiligen Tat nur in einem indirekten Zusammenhang mit ihr steht. Das belegt, daß das, was ich als "abgespalten" bezeichnet habe, virulent bleibt und sich einen Aufhänger, eine sich zwar anbietende aber dennoch falsche Verknüpfung wählt. Salewski und Lanz meinen weiter, daß die neuen Gewalttäter nicht gelernt haben, ihre Probleme auszusprechen. Sie konnten nicht sprachlich artikulieren, was sie in frühester Kindheit unterschwellig bewegte. Emotionale Beziehungen werden in ihrer Sprache nicht zutreffend erfaßt. Deshalb müssen sie auch "bei ihrer Umwelt auf Unverständnis" stoßen; denn sie geben ja etwas anderes vor als sie eigentlich zum Ausdruck bringen möchten. Daß die Terroristen nach Salewski und Lanz mit ihrer Identitätsfindung Schwierigkeit haben, wird aus meinen Ausführungen ebenfalls verständlich. Sie können sich nicht mit sich selbst in Raum und Zeit identisch erleben, da sich bei ihnen mit dem Einstieg in den Terrorismus ein Bruch ergab. Während viele von ihnen bisher nach außen angepaßt und friedfertig waren, "kippten" sie unter bestimmten Bedingungen in jene Gewalttätigkeit. Dabei setzte sich die bis dahin aus dem Selbstverständnis ausgeklammerte Seite durch. Wie Salewski und Lanz feststellen, können die Terroristen keine Enttäuschung ertragen und reagieren aggressiv darauf. Dies wurde von mir mit der primären narzißtischen Kränkung und Wut begründet, die bei relativ geringfügigen Zumutungen jederzeit wieder aufleben und die beschriebenen Reaktionen in Gang setzen kann. Schließlich suchen sie nach diesen Autoren einen Gegner, zu dem sie eine deutliche Distanz herstellen, die ihnen die gesteigerte Brutalität erleichtert. Auch das wird verstädnlich, wenn wir es mit der primären Beziehung zu den Eltern und mit der Abhängigkeit von ihnen in Zusammenhang bringen.

---

* Bei der Neuveröffentlichung verweise ich auf die vom Bundesministerium des Innern herausgegebenen Ergebnisse eines Forschungsprojekts zum Terrorismus (Fetscher/Rohrmoser 1982; Jäger/Schmidtchen/Süllwold 1981; Baeyer-Katte u.a. 1982). Durch sie finde ich meine dargelegten Annahmen bestätigt. In diesen Publikationen werden die jeweilige Problematik und die "Lebensthemen" von Terroristen im Zusammenhang mit deren Biographie zwar gesehen, sind m.E. aber gerade unter psychoanalytischen Aspekten nicht hinreichend präzisiert (vgl. insbes. Jäger u.a. 1981).

Literatur

v. Baeyer-Katte, Wanda/Claessens, Dieter/Feger, Hubert/Neidhardt, Friedhelm (1982): Gruppenprozesse. Analysen zum Terrorismus Bd. 3. Opladen

Corte, Nicolas (1962): Unser Widersacher der Teufel. Aschaffenburg

Dingel, Frank (1977): Überlegungen zur Politik der RAF und zum Problem des politischen Mordes. In: Kritik, Zeitschrift für sozialistische Diskussion. 5. Jg., Heft 15

Dostojewski, Fedor M (o.J.): Die Dämonen. Ges. Werke (Hrsg.: J. Lesowsky). Hamburg

Fetscher, Iring (1978): Terrorismus und Reaktion. Köln und Frankfurt

Fetscher, Iring/Rohrmoser, Günther (1981): Ideologien und Strategien. Analysen zum Terrorismus. Herausgegeben vom Bundesministerium des Innern Band 1. Opladen

Finger, Urte D. (1977): Narzißmus und Gruppe. Frankfurt ²1981

Grundberger, Béla (1977): Vom Narzißmus zum Objekt. Frankfurt

Haag, Herbert (1977): Der Teufel in der Bibel - Buchstabe und Geist. In: Manfred Adler et al.: Tod und Teufel in Klingenberg. Aschaffenburg

Haynal, André (1976): Über Depression, Langeweile und Gewaltsamkeit. In: Jb. der Psychoanalyse, Bd. IX. Bern, Stuttgart, Wien

Jäger, Herbert/Schmidtchen, Gerhard/Süllwold, Lieselotte (1981): Lebenslaufanalysen. Analysen zum Terrorismus. Herausgegeben vom Bundesministerium des Innern Band 2. Opladen

Kasper, Walter (1978): Das theologische Problem des Bösen. In: W. Kasper und K. Lehmann: Teufel, Dämonen, Besessenheit - Zur Wirklichkeit des Bösen. Mainz

Kernberg, Otto F. (1978): Borderline-Störungen und pathologischer Narzißmus. Frankfurt

Kohut, Heinz (1975): Überlegungen zum Narzißmus und zur narzißtischen Wut. In: Die Zukunft der Psychoanalyse. Frankfurt

Leber, Aloys (1957): Sinnbildliche Erfüllung frühkindlicher Bedürfnisse in der Spieltherapie, dargestellt am Bericht über die Behandlung eines Heimkindes mit schwerem Hospitalismusschaden. Jugendwohl

- (1976): Rückzug oder Rache. Überlegungen zu unterschiedlichen milieuabhängigen Folgen früher Kränkung und Wut. In diesem Band

- (1983): Frühe Erfahrung und späteres Leben. In diesem Band

Lorenzer, Alfred (1972): Zur Begründung einer materialistischen Sozialisationstheorie. Frankfurt

Moersch, Emma (1974): Über die psychoanalytische Behandlung einer Patientin mit Pubertätsmagersucht (Anorexia nervosa). In: Karola Brede (Hrsg.): Einführung in die psychosomatische Medizin. Frankfurt

Orban, Peter (1976): Subjektivität. Wiesbaden

Pietrek, Winfried (1978): "Ich bin es nicht der brüllt". Der Prozeß um den Tod der Anneliese Michel. In: 'Neue Bildpost' vom 2. April 1978

Salewski, Wolfgang und Lanz (1978): Die neue Gewalt und wie man ihr begegnet. Locarno und Zürich

Stierlin, Helm (1978): Familienterrorismus und öffentlicher Terrorismus. In: Familiendynamik, Heft 3/1978

Trescher, Hans-Georg (1979): Sozialisation und beschädigte Subjektivität. Frankfurt

Wördemann, Franz (1977): Terrorismus - Motive, Täter, Strategien. München

Aloys Leber/Peter Bieniussa/Charlotte Steuck

Lernprozesse bei der Arbeit mit sozial benachteiligten Kindern

Von der Betroffenheit zum Verständnis

Womit wird ein Erzieher konfrontiert, wenn er mit sozial benachteiligten Kindern umgeht? Was bedeutet es für diese Kinder, wenn jemand versucht, ihre vitalen Belange aus ihren Äußerungen zu verstehen und sich auf eine solide Beziehung zu ihnen einzulassen?

Wer mit sozial benachteiligten Kindern – wie auch Jugendlichen und Erwachsenen – Kontakt aufnimmt, ist betroffen von den Ansprüchen, die an ihn gestellt werden und von den Affektäußerungen, denen er dabei ausgesetzt ist. Es befällt ihn Angst und er fühlt sich erschöpft, wenn er eine Weile mit diesen Kindern verbracht hat. Er ist irritiert, erlebt sich ohnmächtig und zweifelt an seinen Fähigkeiten, sich mit ihnen verständigen und effektiv mit ihnen arbeiten zu können.

In langer Erfahrung mit sozial benachteiligten Kindern und ihren Angehörigen kam ich zu der Auffassung, daß sich Ärzte, Psychologen, Pädagogen und Sozialarbeiter vielfach vor dem, was die sozial Benachteiligten in ihnen auslösen, dadurch schützen, daß sie ihnen ihre Verhaltensvorstellungen aufdrängen und sie zum Objekt ihrer pädagogischen, therapeutischen oder fürsorgerischen Maßnahmen machen. Auf diese Weise kann aber die Hinführung zur gesellschaftlichen Teilhabe gerade nicht gelingen. Solche Maßnahmen bestehen häufig in der Absonderung in Heime und Sonderschulen. Im günstigen Fall wird eine oberflächliche Anpassung erreicht, die aber jederzeit – zum Beispiel in einer Belastungssituation wie dem Wechsel eines vertrauten Betreuers – wieder total zusammenbrechen kann.

Es ist zu fürchten, daß manche wissenschaftlich erarbeiteten Programme auch eher dem Schutz derer dienen, die sie anwenden, als der Bearbeitung der Grundprobleme jener Kinder und ihrer vom Scheitern bedrohten Sozialisation und Bildung.

Was den "bürgerlich" sozialisierten Betreuer so irritiert und psychisch strapaziert, ist nicht nur, daß die sozial Benachteiligten ihre bisher unerfüllten und oft ins Unermeßliche angewachsenen primären Bedürfnisse an ihn richten und ihre Wut über ihre frustrierenden und kränkenden Erfahrungen bei jeder Gelegenheit auslassen, sondern auch, daß sie bei ihm Emotionen ansprechen, ohne daß er begreift, was sie ausdrücken und was sie bei ihm selbst provozieren. Auch er war Frustrationen, psychischen Belastungen und Kränkungen ausgesetzt. Er konnte und kann allerdings aufgrund der Form seiner eigenen Sozialisation und der von ihm verinnerlichten sozialen Normen nicht so unmittelbar in Szene setzen, was ihn bewegt, wie diese Kinder (vgl. Leber 1976). Doch liegen die entsprechenden "Szenen", ohne daß er sich dessen bewußt ist, auch bei ihm bereit. Sie drohen, sich bei den Affektäußerungen der Kinder unversehens zu aktivieren. Das erfüllt ihn mit Angst. So muß sich der Betreuer mit beträchtlichem Energieaufwand gegen das Durchbrechen eigener infantiler Konflikte wehren. Wovor er sich selbst schützen muß, das kann er aber auch bei anderen weder wahrnehmen noch akzeptieren. Damit verschließt er sich gegen vieles, was jene, denen er helfen will, als ihre elementaren Belange an ihn herantragen. Eine im Betreuer selbst sich auftuende Verständnisbarriere verhindert eine wirkliche Förderung.

Diese kommt dann zustande, wenn der Betreuer in der Lage ist, sich in die Kinder mit ihrer in der Interaktion sich ausdrückenden Sehnsucht und Problematik einzufühlen, wenn er versteht, was die Kinder ihm offen oder verfremdet über ihre Befindlichkeit mitteilen und anstelle welcher ihrer primären Bezugspersonen er jetzt für sie steht. Indem er sich auf die Szene, in die ihn Kinder hineinzuziehen versuchen, bewußt einläßt, kann er ihnen ermöglichen, daß sie ihre ihm gegenüber reproduzierten desolaten Erfahrungen bewältigen, über eine beglückte Beziehung zu ihm sich allmählich aus der Verhaftung an primäre Bedürfnisbefriedigung lösen und darüber hinausgreifenden Interessen gewinnen. So werden sie bereit, zu lernen und altersgemäße - soziale und kognitive - Fähigkeiten zu erwerben. Sie können an sprachlicher Verständigung gewinnen, um am gesellschaftlichen Diskurs teilzunehmen und sich aus der marginalen Position zu befreien.

Das ist für Betreuer wie für Kinder allerdings ein langer, beschwerlicher Weg, auf dem sich große Hindernisse auftun können.

Die eingangs gestellten Fragen konnten hier nur abstrakt und unter Vernachlässigung anderer wichtiger Aspekte der Arbeit mit Angehörigen sozialer Randgruppen behandelt werden. Es sollte auch nur an ein Problem der Ausbildung zum Heilpädagogen oder Sozialpädagogen, der sozial benachteiligte Kinder zu betreuen hat, heranführen. Ich versuche einen Lernprozeß zu initiieren, indem ich Studenten der Sonder- und Heilpädagogik Projektseminare anbiete, in denen in einem psychoanalytisch verstandenen Gruppenprozeß Probleme der Sozialisation der Studenten selbst sowie ihre Interaktion mit gestörten und behinderten, insbesondere sozial benachteiligten Kindern (und Jugendlichen) reflektiert werden. Dabei wird auch die Motivation der Studenten und ihre Betroffenheit durch die Kinder bearbeitet.

Im Zusammenhang mit einem solchen Projekt, das sich von Oktober 1973 bis August 1975 erstreckte, entstand der folgende Beitrag von Peter Bieniussa und Charlotte Steuck. Die Teilnehmer an diesem Projekt arbeiteten fast alle mit Kindern aus sozialen Brennpunkten einer Großstadt (siehe Engler/ Hack 1979; auch Schäfer 1976; Clos 1982). Zum einen Teil hatten sich die Studenten selbst solche Praxismöglichkeiten gesucht, zum anderen Teil konnte ich solche vermitteln. Dazu gehörte auch die Betreuung von drei- bis fünfjährigen Kindern eines Wohnwagenstandplatzes an einem Nachmittag in der Woche. Je zwei Studenten betreuten insgesamt vier Gruppen von jeweils fünf Kindern in einem Raum der Spielstube des Platzes, die diese vormittags besuchten. Auf Konzept und Vorgehen der festangestellten Mitarbeiter der Spielstube hatten wir keinen Einfluß. Es bestand aber von den Studenten aus regelmäßiger Kontakt zu ihnen.

Auf dem erwähnten Wohnwagenstandplatz haben etwa 200 Personen Quartier. Die einzelnen Haushalte leben zu einem Viertel vom Schrotthandel, zu einem weiteren Viertel von Renten, die übrige Hälfte bestreitet als Schausteller während der Sommermonate, durch Hausieren und durch regelmäßige oder unregelmäßige Lohnarbeit, zum Teil auf dem Platz selbst, ihren Lebensunterhalt (Mihm 1977).

Peter Bieniussa und Charlotte Steuck (1978) haben ihren krisenreichen Lernprozeß in ihrer dortigen Praxis wie in der Projektgruppe ausführlich beschrieben. Ein Kapitel, das sich mit der Anfangsphase ihrer Arbeit mit den Kindern befaßt, soll einen Einblick vermitteln.

Zuwendungshunger und Wut

In den ersten Projektgruppensitzungen finden wir Ansätze für eine Neuorientierung unseres Verhaltens in der Interaktion zu den Kindern, die wir betreuen. Wir wollen nachmittags nicht die Arbeit der Spielstube fortsetzen und nicht die dortigen Mitarbeiter imitieren. Es geht uns darum, den Kindern zu helfen, sich weiter zu entwickeln. Wir glauben, daß wir dazu eine größere Chance haben, weil in unserer Kindergruppe die Relation Kinder/ Betreuer günstiger ist als in der Spielstube. Wir bemühen uns zu zweit um fünf Kinder. Bis jetzt hat sich unsere Arbeit jedoch darauf beschränkt, die Kinder so zu beschäftigen, daß sie Spielzeug und Mobiliar in unserem Raum nicht zerschlagen. Wir sind bereits sehr ungeduldig, weil sich das Verhalten der Kinder noch nicht ändert. Für Peter ist jeder Nachmittag mit den Kindern langweilig. Charlotte fühlt sich nach den Zusammenkünftigen immer erschöpft und "aufgedreht". Die Kinder haben bei ihr so viele Gefühle mobilisiert, daß sie nicht zur Ruhe finden kann.

In der Projektgruppe wird die Betreuung als Aufgabe verstanden, auf die Bedürfnisse und Probleme der Kinder so einzugehen, daß sie für ihre Zukunft besser vorbereitet werden. Dazu ist es notwendig, ihnen die Möglichkeit zu schaffen, "ihre Bedürfnisse unverschleiert zu zeigen". Mit dieser Forderung können wir zunächst nichts anfangen. Wir wissen zwar, daß es förderlich für die Entwicklung der Kinder ist, wenn wir auf ihre Bedürfnisse eingehen und ihren Anspruch akzeptieren, was sich schließlich als eine für alle Teilnehmer verbindliche Norm herauskristallisiert. Wir glauben dem Projektleiter zwar, daß die Aggressionen und der große Hunger der Kinder auf frühe Mangelerlebnisse zurückzuführen sind. Aber wir fühlen uns noch überfordert, das Wissen, das uns in der Projektgruppe vermittelt wird, in die Praxis umzusetzen. Folgende Fragen drängen sich uns auf: Wie können wir die Bedürfnisse der Kinder erkennen? Welche Bedürfnisse haben die Kinder? Wie können wir auf die Bedürfnisse der Kinder "eingehen"? Wie weit können wir den Kindern Freiheit lassen? Was hindert uns daran, eine wohlwollende Einstellung den Kindern gegenüber durchzuhalten?

In der Praxis müssen wir uns mit diesen Fragen auseinandersetzen. Wir vesuc hen, den Ablauf des Nachmittags möglichst nicht zu strukturieren und warten darauf, daß die Kinder uns ihre Wünsche zum Ausdruck bringen. Dabei fällt uns auf, daß wir die Kinder sprachlich oft nicht verstehen können. Sie sprechen mit uns und wir versuchen, das zu wiederholen, was wir von ihnen zu hören glauben. Wenn sie sich dabei nicht verstanden fühlen, verbessern sie uns. So entwickelt sich allmählich eine Voraussetzung für Kommunikation: Da die Kinder die Erwachsenen brauchen, lernen sie, sich verständlich zu machen; wir unsererseits lernen, auf die Kinder zu hören, denn wir wollen uns ihnen ja in dieser Zeit ganz widmen.

Als ich Sabine abhole, kommt sie mir schon mit freudestrahlendem Gesicht entgegen. Ich muß mich mit ihr beschäftigen und sie bis in unseren Spielraum tragen. Auch dort verweilt sie einige Zeit bei mir. Sie will mit mir spielen. Dann sagt sie, daß ich mit ihr aufs Klo gehen soll. Hier weist sie mich an, sie festzuhalten, damit sie nicht hineinfällt. So bleibt sie einige Zeit sitzen, obwohl sie gar nicht muß. Sabine versucht, in dem Spielzimmer ständig in meiner Gegenwart zu sein. Als ich sie in meinen Armen wiege, wie sie es wünscht, steckt sie einen Finger in den Mund und schaut befriedigt dem Treiben der anderen Kinder zu (Protokoll der Kindergruppe vom 13. 12. 1973).

Die dreijährige Sabine freut sich, wenn sie von uns abgeholt wird. Sie hat bereits erfahren, daß wir versuchen, auf ihre Wünsche einzugehen. Das Mädchen kommt aus einer Familie, die auf dem Wohnwagenplatz eine Randstellung einnimmt. Ihr Vater gilt als gewalttätig und wird deshalb auf dem Platz gemieden. Ihre Mutter ist sehr jung und in der Erziehung ihrer zwei Kinder überfordert. Sie erwartet gerade das dritte Kind. Doch bemüht sie sich, ihre Kinder mit Essen und Kleidung ausreichend zu versorgen, und sie erkundigt sich auch mehrmals nach ihrer Tochter in der Spielgruppe und bei den Mitarbeitern in der Spielstube. Sie scheint unter einer ständigen Spannung zu stehen und Furcht vor ihrem Mann zu haben. Das Grundstück, auf dem der Wohnwagen der Familie steht, ist eingezäunt und wird von einem Hund bewacht. Bedingt durch die isolierte Lebenssituation und die frustrierende Atmosphäre auf dem Platz ist es ihr nicht möglich, ihren noch kleinen Kindern kontinuierlich ein Gefühl der emotionalen Sicherheit zu vermitteln. Ihre Tochter wirkt babyhaft und kann sich fast gar nicht sprachlich ausdrücken. Durch ihr Verhalten zeigt sie, was sie braucht: einen Betreuer nur für sich allein während des Nachmittags, über den sie - wie ein Säugling über die Mutter - ganz verfügen möchte. Als sie merkt, daß Peter auf ihre Ansprüche eingeht, ist sie zufrieden. Besonders deutlich zeigt sich das, als er sie auf den Arm nimmt.

An diesem Nachmittag fühlen sich auch die anderen Kinder wohl. Julia inszeniert ein Rollenspiel, wobei die Erwachsenen genau die Rollen einnehmen, die sie bestimmt hat. Florian ist stolz, wenn er zusammen mit uns Bauklötze auftürmen kann und dafür gelobt wird. Heike veranlaßt Charlotte, in dem Spiel "Königin und Prinzessin" mitzuspielen, wobei sie selbst in die Rolle der Königin und Florian in die Rolle der Prinzessin schlüpft. Dieses Spiel spiegelt die Gefühlslage der Kinder wider: In der Gruppe fühlen sie sich, wenn sie von Betreuern umsorgt und verstanden werden, in einer auserwählten Situation, die in ihrer Phantasie mit der Rolle einer Königin oder Prinzessin zu vergleichen ist. Auch uns gefällt es an diesem Nachmittag in der Kindergruppe.

Diesmal ist es der beste Tag zum Spielen, den wir je auf dem Wohnwagenstandplatz erlebt haben ... ich war zwar mit meinen Kräften auch am Ende, aber es war schön gewesen (Protokoll der Kindergruppe vom 13. 12. 1973).

Wir merken, daß wir von den Kindern gebraucht werden und erleben es als angenehm, daran beteiligt zu sein, daß ihnen das Zusammensein mit uns angenehm ist. Zum ersten Mal ist es uns nicht langweilig und wir haben keine Angst, mit den Kindern umzugehen. Es fällt uns aber schwer, hier zu vermitteln, was uns selbst jener Nachmittag bedeutet hat. Der befriedigende Austausch mit den Kindern motiviert uns zur weiteren Arbeit mit ihnen. Bedingt durch solchen intensiven Kontakt zu den Kindern, überdenken wir unseren Anteil an den Interaktionen mit ihnen:

Ich bemerke, daß ich oftmals noch in das Spiel der Kinder eingreife, obwohl dies überhaupt nicht nötig ist. Das passiert meistens dann, wenn die Kinder gegen meine Normvorstellungen verstoßen (Protokoll der Kindergruppe vom 13. 12. 1973).

Wir sind davon überzeugt, daß unsere Normen, die in manchen Situationen unkontrolliert unser Handeln beeinflussen, uns daran hindern, mit den Kindern "so schön" zusammen zu sein, daß sich die ganze Gruppe geborgen fühlt.

Heute wissen wir, daß uns damals unsere Normen in der offenen Gruppensituation auch Sicherheit gegeben haben; denn die Methode, mit der wir
unser Ziel in der Arbeit mit den Kindern erreichen wollen, ist uns zu dieser
Zeit noch unklar. Wir können nicht übersehen, wie sich die Gruppe entwik-
keln wird. In der Gruppe wollen wir einen Freiraum schaffen. Doch wir sind
bei diesem Bemühen überfordert, weil wir Angst davor haben, was sich dann
ereignen könnte. Die Verhaltensweisen der Kinder lassen uns daran zweifeln,
ob die offene Gruppensituation überhaupt eine Weiterentwicklung ermöglicht;
denn nur selten verlaufen die Nachmittage so harmonisch, wie wir es gerade
beschrieben haben. Meist zeigen die Kinder Aggressionen, und wir wissen
nicht, wie wir reagieren sollen, wenn uns die Kinder anspucken, schlagen,
kratzen, mit Gegenständen bewerfen, an den Haaren reißen, beißen, treten,
drohen und beschimpfen. Anfangs versuchen wir, sie durch Angebote, die wir
für attraktiv halten, von ihren Aggressionen abzulenken. Aber es zeigt sich
bald, daß das für längere Zeit nicht möglich ist. Durch Vermeidungsstrate-
gien sind die Kinder nicht zu beruhigen. Die Freiheit, die wir gewähren,
scheint das Austoben von destruktiven Gefühlen geradezu herauszufordern.
Die Kinder sehen keine Notwendigkeit mehr, "brav" zu sein.

In der Spielstube werden ihnen Spielvorschläge gemacht, und sie werden
sofort reglementiert, wenn sie sich nicht an die Verbote halten. Das erwarten die Kinder ursprünglich auch von uns. Sie sind verunsichert, wenn es bei
uns nicht so zugeht. Die Mitarbeiter der Spielstube geben ihnen einen festen
Rahmen, indem sie ihnen alles vorschreiben. Bei unserem Spielgruppenach-
mittag ist es anders. Wenn die Tür zu unserem Spielzimmer geöffnet wird,
stürmen die Kinder in den Raum und versuchen dabei, möglichst viele Gegenstände von den Regalen und Tischen herunterzuwerfen. Manchmal kommt
es vor, daß sie das ganze Regal, das mitten im Raum steht, mit allen Spielsachen umstoßen. Wir verstehen nicht, warum sie sich so verhalten. Es
macht uns hilflos. Wir stellen die Spielsachen auf ihren Platz zurück und
versuchen, die Kinder daran zu hindern, diese erneut auf den Boden zu
werfen. Sie möchten offenbar jede Gelegenheit wahrnehmen, in der Gruppe
ihre Affekte wild zu äußern. Dabei steigern sie sich manchmal in einen
Rauschzustand, der für uns einmal so unerträglich wird, daß wir die Zusammenkunft vorzeitig beenden.

Dann kommt ganz plötzlich der Zeitpunkt, wo die Kinder aufhören zu spielen. Zuerst legt
sich Sabine trotzig auf den Boden (Charlotte hat ihr nicht, wie verlangt, grüne Farbe
gegeben), sie zeigt ein ähnliches Verhalten wie Heike zuvor. (...) Dann reißt Sabine
Julia an den Haaren, als ich mit beiden Kindern spiele. Ich tröste Julia und erkläre
Sabine, sie dürfe so etwas nicht mehr tun. Dann wird auch Fritz aggressiv. Er will nach
Hause, das können wir nicht zulassen, da seine Mutter nicht da ist. Dann hüpfen die
Kinder von einem großen Tisch, wobei sich Sabine den Fuß verstaucht. Als dann noch
Spielzeug aus einem Karton ausgeleert wird und durch den Raum fliegt, machen wir früher
Schluß und schicken die Kinder nach Hause. Julia kommt nochmals, macht etwas kaputt,
will noch mehr kaputt machen, da bringe ich sie, während sie weint, nach Hause (Proto-
koll des Kindergruppennachmittags vom 20. 12. 1973).

Die Gruppenstunde ist für uns besonders frustrierend, weil sie eine Woche
auf jenen harmonisch verlaufenen Nachmittag folgt. Wir hofften anfangs,
daß sich die Situation in der Gruppe stabilisiert habe, und erwarteten ähnlich schöne Erlebnisse wie das letzte Mal. Für uns ist der Umschwung im
Verhalten der Kinder innerhalb einer Woche unerklärlich. Wir wissen noch
nicht, daß bei den Kindern intensive Gefühle der Geborgenheit und die

Befriedigung des Wunsches nach Zuneigung durch die Betreuer eng verbunden sind mit destruktiven Gefühlen und unbändiger Wut. An dem Geschehen, das zum Abbruch der Spielstunde führt, sind sowohl Kinder als auch Erwachsene beteiligt. Unsere Furcht, die Kinder könnten Farbe im Raum verschmieren, macht uns unruhig und führt zum Malverbot. Das wiederum frustriert Sabine, die sich nicht angenommen fühlt. Zuwendung eines Erwachsenen könnte ihr darüber hinweghelfen. Doch Peter beschäftigt sich nicht nur mit ihr allein, sondern auch mit Julia. Das kann Sabine nicht ertragen. Sie wird eifersüchtig und reißt Julia an den Haaren. Jetzt werden alle Kinder aggressiv, weil sie erleben, daß ihre Wünsche nach individueller Zuwendung nicht erfüllt werden. Die Spannung in der Gruppe wächst, als Peter Sabine zurechtweist und sie sich so erst recht abgelehnt fühlt. Die Zusammenhänge dieses Konfliktes verstehen wir nicht. Wir sind nicht in der Lage, adäquat auf die Bedürfnisse der Kinder einzugehen. Als Fritz daran gehindert wird, der belastenden Situation durch Weglaufen zu entgehen, entsteht große Unruhe. Es ist für uns beängstigend, daß wir die Steigerung der Wut nicht aufhalten können. Ebensowenig wie die Kinder sind auch wir fähig, in dieser Szene unsere Affekte zu kontrollieren. Wir machen früher Schluß, weil wir die Vorgänge in der Gruppe selbst nicht mehr aushalten können. Enttäuscht und weinend gehen die Kinder nach Hause. Auch wir sind enttäuscht und fühlen uns ohnmächtig, weil wir immer noch nicht wissen, wie wir uns in solchen Situationen verhalten sollen.

Später begreifen wir: Die Interaktion zwischen Kindern und Erwachsenen kann man auch unter dem Gesichtspunkt "Übertragung" und "Gegenübertragung" betrachten. In der Gruppe stellen die Kinder gegenüber den Betreuern die Beziehungsstrukturen her, die sich in früher Kindheit zwischen ihnen und ihren engsten Bezugspersonen bildeten. Auch die Interaktionsstrukturen, die zur Zeit zwischen ihnen und ihren Eltern bestehen, kommen in der unstrukturierten Gruppe zur Geltung. Die Freiheit in der Gruppe erlaubt es den Kindern, Gefühle auszudrücken, die sonst aus Angst vor der Strafe der Eltern zurückgehalten werden müssen. Infantile Einstellungen der Kinder, die auf die Erwachsenen übertragen und verschoben werden, bestimmen die Beziehung der Kinder zu den Betreuern.

Aus diesen Überlegungen ergeben sich folgende Fragen zu dem Geschehen in der Kindergruppe: "1. Welche frühe Szene möchten die Kinder mit mir spielen? 2. Aus welchem Stadium der Entwicklung stammt diese Szene? 3. Wen stelle ich darin für die Kinder dar? 4. Welchen (frühkindlichen) Anspruch stellen die Kinder dabei an mich?" (Leber 1974).

Wir haben beschrieben, daß die Kinder einen von uns möglichst für sich allein haben wollen und es nicht ertragen können, wenn ihnen das nicht gelingt. Es scheint, daß sie am liebsten ständig mit Essen und Zuneigung versorgt werden möchten. Beim gemeinsamen Essen zeigen sie eine große Gier, und sie wollen möglichst viele Nahrungsmittel an sich raffen. Sie können nicht genug bekommen. Am besten gefällt es ihnen, wenn sie wie ein Baby auf den Arm genommen und herumgetragen werden. Dabei nehmen sie eine Haltung ein, als ob sie gestillt würden. Dann wieder zeigen sie starke Aggressionen, wenn wir ihre Riesenansprüche nicht verstehen oder nicht erfüllen können. Ihre Wut richtet sich gegen uns, aber auch gegen andere Kinder aus der Gruppe. Wir beobachten, daß sich manche Kinder bei den Auseinandersetzungen gar nicht wehren und sich von anderen verprügeln lassen, nur um hinterher in den Arm genommen und getröstet zu werden. Die Härte der Auseinandersetzung bei diesen Drei- bis Vierjährigen überrascht uns. Schon bei geringem Anlaß gehen sie aufeinander los und fügen sich dabei gegenseitig große Schmerzen zu. Sie können nicht die geringste Frustration ertragen. Die Stimmung wechselt ständig. Auf Wutausbrüche und Weinen folgt Lachen und das Gefühl höchster Zufriedenheit, wenn wir uns um sie kümmern.

Die Kinder zeigen in der Gruppe ein Verhalten, das mit dem eines Babys vergleichbar ist. Der Säugling ist völlig von seiner Mutter abhängig. Er wird von ihr gepflegt und mit Nahrung versorgt. Wenn ihm die Fürsorge, auf die er angewiesen ist, nicht zuteil wird, dann fängt er an zu schreien. Erikson (1957) spricht davon, daß das kleine Kind seine wichtigsten Bezugspersonen genauso beherrscht, wie es von jenen beherrscht wird. Es fordert Tag und Nacht ein größtmögliches Maß an Zuwendung. Für die weitere Entwicklung des Kindes ist es wichtig, daß seine Bezugspersonen hellhörig sind für das, was es gerade braucht. Wenn die Mutter in einfühlender Weise auf die Bedürfnisse des Kindes eingehen und sie befriedigen kann, entsteht im Kind ein Gefühl des Wohlbehagens. Es gewinnt allmählich Vertrauen, daß die Mutter es versorgt, auch wenn es warten muß. Aber wenn es der Mutter nicht möglich ist, eine konstante Betreuung zu gewährleisten (das ist zum Beispiel dann der Fall, wenn die Mutter, wie wir auf dem Wohnwagenstandplatz, in einer emotional und materiell unsicheren Lage ist, in dieser belastenden Situation selbst keinen Rückhalt findet und so den Ansprüchen des Kindes nicht nachkommen kann), dann kann das Kind seine Beziehungsfähigkeit nicht ausbilden. "Die Sehnsucht nach liebevoller Umsorgung bleibt ... ein Leben lang erhalten ... Die Kinder suchen rastlos, aber nicht bewußt, einen einzelnen Partner für sich allein ... Durch die frühesten Entbehrungen bleiben die größten Ansprüche an Zwendung und verbinden sich mit zunächst ohnmächtiger Wut" (Leber 1975, S. 20 f.).

In der Gruppe glauben die Kinder, den Partner, der auf all ihre Sehnsüchte und Wünsche eingeht, in uns gefunden zu haben. Sie zeigen uns gegenüber die Gefühlseinstellungen, die sich bei ihnen bald nach ihrer Geburt gebildet haben und seitdem vorhanden sind. Sie übertragen uns gegenüber nicht nur die Beziehungsform Kind-Mutter, so wie sie sie selbst erlebt haben und weiterhin erleben, sondern auch die, die sie von Anfang an ersehnen. Wir sind in ihrer Phantasie "ideale Eltern".

Über mehrere Monate erleben die Kinder jeden von uns wie eine ganz auf sie eingestellte, ständig verfügbare, immer befriedigende, von Spannungen entlastende Mutter. Sie sind also auf eine ganz frühe Stufe der emotionalen Entwicklung regrediert, möchten quasi ihre Entwicklung noch einmal von vorn beginnen (vgl. Balint 1970, S. 87 f., 1960 f.), wo sich das Kind in der Einheit mit der Mutter mächtig fühlt, alles zu seinen Gunsten regulieren zu können. Das erwarten die Kinder jetzt von uns.

Wir haben das damals weder verstanden, noch waren wir in der Lage, entsprechend darauf einzugehen. So wurde bei den Kindern die gleiche Enttäuschung und die gleiche Wut wie bei den ganz frühen Enttäuschungen und Kränkungen in der Interaktion mit ihren Eltern ausgelöst.

Erst allmählich haben wir begriffen, daß nicht nur die Kinder Gefühle auf uns übertragen, sondern auch wir auf sie. Das wird als Gegenübertragung bezeichnet. Wir betrachten zwei Aspekte der Gegenübertragung:

1. Wie die Kinder, so erleben auch wir in der Kindergruppe eine Neuauflage unserer in der eigenen Primärsozialisation entstandenen unbewußten Interaktionsstrukturen. Sie können in der Interaktion mit den Kindern ausgelöst,

die Affekte, die damit verbunden sind, können wiederbelebt werden. Beispielhaft für diesen Vorgang erscheint uns unser beschriebenes Verhalten, wenn die Kinder in der Gruppe gegen unsere Mittelschichtsnorm verstoßen. Wir bekommen Angst, daß auch bei uns durchbrechen könnte, was uns als Kindern verboten war und aus unserem Erleben bis heute verbannt blieb. 2. Wenn die Kinder infantile Gefühle auf uns übertragen, dann versuchen sie, eine Szene herzustellen, in der wir eine ganz bestimmte Rolle übernehmen sollen. Sie verführen uns unbewußt dazu, in dieser Szene mitzuspielen. Es ist wichtig, die Szene zu verstehen, um die Wirkung des Verhaltens der Kinder auf uns wie auch unsere Reaktionen darauf einschätzen zu können.

Den Abbruch des Nachmittags vom 20. 12. 1973 erkennen wir jetzt als eine unbewußte Gegenübertragungsreaktion auf die Übertragung der Kinder. In der Phantasie der Kinder sind wir für sie Vater und Mutter. Jedes Kind will engen Kontakt zu uns haben und dabei die anderen jeweils ausschalten. Doch alle Kinder müssen erleben, daß wir ihre großen Ansprüche, die sie an uns haben, nicht erfüllen können. Ihre Hoffnung in uns wird enttäuscht. Sie sind frustriert und reagieren mit Terror (vgl. Leber 1979). Ihre Aggressionen sind ein Racheakt. Die Kinder fühlen sich verlassen. In ihrem Erleben sind wir als Betreuer da und doch nicht da. Diese Szene erleben sie auch zu Hause: Die Eltern sind für sie da und trotzdem können sie keine Beziehung zu den Kindern herstellen, in der sie sich geborgen fühlen. Die Kinder wollen Zuwendung und Zärtlichkeit haben, aber sie fühlen sich abgelehnt. Diese Szene wird auch in der Gruppe wiederholt, als die Kinder von uns vorzeitig nach Hause geschickt werden. Darauf reagieren die Kinder mit Wut und Resignation. Der Abbruch des Nachmittags ist für sie eine traumatische Situation: Die Kinder haben unbewußt die für sie unerträgliche Szene wiederhergestellt, in der sie auf dem Wohnwagenstandplatz in Kontakt zu ihren Eltern gefangen sind.

Literatur

Balint, M. (1970): Therapeutische Aspekte der Regression - Die Theorie der Grundstörung. Stuttgart
Bieniussa, P./Steuck, C. (1978): Ein psychoanalytisch reflektierter Lernprozeß bei der Arbeit mit Kindern einer sozialen Randgruppe. Unveröffentlichtes Manuskript Frankfurt
Clos, R. (1982): Delinquenz - Ein Zeichen von Hoffnung? Frankfurt
Engler, R./Hack, I. (1979): Heilpädagogik in der Spielstube. Frankfurt
Erikson, E. H. (1957): Kindheit und Gesellschaft, Stuttgart, 1971 4. A.
Finger, U. (1977): Narzißmus und Gruppe, Frankfurt
Leber, A. (1972): Psychoanalytische Reflexion - ein Weg zur Selbstbestimmung in Pädagogik und Sozialarbeit, In: Leber/Reiser (Hrsg.): Sozialpädagogik, Psychoanalyse und Sozialkritik, ²1975
Leber, A. (1974): Übertragung und Gegenübertragung. Unveröffentlichtes Manuskript
Leber, A. (1975): Psychoanalytische Projektseminare in der Ausbildung von Heilpädagogen an der Hochschule. In: Iben, G. (Hrsg.): Heil- und Sonderpädagogik, Einführung in Problembereiche und Studium, Kronberg
Leber, A. (1976): Rückzug oder Rache - Überlegungen zu unterschiedlichen milieuabhängigen Folgen früher Kränkung und Wut. In diesem Band

Leber, A. (1977): Psychoanalytische Gruppenverfahren im Bildungsbereich –
Didaktik oder Therapie? In: Gruppenpsychotherapie und Gruppendynamik,
Bd. 12

Leber, A. (1979): Terror, Teufel und primäre Erfahrung. In diesem Band

Leber, A. u. a. (1978): Heilpädagogik Sozial-Benachteiligter – erarbeitet in
psychoanalytisch orientierten, praxisbezogenen Gruppenverfahren. In:
Jantzen, W./Müller, U. (Hrsg.): Theorie und Praxis in der Ausbildung,
Oberbiel

Mihm, D. (1977): Bedingungen und Möglichkeiten der sozialen Entwicklung
in einer kommunalen Notunterkunft. Diplomarbeit im Fachbereich
Erziehungswissenschaften der Johann Wolfgang Goethe-Universität,
Frankfurt

Schäfer, M. (1976): Musiktherapie als Heilpädagogik bei verhaltensauffälligen
Kindern, Frankfurt, ² 1979

Peter Scheuermann

Hospitalismus und Dissozialität

Eine Fallstudie

1. Einleitung

Der vorliegende Aufsatz verfolgt die Entwicklung eines jungen Mannes in den ersten neunzehn Jahren seines Lebens. Aufgrund der familiären Lage lebte er nicht im Bezugssystem Vater-Mutter-Kind, sondern vom ersten Tage seines Lebens an in Heimen. Unterbrochen wurden die dauernden Heimaufenthalte lediglich durch einen dreijährigen Aufenthalt in einer Pflegefamilie.

Die Schädigungen seiner Persönlichkeit, die durch diese Lebenssituation entstanden sind, prägen die Verhaltensweisen des jungen Menschen im anfangenden Erwachsenenalter. Es sind dissoziale Verhaltensweisen und da, wo sie strafrechtlich sanktioniert sind, kriminelle.

Das relativ umfangreiche Material über diesen jungen Mann macht es möglich, Zusammenhänge aufzuzeigen zwischen den frühkindlichen Entwicklungsstörungen, den Reaktionen der späteren Sozialisationsinstanzen und den dissozialen Verhaltensweisen heute. Es wird weiterhin deutlich werden, wie die Bedingungen der öffentlichen Erziehung Menschen geradezu zu dissozialen Verhaltensweisen prädestinieren.

Die unmittelbaren interpersonellen Beziehungsbedingungen einer öffentlichen Erziehung werden im folgenden anhand des Materials näher erörtert, und ihre Folgen für die Entwicklung der Persönlichkeit des jungen Mannes aufgezeigt.

Zu diesen Bedingungen kommen in der öffentlichen Erziehung weitere Merkmale, die die Entwicklung der Persönlichkeit beeinflussen:

- Die Beziehung zum Kind ist in der öffentlichen Erziehung ein Dienstverhältnis und keine gewollte emotionale Beziehung. Das Kind ist Objekt der Arbeit, wofür das Personal bezahlt wird, bzw. Objekt der Barmherzigkeit, wenn das Personal um eines "höheren Wertes" willen sich dem Kind zuwendet.
- Die Beziehungssysteme, in denen das Kind sich entwickelt, sind nicht verläßlich. Erfordert die Belegungszahl eines Heimes bzw. der Personalstand eine Verringerung bzw. Vergrößerung der "Kapazität", so wird das Kind "verlegt". Im vorliegenden Fall wurde das Kind innerhalb seines ersten Lebensjahres - unter Berücksichtigung eines knapp zweimonatigen Klinikaufenthaltes - insgesamt drei verschiedenen Beziehungssystemen ausgesetzt.

Dadurch sind alle Beziehungen emotionaler Art fortwährend gefährdet. Veränderungen in den Beziehungssystemen sind nicht Folge von Beziehungs- und damit Erziehungsprozessen, sondern Verwaltungsakte. Von daher läßt sich öffentliche Erziehung auch definieren als "Verwaltung von Kindern und Jugendlichen".

Hinzu kommt die überwiegend altersgruppengemäße Gliederung der Heime. Selbst bei Heimen mit koedukativen und altersgemischten Gruppen bleiben die Säuglinge (0 - 2 Jahre) und die Jugendlichen über 14 Jahren meist ausgeschlossen.

- Die Entscheidungsträger in der öffentlichen Erziehung sind anonym. Stehen die Entscheidungsträger über den weiteren Fortgang der Entwicklung eines Kindes in der familiären Situation in einer persönlichen Beziehung zum Kind, so sind es im Falle der öffentlichen Erziehung Amtsträger, die aus der Anonymität ihres Büros heraus die Entscheidungen fällen. Damit erfährt sich das Kind im letzten einer Macht ausgeliefert, der es nicht gewachsen ist, und die sich mit ihm als konkreter Person nicht auseinandersetzt.

All diese Bedingungen haben Klaus, so heißt der junge Mann im vorliegenden Fall, zu dem gemacht, was er heute ist. Seine Verhaltensweisen können nicht gemessen werden an Wollen oder Nichtwollen, nicht an Schuld oder Selbstverantwortung. Sie sind Produkt der Lebensituationen, denen Klaus 18 Jahre lang ausgeliefert war. Dies soll im folgenden aufgezeigt werden.

2. Die Hospitalschädigung

Die ersten 2 1/2 Monate seines Lebens verbringt Klaus mit seiner Mutter in einem Mutter- und Kindheim. Die Mutter lebt getrennt von ihrem Mann und muß für ihren Unterhalt selbst aufkommen. Sie geht als Hilfsarbeiterin in eine Maschinenfabrik arbeiten. Für die Zeit ihres Schwangerschaftsurlaubs und der Schonzeit nach der Geburt geht sie in ein Heim und läßt danach Klaus dort allein zurück. Es ist anzunehmen, daß Klaus in dieser Zeit von seiner Mutter normal versorgt wurde, sowohl bezüglich Nahrung als auch der notwendigen emotionalen Zuwendung. Trotzdem ist eine negative Grundeinstellung von seiten der Mutter zumindest nicht auszuschließen.

Der Aufenthalt im Mütterheim entspricht der Phase der kindlichen Entwicklung, die Spitz die "objektlose Stufe" (1972, S. 53 ff.) nennt. Sie ist gekennzeichnet von der Unfähigkeit des Säuglings, die Außenwelt von sich selbst zu unterscheiden. "Es (das Kind) nimmt ... die bedürfnisbefriedigende, nahrungsspendende Brust, wenn überhaupt, als einen Teil seiner selbst wahr" (a.a.O. S. 54). Der Säugling erlebt die "primäre Identifikation" (Spitz) oder "primäre Liebe" (Balint).

Abgelöst wird diese Entwicklungsphase durch die "Vorstufe des Objekts" (Spitz 1972, S. 104 ff.), in der, bewirkt durch die Interaktion Mutter-Kind, bedeutungslose Reize für das Kind zu bedeutungserfüllten Signalen werden (a.a.O. S. 61). Im weiteren Verlauf wird dann die das Kind umsorgende Person unterscheidbar von anderen Personen (Achtmonatsangst).

Es entwickelt sich die Fähigkeit, zu einer konkreten ständigen Bezugsperson eine libidinös besetzte Beziehung zu haben.

Wichtigste Voraussetzung für diese positive Entwicklung ist das Vorhandensein einer konstanten Wechselbeziehung Mutter - Kind. Es braucht hier nicht diskutiert zu werden, ob nur die Beziehung leibliche Mutter - Kind die notwendige Voraussetzung darstellt. Wichtig ist die Tatsache, daß es sich um eine Person handelt, die aufgrund ihrer eigenen Situation in der Lage ist, eine solche konstante Beziehung zum Kind herzustellen und aufrechtzuerhalten.

Die leibliche Mutter mußte Klaus in dieser entscheidenden Situation allein lassen. Sie konnte die notwendige Bezugsperson nicht sein. Als Klaus mit 2 1/2 Monaten in ein Kleinkinderheim überwechselt, gerät er in ein Beziehungssystem, in dem solche symbiotischen Zweierbeziehungen nicht möglich waren. Das Fehlen dieser frühen konstanten Beziehung führt zu all den schweren Persönlichkeitsstörungen, die uns unter dem Begriff des Hospitalismus bekannt sind. "Die auffallendste Anomalie des psychopathischen (hospitalisierten d. V.) Kindes ist die Unfähigkeit, angemessene soziale Beziehungen auszubilden und am sozialen Austausch teilzunehmen. Sein Verhalten ist asozial und bleibt so auch beim älteren Psychopathen" (Spitz, zit. nach Moser 1973, S. 172).

Das Kinderheim, in dem Klaus lebt, wird von einer religiösen Ordensgemeinschaft geleitet, eine Säuglingspflegeschule ist angeschlossen. Wie eine Mitarbeiterin des Heimes dem Verfasser mitteilte, waren zu der Zeit des Aufenthaltes von Klaus bis zu 18 Säuglinge und Kleinkinder in einem Raum untergebracht. Im Mittelpunkt der Versorgung stand die gesundheitliche Fürsorge und die Ernährung. Wie dies im einzelnen aussieht, läßt sich in der einschlägigen Literatur nachlesen (vgl. z.B. Eckensberger 1971, Roth 1973).

Die Interaktion von Pflegeperson und Säugling vollzieht sich als passives Hinnehmen der Pflege durch den Säugling. Sie sind "Objekte von Versorgungsprozessen" (Eckensberger 1971, S. 85). Für körperlichen Kontakt, symbiotischen Austausch von Zärtlichkeiten und verbale Kommunikation, eben jene Merkmale einer intensiven Mutter-Kind-Beziehung, fehlen in der Regel die Zeit und die entsprechende Orientierung des Personals.

Zu diesem quantitativen Aspekt tritt der qualitative Aspekt der Zuwendung. Ein "affektives Klima" (Spitz) zwischen Pflegepersonal und Säugling baut sich nicht auf. Die Bezugspersonen im Heim stehen zu den Kindern in einem Arbeitsverhältnis. So kann es nicht zu einer intensiven primären Sozialbeziehung kommen. Dieses "bedeutet einerseits eine Überforderung des Arbeitsverhältnisses, insofern sie ja zugleich die psychosoziale Funktion einer primären Objektbeziehung erfüllen soll, andererseits eine Gefährdung der primären Objektbeziehung, insofern ihre vertragliche Grundlage die Stabilität nicht gewährleistet, denn sie kann jederzeit gelöst werden; im übrigen gilt sie nur für die tariflich vorgesehene Arbeitszeit" (Eckensberg 1971, S. 82).

Dieser Tatsache steht das Selbstverständnis des Pflegepersonals konträr gegenüber. Es ist geprägt vom Ideal des sich für andere aufopfernden, von Liebe zum Mitmenschen getragenen Persönlichkeit, die Interesse am Wohlergehen der Kinder hat und bei der Geldverdienen an letzter Stelle steht (vgl. Eckensberg 1971, S. 102 ff.).

Dieses Selbstverständnis und die daraus resultierende Lebensführung hat nicht nur zur Folge, daß dem Pflegepersonal die tatsächliche Situation nicht erkennbar wird. Es führt auch zu einer speziellen Form in der affektiven Zuwendung zum Kleinkind. Die Frustration, die aus der Überlastung am Arbeitsplatz und aus der Nichtbefriedigung eigener Bedürfnisse nach Persönlichkeitsentfaltung und emotionaler Bestätigung erwächst, fließt in die Interaktion mit Kindern ein. Entweder wird mit ihnen, da sie die Ursache für die unbefriedigende Situation symbolisieren, aggressiv umgegangen, oder aber sie müssen als Ersatzbefriedigung herhalten (Lieblingskinder). Gleichzeitig wird diese emotionale Beziehung zu einzelnen Kindern konfliktuös und schuldhaft erfahren, weil sie dem Berufsbild "für alle gleich da zu sein" widerspricht (vgl. Eckensberg 1971, S. 99 ff.).

Bei Klaus handelte es sich um religiös gebundene Ordensschwestern als Pflegepersonal. Dies kann die eben aufgezeigte Situation noch verstärkt haben. Die Liebe zum Nächsten (vor allem dem Schwachen und Kleinen) ermöglicht es, sich um eines höheren Wertes willen mit Menschen zu beschäftigen, zu denen man nicht unbedingt eine persönliche positive Beziehung hat. Berücksichtigt man weiterhin, daß Ordensfrauen aufgrund ihrer religiösen Bindungen weder ein entfaltetes Sexualleben haben noch emotional erfüllende Beziehungen pflegen dürfen, so läßt sich erahnen, wie sie sich den

Säuglingen und Kleinkindern affektiv zuwenden, die zum einen das Produkt der verbotenen Sexualität sind, zum anderen nur schuldbesetzt emotional geliebt werden dürfen.

Die Auswirkungen dieser Beziehungssituation auf Klaus schlägt sich nicht in den Akten nieder. Er wird im Alter von 2 Jahren als "im allgemeinen gut entwickelt" bezeichnet (Entwicklungsbericht (EB)). Bezüglich seiner Gesundheit wird lediglich vermerkt, daß er zu Hautausschlägen neigt. Ein halbes Jahr später ist er lediglich "auffällig durch ein übermäßig scheues Wesen, sobald er sich außerhalb seiner gewohnten Umgebung" befindet (EB).

Anscheinend beobachtet das Pflegepersonal keine Fehlentwicklungen bzw. hält die Verhaltensweisen von Klaus für "normal". Lediglich zwei kleine Hinweise in den Entwicklungsberichten lassen etwas von der tatsächlichen Situation ahnen.

Die vermerkten Hautausschläge lassen an ein Phänomen denken, das bei Spitz als "Säuglingsekzem" bezeichnet wird (vgl. 1972, S. 237). Es handelt sich dabei um eine somatische Erscheinung, die bis in die Hälfte des zweiten Lebensjahres auftritt als Folge von "Feindseligkeit in Form manifester Ängstlichkeit" (Spitz). Beobachtet hat Spitz dies bei Säuglingen, deren Mütter "ihrem Kind gegenüber eine als Ängstlichkeit getarnte Feindseligkeit an den Tag legen. Mütter, die ihre Kinder nicht gerne berühren, sie ungern pflegen und ihnen systematisch den Hautkontakt vorenthalten (vgl. Spitz 1972, S. 243).

Es läßt sich im nachhinein nicht beurteilen, ob Klaus unter diesem beschriebenen Säuglingsekzem litt. Auffällig ist jedoch, daß die beschriebenen Verhaltensweisen der Mütter Ähnlichkeit haben mit dem, was über die affektive Zuwendung des Pflegepersonals, vor allem der Ordensfrauen, festgestellt wurde.

Auch eine zweite Bemerkung in den Entwicklungsberichten kann einen Hinweis auf die Befindlichkeit von Klaus geben. Er wird als ein Kind geschildert, das übermäßig scheu ist, sobald er sich außerhalb seiner gewohnten Umgebung befindet. Dies wird in Gegensatz gestellt zu seinem sonstigen Verhalten in der Gruppe, wo er sich "nötigenfalls zu verteidigen weiß, ohne daß er zänkisch oder boshaft wäre" (EB).

Diese Scheu, gewohnte Umgebung zu verlassen, wird noch an einer späteren Stelle seiner Entwicklung deutlich. Während seines Aufenthaltes in einem heilpädagogischen Heim unternimmt seine Gruppenleiterin eine Fahrt mit ihm in die Stadt. Er soll sich selbständig verhalten, indem er die Straßenbahn aussucht und die entsprechenden Fahrpläne studiert. Er weigert sich, indem er die Augen zumacht und so nicht in der Lage ist, den Fahrplan zu lesen. Zurückgekehrt fordert sie ihn einige Tage später auf, nun endlich "mal alleine" mit der Straßenbahn zu fahren. Der Erfolg ist, daß Klaus mehrere Stunden fortbleibt und mit dem Vorwurf zurückkehrt, sie solle das nie mehr mit ihm machen. Klaus war zu diesem Zeitpunkt 11;2 (aus dem Protokoll über ein Gespräch des Verfassers mit der ehemaligen Gruppenleiterin).

Klaus hat große Angst, den bekannten Bezugsrahmen, in dem er sich einigermaßen wohlfühlt, zu verlassen. Er ist sich dieses Rahmens aber nicht sicher und muß ihn sich deshalb ständig selbst bestätigen. Diese Unsicherheit und die daraus resultierende Angst ist die Folge der Unsicherheit, die Klaus immer in seinen Beziehungssystemen erlebt hat und die im letzten auf eine mangelhafte Entwicklung des Urvertrauens (Erikson) zurückzuführen ist. Aus ihm hätte sich jene Sicherheit entwickelt, die es überflüssig macht, sich

sich einer Beziehung dauernd neu zu vergewissern. Spitz nennt als Ursache für Sicherheit in Beziehungssystemen die Notwendigkeit der "primären Identifizierung" (vgl. Spitz 1972, S. 244 ff.). Zwar ist für Klaus das Heim die sichere Versorgungsinstanz. Er konnte diese Sicherheit aber nie verinnerlichen und aus ihr heraus leben, weil sie ihm nie affektiv als Beziehungssicherheit vermittelt wurde. Das so entstandene Urmißtrauen, das sich in seiner Scheu zeigt, macht es ihm später unmöglich, intensive partnerschaftliche Beziehungen einzugehen. Entweder ist er beziehungslos isoliert, oder aber die Beziehungen sind solche, in denen er zum Baby regredieren kann. Dies wird in seinen späteren Beziehungen zur Pflegemutter und zur Gruppenleiterin besonders deutlich.

3. Das hospitalgeschädigte Kind wird "dressiert"

Im Alter von 2;11 wechselt Klaus das Kinderheim. Das neue wird als Familiengruppenheim geführt. Klaus bleibt darin 1 1/4 Jahre.

Dieses neue Beziehungssystem wie auch alle noch folgenden müssen befragt werden auf dem Hintergrund der vorliegenden Störungen von Klaus. Wie gehen sie damit um, welche Beziehungen werden ihm angeboten, welche pädagogischen Interventionen erfolgen? Werden seine Störungen zur Kenntnis genommen oder wird er als "normales" Kind behandelt? Inwieweit verstärken sich die Schwierigkeiten von Klaus durch diese Beziehungssysteme?

Familiengruppenheime versuchen, die Beziehungssysteme, die in der Familie vorhanden sind, auf die Heimsituation zu übertragen. Leben diese Familiengruppen über mehrere Jahre zusammen mit den gleichen Erziehern, so scheinen sie für den Entwicklungsprozeß des Kindes ähnliche Auswirkungen zu haben wie die Familie: emotionale Auseinandersetzung mit erwachsenen Bezugspersonen und mit gleichaltrigen bzw. älteren oder jüngeren Geschwistern. Die bereits geschilderten Bedingungen der öffentlichen Erziehung machen aber die gravierenden Unterschiede deutlich: Dienstverhältnis mit der einhergehenden ständigen Bedrohung der Beziehung; die bereits vorhandenen Störungen der Kinder in der Gruppe.

Es ist anzunehmen, daß Klaus infolge der Trennung von seiner alten, gewohnten Umgebung, die für ihn Sicherheit darstellte, beim Heimwechsel in einen großen Angstzustand geraten ist. Dies bestätigt der Entwicklungsbericht aus dieser Zeit: "... Anfangs war er ein ängstliches Kind, das stets am Rock der Erzieherin hing und kaum sprach." Zu dieser oder einer anderen Erzieherin hätte Klaus eine Beziehung aufbauen können, die für ihn hilfreich gewesen wäre, wenn sie länger angedauert hätte. Es wäre ihm vielleicht möglich gewesen, gleichsam nochmals als kleines Kind zu beginnen und frühere Beziehungsängste durch die konstante neue Beziehung zu überwinden.

Stattdessen erlebt er eine andere Beziehung. Er wird als ein "geistig normal entwickeltes Kind" eingeschätzt, "das der liebevollen und konsequenten Führung bedarf" (EB). Statt liebevoller verstehender Zuwendung erfolgt Dressur. Der gleiche Entwicklungsbericht spricht von heftigen Trotzanfällen bei Klaus. Interpretiert man diese als Wut wegen des Nichtverstandenwerdens und als Versuch, er selbst zu sein, das dabei vorhandene Weinen und Schreien (das später immer wieder bei Klaus auftritt) als das Schreien nach Liebe und Angenommenwerden, so reagiert die Erzieherin darauf mit zwar liebevoller aber "konsequenter" Führung.

Um nicht die letzte Hoffnung auf diese Beziehung fallen lassen zu müssen, gehorcht Klaus. Er unterwirft sich, seine Trotzanfälle legen sich. Dieser

Mechanismus wiederholt sich immer wieder.

Die emotionale Abhängigkeit von einer Bezugsperson ist die beste Voraussetzung für Dressur. Indem die Person, der die Beziehung gilt, einige Verhaltensweisen für unerwünscht erklärt und sie vielleicht mit Liebesentzug besetzt, zwingt sie den anderen, in diesem Falle Klaus, diese Verhaltensweisen aufzugeben, obwohl sie Ausdruck seiner Befindlichkeit und für seine Entwicklung notwendig sind. Das so entstehende Dressatverhalten und die daraus sich entwickelnden Dressatbeziehungen spielen in der Biographie von Klaus eine entscheidende Rolle. Sie werden in einem späteren psychologischen Gutachten als ein für ihn spezifisches Sozialverhalten hervorgehoben. Die eigentlichen Bedürfnisse, die im Dressatverhalten nicht gezeigt werden dürfen, müssen notwendigerweise verdrängt werden in den Bereich der Phantasie und der Träumerei. Sie werden später als dissoziale Verhaltensweisen immer dann auftauchen, wenn sich die Dressur als zu schwach erweist bzw. sich keine Dressatbeziehung anbietet.

Die Annahme, daß im Kinderheim von Klaus Dressur als pädagogisches Vorgehen verstanden wurde, wird bestärkt durch den Hinweis, daß sich der bis dahin noch nicht saubere Klaus innerhalb von 3 1/2 Monaten auch auf diesem Gebiet dressiert verhält. Auch hier scheint die tiefere Ursache für Einkoten und Einnässen nicht erkannt worden zu sein.

Kinderheim und Erziehungspersonal mußten in der beschriebenen Art und Weise auf Klaus reagieren. Sie sind auf eine solche Situation nicht vorbereitet. Unzureichend oder nicht ausgebildete Erzieher begreifen regressives Verhalten als unangemessen. Aber selbst dem Großteil ausgebildeter Erzieher und Erzieherinnen fehlt die Fähigkeit, psychoanalytisch deutbare Störungen bei Kindern zu erkennen und sich entsprechend zu verhalten. Eckensberger kommt in ihrem Buch zu dem Schluß, daß selbst bei angebotenem Unterricht im Fach Psychologie "die besondere Problematik der Heimpflege von Säuglingen und Kleinkindern unbekannt ist" (1971, S. 170). Anstelle von psychologischen Fachkenntnissen steht immer noch die "natürliche Begabung, Liebe und Freudigkeit für die Arbeit an Kindern" (a.a.O.).

4. *Zusammentreffen des hospitalgeschädigten "dressierten" Kindes mit bürgerlichen Erziehungserwartungen*

Da die leibliche Mutter, die keinen Kontakt mehr mit Klaus unterhält, ihn für eine Adoption freigegeben hat, sucht das Jugendamt während des Aufenthaltes im Familiengruppenheim eine Pflegestelle für ihn. Es findet eine Familie, die auch bereit ist, Klaus zu adoptieren. Für Klaus ist dies im Alter von 4;2 die erste Möglichkeit, nicht in einer Gruppe von Kindern leben zu müssen und von Erziehungspersonal "betreut" zu werden. Zwei Menschen entscheiden sich für ihn, wollen ihm eine dauernde persönliche Beziehung geben, eine sichere Umwelt, die keine amtliche Entscheidung zerstören kann. Durch Adoption wäre er herausgenommen aus dem Kreislauf der Heimunterbringungen, nicht mehr Gegenstand der öffentlichen Erziehung, sondern Person, auf die sich andere Personen beziehen und auf die er sich beziehen kann.

Bereits zwei Monate nach Beginn des Pflegeverhältnisses stellen die Pflegeeltern eine Adoption vorläufig zurück. Klaus ist nicht in der Lage, den Erziehungserwartungen der Pflegeeltern zu entsprechen. Er kann nicht auf ihre Ansprüche adäquat reagieren. Die Pflegeeltern selbst sind nicht in der Lage, die Unfähigkeit von Klaus zu erkennen und sich entsprechend zu verhalten.

Die Pflegeeltern haben eine spezielle, nicht die konkrete Person von Klaus berührende Motivation, ein Pflegekind aufzunehmen: "Die Familie hat 19.. ihren zweiten ehelichen Sohn plötzlich verloren und das Bedürfnis, einem anderen Kind ein Heim zu geben, verbunden mit dem Gedanken, daß ihr eigener Junge wieder ein Brüderchen hat" (Familiengeschichte des Jugendamtes). Diese Motivation der Pflegeeltern ist verbunden mit einer Reihe unbewußter Erwartungen an Klaus. Er soll zunächst Ersatz sein für den Verlust eines anderen, der als Idealperson im Gedächtnis seiner Eltern vorhanden ist. Ihm soll all die Liebe gelten, die eigentlich einem anderen zugedacht war. Aber Klaus soll im familiären Beziehungssystem noch eine zweite Funktion übernehmen, dem älteren Sohn ein kleiner Bruder zu sein. Auch daran sind Erwartungen geknüpft, die Klaus nicht erfüllen kann.

All diese Erwartungen treffen auf die psychische Verfassung von Klaus, wie sie durch seine frühe Persönlichkeitsstörung entstanden ist. In dem trotzdem relativ günstigen affektiven Klima der Pflegefamilie gibt Klaus sein Dressatverhalten auf. Er wird jetzt hin- und hergerissen zwischen Regression in kleinkindhafte emotionale Bedürfnisse, heftiger Zerstörungswut insbesondere gegenüber der Pflegemutter und tiefen Depressionen. Dieser Ambivalenzkonflikt bestimmt sein Verhalten.

Bereits zwei Monate nach Aufnahme in die Pflegefamilie schildert eine Aktennotiz (AN) sein Verhalten: "Klaus ist ein übervitales Kind von sehr derbem Einschlag. Er ist völlig ungebärdig, unendlich jähzornig und stets zu schweren Ausfällen bereit: er beißt und kratzt und hat eine Art von Starrsinn, die weit über das Maß der gewöhnlichen Dickköpfigkeit hinausgeht. Es gibt Tage, an denen er völlig unansprechbar ist".

Was ihm durch "konsequente" Führung im Kinderheim nicht möglich war, bricht jetzt durch die liebevolle Zuwendung der Pflegemutter vollends durch. Er ist unfähig, seinem Alter entsprechend die Liebe der Mutter zu erfahren und zu erwidern. Er wird vielmehr zurückgeworfen in die Haltung eines Babys, das in der objektlosen Phase nur durch Schreien und Klagen auf sich aufmerksam machen kann, damit seine Bedürfnisse befriedigt werden. Werden sie andauernd nicht erfüllt, verfällt das Baby in Wut (Aggressivität) und schließlich in Apathie.

Die liebende Zuwendung der Pflegeeltern und die Unfähigkeit von Klaus, darauf zu reagieren, schließen sich zu einem Teufelskreis in der Kommunikation zusammen. Die Pflegeeltern versuchen, Klaus Liebe mitzuteilen, er nicht verstehen und erfahren kann. Er schreit nach Liebe und Verständnis seiner emotionalen Bedürfnisse, was die Pflegeeltern so nicht erfüllen können. Da ihnen zunächst keine Hilfe angeboten wird, diesen Teufelskreis zu durchbrechen, bleibt ihnen nur eine Möglichkeit. Sie stellen die Adoption zurück. Sie relativieren ihren Entschluß zur endgültigen Bindung an Klaus.

5. *Zwischen Pflegemutter, Heimen und drohender endgültiger Rückverweisung ins Heim*

Trotz des Entschlusses, Klaus nicht zu adoptieren, verbleibt er in der Pflegefamilie. Eine Aktennotiz berichtet, daß die Pflegemutter den Jungen lieb gewonnen hätte, und daß sie bereit sei, ihn weiterhin als Pflegekind aufzunehmen. Die erste Motivation scheint - zumindest bei der Pflegemutter - durch eine neue ersetzt zu werden. Sie begreift, daß Klaus Hilfe braucht, und sie will sie ihm geben. Sie zieht eine Erziehungsberatungsstelle hinzu und entlastet sich, indem sie Klaus zweimal in dieser Zeit für einige Wochen in Kinderheimen unterbringt. Diese neue Motivation, die auch ein Stück

Aufgabe eigener Wünsche an Klaus enthält, scheint die Situation zu entlasten. Es kommt hinzu, daß Klaus trotz seiner Unfähigkeit, die Beziehung zur Pflegemutter entsprechend zu beantworten, Dauer, Beständigkeit und Intensität dieser Beziehung erfährt. Dies macht es ihm möglich, einen Teil seiner emotionalen Bedürfnisse der Pflegemutter unmittelbar zu zeigen. Er braucht sich in einigen Situationen nicht der Verhaltensweise eines Babys zu bedienen. Dies wiederum ermöglicht der Pflegemutter, mit Unterstützung der Erziehungsberatung, auf die direkte Forderung auch direkt zu antworten. Es entwickelt sich eine Beziehung, in der zwar die Ambivalenz weiter vorherrscht, aber zeitweise auch ein direkter Kontakt zwischen den Beziehungspersonen möglich ist. Auf der einen Seite "ist er ein anhängliches, liebesbedürftiges Kind" (AN), auf der anderen Seite zeigt er immer wieder Verhaltensweisen, die diese direkte Kommunikation zerstören.

Dieses Verhaltensmuster durchzieht die ganze Zeit des Aufenthaltes in der Pflegefamilie. Es zeigt sich auch in anderen Sozialsystemen, in denen Klaus sich in dieser Zeit aufhält, aber jeweils verschieden akzentuiert. Wegen Krankheit der Pflegemutter und zu ihrer Entlastung wird Klaus zweimal in dieser Zeit für einige Wochen in einem Kinderheim untergebracht. Das Wohlverhalten, das Klaus jeweils nach solchen Aufenthalten in der Pflegefamilie zeigt, legt die Annahme nahe, daß er die Heimaufenthalte als Bestrafung für sein schlechtes Verhalten erfährt, und deshalb besonders "brav" ist. "... Frau K. (die Pflegemutter) erzählt, daß Klaus nach seinem Aufenthalt im Heim wesentlich ruhiger geworden ist. Er zeigt nicht mehr die bekannten Gefühlsausbrüche, ist leichter zum Lernen anzuhalten und ist im ganzen gesehen verständiger geworden ..." (AN).

In den Heimen selbst verfällt Klaus wieder in die bekannten Dressatverhaltensweisen, die er als Anforderung aus den früheren Heimen kennt: "... In der Kindergemeinschaft hat sich Klaus gut eingeordnet und sich besonders an einen gleichaltrigen Freund angeschlossen. Er braucht eine geregelte Tagesordnung und Erzieher, die auf ihren Anordnungen bestehen ..." (EB).

Daß es sich nur um Anpassungsleistungen im Sinne gelungener Dressur handelt, wird aus Schulberichten deutlich, die in der gleichen Zeit von einem ganz anderen Verhalten berichten: "... Er belästigt manchmal grundlos seine Mitschülerinnen durch Kratzen, Stoßen usw. In der Pause ist er mit sich selbst beschäftigt. Er hat keinen Freund." "Klaus hat sich noch nicht in die Gemeinschaft eingefügt. Das Einordnen fällt ihm schwer. Er reizt und neckt die anderen ...".

Beide Notizen zeigen, daß Klaus in seinem "normalen" Leben, d. h. in der erlebten Beziehung zu seiner Pflegemutter, nicht in der Lage ist, sich in Gemeinschaften Gleichaltriger einzuordnen bzw. Beziehungen zu ihnen aufzunehmen.

Die Schulberichte zeigen ein weiteres. Die von Klaus positiv erlebte Beziehung zu seiner Pflegemutter befähigt ihn nicht, auch andere Beziehungen einzugehen. Das heißt aber, daß er noch nicht in der Lage ist, aus dieser Beziehung etwas zu lernen. Das zeigt, wie stark seine Verhaltensstörungen sind, aber auch, daß solche Störungen nicht in "normalen" Beziehungen aufgearbeitet werden können, sondern nur in "therapeutischen", d. h. in solchen, in denen der Klient geradezu aufgefordert wird, in Verhaltensweisen zurückzufallen, in denen er Ängste und Bedürfnisse aus früheren Phasen darstellen kann. Eine solche Beziehung stellt aber für eine ungeschulte Pflegemutter eine Überforderung dar. Zwar wird ihr von der Psychologin der Erziehungsberatung geraten, Klaus wie ein Kleinkind zu behandeln, denn er "habe einen starken Nachholbedarf" (EB), und sie versucht es auch, kann aber Klaus im letzten nicht helfen.

Diese Situation wird abgebrochen. Klaus wechselt im Alter von 7;3 in ein heilpädagogisches Kinderheim. Dort bleibt er bis zur Aufnahme in ein Jugendwohnheim. Die Pflegemutter hält weiterhin mit ihm Kontakt. Klaus besucht die Pflegefamilie regelmäßig und verbringt dort seine Ferien. Als entscheidende Beziehungsperson tritt die Pflegemutter zurück.

6. Im heilpädagogischen Heim

a) Die Bedeutung der "Parzivalsituation"

In den folgenden sieben Jahren lebt Klaus im heilpädagogischen Heim. Hier wird versucht, die durch bestimmte Persönlichkeitsstrukturen bedingten Verhaltensstörungen aufzuheben. Dem dient das Leben in einer Wohngruppe mit konstanter Bezugsperson, eine spezielle Spieltherapie, eine auf die Schwierigkeiten des Kindes ausgerichtete Schulsituation und die Arbeit mit den Eltern.

Gerade der zuletzt genannte Faktor der Bemühungen stellt bei Klaus ein besonderes Problem dar und verstärkt seine Schwierigkeiten. Es besteht zwar weiterhin ein Kontakt zu seinen Pflegeeltern, der auch vom Heim gefördert wird. Klaus hat die Möglichkeit, Ferien und Festtage dort zu verbringen. Aber er weiß, daß sie nicht seine leiblichen Eltern sind. Klaus wünscht in der Folgezeit, seine leibliche Mutter kennenzulernen, möchte aber nicht mit ihr leben.

Das Wissen von dem Vorhandensein einer leiblichen Mutter, die er aber selbst nicht kennt, bringt Klaus in eine Situation, die von Bolterauer und Haider "Parzivalsituation" genannt wird (vgl. 1960). Beide haben eine Reihe von Kindern untersucht, die in Unklarheit über ihre leiblichen Eltern groß geworden sind und deshalb in einer spezifischen erlebnispsychologischen Lage sind. Laut Untersuchungsergebnis herrscht bei diesen Kindern ein tiefes Mißtrauen in ihren Verhaltensweisen vor, die auf die Teilaufklärung über ihre leiblichen Eltern zurückzuführen ist. Ihr Realitätssinn ist beeinträchtigt, sie neigen zu Tagträumen ("Familienroman"). Sie sind hin- und hergerissen zwischen Aufklärungsdrang und Aufklärungswiderstand. Sie haben Schwierigkeiten bei der Entwicklung eines "sozialen Selbstwertgefühls". In den projektiven Tests (Rohrschach u. a.) erweisen sie sich als "begabte Konfabulanten".

All diese Verhaltensweisen treten auch bei Klaus auf. "Seit er seine Mutter sehen möchte, ist er sehr schwierig, Wechsel von Aggressionen in Depression und umgekehrt. Es scheinen bei ihm unbewußte 'Vulkane' zu sein, die ihn bedrohen, ständig zu überfluten" (Gruppenbericht (GB)).

Klaus lernt seine leibliche Mutter nie kennen. "... Eine Beziehung zur leiblichen Mutter wäre nicht erwünscht, da ihr Auftauchen vorerst nur neue Störungen bringen würde" (EB). Da die Mutter nur zu einem einmaligen Treffen bereit war, ist diese Entscheidung sicher richtig. Klaus bleibt mit dem Geheimnis seiner Herkunft allein.

b) Forderung von "Wohlverhalten" für Liebe

Die entscheidenden Beziehungen für Klaus sind im heilpädagogischen Heim die Beziehung zur Gruppenleiterin und zur Therapeutin. In beiden zeigen sich die Schwierigkeiten seiner Persönlichkeitsstrukturen. Zur Veränderung seiner Verhaltensklischees kommt es aus mehreren Gründen nicht.

Zum einen ist es die grundsätzliche Schwierigkeit, frühkindlichen Schädigungen therapeutisch zu begegnen (Kohut, Balint u. a.). Dazu kommt, daß in der konkreten Situation von Klaus Therapeutin und Wohngruppenleiterin auf zwei gegensätzlichen Ebenen mit Klaus interagieren. Was Klaus ansatzweise in der Spieltherapie möglich ist, wird als Verhaltensweise von der Gruppenleiterin mit Strafen sanktioniert.

Sie setzt sich als die von Klaus stärker libidinös besetzte Beziehungsperson durch, und wird für ihn zum "externalisierten Über-Ich", das Klaus zeitweise zu einem sozial angepaßten Verhalten hilft, ohne allerdings seine eigentlichen Bedürfnisse zu befriedigen.

Entsprechend dem Anspruch, der für die Betreuer der Wohngruppen von der Heimleitung formuliert wird, haben sie die Aufgabe, zum Kind eine Beziehung einzugehen, indem es seine Wünsche formulieren und ihre Erfüllung erleben kann und so eine Hilfestellung erhält, sich weiter zu entwickeln zu einer positiveren Bestimmung seiner selbst und seiner Umwelt. Wichtig ist dabei, daß der Betreuer seine Beziehung zum Kind als eine helfende begreift, in der er mit seinen Konflikten und Wünschen zurückstehen muß. Daß diese in die Beziehung einfließen, ist selbstverständlich. Sie müssen jedoch als solche erkannt und im Verhalten der Betreuer kontrolliert werden.

Kennzeichnend für das Verhalten der Gruppenleiterin gegenüber Klaus - soweit dies dem Material entnommen werden kann - ist ihre Unfähigkeit, auf die Zärtlichkeitsbedürfnisse von Klaus positiv zu reagieren, ihre Erwartungshaltungen bezüglich Spiel-, Lern- und Sozialverhalten, ihre Dominanz als ordnende und regelnde Instanz und ihre negative Einstellung zu der psychoanalytisch orientierten Spieltherapie, die Klaus erhält.

Die Gruppenleiterin erklärt den Beziehungsanspruch von Klaus ihr gegenüber als notwendig und von ihr akzeptiert: "Dem Kind alles geben, was es braucht, was auch eine Mutter tut". Klaus braucht "ein stabiles Zuhause und eine feste Bezugsperson" (beides Gesprächsprotokoll (GP) d. V.). Aber es müssen "die Zärtlichkeitsbedürfnisse in Grenzen gehalten werden, da sie sonst ins Uferlose gehen" (GP). Sie begründet die Ablehnung der übergroßen Zärtlichkeitsbedürfnisse von Klaus rational. "Da haben wir Erfahrungen gesammelt, die waren nicht die besten" (GP). Sie sieht das Annehmen und Erwidern solcher Bedürfnisse nur sinnvoll bei neurotisierten Kindern, nicht bei hospitalisierten: "Bei denen muß alles in einem gewissen Maß stehen" (GP).

Dahinter steht ihre pädagogische Auffassung, daß es bei Hospitalismus darum geht, "daß die betroffenen Persönlichkeiten lernen, mit ihren Symptomen zu leben" (GP). Folgt man ihrer Argumentation, dann war ihr Verhalten Klaus gegenüber konsequent. Sie durfte seine Bedürfnisse nur in sehr eingeschränktem Maße zulassen, da ihm der Rückfall in kleinkindhaftes Verhalten nicht weitergeholfen hätte.

Hinter dieser pädagogischen Behauptung verbirgt sich aber bei der Gruppenleiterin eine innere Abwehr gegen Zärtlichkeit und emotionalen Austausch. In den Gruppenberichten, die sie halbjährig schreibt, ist die Rede von "Klebrigkeit", "klebriger Anhänglichkeit", "beansprucht er ein Maß an körperlicher Zuneigung und Zärtlichkeit, die einfach unerfüllbar ist. Er klebt dann", "... lebt er auf, wird aber sofort unangenehm klebrig".

Es scheint ihr unangenehm zu sein, diese Zärtlichkeitsansprüche zu erwidern. Dies mag mit ihrer religiös geprägten Persönlichkeit zu erklären sein und der daraus erwachsenen Abwehr sexuell besetzter Emotionalität.

Auch ihre Erwartungen bezüglich dem Spiel-, Lern- und Sozialverhalten entsprechen nicht der tatsächlichen Situation von Klaus. Die Gruppenleiterin stellt zwar die Unfähigkeit von Klaus auf diesen Handlungsebenen fest, bewertet sie aber oft als "nicht wollen": "Klaus kommt selten zu einem konstruktiven und konzentrierten Spiel. Er ist ideen- und antriebsarm. ... Im körperlichen und geistigen Bereich zeigt er sich überaus träge. ... Es ist ihm alles zuviel." "Nach wie vor sperrt sich Klaus bei der Durchführung seiner Schul- und Strafarbeiten." "... (Er ist) nicht bereit, kleine Arbeiten und Pflichten zu übernehmen." "Klaus beansprucht für sich ein übergroßes Maß von Rücksichtnahme, Aufmerksamkeit, Nachsicht und Zuwendung, ist aber nicht bereit, dies den anderen auch nur annähernd zuzugestehen." "Er blockiert bewußt den geplanten Ausflug" (alles aus GB).

Hinter diesen Aussagen steht die Erwartung, daß Klaus es eigentlich besser machen könnte, wenn er sich nur darum bemühte. Auch hier wieder der indirekte Hinweis auf die von ihr vertretene pädagogische Position der Realitätsbewältigung durch Lernen, "mit den Symptomen zu leben".

Bestätigt wird dieser Eindruck durch die Dominanz der Gruppenleiterin als ordnende, regelnde und Grenzen aufzeigende Instanz, die ihrem Selbstverständnis als Erzieherin entspricht: "... wird ihm eine vernünftige Grenze gesetzt ...", "und ihm eine Grenze gesetzt, die wirklich sehr weit genommen ist", "... die Realität mit ihren Pflichten, Grenzen und Ordnungen anzuerkennen". "Es ist nicht möglich, das Kind zur Einsicht zu führen", "... vernünftige Steuerung von außen ...", " ... Stellt sich gerne gegen jedes Ordnungsgefüge und kann Grenzen und Einschränkungen nicht bejahen" (alles aus GB).

Sehr entscheidend für die Beziehung zwischen Gruppenleiterin und Klaus ist ihre Ablehnung der Spieltherapie: "Klaus hatte überhaupt keine Therapie notwendig, sondern nur ein stabiles Zuhause und eine feste Beziehungsperson, dies konnte ja nicht die Therapeutin sein" (GP d. V.).

Mit dieser Einstellung begegnet sie Klaus, der gerade in dieser Spieltherapie lernt, verschüttete Konflikte und primäre Bedürfnisse aufleben zu lassen und zu bewältigen. Dadurch bestätigt und bekräftigt, versucht er auch in der intensivsten Beziehung, die er in dieser Zeit hat, seine Bedürfnisse nach Zuwendung und Zärtlichkeit auf die ihm mögliche Art darzustellen. Er wird abgewiesen bzw. blockiert. Infolgedessen gerät Klaus ihr gegenüber in ein ähnliches ambivalentes Verhalten wie früher zur Pflegemutter. Ermuntert durch die sichere Situation der Wohngruppe und der Spieltherapie fällt er von zärtlichkeitsfordernden Ansprüchen an die Gruppenleiterin in Aggression, von lautsarken albernen Clownerien in tiefe Depression.

"Klaus ist zur Zeit sehr unruhig ... Am Tisch muß er sich rundherum verteidigen, da er sich - auch durch geringste versehentliche Berührungen - angegriffen fühlt. Er versucht, sich mit anderen Jungen, ..., anzulegen. D. reißt er leicht mit. Wird er auf seine Eigenart angesprochen, schüttelt er sich vor Lachen, es ist aber kein echtes Lachen, dies hat vielmehr den Charakter, etwas auf diese Weise abzuschütteln. Bei den geringsten Schwierigkeiten kapituliert er und läßt alles hängen. Er resigniert sofort" (Gesprächsnotiz aus Mitarbeiterbesprechung).

Auch wenn die Gruppenleiterin die Zusammenhänge seines Verhaltens erkannt hat, ist sie nicht in der Lage, Klaus gegenüber eine gleichbleibende emotional besetzte Beziehung einzugehen und diese ihm zu zeigen. Stattdessen erwartet sie "angemessenes Verhalten".

c) Agieren und Befriedigen ohne hinreichenden Bezug zur "Ich-Ent-wicklung in der Therapie

In der Spieltherapie erhält Klaus im Gegensatz zum Leben in der Wohngruppe die Möglichkeit, seine Bedürfnisse zu formulieren und auszuagieren. Der Schwerpunkt liegt in der ersten Phase der Therapie auf der Befriedigung der oralen Bedürfnisse. "Klaus verhält sich dabei wie ein Baby, das Befriedigung dieses elementaren Bedürfnisses nach Nahrung erfährt.

Dabei ließ er - ebenfalls wie ein Baby, das gefüttert wird - seine Augen im Zimmer umherwandern und nahm sich die Gegenstände, die ihn offenbar am meisten anzogen (Autos, Wurfpuppen, Bausteine, Figuren aus dem Sandkasten), legte sie auf den Tisch, nahm sie während des Essens in die Hand und ließ sie scheinbar achtlos auf Tisch und Fußboden fallen" (Therapiebericht (TB)).

Im Verlauf der Spiele zeigt sich für die Therapeutin, daß die depressive Verstimmung, die auch in der Wohngruppe auffällt und zu Arbeitsblockierungen führt, durchgehend bei Klaus beobachtbar ist und dem "Anteil nach zu urteilen, wohl am stärksten war" (TB). "(Sie) finden in der Hauptsache ihren Ausdruck durch laute und heftige Clownerien und einen zeitweilig auftretenden Rede- und Fragedrang. Es war sehr deutlich zu spüren, wie sehr Klaus seine Niedergedrücktheit zu überschreien versuchte" (TB).

Im weiteren Verlauf der Therapie werden analsadistische Verhaltensweisen sichtbar. "Obgleich er hin und wieder die beste Absicht hat, etwas (meist ein Schiff) zu gestalten, kommt es letztlich doch immer wieder zu ausgiebigem Pantschen und Matschen im Sand, Ton und Wasser. Mit der Zeit werden Menschen in die spielereien mit einbezogen, allerdings alle als Feinde. Im Umgang mit den Figuren stieß er laufend wilde Drohungen aus ..." (TB).

Zusammenfassend kommt die Therapeutin zu dem Urteil: "Er schwankt zwischen völliger Hingabe an ein Babydasein (trinkt aus der Flasche, läßt sich in der Wiege schaukeln: 'Ich bin Ihr Baby'), einem Leben allein in einer Höhle oder in einem Geheimkabinett. In diesen drei Lebenslagen wäre er allen altersgemäßen Forderungen enthoben, brauchte nur der Augenblicksbefriedigung zu leben. In Höhle und Geheimkabinett ist er bewaffnet, was er braucht, will er sich holen, niemand kann ihm dreinreden. Bei der Regression in das Babyalter äußert sich außerdem wieder der Wunsch nach Geborgenheit bei seiner Mutter" (TB).

Im weiteren Verlauf tritt die emotionale Auseinandersetzung mit der Gruppenleiterin als "externalisiertem Über-Ich" in den Mittelpunkt.

Neben das Vernichten von figurbestückten Schiffen tritt das Schießen. Es wird bei den Spielen deutlich, wie sehr Klaus auch Angst hat vor seinen aggressiven Impulsen. Immer öfter verbalisiert er, daß es ja nur Spiel sei:

"Er wehrt seine realen aggressiven Impulse sofort ab, möglicherweise aus Angst vor Strafe, denn es fällt gerade in dieser Zeit auf, daß Klaus, der sehr heftig und frei agiert, plötzlich fragt: 'Darf ich das nehmen?', oder 'Darf ich noch einen Becher Honigcorn haben?' und ähnliches, was in krassem Gegensatz zu seinem sonstigen Verhalten steht. Er fürchtet einerseits die strafende Instanz, andererseits möchte er sie herausfordern und vernichten. Wenn er beispielsweise auf 'den Spatz am Körper' schießt und gleich hinterher sagt 'Jetzt schieß' ich auf das Kreuz vor der Kirche', so bedeutet das, daß er auch die Kirche als strafende Instanz ansieht (das Kreuz als Determinante hierfür), die er angreifen, vielleicht auch vernichten möchte" (TB).

Daß Kreuz und Kirche die Gruppenleiterin symbolisieren, die für Klaus die strafende Instanz ist, zeigt sich in einer anderen Szene: "Klaus zielt mit Pfeil und Bogen auf den in der Nähe befindlichen Kirchturm und sagt dazu, es sei die Mutter, verspricht sich dabei und erwähnt die Gruppenleiterin" (TB). Es ist anzunehmen, daß die Gruppenleiterin ihre eigenen rigiden Auffassungen über Sexualität und ihr Bild der Kirche als im letzten strafende Macht Klaus vermittelt und für ihn repräsentiert.

Der Therapie, die vorzeitig auf Betreiben der Gruppenleiterin abgebrochen wurde, gelang es nicht, das Ausagieren und Befriedigen von Wünschen umzuwandeln in einen Prozeß der "Ich-Entwicklung". Die Unvereinbarkeit von Leben in der Wohngruppe mit seinen Über-Ich-Anpassungsforderungen und Wunscherfüllung in der Therapie personalisierte sich in Gruppenleiterin und Therapeutin. Die emotionale Auseinandersetzung mit der Gruppenleiterin findet in den Szenen der Spieltherapie statt, deren Therapie-Effekt aber durch die Wohngruppensituation wieder aufgehoben wird.

d) Arbeitsfähigkeit als Spiegel der emotionalen Befindlichkeit

Klaus besucht während seines Aufenthaltes im heilpädagogischen Heim eine dem Heim angegliederte Sonderschule. Erst im letzten Jahr wechselt er in eine öffentliche Sonderschule über.

Den Schulberichten ist zu entnehmen, wie stark die Arbeitsfähigkeit von Klaus abhängig ist von seiner emotionalen Situation.

Arbeitsblockierungen während seiner depressiven Phasen wechseln mit Leistungsbereitschaft und Arbeitsfreude, wenn er sich seiner Beziehung zur Gruppenleiterin sicher ist.

"Er ist, wie schon so oft, völlig teilnahmslos. Oft hat man den Eindruck, als wenn er in einer eigenen Welt leben würde und gar nicht wahrnimmt, was um ihn herum geschieht, sei es im Unterricht oder unterwegs. Er ist dann nicht fähig, z. B. Liedtexte aufzusagen von Liedern, die wir schon jahrelang singen, oder Aufgaben zu rechnen, die er sicher konnte. Aufgefallen ist mir (dem Lehrer, d. V.), daß vor solch völligem Abschalten Klaus meist sehr blaß zur Schule kommt, sich auf seinen Platz setzt und die Augen so verdreht, daß man nur noch das Weiße sieht" (Schulbericht).

Kurz danach:

"Seine Leistungen entsprechen zwar nicht einem dritten Volksschuljahr, aber es besteht die Aussicht, aufzuholen. Er liest fließend und sinnvoll, beherrscht Diktate der zweiten Klasse, ebenso den Rechenstoff der zweiten Klasse. Er zeichnet, malt und werkt gerne und geschickt und singt nun auch mit, ja, er getraut sich sogar, alleine vorzusingen" (Schulbericht).

Dieser positive Eindruck entstammt der Zeit, als Klaus seine Beziehung zur Gruppenleiterin aufbaut. Als er die Aussichtslosigkeit einsieht, in dieser Beziehung zur Erfüllung seiner Bedürfnisse zu kommen, werden seine Schulleistungen wieder schlecht, die Arbeitsblockierungen halten an und werden nur unterbrochen, wenn eine neue Beziehung sich anbietet. Ein Schulbericht aus dem letzten Jahr berichtet von einer "erfreulichen Steigerung" seiner schulischen Leistungen. Dies wird zurückgeführt auf den Kontakt mit einer Lehrerin, die ihm privat Englischunterricht gibt. Sie fallen in dem Augenblick wieder ab, wo die Beziehung zur Lehrerin abbricht.

Die Ergebnisse der Intelligenztests, denen Klaus mehrmals während dieses Heimaufenthaltes unterzogen wurde, zeigen in ihren Schwankungen ebenfalls den Zusammenhang zur emotionalen Lage von Klaus.

Weist der Test zu Beginn des Heimaufenthaltes einen IQ von 95 (HAWIK) auf, steigt der IQ zur Zeit des Beginns der Beziehung zur Gruppenleiterin auf 118, sinkt dann aber wieder auf 105.

Im letzten Jahr des Heimaufenthaltes besucht Klaus eine öffentliche Sonderschule. In der gleichen Zeit wird die Spieltherapie abgebrochen, und der Gruppenleiterin gelingt es zeitweise, Klaus zu einer realitätsbezogenen Bewältigung seines Lebens zu motivieren. Daß er das nicht durchhalten kann, zeigt sein weiterer Lebensweg.

Das Abschlußgutachten des Psychologen skizziert die Situation: "Die Erfolge in der Sonderschule dürften neben dem Bemühen der Erzieherin dazu beigetragen haben, daß sich schließlich eine Besserung in Form einer Stabilisierung einstellte. Dies äußert sich auch darin, daß er sich sozialen Normen unterwirft, was sich auch in den Testergebnissen findet".

Einschränkend wird ergänzt:

"Allerdings muß man bedenken, daß Klaus über eine relativ große Testerfahrung verfügt, die ihm auch bei seiner durchschnittlichen Intelligenz und in seinem Alter (14:3, d. V.) gestatten dürfte, die charakterologischen Tests in sozial erwünschter Weise zu beantworten. Es ist insofern nicht abzuklären, inwieweit er sich mit der Rolle des sozial angepaßten, liebenswürdigen, zuvorkommenden Jungen identifiziert" (Psychologisches Gutachten zum Abschluß des Heimaufenthaltes).

7. Im Jugendwohnheim

a) Anpassungsforderungen ohne (Objekt)-Beziehung, Wunscherfüllung und Entlastung

Klaus wohnt in den folgenden Jahren, bis er im Alter von 18;8 ein Privatzimmer bezieht, in zwei Jugendwohnheimen, im ersten vier Jahre, im zweiten nur noch ein knappes halbes Jahr.

Das erste Jugendwohnheim wird von 30 Schülern und Lehrlingen bewohnt. Es wird geleitet von einem Heilpädagogen. Außer ihm arbeiten im Heim nur noch Praktikanten im Anerkennungsjahr bzw. Studenten und Vorpraktikanten.

Klaus trifft auf eine völlig neue Situation. Herausgerissen aus dem gewohnten und vertrauten Bezugssystem des heilpädagogischen Heimes erlebt er zum wiederholten Male die Trennung von Beziehungspersonen, die ihm zumindest durch ihre Anwesenheit eine äußere Absicherung geben konnten. Im Jugendwohnheim gibt es solche Personen nicht. Klaus ist Mitglied einer Wohngruppe, die vom Heimleiter selbst geleitet wird. In eine direkte emotionale Beziehung zu ihnen tritt er nicht. Er ist lediglich besorgt, daß die Jugendlichen zur Schule bzw. in die Lehre gehen, und das Leben im Heim geordnet abläuft. Spezielle therapeutische Verhaltensweisen kennt er nicht.

In dieser "beziehungslosen" Situation, in der sich Klaus jetzt befindet, wird er gleichzeitig vor die Aufgabe gestellt, sich mit neuen Anforderungen des Verhaltens und des Lernens auseinanderzusetzen. Es wird von ihm eine selbständige Verhaltensregulierung erwartet und Kontakt- und Entscheidungsfähigkeit in Hinblick auf seinen Beruf und einer späteren Existenz als Erwachsener.

Bestärkt von der zwar lockerer gewordenen aber noch am Anfang bestehenden Beziehung zur ehemaligen Gruppenleiterin, die eine Art Beraterin für ihn wird, und gestützt durch gelerntes Anpassungsverhalten, gelingt es Klaus, in der ersten Zeit den Anforderungen des Heimleiters gerecht zu werden.

"... Er (Klaus) wird in diesem Herbst dort (Berufsfindungsjahr an der Berufsschule) entlassen. Über die Berufsberatung des Arbeitsamtes erhielt er drei Firmen genannt, bei denen er eine Lehrausbildung als Karosseriebauer beginnen könnte. Eine endgültige Entscheidung von ihm liegt noch nicht vor. Klaus hat sich von Anfang an in unserem Haus angepaßt verhalten. Daß er keine Schwierigkeiten bereitet, mag wohl auch darauf zurückzuführen sein, daß er noch immer gute Kontakte zu seinen früheren Pflegeeltern, ... und zu den Erzieherinnen des früheren Hauses hat. Auch hier im Haus sucht er die Bindung zu den Erziehern. Hinsichtlich seines Schulbesuches ist eine gewisse Schulmüdigkeit zu beobachten. Seine persönliche Ordnung ist zufriedenstellend. Seine Interessen sind altersgemäß. Er ist Mitglied einer Pfadfindergruppe" (EB).

Dieses positive Bild von Klaus wiederholt sich in den Entwicklungsberichten während der ganzen Zeit des Aufenthaltes. Es läßt sich im nachhinein nicht beurteilen, ob es Klaus tatsächlich gelang, phasenweise den "sozial angepaßten, liebenswürdigen, zuvorkommenden Jungen" darzustellen, von dem der psychologische Gutachter gesprochen hat, oder ob die Aussagen in den Entwicklungsberichten mehr ein Zweckoptimismus von seiten des Heimleiters gegenüber dem Jugendamt sind.

Der positive Eindruck wird immer wieder unterbrochen durch Verhaltensweisen, die vom Heimleiter als "asozial" diskriminiert werden bzw., da es sich um strafrechtlich sanktionierte Delikte handelt, als Straftaten bezeichnet werden. Bereits einen Monat nach dem zitierten positiven Bericht ergeht eine Ladung des Amtsgerichtes an Klaus wegen gemeinschaftlicher Sachbeschädigung. Das Verfahren wurde "nach Ermahnung eingestellt".

Einen Monat später wird von der Schule gemeldet, daß Klaus eine Pistole besitze, die er auf dem Flohmarkt gegen einen Lötkolben eingetauscht haben soll.

Die begonnene Lehre wird nach kurzer Zeit abgebrochen, und eine neue begonnen. Auch diese wird nach 3 Monaten Dauer wieder abgebrochen. Eine dritte Lehre wird erfolgreich im zweiten Jugendwohnheim abgeschlossen.

Ein halbes Jahr nach der Pistolengeschichte berichtet eine Aktennotiz von einem Luftgewehr, das die Asservatenabteilung der Staatsanwaltschaft aufbewahrt, weil Klaus damit auf eine Fensterscheibe geschossen hat.

Eine spätere Aktennotiz berichtet vom Waffenarsenal, das Klaus sich mittlerweile zugelegt hat:

"Am ... wurden bei Klaus von dem Unterzeichneten (Heimleiter) in Gegenwart von Herrn H. folgende Gegenstände aus dem Schrank seines Zimmers zur Sicherung abgenommen: 2 Dietriche, 1 Totschläger, diverse Revolvermunition ... Damit ist bei Klaus zum dritten Mal trotz vorheriger Verwarnung festgestellt worden, daß Klaus ständig Dietriche anfertigt und diese bei den Jungen unseres Heimes veräußert".

Ein Vierteljahr später kommt es zum ersten Delikt, das strafrechtlich verfolgt wird. Klaus hat sich in einem Geschäft zwei Pistolen gekauft und, um diese erwerben zu können, in seinem Ausweis das Alter gefälscht. Um die Waffen zu finanzieren, hat er seinen Pflegeeltern Geld und eine Goldmünze entwendet. Der Heimleiter bewegt Klaus zur Selbstanzeige. Die Anklageschrift der Staatsanwaltschaft wirft Klaus Urkundenfälschung und unerlaubte Waffenführung vor. Klaus wird mit Freizeitarrest bestraft und der Auflage, 15 Stunden gemeinnützige Arbeit zu verrichten. Der vom Richter erwartete pädagogische Effekt der Bestrafung tritt nicht ein:

"... Bei seiner Labilität und dem durch den Heimleiter bekannt gewordenen Hang zu Waffen erscheint der Angeklagte nicht nur in Hinblick auf seine berufliche, sondern auch auf seine strafrechtliche Entwicklung gefährdet. Deshalb erscheint es angebracht, ihn wegen der vorliegenden Tat durch Verhängung eines Freizeitarrestes nachdrücklich zu verwarnen und ihm außerdem zur Beeinflußung seines Verhaltens in arbeitsmäßiger Hinsicht aufzugeben, nach näherer Weisung des Jugendamtes binnen 2 Monaten 15 Stunden gemeinnützige Arbeit zu leisten ..." (Urteilsbegründung).

b) *"Über-Ich-Pädagogik" des Heimleiters und die Reaktion von Klaus*

Bereits 14 Tage nach Urteilsverkündung ist der Heimleiter durch das Verhalten von Klaus so gereizt, daß er beim Jugendamt eine Heimverlegung beantragt:

"... wenige Tage nach der Gerichtsverhandlung müssen wir schon wieder feststellen, daß Klaus die Gerichtsverhandlung nicht ernst nimmt. Der Junge fertigt seine wöchentlich zu erstellenden Werkstattberichte trotz mehrfacher Ermahnung nicht an. Er hat seit ... Berichte anzufertigen, die er nachschreiben soll, aber nur innerhalb der ersten 2 - 3 Wochen schrieb.

Da der Junge keine Einsicht zeigt, alle Belehrungen und Ermahnungen auf freundschaftlicher Basis in den Wind schlägt und bei Anordnung von drakonischen Maßnahmen gereizt reagiert, sehen wir auf die weitere Dauer keine Möglichkeit mehr, Klaus erzieherisch zu helfen. Gegenüber Jugendlichen und dem Personal unserer Einrichtung kommen fast täglich Drohungen und teilweise tätliche Angriffe vor. Das Personal wird beschimpft und die vorgebrachten Begründungen durch den Jungen heruntergespielt. ... Es ist auf die Dauer nicht möglich, ständig Klaus wie einem kleinen Jungen hinterherzulaufen und ihm durch Ermahnungen und Gespräche Hilfestellung zu geben. Da der Junge trotz ständiger Bereitschaft des Unterzeichneten nicht bereit ist, an einer konstruktiven Zusammenarbeit mitzuwirken, beantragen wir für Klaus einen anderen Heimplatz" (Brief an Jugendamt).

Der Brief wird deshalb so ausführlich zitiert, weil er sehr eindringlich die Situation beschreibt, in der Klaus sich befindet und die Art und Weise, wie der Heimleiter versucht, sich Klaus gegenüber zu verhalten.

Die Situation ist die Wiederholung dessen, was aus dem heilpädagogischen Heim bekannt ist. Arbeitsstörungen (Werkstattberichte, abgebrochene Lehre), Depressionen und Realitätsverlust (nicht ernst nehmen, herunterspielen) und Aggressivität. In seinen Straftaten verwirklicht Klaus alles das, was er in der Therapie in Spielszenen dargestellt, aber nicht aufgearbeitet hat (Schießen, Anlegen von Waffensammlungen).

Für den Heimleiter ist die Situation gekennzeichnet durch das anscheinende Nicht-Wollen von Klaus. Da er die Ursachen für das Verhalten von Klaus nicht zur Kenntnis nimmt bzw. nicht nehmen kann, reagiert er mit Angst. Er ist nicht mehr Herr der Situation, befürchtet ständige Prügeleien. Er will den unbequemen, weil nicht sozial angepaßten Jungen los werden. Die dahinter stehende Grundhaltung ist die der pädagogischen Intervention als Reaktion auf vorgefundenes Verhalten. Es geht dem Heimleiter nicht darum, eine Atmosphäre im Heim zu schaffen bzw. eine Beziehung zu Klaus aufzubauen, die ihm in seinen Schwierigkeiten helfen könnte, sondern er reagiert lediglich.

In Unkenntnis der tieferen Ursachen für das Verhalten von Klaus versucht er, mit zwei Strategien das Verhalten zu beeinflussen. Für ihn gibt es nur die Möglichkeit des "beratenden Gespräches" oder des "Vertrages mit dem Klienten". Im "beratenden Gespräch" spricht er mit dem Jugendlichen dessen Verhalten durch und setzt Ziele, die dieser in der nächsten Zeit erreichen soll. Nichterreichen wird mit Sanktionen bedroht.

Der "Vertrag mit dem Klienten" besteht in Vereinbarungen meist sogar schriftlicher Art, die der Jugendliche unterschreiben muß. Er kann vom Heimleiter darauf festgelegt werden, wenn er die unterschriebene Vereinbarung nicht einhält. Sein Fehlverhalten gleicht dann einem Vertragsbruch, der wiederum Sanktionen nach sich zieht.

Beide Strategien entsprechen einem Grundsatz pädagogischer Arbeit in Institutionen der öffentlichen Erziehung und sind im Falle von Klaus auch in früheren Heimsituationen (vor allem Kinderheim und Ferienheim) zu beobachten. Statt einer "Ich-Pädagogik" im Sinne einer Ich-Stärkung beim Einzelnen, damit dieser die Realität besser bewältigen kann, erfolgt eine "Über-Ich-Pädagogik" in Form von Normensetzungen, deren Verletzungen zu Sanktionen führt.

Wie erfolgreich solche Pädagogik ist, zeigt sich im weiteren Verhalten von Klaus. Der beantragte Heimwechsel findet nicht statt, der Heimleiter zieht den entsprechenden Antrag zurück. Der vorletzte Entwicklungsbericht dieses Heimes zählt alle Gegenstände auf, die im Laufe eines halben Jahres bei dem mittlerweile 18-jährigen Klaus sichergestellt wurden: 7 Schlagringe, 4 Schlagstöcke (Volleisen), diverse Schlüsselbünde, 1 Luftgewehr, 1 Luftdruckpistole, Messer, sowie Gaspatronen, Platzpatronen und Munition für einen Trommelrevolver.

Ein halbes Jahr später beantragt der Heimleiter erneut einen Heimwechsel. Der Grund:

"Herr X. (Heimleiter) kann es nicht länger verantworten, daß der 18jährige Klaus die im Heim befindlichen Schüler verdirbt. In letzter Zeit läßt er sich auf kriminelle Dinge ein. So hat er mit zwei Jüngeren einen Mercedes aufgebrochen und ein Autoradio ausgebaut. Auch ist er mit dem Wagen gefahren und wurde von der Polizei erwischt. Auch in der letzten Nacht fuhr er mit einem Moped in der Gegend herum und wurde von der Polizei mitgenommen ... Dazu kommen Gartenhütteneinbrüche, die aber vom Besitzer mit dem Heim geregelt wurden, so daß keine Anzeige erfolgte" (Aktennotiz des Jugendamtes).

Wider Erwarten kommt es dann doch zur Anzeige. Die Ladung zur Hauptverhandlung enthält eine Liste aller Gegenstände aus den Einbrüchen, die groteske Züge trägt. Sie reicht von einer alten Mütze über lädiertes Küchengeschirr bis zu einem "Bild mit Thermometer". Keiner der Gegenstände besitzt einen Gebrauchs- oder Tauschwert für Klaus. Die Gartenhütteneinbrüche erinnern an eine bereits geschilderte Szene aus der Spieltherapie: Klaus stattet sein Geheimkabinett aus, "er ist bewaffnet; was er braucht, holt er sich; niemand kann ihm dreinreden" (TB).

Dieser Lebensabschnitt von Klaus zeigt deutlich, wie wenig sich seine Situation gegenüber dem heilpädagogischen Heim verändert hat. Zu den bereits erwähnten Parallelen kommt hinzu, daß er in dem Augenblick arbeitsfähig wird, wo ihm eine Beziehung angeboten wird, die wieder neue Hoffnungen in ihm wecken. Die dritte angefangene Lehre macht er bei einem alten Kfz-Meister, mit dem er alleine zusammenarbeitet. Die ehemalige Gruppenleiterin berichtet, daß dieser Mann eine freundschaftliche Beziehung zu Klaus aufgebaut hat und seine Schwierigkeiten versucht zu zu verstehen. Bei ihm schließt Klaus seine Lehre mit befriedigenden Ergebnissen ab.

Er pflegt keine Beziehungen zu Gleichaltrigen und reagiert auf die Forderungen von Erwachsenen meist aggressiv. Da ihm im Jugendwohnheim keine Möglichkeit gegeben wird, Übertragungsbeziehungen einzugehen (sei es zu einem Gruppenleiter oder zu einem Therapeuten), hat er auch keine Möglichkeit, affektiv aufgefangen zu werden.

Signifikant dafür ist, daß Klaus jetzt Situationen der Spieltherapie in der Realität wiederholt. Sie sind Gegenstand seiner dissozialen und kriminellen Handlungen.

8. Die letzte Beobachtungszeit und eine fragliche Lösungsmöglichkeit

Klaus wechselt nochmals das Jugendwohnheim. Nach einigen Monaten sucht er sich auf Betreiben des Jugendamtes ein Zimmer, in dem er bis zum Eintritt in die Bundeswehr wohnt.

Während dieser Zeit beendet er seine dritte Lehre, wechselt dann häufig die Arbeitsstelle (bemerkenswerterweise bei einem Schlüsseldienst und als Mechaniker auf dem Flughafen). Zeitweise ist er arbeitslos und nach Ansicht des letzten Heimleiters in dunkle Geldgeschäfte verwickelt. Es kommt zu tätlichen Auseinandersetzungen mit dem Heimpersonal. Ihm wird gekündigt. Im Zusammenhang mit der Verhandlung über die Einbrüche in den Gartenhütten äußert er den Wunsch, in Kontakt mit einem Bewährungshelfer zu bleiben. Er möchte in ein Wohnheim einziehen, in dem jugendliche Straffällige mit Bewährungshelfern zusammenleben.

Klaus scheint sich so eine Wiederholung der Heimsituation zu wünschen, in der er abgestützt durch eine Beziehung bzw. Anpassung an vorgegebene Normen, realitätsgerechter zu leben hofft. Zu diesem Zeitpunkt wird er von der Bundeswehr erfaßt. Er meldet sich freiwillig, um schneller den Dienst antreten zu können. Außerdem verpflichtet er sich für längere Zeit. Die Bundeswehr ist für ihn ein Ausweg aus der Unfähigkeit, seine reale Existenz zu bewältigen. Mit der Bundeswehr verknüpft er den Traum, Fallschirmspringer zu werden. Inwieweit sich dieser Traum erfüllt, ist nicht voraussehbar.

Realisiert er sich und kann die Bundeswehr Klaus integrieren, so hat er die Möglichkeit, seine Phantasien der Spieltherapie, die er bis jetzt nur illegal in Realität umsetzen konnte, legal zu verwirklichen: reglementierte Feindseligkeit im Schießen und Bekämpfen von Feinden und als Fallschirmspringer "über den Wolken schweben". Letzteres ist sicher deutbar als die Sehnsucht nach dem "ozeanischen" Gefühl (Freud), dem Gefühl der "philobatischen Weiten" (Balint), wie es auf der Stufe des "primären Narzißmus" (Freud) bzw. der "primären Liebe" (Balint) vor jeder Objektliebe erfahren wurde. Es ist die einzige Phase in der Lebensgeschichte von Klaus, in der er glücklich war.

9. Prognose

Gelingt es der Bundeswehr nicht, Klaus eine Möglichkeit zu geben, diese Träume zu realisieren, wird sie ihn auch nicht halten können. Er wird wieder versuchen, Arbeit zu bekommen, wird sie aber nicht ausführen können. Es wird sich der Zwang einstellen, auf andere Weise seine Existenz materiell abzusichern. Er wird weiterhin versuchen müssen, seine Phantasien in Realität umzusetzen, allerdings illegal, weil ihm eine andere Art der Entlastung seiner Bedürfnisse nicht möglich ist. Er hatte nie die Möglichkeit, es zu lernen.

Weitere Interventionen von seiten der Öffentlichkeit sind nicht zu erwarten, außer der Verfolgung eventueller Straftaten. Klaus ist mittlerweile kraft verändertem Gesetz volljährig geworden. Die Gesellschaft hat ihn zu einer unabhängigen selbstverantwortlichen Persönlichkeit erklärt, die er gar nicht ist.

Es werden ihm Entscheidungen abverlangt, die er nicht fällen kann. Er wird eine Rolle in der Gesellschaft spielen müssen, die für ihn nicht zu bewältigen ist. Der Leidensdruck seiner nicht befriedigten Bedürfnisse nach Liebe und Geborgenheit wird ihn beherrschen. Der Wunsch nach Entlastung aber ist gekoppelt mit der Gefahr, strafrechtlich verfolgt zu werden.

Die Grenzen, die seine Persönlichkeitsstrukturen ihm vorgeben und deren Ursache die Bedingungen der öffentlichen Erziehung sind, wird er nicht überspringen können. Als Opfer der Gesellschaft wird er zur Gefahr für die Gesellschaft werden.

Literatur

Bolterauer, Lambert und Haider, Manfred (1960): Parzivalkinder. In: Lambert Bolterauer (Hrsg.), Aus der Werkstatt des Erziehungsberaters. Wien

Eckensberger, Dietlind (1971): Sozialisationsbedingungen der öffentlichen Erziehung. Frankfurt

Moser, Tilman (1973): Jugendkriminalität und Gesellschaftsstruktur. Frankfurt

Roth, Jürgen (1973): Heimkinder. Eine Untersuchung über Säuglings- und Kinderheime in der BRD. Köln

Spitz, René A. (1972): Vom Säugling zum Kleinkind. Naturgeschichte der Mutter-Kind-Beziehung im ersten Lebensjahr. Stuttgart

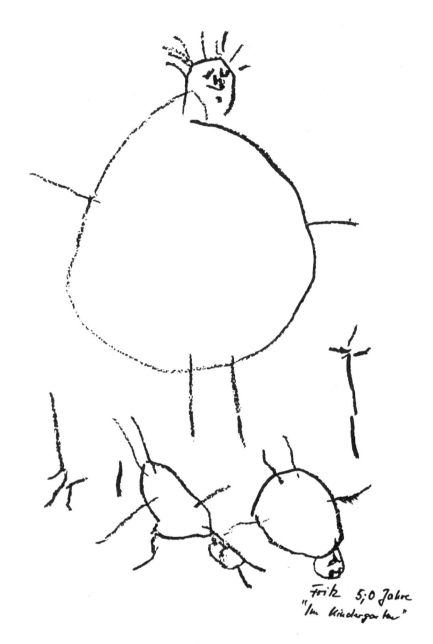

Fritz 5;0 Jahre
"Im Kindergarten"

Hans-Georg Trescher

Aspekte der Lebenswirklichkeit und des Fernsehkonsums von Kindern

Übersicht

Im Verlauf der Ausführungen soll nachgewiesen werden, daß - basierend auf konflikthaften Erfahrungen in der kindlichen Lebenswirklichkeit - Wunscherfüllung und Angstbewältigung zwei zentrale Funktionen von Kinderfilmen für den Zuschauer darstellen.

Thesen:

1. Konstitutiv für die kindliche Lebenswirklichkeit ist die existentielle Abhängigkeit des Kindes von Erwachsenen. Diese findet einen entscheidenden Ausdruck in der Macht-Ohnmacht-Relation zwischen Erwachsenen und Kind. Auswirkungen dieser Beziehungsrealität durchziehen die gesamte Lebenspraxis des Kindes.
2. In beliebten Kindersendungen können Verarbeitungsversuche dieses Aspektes der kindlichen Lebenswelt unter der Funktion der Wunscherfüllung und der Angstbewältigung sichtbar gemacht werden.
3. Wunscherfüllung: Am Beispiel eines Tom und Jerry-Filmes soll gezeigt werden, daß diese Macht-Ohnmacht-Relation im Dienste der Wunscherfüllung umgekehrt wird. Die kleine, schwache Maus triumphiert über die große Katze. Im Kontext von Identifikationsmechanismen: Das Kind triumphiert über den mächtigen Erwachsenen.
4. Angstverarbeitung: Beispielhaft erweisen sich hierfür die immer wiederkehrenden Verfolgungsjagden. Die Spannung, die der Zuschauer erlebt, basiert auf einer erneuten, aber spielerischen und geschützten Konfrontation mit lebensgeschichtlich frühen, existentiellen Ängsten. Der Zuschauer erlebt Angstlust ("thrill"): Angst vor der drohenden Katastrophe, Lust aufgrund des Vertrauens und des Wissens um die Beherrschbarkeit der erneut virulent werdenden Ängste.
5. These 2. - 5. sind insofern einzuschränken, als die kulturindustriell notwendig verstümmelten Angebote der Wunscherfüllung und Angstbewältigung die dialogische Austragung und Verarbeitung zentraler Beziehungserfahrungen des Kindes zumindest einschränkt und behindert. Letztendlich bleibt as fernsehende Kind allein, verharrt, je faszinierter es vom dargebotenen Geschehen ist, in ohnmächtiger Omnipotenz.

Ich möchte den Gegenstand meiner Ausführungen zunächst eingrenzen: Zur Diskussion stehen nicht allgemeine Auswirkungen des Fernsehkonsums auf das Verhalten und Erleben von Kindern (wie dies z. B. in der These von den Gefährdungen durch Gewaltdarstellungen im Fernsehen oft behauptet wird; vgl. hierzu Kunczik 1978). Und ebensowenig will ich mich auf den durch die Allgegenwart des Fernsehens scheinbar naheliegenden, spezifischen Sozialisationseinfluß des Fernsehens als "drittem Elternteil" einlassen. Vielmehr werde ich versuchen, den Wiederbelebungen typischer Themen und Erlebnisfiguren aus der kindlichen Lebenswirklichkeit in Kindersendungen nachzuspüren. Hypothese ist zunächst, daß beliebte Kindersendungen zentrale Konfliktbereiche des (nicht nur) kindlichen Erlebens in kaum verschlüsselter aber doch verträglicher Form darstellen. (Dies im übrigen ähnlich wie Kinderspiele, Mythen, Märchen und Comics.)

I

Konstitutiv für die Lebenswelt des Kindes ist seine existentielle Abhängigkeit von Erwachsenen. Die alltäglichen kindlichen Erfahrungsräume werden weitgehend geprägt von dieser Abhängigkeit, von der 'Unzulänglichkeit' des Kindes, die Realität alleine, ohne Hilfe der geliebten und gehaßten Erzieher (Eltern) zu bewältigen. Dieses Machtgefälle macht Kinder u. a. 'erziehbar'. (Wiewohl aber auch bekannt ist, daß der übermäßig Mißbrauch dieser Macht, Kinder 'unerziehbar' macht.) Die Abhängigkeit des Kindes vom Wohlwollen oder von der Willkür der Erwachsenen ist eine wesentliche Bedingung dafür, daß Erzieher seelischen Schmerz, Verzichte und Versagungen (manchmal auch handgreiflich) dem Kind zufügen und ihm gegenüber durchsetzen können. Selbstredend sind auch die Erzieher in vielfältiger Form von ihren Kindern abhängig, dies kann hier jedoch nur erwähnt werden.

Gleichwohl bleibt Realität, daß Kinder, je jünger sie sind, sich desto weniger dem Macht- und Herrschaftszugriff der Erwachsenen entziehen können. Diese sind (aus der Sicht des Kindes) groß, stark, mächtig und unverwundbar. Sie verfügen über viele Fertigkeiten und Freiheiten (besonders in den Bereichen Sexualität und Aggression), die Kinder nicht besitzen. Sie werden beachtet und ernstgenommen von anderen mächtigen Erwachsenen und von Kindern. Sie werden nicht ausgeschimpft oder in anderer Weise bestraft, das Kind ist ihnen gegenüber letztendlich immer hilflos, klein und ohnmächtig. Die Erwachsenen sind im Erleben des Kindes der Königin und dem König aber auch den bösen Riesen, Drachen und Hexen im Märchen vergleichbar.

Selbst in den scheinbaren Freiräumen des Kindes, in seinen Spielen, finden sich Ausdrucksformen und Bearbeitungsversuche dieser Macht-Ohnmacht-Relation zwischen Erwachsenen und Kindern. Hier tritt nun die Puppe oder ein Spielgefährte z. B. im Vater-Mutter-Kind-Spiel an die Stelle des wirklichen Kindes. Im Spiel erschafft das Kind eine "neue' Welt, indem es die wirkliche des Alltags oft einfach auf den Kopf stellt, die Rollenzuweisungen von Macht und Ohnmacht, mächtig und hilflos, groß und klein vertauscht. Zunächst "vom Erleben betroffen" (Freud 1920, 13) setzt sich nun das Kind mit Hilfe des Spiels aktiv mit den Konflikten seiner Welt auseinander. Freud z. B. stellt fest, daß sich das spielende Kind wie ein Dichter benimmt, "indem es sich seine eigene Welt erschafft oder, richtiger gesagt, die Dinge seiner Welt in eine neue, ihm gefällige Ordnung versetzt" (1908, 214). Im Spiel erfüllt es sich seinen zentralen Wunsch: "groß zu sein und so zu tun wie die Großen" (Freud 1920, 15).

Diese Funktion der Wunscherfüllung des Kinderspiels ermöglicht es dem Kind, nun selbst zum machtvollen Lenker seiner (Spiel-)Welt zu werden: Im Spiel beugt sich diese seinem Willen, denn das Kind hat sie selbst erschaffen. Kurz, diese Welt liegt innerhalb seiner Omnipotenz.

Hier werden zwei psychische Konfigurationen deutlich, die im Erleben von Kindern (aber auch von Erwachsenen) von großer Bedeutung sind. Zum einen das Phantasma eines idealisierten, vollkommenen und allmächtigen Objekts und zum anderen das Phantasma eines ebenso idealen und vollkommenen Selbst (vgl. Kohut 1971; 1975; 1977). Innerhalb einer relativ störungsfreien Beziehung zu den primären Objekten kann sich das Kind, weil es sich trotz aller Einschränkungen und Konflikte der Liebe und des Schutzes der Erwachsenen sicher ist, sukzessive von diesen Phantasmen lösen und ein realistischeres Bild von sich selbst und von den Objekten aufbauen. Aber auch von einer guten Beziehung getragen, ist dieser Weg häufig schmerzhaft, kränkend und enttäuschend. Gelingt diese Entwicklung trotzdem im wesentlichen, dann kann das Kind zunehmend Autonomie, eigene Fähigkeiten und Kompetenz an Stelle der phantasierten setzen und realistischere Ziele und Ideale verfolgen.

Scheitern diese Entwicklungsschritte, bleibt der Betroffene an diese unstrukturiert-archaischen Konfigurationen von Selbst und Objekt fixiert. Er muß sich etwa schon bei geringfügigen Kränkungen durch Terror groß und mächtig machen und so die Objekte unter Kontrolle zwingen (vgl. Leber 1976; 1979). Darüber hinaus finden früh mißlingende primäre Beziehungen ihren psychischen Niederschlag auch in der unbewußten Vorstellung von mächtigen, aber verfolgenden und zerstörerischen Objekten, die das Selbst bedrohen und ebenso von einem schlechten, ohnmächtigen und wertlosen Selbst.

Die für die kindliche Lebenswirklichkeit konstitutive Macht-Ohnmacht-Relation ist mit einer Vielzahl von gegensätzlich ausgerichteten Erfahrungs- und Erlebnisqualitäten verbunden, von denen ich einige wenigstens aufzählen möchte. So z. B. insbesondere die Polaritäten wertvoll - wertlos, gut - böse und verfolgend - schützend.

II

Betrachten wir nun einige Funktionen von Kindersendungen für das zuschauende Kind. Ich werde mich dabei auf zwei Funktionen begrenzen, nämlich
1. die Funktion der Wuscherfüllung und (nicht alternativ dazu)
2. die Funktion der Angstbewältigung.
Wenn die Macht-Ohnmacht-Relation charakteristisch für wesentliche Beziehungen in der kindlichen Lebenswirklichkeit ist, dann muß diese Beziehungserfahrung in beliebten Kindersendungen auf eine verträgliche und versöhnliche Weise thematisch werden, weil andernfalls die neuerliche Konfrontation mit schmerzhaften und kränkenden Erfahrungen, die mit dem "Klein-Sein" verbunden sind, kaum auszuhalten wäre. Wie bei den Überlegungen zum Kinderspiel angesprochen, wäre die Thematik für den Zuschauer dann verträglich, wenn z. B. die Wuscherfüllung die Beziehungsrealität in eine 'neue' Ordnung der Dinge transferiert. (Es sollte m. E. noch nicht von Abwehrmechanismen, wie etwa der Verleugnung, die Rede sein. Wie noch zu zeigen sein wird, gewinnen die Geschichten ihre Spannung aus der partiellen (symbolischen) Konfrontation mit der inneren Wirklichkeit. Insofern bleibt immer auch ein Stück Angstverarbeitung, die über die Abwehr hinausgeht, möglich; ein Stück Kompensation und Versöhnung mit der Realität. Und ebenso ein guter Teil heimlicher Rache an den übermächtigen Erwachsenen.)

Den direktesten, weil körperlich unmittelbarsten Ausdruck findet besagtes Machtgefälle im Größenvergleich: Große Leute sind stark und überlegen, kleine sind schwach und hilflos. Einen mittelbaren Ausdruck findet diese Beziehungsstruktur in der Polarität schlau - dumm. Erwachsene scheinen aus der Sicht kleiner Kinder alles zu wissen und viele Geheimnisse zu besitzen. Kinder hingegen sind 'dumm', wissen über die Welt noch nicht zureichend Bescheid und bekommen deshalb zu hören: "Sei still, das verstehst du noch nicht, dafür bist du noch zu klein".

Ein idealer Kompromiß zwischen Wunsch (groß, stark, schlau) und Wirklichkeit (klein, schwach, verständnislos) findet sich nun in einer häufig anzutreffenden Figur in Kinderfilmen, Märchen und Comics. Dies ist der schlaue und gewitzte Kleine, der nicht zuletzt den Großen deshalb überlegen ist, weil sie ihn aufgrund seiner Winzigkeit unterschätzen und nicht für vollwertig erachten. So etwa "Das tapfere Schneiderlein", das den Riesen (eine böse Elternfigur) überlistet, oder "Asterix", der kleine, gleichwohl unbeugsame und altkluge Gallier, der dank eines Zaubertrankes vom Dorfdruiden Miraculix (einer guten Elternfigur) zur rechten Zeit auch über große Körperkräfte verfügt und den Beherrschern der Welt (den Römern, d. h. den Erwachsenen) trotzt. Das Bild der/des pfiffigen Kleinen findet sich ebenso bei den Neffen von Donald Duck, die sich ihres tyrannischen und primärprozeßhaften Erziehers erwehren müssen und natürlich auch bei Micky Mouse.

Und auch in einer bekannten Kindersendung dominiert diese Figur. Ich denke an die Zeichentrickfilme über die Abenteuer von Tom und Jerry, die wöchentlich vom ZDF ausgestrahlt wurden. Durchgängiger Inhalt dieser Filme ist der Kampf der Maus Jerry gegen den Kater Tom. Obwohl körperlich überlegen und gefährlich, ist Tom ein Trottel, der immer wieder von der kleinen Maus hereingelegt wird und den Kampfplatz geschlagen und arg gebeutelt verläßt.

Zur Illustration hier kurz der Inhalt eines dieser Filme: Kater Tom bekommt mit der Post ein Lehrbuch übersandt mit dem Titel "How to Catch a Mouse". In zwölf Kapiteln werden verschiedene Vorschläge und Hinweise gegeben, wie eine Maus zu fangen sei. Und Tom bemüht sich, alle Hinweise und Anregungen aus dem Lehrbuch in die Tat umzusetzen. Allein, sein Bemühen bleibt erfolglos: In jede Falle, die er aufstellt, tritt er selbst. Jede Bemühung, Jerry zu fangen, scheitert. Auch Toms letzter, verzweifelter Versuch, Jerry mitsamt seines Mauselochs in die Luft zu sprengen, führt nur dazu, daß Tom selbst Opfer der Explosion wird. Das letzte Bild des Films zeigt den Kater als Engel mit Heiligenschein und Harfe griesgrämig auf einer Wolke sitzend.

Diese Handlungsabfolge belegt auf den ersten Blick die These der Wunscherfüllung. Die kleine Maus, in Wirklichkeit keinesfalls in der Lage, einer räuberischen Katze zu trotzen, triumphiert. Nicht sie ist hilflos, nein, der Kleine besiegt hier den Großen. Die Macht-Ohnmacht-Relation wird umgekehrt. Der in der Wirklichkeit notwendig schwächere, ausgelieferte Kleine ist hier der Starke, der Sieger im Kampf auf Leben und Tod zwischen Maus und Katze. In der Identifikation der kleinen Fernsehzuschauer mit der kleinen, aber nur scheinbar schwachen Maus, können auch sie den Großen sagen (ohne es auszusprechen): "Auch ich werde es euch schon noch zeigen – wenn ich einmal groß bin".

Wenn solche und vergleichbare Filme jedoch nur der bloßen, phantastischen Wunscherfüllung dienten, fände auch die häufig anzutreffende Meinung, daß der Fernsehkonsum primär eine Realitätsflucht darstellt, Bestätigung. Über Identifikationsmechanismen wäre dem Kind das mit Hilfe des Films möglich, was ihm in der Realität nur als Heldenstück gelingen könnte.

Die These der Wunscherfüllung hat sicher ihre Berechtigung. Sie erklärt zudem Aspekte der 'Fernsehsucht' vieler Kinder. Aber Realitätsflucht? Zur Frage steht, in welche (kulturindustriell vermittelte) Phantasie wird denn geflohen? Und vor allem, vor welcher Realität flieht das Kind überhaupt? Werden nicht vielleicht gerade bestimmte Konfliktkonstellation der inneren

Wirklichkeit z. B. in Tom und Jerry-Filmen auf verträgliche Weise thematisiert?

Wenn dies so ist, kann jedoch von Realitätsflucht nicht mehr ungebrochen die Rede sein. Das Kind mag zwar vor der äußeren Wirklichkeit fliehen, sich aber gleichzeitig damit einem Aspekt der inneren stellen. Und auch die innere Wirklichkeit kann ihre Herkunft von einer nur partiell vergangenen äußeren nicht verleugnen.

Besonders bei den Tom und Jerry-Filmen fällt auf, daß ein Thema in den einzelnen Geschichten immer wiederkehrt. Es handelt sich um das Verfolgungsthema in unzähligen Variationen. Der Große jagt den Kleinen, stellt ihm Fallen, versucht ihn zu vertreiben, zu erschlagen, in die Luft zu sprengen usw. Dieses Thema scheint der Grund dafür zu sein, daß bei den Zuschauern eine hohe affektive Beteiligung ausgelöst und Spannung induziert wird. Nun ist dieses Verfolgungsthema in der individuellen Lebensgeschichte sehr früh lokalisierbar (vgl. z. B. Clos 1 982; Klein 1932; 1972; Winnicott 1965; 1969; 1971). Es liegt vor der Entfaltung der Erfahrung eines kohärenten Selbst und kohärenter Objekte. Diese frühe Form der Objektwahrnehmung ist präambivalent, d. h. sie erlaubt noch nicht die Wahrnehmung von guten und bösen, schützenden und verfolgenden Aspekten und Eigenschaften eines Objekts. Vielmehr ist die Objektwahrnehmung aufgespalten in gut oder böse, bergend, schützend oder verfolgend (vgl. Trescher 1979; 1982). Bilder, Inkarnationen der absolut bösen, mächtigen Objekte im Märchen sind z. B. Hexen, Menschenfresser, Drachen oder andere Ungeheuer und Übeltäter. Diese bösen, verfolgenden Objekte, deren einziges Trachten auf die Vernichtung des Guten gerichtet ist, sind häufig anzutreffende Figuren nicht nur im Märchen, sondern auch in den gängigen Produkten der Kulturindustrie: "Darth Vader" im Film "Krieg der Sterne" beispielsweise oder das namenlose, die Besatzung eines Raumfrachters mordende Ungeheuer im Film "Alien". In den Comics der Superhelden spielen diese Rolle die Superbösewichte und auch in Tolkiens "Der Herr der Ringe" begegnen wir einem übermächtigen, todbringenden Feind, einer Inkarnation des Bösen und Schlechten. Entsprechend archaisch-umfassend sind die Angstformen, die hier angesprochen werden. Immer geht es um Leben und Tod, um die Vernichtung oder die Erhaltung der Welt und damit des Selbst, d. h. um unmittelbar existentielle Ängste.

In den Abenteuern von Tom und Jerry werden unter anderem eben jene frühen Erfahrungsqualitäten zur Darstellung gebracht. Es sind kulturindustriell überformte Reproduktionen primärer Erfahrungen sehr kleiner Kinder. Die frühe narzißtische Erlebniswirklichkeit wird dabei ebenso in Szene gesetzt, wie die diesem Entwicklungsstadium entsprechende orale (Partial-)-Trieborganisation: Dem Kleinen droht beständig, vom Großen gefressen zu werden. Die bange Frage des faszinierten Kindes lautet: "Ist das wirklich möglich, daß man (ich) gefressen werden könnte?"

Nun wird auch deutlicher, woraus sich die Spannung, das Inter-esse der Zuschauer speist. Über das Medium Fernsehen werden frühe Angstformen und Angsterlebnisse wiederbelebt, aber auf eine Weise, die für die Kinder noch verträglich bleibt (d. h. nicht zu einer übermäßigen Angstentbindung führt). Die Spannung des Zuschauers wurzelt in der Angstlust (dem "thrill"; vgl. Balint 1959), die sich aus der neuerlichen, aktiv herbeigeführten Konfrontation mit diesen archaischen Angstformen ergibt. Diese freiwillige Konfrontation ist deshalb auch lustvoll, weil sie mit der Hoffnung und dem Vertrauen einhergeht, daß letztendlich doch alles gutgehen wird, daß das

verfolgende Objekt doch nicht übermächtig ist. Die Angstlust ist hier Indiz
dafür, daß es sich um ein spielerisches Wiedereintauchen in frühe Erfahrungen handelt, daß die Konfrontation mit dem archaisch-bösen, verfolgenden
Objekt eine spielerische bleibt und noch innerhalb der Kontrolle des Ich
steht (vgl. Trescher 1982).

Nicht von ungefähr hat die Sprache in den Tom und Jerry-Filmen kaum
Bedeutung. Meist nur am Anfang und am Ende der jeweiligen Episode
spricht ein Erzähler in Reimform gleichsam ein- und ausleitende Worte. Ist
die Handlung auf einem ihrer Höhepunkte angelangt, stört kein Wort die
Handlungsdynamik. Trotzdem herrscht ein hoher Geräuschpegel, der unmittelbar an den Ablauf des Geschehens gekoppelt ist (Sprengkörper krachen,
Wände bersten, Fallen schnappen zu, Schmerzensschreie von Tom sind zu
hören usw.).

Sprache, Medium der differenzierten Mitteilung und Reflexion, wäre in
diesen Handlungssequenzen auch disfunktional, da vorsprachliche, eigentlich
unsagbare Affekte und Erfahrungen virulent sind. In den Figuren von Tom
und Jerry, in ihren Handlungen, in den Bildern und in der rasenden Handlungsabfolge, in den Verfolgungsjagden mit oft brutalen und erschreckenden
Ereignissen bekommen einige der unsagbaren Affekte einen 'Namen', ein
Bild, ein Symbol. Der innere Schrecken, das innere Grauen, das Unheimliche
(vgl. Freud 1919) wird außen faßbar und dort kann man auch leichter damit
umgehen. Vor inneren Schreckensgestalten kann nicht geflohen werden, wohl
aber vor äußeren. So können frühe, latente Angstpotentiale gleichsam
veräußerlicht und in den Figuren und Handlungsabläufen des Films gebannt
werden. Stellvertretend für das Kind, meistert der kleine Jerry die Bedrohung, die von den Großen einst ausging und die immer noch nicht überwunden ist.

Die Brutalität der Verfolgungsjagden gibt Einblick in die Angst, die Wut
und den Haß des faszinierten Kindes, aber auch in die Bemühungen um
magische Wiedergutmachung. Es geht zwar um Leben und Tod, aber auf
spielerische Weise. Verletzungen heilen sofort, körperliche Schädigungen
sind nicht dauerhaft.

Diese und strukturell ähnliche Filme stehen also im Dienste der Wunscherfüllung i. S. der Umkehrung der Macht-Ohnmacht-Relation zwischen Erwachsenen und Kind. Darin erschöpft sich ihre Funktion für die Psyche des
kindlichen Betrachters jedoch nicht. Denn ebenso erlauben sie die Wiederbelebung und erneute Austragung früher und existentiell bedrohlicher Erfahrungen des Kindes mit seinen primären Objekten.

Allerdings sind die Ängste genausowenig wie die Kränkungen und Schmerzen, die letztendlich zur phantastischen Wunscherfüllung und Angstbewältigung durch den Fernsehkonsum treiben, in einen Dialog eingebunden. Das
fernsehende Kind verharrt unter dem Aspekt der Wunscherfüllung gleichsam
in einer ohnmächtigen Omnipotenz. Was in den Dialog, die Beziehung von
Kind und Erwachsenen einzubeziehen wäre, bleibt unverstanden und unerkannt
auf der Mattscheibe gebannt. Im schlechten, vielleicht häufigen Fall sprengt
kein verstehendes Wort die unverstandenen, aber wirksamen Beziehungskon-
flikte. Im Gegensatz zum Spiel muß das Kind in Passivität, in erneuter
Abhängigkeit und Fremdbestimmung dem Fernsehen gegenüber verharren. Es
ist kein Raum, ins Geschehen einzugreifen und es bleibt kaum Platz, Distanz
zu den Filminhalten herzustellen.

Die Konflikte, Wünsche, Affekte und Sehnsüchte erscheinen entfremdet
und distanziert vom Kind auf dem Monitor, und sie sind doch so nah, daß

sie nicht als Persönlichstes begriffen werden können. Faszinierend sind die Filme dann, wenn jene Gehalte angesprochen werden, die in den kommunizierbaren Beziehungen der kindlichen Lebenswelt nicht aufgehoben sind, die zu einem 'guten' Kind einfach nicht gehören dürfen. Das Fernsehen ist selbstredend kein Kommunikationspartner, Sender und Empfänger sind zweifelsfrei festgelegt. So kann die Mattscheibe zum Zerrspiegel für Erlebtes und für die dazugehörigen Verarbeitungsversuche werden. Die bisherigen Ausführungen sind um diesen Punkt zu erweitern. Auch das Fernsehen kann dazu beitragen, daß die Zuschauer in bezug auf die bewußte Wahrnehmung und Austragung von Beziehungsrealitäten und Beziehungsnöten Analphabeten bleiben, insofern es der Kommunikation, dem Dialog über Erlebtes z. B. mit Hilfe kulturindustriell verstümmelter Angebote der Wunscherfüllung und Angstbewältigung das Wort abschneidet.

Literatur

Balint, M. (1959): Angstlust und Regression. Frankfurt 1972
Clos, R. (1982): Delinquenz - Ein Zeichen von Hoffnung? Frankfurt
Freud, S. (1908): Der Dichter und das Phantasieren. GW Bd. VII. Frankfurt
Derselbe (1919): Das Unheimliche. GW Bd. XII. Frankfurt
Derselbe (1920): Jenseits des Lustprinzips. GW Bd. XIII. Frankfurt
Klein, M. (1932): Die Psychoanalyse des Kindes. München 1971
Dieselbe (1972): Das Seelenleben des Kleinkindes. Reinbek
Kohut, H. (1971): Narzißmus. Frankfurt 1973
Derselbe (1975): Die Zukunft der Psychoanalyse. Frankfurt
Derselbe (1977): Die Heilung des Selbst. Frankfurt 1979
Kunczik, M. (1976): Brutalität aus zweiter Hand. Köln
Leber , A. (1976): Rückzug oder Rache. In diesem Band
Derselbe (1979): Terror, Teufel und primäre Erfahrung. In diesem Band
Trescher, H.-G. (1979): Narzißmus und Comic. In diesem Band
Derselbe (1982): Wer versteht, kann (manchmal) zaubern. In diesem Band
Winnicott, D. W. (1965): Reifungsprozesse und fördernde Umwelt. München
Derselbe (1971): Vom Spiel zur Kreativität. München 1973

Hans-Georg Trescher

Narzißmus und Comic

Archaische Seelentätigkeit und die Comics der Superhelden

1.

Fast alle Kinder und Jugendliche werden im Laufe ihrer Entwicklung mit den verschiedensten Comics konfrontiert. Neben den Schulbüchern sind diese, oft über Jahre hinweg, die einzige Lektüre. Comics können also zu den wesentlichen Bestandteilen der Sozialisation von Kindern und Jugendlichen gezählt werden, und es ist daher anzunehmen, daß sie erhebliche Sozialisationsauswirkungen haben.

Um so mehr verwundert es, daß es relativ wenige Untersuchungen und wissenschaftliche Arbeiten gibt, die sich mit dem Phänomen Comic auseinandersetzen. Dies erklärt sich (zumindest bezüglich der Comics der Superhelden) zum Teil daraus, daß der Versuch einer inhaltlichen Analyse dieser Comics kaum von jemandem anderen unternommen werden kann, als demjenigen, der selbst diese Comics liest oder doch zumindest über längere Zeit hinweg gelesen hat. Man muß wohl das Faszinierende an diesen Comics gleichsam am eigenen Leib erfahren haben, um nicht verständnislos denjenigen der 'Leser' gegenüberzustehen, die diese Comics geradezu verschlingen.

Da in ihnen frühstkindliche Erlebnis- und Erfahrungsmuster kaum verschleiert artikuliert werden, ist die kritische Auseinandersetzung mit diesen Comics gleichzeitiger Hinweis auf die archaischen Phantasmen des Untersuchers. Gerade in den Comics der Superhelden gelangen die frühen Phantasiegehalte, wie kaum irgendwo sonst, offen in Wort und Bild zur Darstellung. Die Analyse muß jedoch - wie sich noch zeigen wird - deren Darstellung auch als Produkt und Verlauf einer beschädigten Lebensgeschichte ausweisen. Und das bedeutet ebenso ein Stück Konfrontation mit der eigenen Lebensgeschichte. Der Untersucher ist auch hier selbst Betroffener.

2.

In den nachfolgenden Ausführungen möchte ich nun das Fortdauern und die Reaktualisierung von archaischer Konfliktbewältigung, Angstverarbeitung und Phantasietätigkeit sehr kleiner Kinder in neueren Comics verfolgen.

Es geht dabei jedoch nicht darum, über die Schädlichkeit oder Unbedenklichkeit dieser Comics für ihre Leser zu befinden. Ich verstehe den Inhalt dieser Comic-Strips als symptomatisch für eine spezifische Persönlichkeitsentwicklung der größtenteils jugendlichen Konsumenten. Damit hoffe ich auch, einen Beitrag zur Beantwortung der Frage, warum diese Comics überhaupt gelesen werden, leisten zu können.

Einschränkend möchte ich vorausschicken, daß ich mich hier nur mit einer besonderen Form von Comics auseinandersetzen werde. Es sind dies, wie erwähnt, die sogenannten Comics der Superhelden; und auch hierbei sogleich eine weitere Einschränkung: Nur diejenigen Heftreihen werden untersucht, deren Hauptakteure dadurch gekennzeichnet sind, daß sie von den räum-

180

lichen, zeitlichen und kausalen Strukturen, d. h. von den natürlichen Grenzen der menschlichen Existenz, kaum eine Begrenzung erfahren. Diese Comics mit archaischen Inhalten haben in neuerer Zeit eine große Verbreitung gefunden. Die jährliche Auflagenhöhe der Superman-Hefte und der Marvel-Comics, die ich zu diesem Formenkreis zähle, beträgt im deutschsprachigen Raum ca. 13 Millionen*. Jedes Heft wird darüber hinaus von ca. sieben Lesern 'gelesen', die in der überwiegenden Mehrzahl ungefähr 10 - 15 Jahre alt sind (vgl. Trabant 1975, Fuchs und Reitberger 1973).

Indes, nicht allein die große Verbreitung dieser Comics begründet eine nähere Untersuchung, vielmehr zeigen die Comics der Superhelden Aspekte der inneren Realität insbesondere von schwer gestörten und früh vernachlässigten Kindern und Jugendlichen.

In diesen Bilder-Geschichten dominiert nun eine besondere Art des Animismus (vgl. Freud 1919, S. 253 f.), der sich durch eine verdinglichte Inszenierung primärnarzißtischer Phantasie- und Erlebnisinhalte auszeichnet. Bevor ich jedoch hierauf im besonderen zu sprechen komme, werde ich kurz die theoretischen Vorannahmen umreißen, auf denen die nachfolgende Analyse aufbaut.

Es ist zunächst jedoch sinnvoll, einen kurzen Blick auf die Welt der Superhelden zu werfen. Hierzu sei exemplarisch der Inhalt einer Handlung referiert (aus: Superman Superband Nr. 5/1975):

Superman will zugunsten einer Wohltätigkeitsveranstaltung ("Supi hilft"; S. 26) ein Kohlestück durch Superkraft und Superdruck in einen Diamanten umwandeln. Bevor er jedoch diesen Transformationsprozeß zum Abschluß bringen kann, verwandelt sich plötzlich ein anwesender Kameramann in den "Diamant-Dämon", weil die "kryptonischen Hirnwellen" Supermans "eine Reaktion der Solarenergie in ... (dessen) Körper bewirkt und auch ... (ihn) in einen Diamanten verwandelt" haben (S. 29). In der augenblicklich folgenden Titanenschlacht verwandelt sich Superman ebenfalls in einen "Diamant-Dämon" und kann den Kameramann schließlich niederschmettern. Und dies hat einen einsichtigen Grund, denn: "Ist ja klar", sinniert Superman, auf den Kampf zurückblickend, "nur als Diamant konnte ich einen Diamanten ankratzen!" (S. 30)

Diese modellhafte Szene mag als Beispiel genügen, so daß ich nun einige theoretische Vorannahmen explizieren kann.

Entsprechend meiner Ausgangshypothese dominiert in den Comics der Superhelden die primärnarzißtische Wirklichkeitsverarbeitung und Weltwahrnehmung. Im folgenden werde ich diese frühe Phase der Entfaltung von Ich und Selbst, einem Vorschlag Moellers (vgl. 1973) folgend, als "primäre Wirklichkeit" bezeichnen.

3.

Die frühesten Wahrnehmungs- und Erlebnisweisen, die primäre Wirklichkeit des sehr kleinen Kindes also, ist wesentlich gekennzeichnet durch den Mangel an Orientierungsmöglichkeiten in den Dimensionen von Raum, Zeit und Kausalität. In anderen Worten: durch eine noch mangelhafte Entfaltung

---

* Nach Auskunft des Ehapa Verlags vom 28. 12. 1977 und von der Markt-Kommunikation GmbH & Co. KG vom 2. 1. 1978

von Ich und Selbst und einer noch nicht oder zumindest nur partiell vorhandenen Unterscheidungsfähigkeit von Innen und Außen, von Aktiv und Passiv, von Belebt und Unbelebt, von Phantasie und Wirklichkeit.
Diese primäre Wirklichkeit weist vor allem fünf unterscheidbare Dimensionen auf:
1. Die Dimension der tendenziellen Identität der Wahrnehmungsmodalitäten,
2. die Dimension von Willkür und Sicherheit,
3. die Dimension von Allmacht und Ohnmacht,
4. die Dimension der frühen Angstformen und
5. die Dimension von Kränkung und Wut, auf die ich allerdings nicht gesondert eingehe.

Es bedarf kaum der Erwähnung, daß die genannten fünf wesentlichen Elemente der primären Wirklichkeit vom Säugling nicht als isolierte erlebt werden. Besonders deutlich wird dies bei der letztgenannten Dimension. Narzißtische Kränkung und Wut gehören unmittelbar auch zu den frühen Erfahrungen von Ohnmacht und Willkür. Die angegebene Differenzierung dient damit einzig der Durchführbarkeit der Analyse.

Ad 1: Der erste Bereich, die tendenzielle Identität der Wahrnehmungsmodalitäten, läßt sich aus der noch nicht zureichend entfalteten und noch undifferenzierten Sinnstrukturierung der Wahrnehmungsfähigkeit sehr kleiner Kinder rekonstruieren. Da das sehr kleine Kind über keine gerichtete, diakritische Wahrnehmung verfügt, ist auch ein Erkennen der Umwelt wie beim Erwachsenen nicht möglich. In dieser Entwicklungsphase ist noch keine festgefügte Bedeutungshierarchie entfaltet, mit deren Hilfe erst das Wahrgenommene sinnhaft im Zusammenhang mit der Umwelt interpretiert werden kann. Für sein Erleben gibt es kein abgegrenztes äußeres Objekt, geschweige denn besteht eine Scheidung zwischen Innen und Außen, zwischen Aktivität und Passivität. In dieser Periode der Lebengeschichte existiert nichts vom Säugling Unabhängiges; der Säugling ist die Selbst-Welt.
Die noch nicht entfaltete raum-zeitliche und kausale Wahrnehmungsstrukturierung ermöglicht es nicht, differenzierte Signale von außen und deren spezifische Bedeutungen wahrzunehmen und zu begreifen. Um dies zu verdeutlichen, greife ich auf das Protokoll einer unter Meskalineinfluß stehenden Versuchsperson zurück, das Schilder mitgeteilt hat (vgl. 1935, S. 274 f.). Darin heißt es: "Ich war in einem anderen Raum; wie ein Punkt in einem Universum, in dem die Merkmale unten und oben, rechts und links, horizontal und vertikal nicht existent sind, weil sie alle das Gleiche bedeuten. ... Alles war gleichermaßen nah und fern. ... Ich sah ... den Raum ohne Tiefe ..., als ob der Raum auf einen Projektionsschirm geworfen worden wäre".
Deutlich wird, daß aufgrund der fehlenden Differenzierung der räumlichen Dimensionen jede Bedeutung, die von diesen abhängig ist, nicht existiert; wie sich die Versuchsperson ausdrückt, "weil sie alle das Gleiche bedeuten" (a. a. O.).
Analoges gilt für die Kausalität und die Zeitwahrnehmung, wie die Abbildung und der folgende Bericht einer psychotischen Dekompensation zeigen:

Abb. 1. Übersetzung des Comic-Textes: "Oh, ich denke, vielleicht habe ich es übertrieben ... Es gibt hier keine Begrenzungspfähle mehr, überhaupt keinen Bezugsrahmen mehr ... kein Oben oder Unten, kein Drinnen oder Außen, kein Hin oder Her. Jetzt oder Dann ...! Nur die außerirdische Kälte ... das Gefühl von Gewichtslosigkeit ... die schrecklichste Abgeschiedenheit von allem, was vertraut ist ... und das Fallen ... in die Ewigkeit ... ein Raum außerhalb der Zeit ...! (Aus: Kiss (Marvel Comics Super Special, Nr. 1/1977))

"Das Zeugnis von Licht, Raum, Zeit, Schwerkraft und den fünf Sinnen wurde bedeutungslos. Hitze gefror, und Licht schleuderte fühlbar stechende Strahlen. Sie (die Patientin, der Ref.) hatte kein Gefühl mehr dafür, wo ihr Körper war. Es gab kein oben oder unten, weder Standort noch Entfernung, keine Abfolge von Ursache und Wirkung" (Green 1973, S. 150 f.).

Bisher habe ich den entwicklungs- und reifungsbedingten Mangel an Strukturbildung bei sehr kleinen Kindern gleichsam negativ interpretiert, als Unvermögen, die Realität in entscheidenden Gehalten wahrzunehmen. Ich möchte daher nun auf die Leistungen der Wahrnehmungs- und Erfahrungsorganisation auf der Stufe der primären Wirklichkeit zu sprechen kommen. Da die 'realen' Dimensionen, die ich exemplarisch an Raum, Zeit und Kausalität dargestellt habe, in diesem frühen Stadium der Entwicklung für das Erleben des Kindes keine Bedeutung haben, werden sie unterschiedslos als gleichgeltend wahrgenommen. D. h. es existiert eine tendenzielle Identität der Wahrnehmungsmodalitäten. In anderen Worten: im Erlebnisbereich der primären Wirklichkeit können alle Wahrnehmungsmodalitäten potentiell durch eine einzige vertreten werden (vgl. Moeller 1973, S. 114 f.).

Eine Reproduktion dieser frühen Erfahrung tritt beispielsweise in psychedelischen Rauschzuständen auf: unter LSD-Einfluß kann Musik, die real nur gehört wird, gesehen, gerochen, gefühlt usw. werden.

Ad 2: Die zweite Dimension der primären Wirklichkeit, das Erleben von Willkür und Sicherheit, verweist weitaus mehr auf den affektiven Bereich früher Erfahrungen, als die oben dargestellte.

Die neuere psychoanalytische Narzißmusdiskussion und Entwicklungspsychologie haben nachgewiesen, daß sich das sehr kleine Kind in der gelingenden Mutter-Kind-Beziehung sicher und getragen fühlt. Winnicott (1974) spricht von der "haltenden Funktion der Umwelt", die der psycho-physischen Bedürftigkeit des Kindes in solch angemessener Weise entspricht, daß erste Schritte hin zur Entfaltung von Subjektivitätspotentialen gelingen (vgl. Lorenzer bes. 1974 und 1977, Trescher 1978). Joffe und Sandler (1967) sprechen vom "Sicherheitsprinzip", um die affektive Ausrichtung dieses vorsprachlichen (coenästhetischen) Dialogs zwischen Mutter und Kind seitens des Kindes zu kennzeichnen. Ist der Dialog durch affektive Entlastung des Säuglings und den sukzessiven Aufbau erster Erfahrungen von Lust gekennzeichnet (vgl. Leclaire 1975, S. 62), so werden affektiver Mangel, Unbebeständigkeit oder Widersprüchlichkeit in dieser frühen Beziehung mit der Mutter vom Kind als willkürliche Einbrüche in die "freundlichen Weiten" (Balint) der haltenden Umwelt erlebt. Da das sehr kleine Kind - wie ich oben ausgeführt habe - keineswegs in der Lage ist, Strukturen der Realität diakritisch wahrzunehmen, also z. B. Kausalzusammenhänge zu erkennen, erlebt es Einbrüche in das Gefühl des Sicheren-getragen-Werdens als plötzlich hereinbrechendes Ereignis, das die Illusion der Allmacht schlagartig durchbricht.

Die Antithese zum Erleben der Sicherheit ist also auf dieser Entwicklungsstufe nicht einfach Unsicherheit (dies würde eine zumindest bruchstückhafte Kausalitätsbeziehung voraussetzen), sondern das Erleben ist bestimmt durch im wörtlichen Sinne unvorstellbare, nicht antizipierbare und unfaßbare Willkür.

Ad 3: Diese Ausführungen leiten nun direkt über zu der Dimension von Allmacht und Ohnmacht. Die Einbrüche in das Kontinuum des Sicheren-getragen-Werdens wirken nämlich dann traumatisch, wenn die Illusion des Kindes, Anfang und Ende des als allmächtig erlebten Mutter-Kind-Systems zu sein, abrupt zerschlagen wird. Um dem bodenlosen Sturz in die Ohnmacht und Hilflosigkeit zu entgehen, muß sich das Kind 'um jeden Preis' an das Phantasma der absoluten Allmacht und der archaischen Kontrolle der Welt klammern.

Das Kind reagiert mit archaischer und namenloser Wut, die die sofortige

Entfernung jeglichen Störfaktors des lebensnotwendigen narzißtischen Gleichgewichts fordert. Je einschneidender das gewalttätige Zerbrechen der frühen Illusion der Omnipotenz ist, um so mehr muß das kleine Kind am Phantasma absoluter magischer Kontrolle und Verfügbarkeit der Welt festhalten.

Indes ist die reale Abhängigkeit des Kindes von der Mutter, aufgrund derer es sich letztlich mangelhaften und/oder widersprüchlichen Interaktionen nicht entziehen kann, die Kehrseite des Phantasmas der Allmacht. Das Gefühl, Beweger und Bewirker des grandiosen Mutter-Kind-Systems zu sein (vgl. Leber 1976), bedeutet auch, die Umwelt in ihrem entscheidenden Gehalt nicht wahrzunehmen.

Hier wird deutlich, daß die Raum-, Zeit- und Kausalitätslosigkeit als Unendlichkeit des Augenblicks potentiell identisch ist mit der Leere, mit dem Nichts, in das willkürlich existentielle Bedrohungen einbrechen, wenn die haltende Umwelt fehlt. Das Erleben der Omnipotenz korrespondiert direkt mit der Erfahrung unendlicher Ohnmacht und dem Ausgeliefertsein an willkürlich hereinbrechende Beeinträchtigungen.

Ad 4: Die dargestellten Dimensionen von Willkür und Sicherheit, Allmacht und Ohnmacht, sowie der fehlenden Unterscheidung zwischen Selbst und Nicht-Selbst, innerer und äußerer Realität im Erleben sehr kleiner Kinder erlauben auch eine nähere Beschreibung der vorherrschenden Angstformen dieser Phase, die archaischen Formen der Abwehr - wie Spaltung, Projektion und Verschmelzung - unterliegen.

Die traumatisierende Erfahrung im Erlebnisbereich der primären Wirklichkeit umfaßt, entsprechend ihrer primärnarzißtischen Herkunft, die gesamte Existenz des Kindes. Die in dieser Entwicklungsphase vorherrschenden Ängste kreisen deshalb um die Vernichtung des schwachen, rudimentär ausgebildeten Selbst. Sie sind von tendenziell psychotischer Qualität und Intensität.

Die fehlgehende Entwicklung in dieser Phase läßt eine Versöhnung des Kindes mit der Unwirklichkeit seiner Allmachtsillusionen nicht zu. Im Gegenteil, es muß sich nun um so mehr an das Phantasma der Gradiosität und Omnipotenz klammern. Die Anerkennung seiner wirklichen Ohnmacht und Abhängigkeit von der unzuverlässigen Pflegeperson wäre nicht zu ertragen.

Diese Fixierung an frühe Erfahrungs- und Reaktionsmuster, deren Intensität und Stärke kaum zu unterschätzen ist, verhindert nun eine konturierte und differenzierte Entfaltung der Erfahrung und Wahrnehmung des eigenen Selbst in seinen Beziehungen zu den Objekten. Die gescheiterte Loslösung von den frühen Illusionen hat einen permanenten und eigentlich unlösbaren Widerspruch zur Folge: Das Phantasma der Omnipotenz und magischer Kontrolle der Umwelt droht jederzeit mit den Begrenzungen der Realität zu kollidieren.

Die partiell gescheitere Versöhnung mit der Unwirklichkeit der frühen Illusionen bildet die individuell lebensgeschichtliche Basis für das Bedürfnis, nach Surrogaten Ausschau zu halten, die jenes lebensnotwendige Phantasma der Omnipotenz dennoch abstützen können.

4.

Die Comics der Superhelden erscheinen - wie im übrigen viele Produkte der Kulturindustrie - in der Lage zu sein, für den bezeichneten Widerspruch eine kurzzeitige Schein-Versöhnung herbeiführen zu können. Wie ich noch zeigen werde, verleihen sie diesen frühen Formen des Erlebens und des

mit der Realität eine konsumierbare Gestalt. Sie bieten sich mit kathar-
tisch-entlastender Funktion (im Sinne einer blinden Affektabfuhr) zur Reproduktion früher Erfahrungen der Leser an.

Ich möchte nun die Spuren primärnarzißtischer Weltwahrnehmung und
Wirklichkeitsverarbeitung (wie ich sie bisher beschrieben habe) in den Su-
perman-Comics aufnehmen. Ohne nähere Kenntnis seiner besonderen Fähigkeiten und Erlebnisse löst der Name Superman beim naiven Hörer eine
Fülle von Assoziationen aus, die überhaupt nicht mit seinen wirklichen
Merkmalen übereinstimmen. Was mit dem Super-Mann naheliegend zu verbinden wäre, läge wohl nicht zuletzt im sexuell-erotischen Bereich. Aber
nichts dergleichen findet sich bei diesem Helden. Hingegen wird, wenn er
beispielsweise breitbeinig in der für ihn typischen Flughaltung über der Sky-
line von "Metropolis" erscheint, überdeutlich, daß Superman augenscheinlich
über kein männliches Genital verfügt (vgl. Abb. 2).

Abb. 2. "Superman über Metropolis" (Aus: Superman, Superband Nr. 6/1976)

Eine wesentliche Begründung für diesen Mangel liegt, neben anderen, sicher darin, daß die sexuellen (im Sinne von genitalen) Phantsien auf der frühesten Entwicklungsstufe noch bedeutungslos sind. Superman als Abkömmling und Kronprinz der primären Wirklichkeit ist nun die Materialisation früher Größenphantasien schlechthin, und er verfügt über entsprechende magisch-phantastische Fähigkeiten. Um nur einige zu nennen: Er ist unverwundbar und unglaublich stark, so daß er "das halbe Universum zu Schrott" (Heft 23/1976, S. 1) hauen kann; er kann in der Zeit reisen und durcheilt in Sekundenbruchteilen astronomische Entfernungen. Aus seinen Augen - die ja ein exklusiv narzißtisch besetztes Organ sind - entfesseln sich Hitze- und Kälteblick, Teleskop- und Röntgenblick usw. In jeder Story wird erneut deutlich: Superman erfährt keine Begrenzung durch die materielle Realität. Vielmehr scheint er über diese mit Hilfe seiner Superkräfte zu verfügen. Er gebietet über die Elemente Luft, Wasser, Erde und Feuer, die nach den Worten Argelanders "die ursprünglichen Objekte des primären Narzißmus in symbolischer Fromulierung" (1971, S. 371) bezeichnen.

Gemäß der evozierten Reproduktion der frühen Illusion, die 'Welt' zu sein, von der unabhängig nichts besteht, muß Superman als primärnarzißtisches Objekt sofort verfügbar sein. Und so erscheint er in den Geschichten als allgegenwärtiges Prinzip überall dort, wo das narzißtische Gleichgewicht der Selbst-Welt bedroht ist. Es erweist sich, daß die Handlungsabläufe der Bewältigung gescheiterter Versöhnungsprozesse dienen, die aus dem zu plötzlichen Verlust der frühen Illusionen erwachsen.

Wie ich dargestellt habe, erlebt das sehr kleine Kind ernstliche Beeinträchtigungen seiner Befindlichkeit als willkürlich in die "freundlichen Weiten" hereinbrechende existentielle Bedrohungen. Innerhalb dieses archaischen Bereiches der Seelentätigkeit kämpft nun Superman um die Erhaltung der narzißtischen Homöostase: Völlig unerwartet und willkürlich brechen aus heiterem Himmel kosmische Wesen, Supergangster, Superhirne, Roboter, Androiden, Monster, Naturkatastrophen usw. in die undifferenzierte Selbst-Welt ein. Die Existenz des Superhelden ist dabei auf das Innigste mit den Supergegnern verbunden. In der permanenten Entscheidungsschlacht um die Erhaltung des narzißtischen Gleichgewichts, d. h. im Kampf um Leben und Tod, erhält Superman (ebenso wie die anderen Superhelden) seine Identität allein in der Konfrontation mit dem archaisch Bösen. Der Kampf um Leben und Tod ist ein weiteres zentrales Unterscheidungskriterium zu anderen Comic-Serien, wie beispielsweise den Micky Maus-Heften. Humor und Witz, die sich dort finden, fehlt in den Comics der Superhelden. Dies ist ein weiteres Indiz, das ihre primär narzißtisch motivierten Handlungsverläufe belegt (vgl. Kohut 1973).

Die Handlungen der Superhelden zeugen von der Ohnmacht, selbst als Handelnde auftreten zu können. Ihre Aktionen sind durchweg reaktiv, Reaktionen auf die Anwesenheit des bedrohlichen Bösen, das den absolutistischen Anspruch auf Allmacht in Frage stellt.

Der unbewußte Inhalt dreht sich um einen andauernden Abwehrkampf gegen die Reaktualisierung der Imago der "bösen Mutter" (vgl. Bigras 1975). Das sehr kleine Kind ist ja noch nicht in der Lage, die Abwesenheit der "guten Mutter" als Faktum wahrzunehmen und zu verstehen. Fehlt diese und damit die haltende Funktion der Umwelt, wenn sie gebraucht wird, so ist die Abwesenheit der guten Mutter gleichbedeutend mit der

Anwesenheit der zerstörenden und verfolgenden bösen Mutter. Archaisch-undifferenzierte, tendenziell psychotische Ängste, die um die drohende Vernichtung des rudimentären Selbst kreisen, sind die Folge, wenn die narzißtische Wut als Versuch, die Homöostase durch Ausstoßung des Bösen zu erhalten, wirkungslos verpufft.

Hierzu ein Beispiel: Vor einigen Wochen wurde ich Zeuge einer fast alltäglichen Prügelszene. Eine Mutter schlug ihren ungefähr dreijährigen Sohn sehr heftig und überhäufte ihn dabei mit einer Reihe von Schimpfworten. Der Junge, laut weinend, rief immer wieder, wenn er dazu genug Luft bekam, deutlich "Mama!". Man könnte nun zu der Vermutung neigen, daß er damit seine Mutter beschwichtigen wollte. Indes scheint mir eine andere Deutung wahrscheinlicher. Der äußerst bedrohlichen Interaktion konnte der Junge nur dadurch entgehen, daß er auf regressive Weise die ganzheitliche Imago der Mutter aufspaltete. Diejenige, die ihn schlug, war nun nicht mehr die (gute) Mutter. Es war, als ob er sagen würde, "Das ist nicht meine Mutter, die ich nötig brauche, das darf nicht sein. Meine gute Mutter soll mich schützen: Mama, komm' her und hilf mir!" Als kleines Kind geschlagen zu werden, ist sehr schlimm, aber von der Mutter geschlagen, d. h. unmittelbar bedroht zu werden, ist unerträglich.

Die bezeichnete Aufspaltung in ein absolut böses und in ein absolut gutes (Teil-) Objekt ist ein Kennzeichen der Comics der Superhelden. Es verweist auf frühe Erlebnisweisen, in denen Liebe und Haß noch nicht in einer Repräsentanz synthetisiert sind. Auf dieser vorsprachlichen Entwicklungsstufe des Erlebens ist das abgespaltene Böse im Superfeind gebannt und der Leser erhält die Möglichkeit, in einer unbedrohlichen, weil durch die Anwesenheit Supermans geschützten, psychischen Realität, an den archaischen Formen und Realisierungen der narzißtischen Wut zu partizipieren.

Die Reproduktion dieser frühen Erfahrungen schließt ein, daß es in den Comics der Superhelden keinesfalls um reife Formen der Konfliktbewältigung geht (eigentlich kann nicht einmal von Konflikt gesprochen werden), der Superheld schlägt primär-prozeßhaft besinnungslos zu und entfernt damit das widerspenstige Element aus der grandiose Allmacht fordernden Selbst-Welt. (Daß die Störfaktoren der Homöostase, die wie Fremdkörper erlebt werden, im wörtlichen Sinne aus der Welt entfernt werden müssen, spiegelt sich auch in den Geschichten selbst. Der besiegte Supergegner wird vernichtet, in eine "Parallel-Welt" verbannt; er löst sich auf oder zieht sich in ein anderes Universum zurück etc.)

In diesen Comics werden Handlungsfiguren geschaffen, deren hervorragende Funktion darin besteht, frühe Ängste und Phantasmen festzumachen und damit zu 'bannen'. So helfen sie kurzzeitig, den Widerspruch zwischen den Realitätszwängen und dem erhalten gebliebenen Anspruch auf Grandiosität zu überbrücken.

Es scheint, daß die Superhelden dazu benötigt werden, dort gleichsam die haltende Funktion der Umwelt zu übernehmen, wo diese real in der individuellen Lebensgeschichte defizitär war und als Strukturdefizit weiterhin bei den Lesern besteht. Ihre psychodynamische Funktion, den genannten Widerspruch zu überbrücken, verdeckt als psychische Prothese die partiell mißlungene Bildung von Subjektstrukturen (vgl. Kohut 1966, 1969 und 1973).

Diese Funktion hat Morgenthaler (1974) als "Klammer" des Selbst beschrieben, deren hervorragende Aufgabe es ist, die "entsetzliche Lücke" zu schließen, die die fehlgegangene narzißtische Entwicklung aufzureißen droht: Das Phantasma in Gestalt Supermans erwirkt kurzzeitig den Schein der Versöhnung des basalen Widerspruchs zwischen den Begrenzungen der Realität und den der primären Wirklichkeit verhafteten Ansprüchen. Auch der Verlust der Körpergrenzen, die Entstrukturierung des Körpererlebens als kohärente Einheit, ist eine häufige Handlungssequenz. Der Entstrukturierung des Raumerlebens entspricht ebenso eine Entstrukturierung von Kausalzusammenhängen in den Erlebnissen der Superhelden. In den willkürlichen Handlungsabläufen, wie in der Abwehr der hereinbrechenden kosmischumfassenden Gefahren, fehlt im Grunde jeder kausale Zusammenhalt. Während der Lektüre ist es dem Leser kaum möglich, zu verstehen, was eigentlich vor sich geht; und erst am Ende der Geschichte wird, im Sinne einer sekundären Bearbeitung, ein willkürlicher Zusammenhang des Geschehens hergestellt. (In dem oben referierten "Duell der Diamant-Dämonen" ist dieser Sachverhalt deutlich erkennbar. Auch dort wird erst am Ende der Story eine 'Erklärung' (die "kryptonischen Hirnwellen" Supermans hatten eine "Reaktion der Solarenergie" im Körper des Kameramanns bewirkt) der unverständlichen Geschehnisse gegeben).

Die Entstrukturierung der Wahrnehmungs- und Erfahrungsorganisation entspricht der Wiederbelebung der primären Wirklichkeit, in der eine isolierte Wahrnehmungsmodalität die Aktivierung aller anderen Sinne auslösen und auf diffuser Ebene vertreten kann (vgl. Moeller 1973, S. 113 ff.). Durch dieses "Prinzip des sensorischen Überfließens" (Moeller) gelingt es im Comic, Sinnesreize durch Bilder und Bildfolgen, also optisch, hervorzurufen. Die kinästhetische Erregung beispielsweise wird vermittelt durch die Veränderung der Perspektive, raschen Wechsel des Beobachtungsstandortes und Größenveränderung der Handlungsfiguren. "Im Mitvollzug gerät der Betrachter auf schiefe Ebenen, auf schwankenden Boden" (Moeller 1973, S. 117) und in den bodenlosen Raum (vgl. Abb. 1). So kann durch den raschen Wechsel des Beobachtungsstandortes und der damit verbundenen Größenveränderung der Handlungsfiguren, wortlos, einzig durch die Bildfolge, eine ungeheure Dynamik, Erlebnisdichte und Präsenz des psychischen Geschehens erzeugt werden, die die ganze Erregungsbreite in einer optischen Sequenz verdichten kann. (In Primo Nr. 26/1974, S. 10 findet sich ein hervorragendes Beispiel einer solchen Bildfolge, die jedoch aus rechtlichen Gründen hier nicht wiedergegeben werden kann.)

Abbildung 3 zeigt, wie die Veränderung des Schriftbildes und der Schriftgröße akustische Intensität erzeugt. Oft wird zudem die Sprache entstrukturiert und zur bloßen Abfolge der sogenannten Pengwörter (Onomatopoesien). Die Mittel des sprachlichen Ausdrucks werden präverbal.

Allein über die optische Vermittlung des Geschehens - bei der auch die Farbgebung eine wichtige Rolle spielt - gelingt es, eine Gesamterregung hervorzurufen, in der sich alle sensorischen Qualitäten verdichten.

Aus den bisherigen Ausführungen wird deutlich, daß es sich bei den Handlungsabläufen und den Hauptakteuren dieser Comics um Reproduktionen früher Erfahrungen und Erfahrungsverarbeitungen handelt, wie oben dargestellt worden sind. Damit ist auch der Kern der Beantwortung der Frage, warum diese Comics 'gelesen' werden, angesprochen: Sie binden in konsumierbarer Weise frühe Ängste und Phantasmen und bieten eine kurzzeitige Schein-Versöhnung mit dem zu plötzlichen Verlust der Illusion der Allmacht in der frühen Lebensgeschichte der Leser.

Spaltungs- und Projektionsprozesse binden das archaisch Böse, die Wut und den Haß, die dem willkürlichen Einbruch der Vernichtungsdrohung in die primärnarzißtisch erlebte Welt entsprechen, an den Superbösewicht. Über die Verschmelzung und projektive Identifikation mit den Superhelden gewinnt das Phantasma, endlich absoluter Beherrscher und Bewirker der Selbst-Welt zu sein, seine konsumierbare Gestalt. Auf dem Höhepunkt des Geschehens in den Comics beherrscht die psychische Realität die materielle; der 'geheime' Glaube an das Phantasma, ein Superheld zu sein - oder doch zumindest alsbald einer zu werden -, wird nicht zufällig durch diese Comics provoziert. Fuchs und Reitberger haben die Möglichkeiten, ein Superheld zu werden, kurz zusammengefaßt:

"Meist genügt das Fehlschlagen eines wissenschaftlichen Experiments, die Einatmung dabei entstehender Dämpfe, Berührung von Flüssigkeiten, Chemikalien in Verbindung mit Blitzschlag (...), radioaktive Bestrahlung der verschiedensten Arten - und schon ist ein neuer Superheld geboren.
Andere dagegen sind von Geburt an zum Superhelden prädestiniert. Als Mutanden, Atlantiden, Amazonen, Extraterristen oder einfachenGöttern ist ihnen das Superheldentum schon in die Wiege gelegt. Batman jedoch zeigt uns, daß man allein durch Fleiß und Ausdauer - und mit einem Millionenerbe für die nötigen Zusatzgeräte - den Weg zum Superhelden schaffen kann." (1973, S. 149)

Abb. 3. Die (Wieder-)Geburt eines Superhelden (Aus: Superman, Superband Nr. 5/1975)

Ich hoffe, es ist aus den bisherigen Ausführungen deutlich geworden, daß diese Comics eigentlich kaum der Interpretation bedürfen, da die frühe Thematik offen zutage tritt. In diesem Zusammenhang ist auch ein besonderer Umstand, der auf elementare narzißtische Kränkungen deutet, bemerkenswert. In der Regel leben die Superhelden gleichsam in zwei Welten, in einer 'normalen' (Tarn-) Existenz und in der eines Superhelden. Die normalen Lebensumstände der Helden sind jedoch häufig durch die Last von Behinderungen verschiedenster Art gekennzeichnet, die auf narzißtische Traumata verweisen. So ist beispielsweise "Der Dämon" in seinem bürgerlichen Leben ein blinder Rechtsanwalt, "Die Spinne" ein von Pubertätskrisen geschüttelter, elternloser Jugendlicher, "Der mächtige Thor" ein gehbehinderter Arzt etc.

In diesen Themenkomplex fügt sich auch die 'Lebensgeschichte' Supermans ein. Dieser wurde als Baby, kurz vor der Explosion seines Heimatplaneten Krypton von seinen Eltern mit einer Rakete allein zur Erde geschossen und hier von dem Ehepaar Kent gefunden, die seine Adoptiveltern wurden. Aber auch der frühe Elternverlust ist kein Einzelschicksal für Superhelden (ich erinnere nur an Batman und Tarzan), so daß dieser Aspekt ebenso als Indiz für die Reproduktion früher Erfahrungen angesehen werden darf.

Und gerade dieser Umstand erweist sich als wesentlicher Grund dafür, daß die Leser diese Comics geradezu verschlingen. Der Handlungsablauf der Stories erregt gemäß dem Prinzip des "sensorischen Überfließens" eine enorme Erlebnisdichte, Intensität, Direktheit und Präsenz, die eine Abfuhrmöglichkeit der tiefen Affekte der narzißtischen Erlebnisgehalte über ihre Vergegenständlichung in den Comics erlauben. Dabei löst der magisch-narzißtische Held geradezu einen Zwang zur Verschmelzung mit ihm aus. Seine Omnipotenz, sein Verfügen-Können über die Strukturen, die die Realität konstituieren, entspricht dem Phantasma der Allmacht, an das sich der früh narzißtisch Gekränkte klammern muß, um die Hilflosigkeit, Ohnmacht, Kränkung und Scham ertragen zu können.

Die halluzinatorische Wunscherfüllung gewinnt Gestalt, die psychische Realität des Geschehens in den Comics der Superhelden ist unmittelbar ersichtlich. Die in den Stories zu Wort, Bild und Aktion kommenden Phantasmen sprechen ihre Konsumenten in den tiefsten Schichten ihrer Persönlichkeit an.

Die Höhe der Erregungsmengen, die beim Leser hervorgerufen werden, zeigen solche Einzelfälle, wie die jenes amerikanischen Kindes, das im Superman-Dress von einem Hochhaus zum anderen fliegen wollte - und abstürzte.

Diese Erlebnisintensität spiegelt sich ebenso darin, daß jeder 'ernsthafte' Leser genau weiß, ob er das eine oder andere Heft schon gelesen hat, sobald er es nur aufschlägt. Das ist um so erstaunlicher, als der Handlungskern des Geschehens auf einen einzigen Satz reduzierbar ist: Der Superheld bezwingt den Superschurken oder bannt die Supergefahr und rettet die Welt. Auf ihre gemeinsame Struktur gebracht, gleichen sich die Handlungsverläufe gleichsam wie eine Zigarette der anderen. Die Neuauflage der sekundär bearbeiteten Illusionen sehr kleiner Kinder ist der Motor, der die Leser zu diesen Comics treibt. Die Teilhabe am Handeln des Superhelden und der Superbösewichte bindet die tiefen Affekte.

In der illusorischen Verschmelzung mit dem Helden, der Übernahme seiner Allmacht, gelingt eine Schein-Versöhnung mit der eigenen Begrenztheit, Ohnmacht und Schwäche. Aber dieser Schein währt notgedrungen kurz. Der Drogencharakter, den diese Comics für unzählige Leser besitzen, verlangt nach immer neu einsetzender Abfuhr der Affekte.

Strukturbildende Reifungsschritte, die endlich den Sog zur Verschmelzung mit den Helden überflüssig machen würden, können von diesen Comics nicht eingeleitet werden. Die Kommerzialisierung primärnarzißtischer Phantasietätigkeit unterstützt vielmehr die gesamtgesellschaftliche Tendenz der Entstrukturierung von Sujektivitätspotentialen, indem sie die Leser auf jener Ebene der Realitätsverarbeitung fixieren hilft.

Die Abfuhr der tiefen Affekte mittels der 'Urschreie', die von Superheld und Superbösewicht auf dem Höhepunkt des Geschehens ausgestoßen werden, gleicht einem Pyrrhussieg der Psyche. Diese Katharsis ist eine Reinigungsaktion, die der strukturbildenden Aneignung der Affekte entgegenwirkt (vgl. Adorno 1970, S. 354). Sie bewirkt keine Heilung, im Gegenteil: die pathogenen Strukturelemente der Konsumenten sind die Voraussetzung für den Erfolg dieser Comic-Serien.

5.

Ich habe in der bisherigen Diskussion der Comics der Superhelden als hervorragendes Merkmal den Sog zur Entdifferenzierung, zur Verschmelzung der Leser mit den primärnarzißtischen Superhelden dargestellt. Dieses regressive Gefälle zur infantilen Seite hin, das die Affekte, die Selbst- und Objektrepräsentanzen zur kommerzialisierten Wiederbelebung der primären Wirklichkeit drängt, entstrukturiert reife, an den Sekundärprozessen orientierte Strategien der Realitätsbewältigung. Frühe Formen wie Idealisierung durch Allmachtsvorstellungen, Projektion, Introjektion, Spaltung, Verfolgung und projektive Introjektion dominieren hier die Wirklichkeitserfahrung. Mit dieser regressiven Entstrukturierung im Bereich von Ich und Selbst gehen ebenso die raum-zeitlichen und kausalen Strukturen der entfalteten Wahrnehmungs- und Erfahrungsfelder verloren. Handlungen und Ereignisse sind in diesem Erlebnisbereich nun nicht mehr als sinnhafte Beziehung zwischen Ursache und Wirkung innerhalb eines konstanten raum-zeitlichen Kontinuums erlebbar, sondern einzig als hereinbrechende Willkür, als unverstehbare Störung und Bedrohung.

Die Entstehungsgeschichte der Superman-Hefte im deutschsprachigen Raum verweist nun auf die Annahme, daß sich Elemente der Alltagserfahrung Erwachsener bzw. Jugendlicher dahingehend verändert haben, daß Erlebnismodi sehr kleiner Kinder noch immer von großer Bedeutung für die Comic-Leser geblieben, bzw. erneut geworden sind (vgl. Trescher 1979, S. 194 ff.). So gelang es erst nach zwei vergeblichen Versuchen (1950 und 1953/54) dem Ehapa Verlag, die Superman-Reihe 1966 zu etablieren (vgl. Trabant 1975, S. 36). Die Tatsache, daß die Comics der Superhelden immer größere Leserkreise gewinnen, dokumentiert auch die Zunahme der verschiedenen Serien.

Die angesprochene Veränderung der Alltagserfahrung muß sich demnach in den letzten zwei Jahrzehnten so stark bemerkbar gemacht haben, daß die individuelle Erfahrung im täglichen Leben der Leser in weiten Bereichen mit den Erlebnis- und Affektgehalten, die in den Comics in Szene gesetzt werden, übereinstimmt.

Gleichzeitig ist ein Rückgang des sogenannten Märchenalters konstatierbar. Hetzer sieht eine Begründung darin, daß die fortschreitende Technisierung die "Märchenwunder" überflüssig mache. Mit Hilfe technischer Mittel seien die Menschen ja beispielsweise in der Lage zu fliegen, fernzusehen usw. (vgl. 1971, S. 11 f.).

Aber indem sich nun die Phantasie wie in den beschriebenen Comics an die Technik anlehnt, entwickelt sich eine qualitative Differenz zwischen

Märchen und den Comics der Superhelden. An die Stelle der subtilen und differenzierten Darstellungen in vielen Märchen treten nun auch bei relativ kleinen Kindern die "Wunder der Technik".

Hetzer berichtet beispielsweise von einem fünfjährigen Jungen, der sich das "Tischlein-deck-dich" wie einen Zigarettenautomaten mit unzähligen Fächern vorstellt (vgl. 1971, S. 13).

In den Phantasien des Jungen finden sich nun sicher Märchenstoffe wieder, aber durch ihre Technisierung bekommen diese eine neue Qualität. Sie beziehen sich allein auf das schon Bestehende, die Phantasiegehalte der Märchen werden zur bloßen Phantastik technischer Werkzeuge und deren Verwendung.

Von diesem Erleben führt ein gerader Weg zu den Comics der Superhelden: Auch Superman als Superheld schlechthin, verkörpert einzig technische Fähigkeiten. Und das bedeutet nun, daß sich das "Märchenalter" nicht verkürzt, sondern sich als Verdinglichung der Phantasie, als Phantastik bis ins Erwachsenenalter der Comic-Leser ausdehnt.

Abb. 4. Das Ende eines Superhelden. Titelblatt des "Action Comic" Nr. 368 (Aus: Zimmermann et al. 1973, S. 96)

Der Gehalt der Phantasie, der Elemente der Verweigerung und Negation bestehender Lebens- und Leidenszusammenhänge umfaßt und damit die Verwirklichung der Sehnsucht nach Veränderung für möglich erklärt, wird durch diesen Verdinglichungsprozeß zunichte gemacht (vgl. Marcuse 1967).

Die verdinglichte Phantastik, die dem Leser in den Comics entgegentritt, enthält keine Phantasie mehr. Sie beschränkt sich auf die Aufblähung des schon Bestehenden und muß diesem so notwendig ausgeliefert und verhaftet bleiben.

Ich habe schon angedeutet, daß Superman einzig technische Fähigkeiten verkörpert. Deutlich wird dieser Umstand bei der Betrachtung seiner Superfähigkeiten, die leicht mit technischen Apparaturen in Verbindung gebracht werden können. (Seine Fähigkeit zu fliegen entspricht beispielsweise einer Kombination aus Superflugzeug und Superrakete, sein Hitzeblick einem Superschweißbrenner bzw. einem Superflammenwerfer etc.)

Zu allen seinen Maschinenfertigkeiten kommt noch hinzu, daß Superman keine Luft zum Atmen braucht, selbst gegen gewaltige Hitze unempfindlich bleibt und darüber hinaus auch seit seinem erstmaligen Erscheinen 1938 nicht altert (vgl. Trabant 1975). Sein Attribut Super ist einzig durch technische Merkmale ausgezeichnet. Superman als der "Mensch von Morgen" (Heft 23/1976, S. 4) tritt auf als die "endgültige Form perfekten Funktionierens" (Trabant 1975, S. 41). Er ist ein Superroboter, bei dem der Störfaktor menschlicher Begrenztheit eliminiert ist.

Nur am Rande kann ich hier darauf aufmerksam machen, daß die Vorspiegelung von Ewigkeit und endgültiger Form ein Hauptkennzeichen der Erscheinungsform der Waren hier und heute ist.

Bei Superman scheint dieser Anspruch endgültig realisiert. Die sinnliche Qualität der Zeit als besondere Lebensgeschichte und Lebenserfahrung ist in den Superhelden-Comics auf ihre höchste Abstraktion reduziert. Geschichte ist aufgelöst. Die Erscheinungsform der Waren entzeitlicht das Kontinuum von Vergangenheit, Gegenwart und Zukunft, indem sie den andauernden Endpunkt der absoluten Bedürfnisbefriedigung verspricht. Durch dieses Versprechen wird der Anspruch auf reale Befriedigung der evozierten und (unbewußt) an die Warenhaut angekoppelten Phantasmen bis zum nächsten Warenausstoß latent gehalten, der nun die 'alten' absoluten Aussagen mit dem neuerlichen Anspruch auf Absolutheit und Ewigkeit widerruft.

Dieser Umstand erklärt im übrigen, warum vergangene Erscheinungsformen der Waren so anachronistisch anmuten. Das zwanzig Jahre alte Automobil und der Minirock (erscheint er nicht gerade wieder als das Neueste) wirken älter, ungewohnter und fremder als der grob behauene Faustkeil des Homo erectus.

Doch zurück zu den Comics: Wie ich gezeigt habe, handelt der Superheld nicht entlang innerer Motive; allein die aus dem Nichts hereinbrechenden Gefahren treiben seine Handlungen voran. In seinen blinden Reaktionen bleibt der Superheld sich selbst so fremd, wie es alle Handlungsfiguren auch untereinander sind. Ihm als Roboter, ohne sinnliche Körperlichkeit, ohne Innen- und Außenwelt fehlen menschliche Beziehungen.

Mit der Belebung des eigentlich Leblosen in der primärnarzißtisch strukturierten Realitätswahrnehmung und Wirklichkeitsverarbeitung wird der belebte Superroboter zum wahnhaft Menschlichen, zum Mittelpunkt und Beweger der Welt.

Hier im Bereich der primärnarzißtischen Objektbindung ist die Wahrnehmung von Gegenständen und Menschen ins Dämonische und Unmenschlich-Ungeheuere verzeichnet. Dies gilt jedoch auch für den umgekehrten Verlauf. Unter dem Primat der primären Wirklichkeit wird das Dämonische zum Normalen.

In den skizzierten Bereichen der Realitätserfahrung sind jene Elemente verankert, die um das Erleben der Wirklichkeit als archaische Supermacht kreisen, der der einzelne in weiten Bereichen verständnislos und ohnmächtig ausgeliefert bleibt.

Die Welt in den Comics der Superhelden hingegen ist einfach und durchschaubar, ebenso wie Supermans 'gesunder Menschenverstand', dem es immer gelingt, passende Erklärungen für das willkürliche Geschehen zu konstruieren. Superman bewahrt die Leser davor, die Willkür des Handlungsverlaufes, der für die unverstehbare Wirklichkeit steht, begreifen zu wollen und enthebt sie damit der notwendigen Anstrengung der Reflexion. Zweifelsfrei sind nun Gut und Böse getrennt und vor allem ist in den Geschichten endlich geklärt, daß ein allmächtiger Beschützer anwesend und für die Erhaltung des Gleichgewichts zuständig ist. Keinesfalls sind die normalen Menschen, die in den Strips erscheinen, in der Lage, mit den Bedrohungen der Realität selbst zurecht zu kommen. Sie erleiden nur passiv das willkürliche Geschehen und schauen verständnislos zu, wenn die Schlacht der Giganten tobt. (Geklärt ist natürlich auch, wer die Homöostase stört: bösartige, pathologische und suspekte Individuen.)

Dieser Tatbestand scheint mir von besonderer Bedeutung. Da die Abwehr des Bösen nur als reaktiver Prozeß vollzogen wird, ist das Gute ('Utopie') nur noch als Abwendung der Vernichtungsbedrohung erfahrbar.

Zwar ist hervorzuheben, daß es diesen Comics gelungen ist, Vorsprachlich-Unaussprechliches auszudrücken, aber diese positive Leistung ist hier zugleich eine negative. Weil die Handlungsverläufe weitgehend primärprozeßhaft bestimmt sind, gewinnt der Prozeß der Entstrukturierung um so größere Bedeutung. Die neuen Ausdrucksmöglichkeiten, die diese Comics erschlossen haben, treffen nicht auf eine reife Form der Wirklichkeitsverarbeitung und Realitätsbewältigung und können deshalb nicht sinnhaft in die Struktur der Wahrnehmung und der Wahrnehmungsverarbeitung des einzelnen integriert werden. Durch die sich vollziehende Entsprachlichung der Sprache gehen die an Reflexion gebundenen Handlungspotentiale weitgehend verloren. Bewußtes und reflektierbares Handeln wird durch blinde Reaktion ersetzt, Reflexion durch Reflexe.

Im Gegensatz z. B. zu den Märchen gelingt es im Rahmen der kommerzialisierten Phantastik der Comics der Superhelden nicht, den ohnmächtig angepaßten Zwang zur Reaktion zu überwinden, der sicher weite Bereiche der Alltagserfahrung der Leser kennzeichnet.

Die entdifferenzierte Größe der Superhelden und Superbösewichte zeigt verzerrt das Wissen um die eigene Ohnmacht, Kränkung und Wut der Leser, die sich hinter den archaischen Größenphantasien verbergen. Sie zeigt aber auch die Angst vor der allzu konkret scheinenden Möglichkeit, daß sich vielleicht nur noch Superhelden einer Lebensberechtigung sicher sein können.

Freuds Charakterisierung der Erkenntnis des Ödipus, "Ergeben in den Willen der Gottheit, Einsicht in die eigene Ohnmacht" (1900, S. 266), reproduziert sich in den Comics der Superhelden auf der undifferenzierten und archaischen Ebene der narzißtisch verzerrten Objektwahrnehmung.

Literatur

Adorno, Th. W. (1970): Ästhetische Theorie. In: Ges. Schriften Bd. 7.
    Frankfurt
Argelander, H. (1971): Ein Versuch zur Neuformulierung des primären
    Narzißmus. In: Psyche Jg. XXIV, Stuttgart
Balint, M. (1970): Therapeutische Aspekte der Regression. Reinbek
Bigras, J. (1975): Gute Mutter - Böse Mutter. München
Freud, S. (1900): Die Traumdeutung. In: Sigmund Freud Studienausgabe
    Bd. II. Frankfurt 1972
  - (1919): Das Unheimliche. In: Ges. Werke Bd. XII. Frankfurt 1972 4.A.
Fuchs, W. J./Reitberger, R. C. (1973): Comics. Anatomie eines Massenme-
    diums. Reinbek
Green, H. (1974): Ich hab' Dir nie einen Rosengarten versprochen. Stutt-
    gart ²1974
Joffe, W. G./Sandler, J. (1967): Begriffliche Probleme im Zusammenhang
    mit dem Studium narzißtischer Störungen. In: Psyche XXI. Stuttgart
Kernberg, O. F. (1975): Borderline Conditions and Pathological Narcissism.
    New York
Kohut, H. (1966): Formen und Umformungen des Narzißmus. In: Psyche
    XX. Stuttgart
  - (1969): Die psychoanalytische Behandlung narzißtischer Persönlichkeits-
    störungen. In: Psyche XXIII. Stuttgart
  - (1973): Narzißmus. Frankfurt
Leber, A. (1976): Rückzug oder Rache. In diesem Band
Leclaire, S. (1975): Der psychoanalytische Prozeß. Frankfurt
Lorenzer, A. (1974): Die Wahrheit der psychoanalytischen Erkenntnis.
    Frankfurt
  - (1977): Sprachspiel und Interaktionsformen. Frankfurt
Marcuse, H. (1970): Der eindimensionale Mensch. Neuwied und Berlin
Moeller, M. L. (1973): Zur primären Wirklichkeit in künstlerischen Comics.
    In: Zimmermann, D. (Hrsg.) 1973
Schilder, P. (1935): Psycho-Analysis of Space. In: Int. Jb. Psycho-Anal.
    Bd. XVI. 1975
Trabant, J. (1975): Superman - Das Image eines Comic-Helden. In: Hoff-
    mann, D. und Rauch, S. (Hrsg.), Comics. Frankfurt
Trescher, H.-G. (1979): Sozialisation und beschädigte Subjektivität. Frankfurt
Winnicott, D. W. (1974): Reifungsprozesse und fördernde Umwelt. München
Zimmermann, D. (Hrsg.) (1973): Vom Geist der Superhelden. Comic Strips.
    München

Hans-Georg Trescher

Wer versteht, kann (manchmal) zaubern

oder:

Spielelemente in der Pädagogik

Die nachfolgenden Ausführungen sollen Möglichkeiten der pädagogischen Umsetzung psychoanalytischer Erkenntnisse, kurz, Praxisperspektiven der Psychoanalytischen Pädagogik sichtbar machen. Darüber hinaus dienen sie dem Nachweis der Hypothese, daß pädagogische Interventionen dann konfliktlösend sein können, wenn es u. a. gelingt, die konfliktverarbeitenden Elemente des Kinderspiels kreativ in die pädagogischen Interaktionsverläufe zu integrieren. Pädagogik hätte damit einen Spiel-Raum zu schaffen für die Bearbeitung konflikthaften und konfliktträchtigen kindlichen Erlebens und kindlicher Phantasie. Ihre vordringliche Aufgabe wäre es, wie das gelingende Kinderspiel selbst, zur Versöhnung mit unausweichlichen Mangelerlebnissen und mit angsterregenden Situationen der kindlichen Lebenswirklichkeit konstruktiv beizutragen.

Doch zunächst möchte ich modellhaft eine pädagogische Praxissequenz darstellen, um zu verdeutlichen, was inhaltlich mit der oben formulierten Hypothese gemeint ist, daß Pädagogik Spielelemente in die Organisation des Lernens einbeziehen muß, um bei ihren Klienten einen Zuwachs individueller Fähigkeiten zu induzieren.

1. Lehrerwechsel: Wiederkehr und Erneuerung von Ängsten vor Objektverlust

Die Referendarin ist seit gut drei Monaten in ihrer neuen Klasse und unterrichtet zusammen mit ihrer Praxisanleiterin (der Klassenlehrerin) eine 5. Klasse. Die Kinder sind zwischen 11 und 13, ein Junge ist 14 1/2 Jahre alt. Sie sind Schüler an einer Sonderschule für Lernbehinderte.

Wie so oft bei neuen Lehrkräften testet die Klasse die Grenzziehungen der neuen Lehrerin; der Spielraum von Beziehungsstrukturen wird erprobt, und eine Beziehung zur Lehrerin wird hergestellt. Zunächst gibt es keine übermäßigen Konflikte, der Unterricht verläuft mit den normalen Problemen, Anstrengungen und Freuden. Beide Lehrerinnen der Klasse haben ähnliche Schwierigkeiten beim Umgang mit der Klasse.

Plötzlich verändert sich jedoch das Verhältnis der Schüler zu den beiden Lehrerinnen. Die Klasse hat erfahren, daß in sechs Wochen die Referendarin die Klasse alleine übernehmen wird. Zunehmend gestaltet sich nun deren Unterricht schwieriger, sie hat erhebliche Autoritäts- und Disziplinprobleme mit den Kindern, der Unterricht verläuft unbefriedigend für alle Beteiligten. Je mehr sich die Lehrerin bemüht, durch intensive Vorbereitung den Unterricht farbig und interessant zu gestalten, desto mehr scheinen die Schüler ihre Bemühungen zu sabotieren.

Merkwürdigerweise ist bei der aus der Klasse in Bälde ausscheidenden Klassenlehrerin die gegenteilige Situation zu beobachten. Der Unterricht verläuft in entspannter und anregender Atmosphäre, die Schüler arbeiten mit, und ihr geht der Unterricht leicht von der Hand. Die Arbeit in der Klasse gestaltet sich so, wie sie es sich eigentlich schon immer gewünscht hatte. Die Situation der Referendarin ist hingegen geradezu konträr zu dieser. Entsprechend ist ihre psychische Verfassung: sie spricht resigniert vom "Praxisschock", zweifelt an ihrer Befähigung zum Lehrerberuf, fühlt sich hilflos, ohnmächtig und oft wehrlos, sobald sie nur an die Schule denkt. Der sichtbar große Erfolg der 'alten' Lehrerin und ihr ebenso offensichtlicher Mißerfolg in der gleichen Klasse erschüttern nachhaltig ihr Vertrauen in die eigene pädagogische Leistungsfähigkeit und Kompetenz.

Trotz vielfacher Bemühungen von seiten der Referendarin hält die gestörte Interaktion zwischen ihr und der Klasse über Wochen an. Immer noch verläuft der Unterricht oft chaotisch, obwohl die Lehrerin strukturiert, Ge- und Verbote setzt und durchsetzt. Subjektiv glaubt sie nur noch eine Alternative zu haben: entweder sie verläßt die Klasse, bittet den Rektor um Versetzung und gesteht damit ihre Unfähigkeit ein, oder sie greift zu drakonischen Dressurmethoden und bricht den (Lernun-) Willen der Kinder, indem sie z. B. streng bestraft, gegegebenfalls die Eltern zu weiteren Bestrafungen veranlaßt, einzelne Schüler isoliert, nachsitzen läßt usw. Doch auch damit würde sie ihr Unvermögen, mit der Klasse auf pädagogisch sinnvolle Weise fertig zu werden, nur unterstreichen.

"Entweder ich gehe kaputt, oder ich mache die Kinder kaputt", beschreibt sie ihre scheinbar einzige Alternative in der Supervision. Hier erarbeitet sie die Hypothese, daß sich ihre Klasse in verschlüsselter Form mit dem Ausscheiden der Klassenlehrerin auseinandersetzt und durch ihre Lernverweigerung auf einer Austragung des Trennungsthemas besteht. Scheinbar spaltet die Klasse die beiden Lehrerinnen in ein gutes und ein böses Objekt. Dadurch entziehen sich die Kinder der Trauer um den bevorstehenden Objektverlust und den Gefühlen der Wut und Enttäuschung aufgrund des Verlassenwerdens. Um diese Hypothese zu prüfen, will die Referendarin ein Märchen (Hänsel und Gretel) vorlesen, in dem ebenfalls das Trennungsthema, insbesondere aber die Angst vor dem bösen (Mutter-) Objekt, der Hexe, artikuliert wird.

Diese Probeintervention hat unerwartete Folgen. Während die Referendarin das besagte Märchen vorliest, herrscht zum erstenmal seit Wochen in der Klasse völlige Ruhe. Die Kinder hören gebannt zu.

Am darauffolgenden Tag beginnt die Klasse die Referendarin als Hexe zu bezeichnen. Sie weiß nicht, welcher Schüler sie erstmals so genannt hat, aber die Klasse nimmt diese Phantasie sofort an. Auf die Frage an die Kinder, was sie zu dieser Namensfindung veranlaßt hätte, bekommt sie zur Antwort: "Weil Sie eben eine Hexe sind, und außerdem haben Sie rote Haare".

Soweit die damals aktuelle Situation von Lehrerin und Klasse. Drei Punkte fallen zunächst auf:

1. Die verstärkten Unterrichtsprobleme der neuen Lehrerin beginnen damit, daß die 'alte' Lehrerin den Lehrerwechsel ankündigt.

2. Daraufhin verhalten sich die Kinder bei beiden Lehrerinnen extrem unterschiedlich. Bei der 'alten' Lehrerin gehen sie weitgehend auf ihre Unterrichtsangebote ein, sie verhalten sich relativ diszipliniert und arbeiten mit. Bei der Referendarin zeigen sie plötzlich erhebliche Disziplinschwierigkeiten, lehnen ihren Unterricht ab, sind unkonzentriert, übermäßig verspielt und arbeiten im Unterricht kaum mit. Die neue Lehrerin ist entsprechend hilflos und zweifelt an ihrer pädagogischen

Eignung und spielt mit dem Gedanken, die Klasse abzugeben.
3. Die Kinder beginnen plötzlich und scheinbar unmotiviert, ihre neue Klassenlehrerin als Hexe zu bezeichnen.

Es ist deutlich, daß sich etwas Irrationales, scheinbar Unverständliches in der Beziehung Lehrerin - Klasse mit Vehemenz Ausdruck verschafft. Ein Beziehungsproblem stört hier offensichtlich die Arbeitsebene des Lernprozesses.

Konfliktträchtige und irrationale Interaktionsverläufe sind nun selten logisch, aber regelmäßig psychologisch, genauer: psychoanalytisch erklär- und verstehbar. Die psychoanalytische Betrachtungsweise unterstellt (und dies ist zureichend belegt), daß irrationales Verhalten einen subjektiven Sinn, ein lebensgeschichtlich verankertes und aktuell zur Auslösung gebrachtes Motiv besitzt. Dieses Motiv wurzelt in handlungsleitenden (unbewußten) Phantasien über Realität, die mit der realitätsgerechten, 'erwachsenen' Deutung der Wirklichkeit nicht übereinstimmen und deshalb die Wahrnehmung und die Interpretation des aktuellen Geschehens verzerren. Der starke affektive Gehalt und die hohe emotionale Betroffenheit in konflikthaften Beziehungssituationen behindern Lernprozesse, weil diese eine relative Konfliktfreiheit des Ich zur Bedingung haben. Eine emotional und affektiv stark beanspruchte Person hat gleichsam nur wenig Kapazitäten frei zur Konzentration auf den Lerngegenstand. (Hierin liegt übrigens eine häufige Ursache für Konzentrationsmängel bei Schülern.)

Pädagogische Probleme im Umgang mit Lernen und Lehren treten in der Regel dann auf, wenn bestimmte Ereignisse unbearbeitete oder noch nicht zureichend bewältigte schmerzhafte Erfahrungen wiederbeleben. Im dargestellten Fall handelt es sich offensichtlich um das konfliktreiche Thema Trennung und Verlassenwerden (1). So bewirkte die Ankündigung des Lehrerwechsels gleichsam ein Aufbrechen alter seelischer Wunden, die kaum verheilt waren. Die Ankündigung der bevorstehenden Trennung, des Verlassenwerdens durch die 'alte' Lehrerin fungierte als "szenischer Auslösereiz" (Lorenzer) für die Aktualisierung früherer Trennungserfahrungen und die sie begleitenden Gefühle der Angst, Hilflosigkeit und Wut und für die damals erworbenen Umgangsweisen mit dieser Situation.

Warum aber richtet sich die Enttäuschung und Wut der Klasse nun nicht gegen den vordergründigen Aggressor, die 'alte' Lehrerin, die die Klasse ja verläßt? Mehrere Hypothesen scheinen möglich. Die Klasse trägt augenscheinlich Angst und Wut ausschließlich mit der neuen Lehrerin aus und hält so die Beziehung zur 'alten' relativ konfliktfrei. Die Kinder ersparen sich damit die notwendige Trauer um den bevorstehenden Objektverlust, aber auch die Konfrontation mit Gefühlen der Ohnmacht und Wertlosigkeit, die aus der Mißachtung ihrer Wünsche resultieren. Die Ohnmacht der Kinder in dieser Situation wird bei der neuen Lehrerin als reaktive Demonstration der Wut und Macht agiert. Bei dieser sind sie nicht zu bändigen, sie lösen Angst aus und entwerten die Lehrerin. Die emotionale Situation der neuen Lehrerin ist der der Kinder in bezug auf die 'alte' Lehrerin vergleichbar.

Möglicherweise sehen die Kinder im Ausscheiden der 'alten' Lehrerin eine Strafe oder eine Vergeltung für ihre vergangenen bösen Wünsche und Taten.

Das Wohlverhalten ihr gegenüber mag dann auch dem Wunsch entsprechen, sie zum Bleiben in der Klasse zu verführen, wohingegen die neue Lehrerin vertrieben werden muß. Sie entspräche dann in der Phantasie der Kinder einem verfolgenden und zerstörerischen Objekt (vgl. Klein 1972; Winnicott 1974), das die Bindung zwischen Kindern und 'alter' Lehrerin zu vernichten trachtet.

Die Projektion der eigenen Wut und der zerstörerischen Wünsche auf die Referendarin spielt hier eine wesentliche Rolle, aber auch die mit der eigenen Wut verbundenen archaischen Schuldgefühle und Strafängste. Diese werden jedoch von den Kindern nicht bewußt wahrgenommen, sondern direkt in Handlung umgesetzt, d. h. agiert. Sie provozieren die Bestrafung durch erneutes Verlassenwerden. Dies ist gleichsam eine Flucht nach 'vorne': "Die reale Strafe schützt vor der phantasierten" (Schmideberg 1931, 316). Eine vollzogene Strafe böte Schutz vor den angsterregenden Strafphantasien, deren gefürchtete Intensität in Abhängigkeit zur elementaren narzißtischen Wut und den Rachewünschen der Kinder steht.

Darüber hinaus würde eine neuerliche, nun aber von den Kindern aktiv herbeigeführte Trennung die narzißtische Illusion der Verfügbarkeit über das Objekt gewähren. Dann stünde es in der Macht der Kinder, das Objekt je nach Wunsch zu entfernen oder herbeizuholen (vgl. Freud 1920, 11 ff.); es wäre damit verfüg- und kontrollierbar, es läge innerhalb der Omnipotenz der Kinder.

Die angeführten Interpretationsmuster scheinen verschiedene, im angeführten Fall mögliche Facetten des Versuches der Kinder darzustellen, mit der Kränkung durch das Verlassenwerden und der eigenen Ohnmacht, der Wut und der Angst fertig zu werden. Es kann hier nicht entschieden werden, inwieweit diese Interpretationsversuche tatsächlich handlungs- und erlebnisrelevante Phantasien der Kinder benennen. Das Erfassen möglichst aller Verästelungen des Hauptthemas ist auch keineswegs notwendig zur Erarbeitung sinnvoller *pädagogischer* Interventionsstrategien. Vielmehr steht für das Verstehen im pädagogischen Gruppen-Kontext die Erfassung der handlungsleitenden und erlebnisdominierenden Gruppenphantasie (vgl. Argelander 1972) der Klasse im Vordergrund (vgl. Finger 1977; Leber 1975, 1977; Trescher 1978 u. a.).

Die Dominanz des Trennungsthemas ist offensichtlich. Mit ihrer Aggression verbergen die Kinder ihre Angst vor einer neuerlichen Trennung, und gleichzeitig agieren sie Trennungserlebnis und Trennungsschmerz. Darüber hinaus ist es für die Klasse zumindest noch nicht sicher, ob sich die neue Lehrerin nicht ebenfalls als unzuverlässig erweisen und die Klasse verlassen wird. Erneut wären sie dann mit einem schmerzhaften und kränkenden Trennungserlebnis konfrontiert.

Nun wird verstehbar, warum die Lehrerin in der Phantasie der Kinder zur Hexe wird. Die Hexe symbolisiert die tiefe Angst der Kinder vor einer unkontrollierbaren, willkürlichen Macht, die möglicherweise schmeichelt und verführt, in Wahrheit aber böse und gefährlich ist.

Angst und Schrecken gegenüber Hexen und ihrer magisch-archaischen Bösartigkeit und Machtfülle sind im Märchen immer wieder zentrales Thema. Sie sind es deshalb, weil sie Bilder und Namen für eigentlich namenlose Ängste und kaum artikulierbare, lebensgeschichtlich frühe Wünsche von Leser und Zuhörer bereitstellen. Sie tragen damit zur Bearbeitung dieser Gefühle bei und ermöglichen dem kindlichen Ich, frühe Erfahrungen zu bewältigen. Hexen und andere Schreckensgestalten versinnbildlichen das Böse, das Unerklärliche und Unberechenbare. Sie sind Stellvertreter für die archaisch böse Mutter und spiegeln die Angst vor ihr ebenso, wie sie die Wut auf diese rechtfertigen.

2. Spiel und Pädagogik

Wie aber kann nun das psychoanalytische Verstehen pädagogisch sinnvoll umgesetzt werden? Die von der Klasse vollzogene Namensgebung für die Lehrerin weist den Weg. Die Kinder versuchen damit, einen relativ angstfreien Raum der Austragung des Trennungsthemas zunächst nur für sich selbst zu finden. Dies ist in der aktuellen schulischen Realität nicht möglich. Die Kinder nehmen jedoch das Angebot der Lehrerin an (Hänsel und Gretel) und finden ihren Spiel-Raum in der 'Märchenwelt'. "Hexe" artikuliert ihre Angst, ist aber schon der erste Schritt zu einer konstruktiven und aktiven Bewältigung der Trennungserfahrung. Märchenfiguren sind Phantasiegestalten; auch und gerade Kinder sind sich dessen bewußt. Hexen und Zauberer, Riesen und Zwerge, gefährliche Drachen und verzauberte Prinzessinnen dienen jedoch der identifikatorischen Bearbeitung und Austragung von Konflikten aus der kindlichen Lebenswelt. Dabei hat das Märchen – wie das Kinderspiel überhaupt – die Funktion, Vermittler und Puffer zwischen innerer und äußerer Wirklichkeit zu sein. Mit dem Spiel der Phantasie entsteht ein Spiel-Raum, der als relativ angstfreies Medium zur Bewältigung von Mangel und Versagung genutzt werden kann.

Der Rückgriff der Klasse auf die Märchenwelt ist also schon Teil des Bewältigungsversuches der Kinder im Umgang mit den bedrohlichen Gefühlen und Wünschen, die um das Trennungsthema kreisen.

Im Sinne der Unterstützung der konfliktverarbeitenden und konfliktbewältigenden Funktionen des Ich, bietet es sich für eine pädagogische Intervention an, den von der Klasse angebotenen Austragungsort des Trennungsthemas zu nutzen und ihn auszubauen, mit dem Ziel, für die Kinder einen Ort zu schaffen, wo sie ihren Ängsten und Wünschen nicht nur symbolischen Ausdruck verleihen können. Ergebnis soll sein, den Unterricht weitgehend freizuhalten von den störenden und bedrückenden Konflikten der Beziehungsebene.

Die Lehrerin nahm also das Spielangebot an:

Mehrfach war in der Klasse die Überzeugung geäußert worden, die Lehrerin müsse, da sie ja eine Hexe sei, auch ein Hexenbuch besitzen, in dem die fürchterlichsten und schrecklichsten Dinge stünden. Auf diese Phantasie ging die Lehrerin nun ein, brachte am nächsten Tage ihr Hexenbuch mit und legte es unauffällig auf ihr Pult.

Das Ende des 'Märchens' ist nun schnell berichtet. Wie es sich ja auch für jedes wirkliche Märchen ziemt, stabilisierte sich die Unterrichtssituation zunehmend. Nach ca. zwei Wochen waren alle Kinder 'verzaubert' und füllten die leeren Seiten des Buches mit vielerlei Zeichnungen und eigenen Zauberformeln, die sie in der Hauptsache zu Hause auf Blättern angefertigt hatten und die dann gemeinsam in das Hexenbuch geklebt wurden. Selbst Kinder, die sich bislang noch niemals konstruktiv am Unterricht beteiligt hatten, lieferten Beiträge. In der Klasse herrschten keine über das alltägliche Maß hinausgehenden Disziplin- und Unterrichtsschwierigkeiten mehr, sie waren 'weggezaubert' worden.

Das Hexenbuch war zunehmend für alle Kinder der Klasse das Medium geworden, in dem bedrohliche Ängste und Wünsche artikuliert werden konnten, ohne daß sich die Kinder unmittelbar z. B. zu ihrer Wut bekennen mußten und vor allem, ohne irgendwelche negativen Sanktionen befürchten zu müssen: Die 'böse' Lehrerin, die Hexe, das war nun etwas, was der Phantasie- und Spielwelt angehörte, die plötzlich einen spielerischen Umgang mit innerer und äußerer Realität möglich machte. "Hexe" drückte einen Teil der

So sah das Hexenbuch aus

Abbildung 1

Auf der ersten Seite stand die verführerische, aber eindringliche Warnung*:

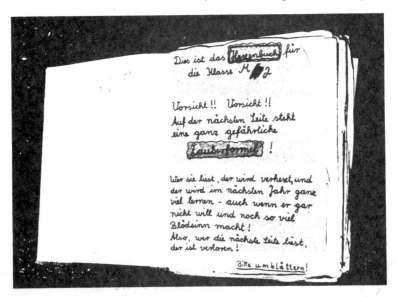

Abb. 2

---

* Das Hexenbuch ist mittlerweile schon lange im Gebrauch; ursprünglich stand hier M 1, der Name der Klasse im ersten Schuljahr.

Und wer trotzdem das ungeheurliche Wagnis einging, die Seite umzublättern, wurde in der Tat mit einem machtvollen Bannspruch konfrontiert:

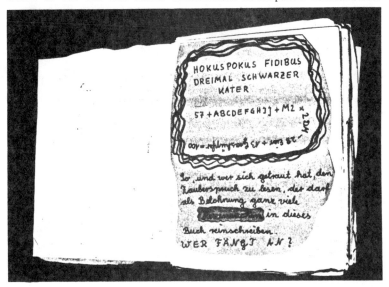

Abbildung 3

Die weiteren Seiten waren unbeschrieben, es sollte ja das Hexenbuch *der Klasse* werden.

---

archaischen und namenlosen Angst aus, gehörte aber nun zu einem Spiel, das Angst und Lust: Angstlust (vgl. Balint 1972) in einem bereitete. Diese erwuchs aus der spielerischen Konfrontation mit archaischen Objekten im Hier und Jetzt der Schulsituation, gepaart mit dem Wissen der Kinder, daß die alten Schreckensbilder immer mehr an Macht verlieren. Die Angstlust ist hier Zeichen der Regression, die das Ich noch zulassen kann, weil es genügend Vertrauen und Hoffnung mobilisieren kann, daß das zerstörerische und verfolgende Objekt nicht wirklich existiert, bzw. nicht unbezähmbar ist. Angstlust steht deshalb immer auch am Beginn eines weiteren Entwicklungsschrittes. Das Wagnis macht Angst, aber die Hoffnung auf das Gelingen nimmt den Genuß, die Lust schon vorweg und vermittelt Sicherheit gegenüber der Funktionsfähigkeit des Ich sowie der Stabilität und Kohärenz des Selbst.

Die Spielsituation der Kinder ist vergleichbar einer Fahrt mit der Geisterbahn. Der Schrecken und das Grauen wird dann zum Genuß, wenn Hoffnung und Vertrauen des Ich in die eigene Fähigkeit der Angstbewältigung ausreichend ist. Das Erleben und Überleben der Angstlust hat sekundär wiederum die Funktion der Ich-Stützung. Die Schreckensbilder der Vergangenheit werden immer unbedrohlicher in dem Maße, in dem sie in die aktive Handhabung des Kindes im Spiel integriert werden können. Sie werden gleichsam der symbolischen (und im günstigsten Fall der symbolisierenden) Macht der

Omnipotenz des Kindes im Spiel untergeordnet und damit potentiell angeeignet. Dies bietet Trost für die Versagungen und die relative Ohnmacht der Kinder in der schulischen Realität. Hier müssen sie lernen, und Bedingung jedes Lernprozesses ist zuallererst, die Kränkung durch die eigene Unvollkommenheit auszuhalten. Das Nicht-Wissen und Nicht-Können ertragen zu können und diese Kränkung in die Hoffnung des Noch-nicht-Könnens und Noch-nicht-Wissens zu verwandeln, ist Basis des Lernens.

Die lähmende Alternative Ohnmacht (dumm, wertlos, klein, hilflos) oder Macht (Lernverweigerung, die Lehrerin durch's Agieren narzißtischer Phantasmen in die Position der Ohnmächtigen und Hilflosen zu zwingen) kann durch die Einführung und Wiedererweckung der Hoffnung pädagogisch aufgelöst werden.

3. Kinderspiel

Inzwischen ist schon deutlich geworden: Das Kinderspiel dient allgemein zunächst der Bearbeitung der Realität, des Widerspruchs zwischen innerer und äußerer Wirklichkeit des Kindes und damit letztendlich der Auseinandersetzung mit Mangelerfahrungen.

Triebdynamisch, oder besser: im Hinblick auf den Lust/Unlustmechanismus, steht das Kinderspiel, wie der Traum, vordergründig im Dienste der Wunscherfüllung. Auch die vorherrschenden Mechanismen der Traumarbeit, insbesondere Verschiebung und Verdichtung, sowie die Differenz zwischen latenten und manifestem Trauminhalt (vgl. Freud 1900) können beim Kinderspiel beobachtet werden (vgl. Nitsch-Berg 1978, bes. S. 41 ff.).

Im Hinblick auf die Wunscherfüllung ist das Kinderspiel eine notwendige "Korrektur der unbefriedigenden Wirklichkeit" (Freud 1908, S. 216). Ausgangspunkt und Motor des Spiels ist also die Lebensnot des Kindes, der Unlustcharakter der kindlichen Wirklichkeit (2).

"Jedes spielende Kind benimmt sich wie ein Dichter, indem es sich eine eigene Welt erschafft oder, richtiger gesagt, die Dinge seiner Welt in eine neue, ihm gefällige Ordnung versetzt. Es wäre dann Unrecht zu meinen, es nähme diese Welt nicht ernst; im Gegenteil, es nimmt sein Spiel sehr ernst, es verwendet große Affektbeträge darauf. Der Gegensatz zu Spiel ist nicht Ernst, sondern - Wirklichkeit. Das Kind unterscheidet seine Spielwelt sehr wohl, trotz aller Affektbesetzung, von der Wirklichkeit und lehnt seine imaginierten Objekte und Verhältnisse gerne an greifbare und sichtbare Dinge der wirklichen Welt an" (Freud 1908, S. 214).

Mit Blick auf die Triebbefriedigung, die Suche des Kindes nach Ausgleich für die Erfahrungen mit der unlustsetzenden Wirklichkeit, kann eine Funktion des Spiels als "Alternativbefriedigung" (vgl. Hartmann 1961/62, 78 ff.), als symbolische Wunscherfüllung benannt werden. Gleichwohl ist die dem Gedanken der Alternativbefriedigung durch' Spiel zugrundeliegende Sublimierungshypothese keine hinreichende Erklärung für jegliches Spielmotiv.

Unter dem Aspekt des Ich im Hinblick auf die Angstabwehr zeigt sich eine weitere Funktion des Kinderspiels (vgl. Hartmann 1961/62, 82 ff.) für die Bewältigung der Erfahrungen des Kindes in seiner Auseinandersetzung mit der Realität. Angstabwehr und Realitätsbewältigung können spielerisch eingeübt werden. Von besonderer Bedeutung in diesem Diskussionszusammenhang ist die Wendung von der Passivität zur aktiven Auseinandersetzung (3). Im bekannten Mutter-Vater-Kind-Spiel beispielsweise erleiden die unartige

Puppe oder die Spielgefährten in der Rolle des Kindes mindestens die nämliche Unlusterfahrung und Kränkung wie das Kind selbst in seinen Beziehungen zu den Erwachsenen. Die Kinder nehmen die (scheinbar) allmächtige Position der Erwachsenen ein, und es ist leicht ersichtlich, "daß all ihr Spielen unter dem Einfluß des Wunsches steht, der diese ihre Zeit dominiert, des Wunsches, groß zu sein und so zu tun wie die Großen" (Freud 1920, S. 15).

Diese Umkehr der Macht-Ohnmacht-Relation im Kinderspiel kann in Anlehnung an A. Freud (1936) auch unter dem Stichwort "Identifikation mit dem Aggressor" beschrieben werden. Für diese Verschiebung der Macht- und Abhängigkeitsverhältnisse ist die Wendung der Passivität zur Aktivität charakteristisch. Sie zeigt die Identifikation mit dem geliebten, aber auch gefürchteten (zunächst: Eltern-) Objekt der Libido und der Aggression.

Steht das Kinderspiel vorwiegend im Dienste der Angstabwehr, ist die Identifikation des Kindes mit dem ursprünglichen Angstobjekt, bzw. häufiger dessen Stellvertreter, fast regelmäßig zu beobachten. Indem das Kind z. B. selbst aktiv in die 'Haut' des beißenden, gefährlichen Hundes schlüpft oder im Spiel zur Hexe oder zum Vampir wird und sich so mit dem Angstobjekt identifiziert (projektive Identifikation), nimmt es diesem den Schrecken und beraubt es gleichsam seiner Macht, weil das Angstobjekt im Spiel nun unter der aktiven, handelnden Kontrolle des Kindes steht. Indem das Kind selbst zum Angstobjekt wird, holt es dieses in seine Verfügung zurück, der innere Konflikt wird so gleichsam veräußerlicht, bekommt Gestalt und ist damit greifbar. Die Gefährlichkeit der Angstobjekte ist im Spiel nun vom Kind selbst neu erschaffen worden, sie liegt in seiner Verfügbarkeit, die Angst ist beherrschbar, weil Teil des vom Kind in Szene gesetzten Spieles und nicht Teil der Wirklichkeit.

Winnicott (bes. 1973) beschreibt Spielen als Oszillation zwischen innerer und äußerer Wirklichkeit innerhalb eines eigenständigen Übergangsbereiches. Spielen ist damit ein "Übergangsphänomen", in dem Objekte und Gegenstände der Außenwelt in die Verwendung der inneren Realität, der subjektiven Phantasiewelt gestellt werden. Ohne ausschließlich zu inneren Objekten zu werden, d. h. ohne den Bezug zur äußeren Realität völlig zu verlieren (wie dies beispielsweise in der Halluzination der Fall wäre), dienen die Objekte des Spiels der Darstellung und Bearbeitung des kindlichen Erlebens und seiner Konflikte, Ängste und Wünsche.

"Der Spielbereich ist nicht Teil der intrapsychischen Realität. Er liegt außerhalb des Individuums, ist aber auch nicht Teil der äußeren Welt. In diesem Spielbereich bezieht das Kind Objekte und Phänomene aus der äußeren Realität ein und verwendet sie für die Vorstellungen aus der inneren, persönlichen Realität".

"Mit Spielen ist immer Erregung und ein Wagnis verbunden. Dieses Merkmal ist nicht auf Triebregungen zurückzuführen, sondern auf das Wagnis, das entsteht, wenn in der Vorstellung des Kindes Subjektives (...) und objektiv Wahrgenommenes (...) zusammenwirken" (Winnicott 1974, S. 63, 64).

Spielen, wie alle Übergangsphänomene, haben ihren Ursprung in dem "potentiellen Raum" (Winnicott) zwischen Mutter und Säugling/Kleinkind, der sich in der gelingenden Interaktion der Mutter-Kind-Dyade entfaltet und erst sukzessive Ich und Nicht-Ich freigibt. Dann dient der potentielle Raum gleichsam als Puffer zwischen Innen und Außen. Er konstituiert sich als Spiel-Raum, in dem die Konflikte zwischen Wunsch und Wirklichkeit, Angst und Begehren, Mangel und Erfüllung im idealtypischen Verlauf versöhnt werden können.

Winnicott stellt fest, "daß Spielen sich an einer bestimmten Stelle *in Raum und Zeit* ereignet. Es ereignet sich nicht im Innern, ... jedoch auch nicht außen, ist also auch nicht Teil des 'Nicht-Ich', der Welt, die das Individuum irgendwann (trotz aller Schwierigkeiten und damit verbundenen Schmerzen) als etwas Äußeres anerkennt, der Welt außerhalb magischer Kontrolle. Um zu kontrollieren, was außen ist, hat man zu *handeln,* da es nicht ausreicht, zu denken oder zu wünschen. *Handeln braucht Zeit.* Spielen ist Handeln" (a. a. O. 52).

Winnicotts Verständnis des Spielens als Handeln unterstreicht die Wendung vom passiv-abhängigen Erleben in eine aktive, kindgemäße Auseinandersetzung mit dem Widerspruch zwischen innerer (oft namenloser Ängste, Wünsche, Gefühle) und äußerer Wirklichkeit im Spiel. Den Versagungen, Anforderungen und Irritationen durch die Erwachsenen, dem Gebot der Triebbeherrschung und des Triebverzichts ist das Kind zunächst passiv ausgesetzt; es ist "vom Erleben betroffen" (Freud 1920, 13), kann dies jedoch durch die handelnde Umsetzung, die "aktive Rolle" (Freud a. a. O.) im gelingenden Spiel potentiell bearbeiten und sukzessive integrieren.

Die aktive Rolle, die das Kind hier einnimmt, zeigt den Weg, auf dem das Spielen zur Versöhnung mit den Mangelerlebnissen der kindlichen Lebenswelt führt. Das Kind schließt gleichsam einen Pakt mit der Zukunft, die es im Spiel vorwegnimmt: einmal "groß zu sein und so zu tun wie die Großen" (Freud 1920, 15). In diesem Wunsch, den Freud als primäres Motiv des Kinderspiels benennt (vgl. 1908, 216), artikuliert sich die Hoffnung auf Freiheit des Triebgenusses und des Luststrebens sowie der Aggression, die das Kind den Großen unterstellt und für sich selbst haben möchte, wenn schon nicht jetzt, dann später einmal. So beruhigt der Wunsch, groß zu sein, die Hoffnung, groß zu werden, die Kränkung des Kindes durch seine reale Ohnmacht und Abhängigkeit gegenüber den Erwachsenen.

Aber nicht nur Zukunft ist im Spiel. Spielen gestattet Rückgriffe auf Vergangenes, ein spielerisches Wiedereintauchen in frühe Lebensphasen vor der Aufspaltung von Subjekt und Objekt, die weniger bedrohlich und angsterregend waren. Das Kind wird (wieder) einziger Regisseur auf der magischen Bühne des Geschehens. Die Akteure beugen sich seiner Phantasie und seinem Willen, es erschafft und belebt seine Objekte auf magisch-omnipotente Weise. Wirklichkeit wird veränderbar, Grenzen können verschoben werden, Experimente mit realen und phantasierten Personen und Situationen sind erlaubt und möglich. Jedes intakte Kinderspiel ist deshalb immer auch ein Experimentieren mit Bildern des Selbst, Bildern der anderen und Bildern des Andersseins und Anderswerdens (vgl. Erikson 1978, bes. 81 ff.).

Hier finden sich also Elemente der frühen Illusion sehr kleiner Kinder, "Beweger und Bewirker" eines für allmächtig gehaltenen Mutter-Kind-Systems zu sein (vgl. Leber 1976, 126). Der Rückgriff auf frühe narzißtische Illusionen verweist auf den Ursprung des Spielens in der Mutter-Kind-Dyade. Es entfaltet sich auf der Basis der Erfahrungen des Kindes mit der "primären Mütterlichkeit" und des Vertrauens in eine "haltende Umwelt" (vgl. Winnicott 1958, 1973, 1974; Bittner 1975; Schäfer 1979). Jedoch weicht die ursprüngliche Verschmelzung im "Dual-Selbst" (Finger 1977, 103; 1980, 48) von Mutter und Kind der aktiven Identifizierung und Differenzierung. Das Spiel trägt dazu bei, sukzessive Selbst und Nicht-Selbst freizugeben, auch und gerade, weil es vergangene Kränkungen und gegenwärtige Triebeinschränkungen progressiv, im Hinblick auf eine bessere Zukunft erträglicher macht, bzw. phantastisch kompensiert. So tröstet und versöhnt das Spielen mit den schmerzlichen Erfahrungen in der aktuellen und vergangenen Realität, weil es den Blick und die Hoffnung auf eine gewünschte (phantasierte) Zukunft freigibt und damit dem Wunsch Raum läßt, auch groß zu werden und d. h. gleichgeachtete, gleichmächtige und gleichwertige Person zu sein.

4. Spielelemente in der Pädagogik

Besonders im letzten Abschnitt war oft die Rede vom intakten, gelingenden Kinderspiel. Der oben beschriebene Interaktionsverlauf in der Schulklasse entsprach diesem zunächst nun keinesfalls. Der Umgang der Kinder mit dem schmerzlichen Trennungsthema zeigte vielmehr Kennzeichen eines scheiternden Spiels. Die Angst nahm überhand, und von einem spielerischen Umgang mit der schulischen Wirklichkeit konnte weder bei den Kindern noch bei der Lehrerin gesprochen werden.

Als wichtige Kriterien wurden für das intakte Kinderspiel insbesondere hervorgehoben:

- Spielen ereignet sich in einem Übergangsbereich zwischen innen und außen, in einem Spiel-Raum von Phantasie und Wirklichkeit. Weder die absolute Dominanz innerer Realität (Halluzinationen) noch der Zwang äußerer Realität in Anpassung und Unterwerfung sind Kennzeichen dieses Übergangsbereiches.
- "Spielen ist Handeln" (Winnicott). Es dient wesentlich auch dem versöhnenden, aktiven Umgang mit Mangelerfahrungen der kindlichen Lebenswelt. Im Spiel artikuliert sich Hoffnung auf zukünftige Lebenspraxis.
- Spielen enthält Elemente der Vergangenheit (Wiedereintauchen in frühe Erlebnisfelder der Mutter-Kind-Dyade), der Gegenwart (Auseinandersetzung mit irritierenden, leid- und lustvollen Erfahrungen) und Zukunft (Hoffnung und Versöhnung), bezogen auf die Lebenspraxis des Kindes.

Intaktes Kinderspiel zeigt daher einen spielerischen Umgang mit Wirklichkeit und Phantasie. Ist der spielerische Umgang mit Erlebtem zerbrochen, verliert die Aktivität des Kindes im Spiel ihr von Mangelerfahrungen und Zwängen befreiendes Moment. Die freie Aktivität wird reaktiv, zwanghaft, ein Spiegel der ausweglosen kindlichen Situation in immer wiederkehrender Spielstereotypie. Despotischer Regisseur dieses 'Spieles' ist nun der Wiederholungszwang. Nun reproduziert sich die Hoffnungslosigkeit des 'Spielenden' in immer neuen Variationen des nämlichen traurigen Themas, das Spiel steht primär im Dienste der Abwehr (4). An diesem Punkt des gestörten Spielens befand sich die konfliktreiche Interaktion der Klasse. Das 'Spiel' der Kinder stand im Dienste des (Lern-) Widerstandes, der Abwehr existentieller Bedrohung, die durch die Mitteilung des bevorstehenden Lehrerwechsels ausgelöst wurde. In regressiver Bewegung vollzog die Klasse eine Aufspaltung ihrer Lehrerinnen in ein absolut gutes (die 'alte' Lehrerin) und in ein absolut böses, verfolgendes Objekt (die Referendarin). Dem Sog der handlungsleitenden, konfliktträchtigen Gruppenphantasie konnten sich zunächst beide Lehrerinnen nicht entziehen: Der 'alten' Lehrerin bereitete der Unterrichtsverlauf ihrer Stunden ungeteilte Freude, als Stellvertreterin der Imago der guten Mutter wurde sie von den Kindern geliebt und ihre (geistige) Nahrung wurde bereitwillig angenommen. Die Referendarin, Platzhalter der bösen Mutter, fühlte sich schlecht, unfähig, wertlos. Die Nahrung, die sie zu geben bereit war, war schlecht und wurde von den Kindern verweigert.

In diesem regressiven Versuch der Kinder, die Trennung zu bewältigen, in ihrer Rückkehr zur präambivalenten Entwicklungsstufe der Teilobjekte und der entsprechend archaisch-unstrukturierten Abwehrmechanismen der Spaltung und Projektion, auf der ein Objekt (noch) nicht als gut und böse, sondern nur als gut oder böse erlebt werden kann, ging der spielerische Umgang mit Erlebtem notwendig verloren: Die innere Realität überlagerte und verzerrte die Wahrnehmung der äußeren Wirklichkeit. Archaisch-existentielle Angst und narzißtische Wut wurden freigesetzt und agiert. Das von den Kindern (re-)aktiv herbeigeführte Chaos erlaubte die narzißtisch-tröstliche Illusion, daß das von innen nach außen verlagerte Chaos in ihrer Omnipotenz läge (vgl. Winnicott 1974). So ersparten sich die Kinder die notwendige Trauer um den Objektverlust, die Auseinandersetzung mit den Gefühlen des Verlassenwerdens, die in ihrer Bedrohlichkeit die Fähigkeit der Kinder zu einer angemessenen Selbstregulation überstiegen.

Mit dem Vorlesen des Märchens (5), gleichsam als Probeintervention, bekamen die unaussprechlichen Ängste und aggressiven Wünsche der Kinder zunächst einen Namen: die als böses, zerstörerisches und verfolgendes Objekt wahrgenommene Lehrerin wird zur Hexe. In der dominierenden Gruppenphantasie der Klasse war sie die "böse Mutter" (vgl. Bigras 1975; Klein 1971; Winnicott 1974).

Psychoanalytische Pädagogik arbeitet nun nicht an, sondern mit der Übertragung. So im vorliegenden Beispiel: Die Lehrerin nahm die Phantasie der Kinder an und ging handelnd (nicht deutend) damit um, indem sie sich handelnd und spielend auf die ihr von der Klasse zugedachte Rolle einließ. Die Annahme der Zuschreibung der Kinder begründete sich aus der pädagogischen Absicht, für die Klasse und auch für die Lehrerin einen Spiel-Raum zu schaffen, in dem die angst- und wuterregenden Aspekte des Trennungsthemas gleichsam einen Austragungsort finden und nicht im Unterrichtsgeschehen blind ausagiert werden müssen.

Die Überleitung der angstbesetzten Phantasie in einen gemeinsamen Spielbereich und damit in einen gemeinsamen Dialog gelang unter dem Schutz der Pädagogin, die gleichsam stellvertretend für die Kinder Ichfunktionen übernahm, die zur Konstitution und Stabilisierung des Spielraums unerläßlich waren. Mit ihrer Intervention (Hexenbuch) vollzog sie gleichzeitig eine neue Beziehungs- und Situationsdefinition, die u. a. folgende (unausgesprochene, aber implizierte) Mitteilungen enthielt:

- Eure Angst entstammt der Phantasie, sie hat keinen wirklichen Grund. Wir können deshalb ein Spiel daraus machen, dies zeigt, daß die Phantasien nicht so gefährlich sind, wie ihr glaubt. Ich *spiele* die Hexe nur.
- Ich habe keine Angst vor eurer Angst und eurer Wut, die ihr auch mir unterstellt. Sie ist nicht so gefährlich, wie ihr denkt. Wir können spielerisch damit umgehen.
- Mit dem Hexenbuch haben wir einen Spielplatz, wo die sonst verbotenen oder unerwünschten, gefährlichen Wünsche und Gefühle ausgedrückt werden können.
- Das Hexenbuch ist in Wahrheit euer Hexenbuch. (Auf der ersten Seite steht: Dies ist das Hexenbuch der Klasse M 1). Hierin könnt ihr eure gefährlichen Wünsche gefahrlos und spielerisch ausdrücken. Das Hexenbuch soll euch helfen, eure eigenen Zauberformeln zu finden, mit deren magi-

scher Hilfe ihr eure Wirklichkeit bewältigen könnt (6).

Mit dieser Intervention wurde den Kindern ein Spielraum geschaffen, der auch langfristig im weiteren Unterrichtsverlauf immer wieder zur Entlastung des Lernbereiches, der gemeinsamen Arbeitsebene von Lehrerin und Schülern beitrug.

Durch die gelungene Intervention der Lehrerin steht immer dann, wenn Konflikte auftauchen, ein Medium zu ihrer Austragung (das Hexenbuch) für diese Klasse bereit, dessen sich alle Beteiligten relativ angstfrei bedienen können.

Anmerkungen

(1) Tatsächlich handelt es sich bei der Mehrzahl der Kinder um solche, die als sozial benachteiligt beschrieben werden müssen (Angehörige von Randgruppen, stark belastende Erfahrungen in der Familie etc.). Viele von ihnen waren in der Tat umfassenden und sicher oftmals traumatischen Trennungserfahrungen und auch der mangelnden Zuverlässigkeit der primären Beziehungspersonen ausgesetzt.

(2) Im Humor und in der Gelassenheit (vgl. Rangell 1976) findet sich beim Erwachsenen dieser Zwischenbereich des Spielens wieder (vgl. Freud 1908, 215; Winnicott 1973). Der Humor transzendiert die (fast) unerträglichen Aspekte der Wirklichkeit. In ihm artikulieren sich Hoffnung und Distanz. Humor tritt aus dem affirmativen Wirklichkeitsbezug heraus und sprengt' dessen scheinbar unverrückbar gültige Deutung der Realität. Im Zynismus hingegen zeigt sich die bloße Verdopplung der leidproduzierenden Realität in der direkten, kalten Identifikation mit dem Aggressor. Während der Zynismus gleichsam die ungeschminkte Anpassung zum Dogma erhebt, bricht der Humor den Zwang der Anpassung, indem er am spielerischen Umgang mit den Sinndeutungen der Wirklichkeit festhält.

(3) Besonders hervorgehoben hat dies Freud bei der Analyse des "Garnrollenspiels" (vgl. Freud 1920, 11 ff.; auch Hartmann 1961/62, 82 f.; Nitsch-Berg 1978, 121 f.; Trescher 1979, 155 ff.; Waelder 1932, 191 ff. u. a.). Diese Wendung zeigt auch bereits den Kampf um die Autonomie des Kindes gegenüber den als übermächtig erlebten Erwachsenen. Spitz hat diesen Umstand anhand der von ihm so genannten "Stufe des Nein" (vgl. 1970, 44) dargestellt. In der Übernahme von Wort ("Nein") und Geste des unlustsetzenden Erwachsenen setzt das Kind die Verweigerung gegen seine primären Objekte. Im sog. Trotzalter tritt es aus der Position des passiv Erleidenden heraus und setzt sein "Nein" gegen den Willen der Erwachsenen.

(4) Ein zugegebenermaßen extremes Beispiel hierfür findet sich bei den stereotypen Ritualen und Zwangshandlungen autistischer Kinder (vgl. z. B. Bettelheim 1977; Finger 1982; Leber 1976; Schmauch 1977).

(5) Vgl. hierzu auch Neidhardts interessante Versuche mit seinem Märchenunterricht (1977). Ebenso Reisers Überlegungen zu einem konfliktverarbeitenden Unterricht (1972).

(6) Auf die magisch wirksamen Elemente in dieser und in vergleichbaren Interventionen, auf die besonders Zulliger (vgl. z. B. 1951, 1952; Bittner 1976) immer wieder hingewiesen hat, kann hier nur hingewiesen werden.

Literatur

Argelander, Hermann (1972): Gruppenprozesse. Reinbek
Balint, Michael (1972): Angstlust und Regression. Reinbek
Bettelheim, Bruno (1977): Die Geburt des Selbst. München
Bigras, Julien (1975): Gute Mutter - Böse Mutter. München

Bittner, Günther (1976): Die "heilenden Kräfte" im kindlichen Spiel. In: Halbfas, H. et al. (Hrsg.): Neuorientierung des Primarbereiches. Stuttgart

Erikson, Erik H. (1978): Kinderspiel und politische Phantasie. Frankfurt

Finger, Urte D. (1977): Narzißmus und Gruppe. Frankfurt

Dieselbe (1980): Trennungstrauma und narzißtische Persönlichkeitsstörung. In diesem Band

Dieselbe (1982): Sprachlos - Überlegungen zur Wut des autistischen Kindes. In: Kindheit 4, 29 - 38. Wiesbaden

Freud, Anna (1936): Das Ich und die Abwehrmechanismen. München o.J.

Freud, Sigmund (1900): Die Traumdeutung. In: GW Bd. II. Frankfurt

Derselbe (1908): Der Dichter und das Phantasieren. In: GW Bd. VII. Frankfurt

Derselbe (1920): Jenseits des Lustprinzips. In: GW Bd. XIII. Frankfurt

Hartmann, Klaus (1961/62): Über psychoanalytische "Funktionstheorien" des Spiels. In: Flitner, A. (Hrsg.): Das Kinderspiel. München 1973

Klein, Melanie (1972): Das Seelenleben des Kleinkindes. Reinbek

Leber, Aloys (1975): Psychoanalytische Projektseminare in der Ausbildung von Heilpädagogen an der Hochschule. In: Iben, G. (Hrsg.): Heil- und Sonderpädagogik. Kronberg/Ts.

Derselbe (1976): Rückzug oder Rache. In: diesem Band

Derselbe (1977): Psychoanalytische Gruppenverfahren im Bildungsbereich - Didaktik oder Therapie? In: Gruppenpsychotherapie und Gruppendynamik12, 242 - 254. Göttingen

Neidhardt, Wolfgang (1977): Kinder, Lehrer und Konflikte. München

Nitsch-Berg, Helga (1978): Kindliches Spiel zwischen Triebdynamik und Enkulturation. Stuttgart

Rangell, Leo (1978): Gelassenheit und andere menschliche Möglichkeiten. Frankfurt

Reiser, Helmut (1972): Zur Praxis der psychoanalytischen Erziehung in der Sonderschule. In: Leber, A. und H. Reiser (Hrsg.): Sozialpädagogik, Psychoanalyse und Sozialkritik. Neuwied

Schäfer, Gerd E. (1979): Heilendes Spiel. In: Kindheit 1, 239 - 250 Wiesbaden

Schmauch, Ulrike (1977): Ist Autismus heilbar? Frankfurt ³1981

Schmideberg, Melitta (1931): Zur Dynamik der durch die Strafe ausgelösten psychischen Vorgänge. In: Zeitschrift für psychoanalytische Pädagogik 5, 310 - 318

Spitz, René A. (1970): Nein und Ja. Stuttgart

Trescher, Hans-Georg (1978): Zur Theorie pädagogisch-psychoanalytischer Gruppenverfahren in der heilpädagogischen Ausbildung. In: Jantzen, W. und U. Müller (Hrsg.): Theorie und Praxis in der Ausbildung, 240 ff. Oberbiel

Derselbe (1979): Sozialisation und beschädigte Subjektivität. Frankfurt

Waelder, Robert (1932): Die Psychoanalyse des Spieles. In: Zeitschrift für psychoanalytische Pädagogik. Bd. 6, 184 - 194

Winnicott, Donald W. (1958): Primäre Mütterlichkeit. In: Kutter, P. und H. Roskamp (Hrsg.): Psychologie des Ich. Darmstadt 1974

Derselbe (1973): Vom Spiel zur Kreativität. München

Derselbe (1974): Reifungsprozesse und fördernde Umwelt. München

Zulliger, Hans (1951): Schwierige Kinder. Bern 1977

Derselbe (1952): Heilende Kräfte im kindlichen Spiel. Stuttgart 1979

Hinweise auf die Ersterscheinungen der einzelnen Beiträge

Büttner, Christian/Trescher, Hans-Georg
   VIDEOKRIEG - Die unablässige Suche nach den Feinden, in: Psychologie heute, 19. Jg. 1/1983, S. 72-75
Ettl, Thomas
   Wer nicht hören will muß fühlen - Zum Problem des Agierens in Kindertagesstätten, in: Kindheit, Zeitschrift zur Erforschung der psychischen Entwicklung, 2. Jg. 1980, S. 103-123 (Akademische Verlagsgesellschaft, Wiesbaden). Der Beitrag wurde für diesen Band überarbeitet.
Ettl, Thomas
   Geliebter Störenfried - Ein Kindergartenkind zwischen Widerstand und Anpassung, in: Kindheit, 4. Jg. 1982, S. 123-142
Finger, Urte Dörte
   Der hier abgedruckte Beitrag "Narzißmus, Persönlichkeitsstruktur und Gruppe" ist die überarbeitete Fassung der Publikation "Gruppenprozesse und subjektive Strukturbildung - Ein Beitrag zur Transparenz narzißtischer Phänomene in Gruppen", in: Gruppenpsychotherapie und Gruppendynamik, Bd. 13, 1978, S. 117-133, Vandenhoeck & Ruprecht, Göttingen
Finger, Urte Dörte
   Das Trennungstrauma in der narzißtischen Persönlichkeitsstörung, in: Psychoanalyse, 1. Jg. 1980, S. 41-60, Bonz Verlag, Fellbach
Hirmke, Volker (1983)
   Er fürchtet sich vor dem schwarzen Mann - Ein Gastarbeiterkind zwischen zwei Welten. Originalbeitrag
Leber, Aloys
   Rückzug oder Rache - Überlegungen zu unterschiedlichen milieuabhängigen Folgen früher Kränkung und Wut, in: Jahrbuch der Psychoanalyse. Beiträge zur Theorie und Praxis, Band IX, 1976, Verlag Hans Huber, Bern, Stuttgart, Wien
Leber, Aloys
   Terror, Teufel und primäre Erfahrung, in Kindheit, 1. Jg. 1979, S. 37-50
Leber, Aloys (1983)
   Frühe Erfahrung und späteres Leben. Originalbeitrag
Leber, Aloys/Bieniussa, Peter/Steuck, Charlotte
   Lernprozesse bei der Arbeit mit sozial benachteiligten Kindern, in: deutsche jugend, 2/1979, S. 74-82, Juventa Verlag, München
Scheuermann, Peter
   Hospitalismus und Dissozialität - Eine Fallstudie, in: Jahrbuch der Psychoanalyse, Band X, 1978, S. 88-110, Verlag Hans Huber, Bern, Stuttgart, Wien
Trescher, Hans-Georg
   Aspekte der Lebenswirklichkeit und des Fernsehkonsums von Kindern, in: Kinder-Bücher-Medien, 1982, Heft 20, S. 13-15
Trescher, Hans-Georg
   Narzißmus und Comic - Archaische Seelentätigkeit und die Comics der Superhelden, in: Kindheit 1. Jg. 1979, S. 87-104
Trescher, Hans-Georg
   Wer versteht, kann (manchmal) zaubern - oder: Spielelemente in der Pädagogik, in: Kindheit 4. Jg. 1982, S. 77-90